KB190710

구약성서의 경건,
구약성경의 영성

구약성서의 경건,
구약성경의 영성

김덕중 안근조 이사야 엮음

kmc

머리말

　내가 교수로 감리교신학대학교를 섬기기 시작한 것은 1990년 9월부터이다. 클래어몬트(Claremont)에서 박사학위(Ph. D.)를 마치고 모교의 부름을 받아 "서대문구 냉천동 31번지" 신학강단에 조교수로 부임하였을 때는 1990년 2학기이었다. 그때부터 내게는 가르치고, 연구하고, 집필하고, 말씀을 전하고, 학생을 키우는 목회여정이 시작되었다.

　사실, 나는 도미 유학 이전에도 감리교신학대학교에서 구약학 과목을 강의하였었다. 1982년 2학기부터 도미 유학 직전인 1984년 1학기까지 당시 전임조교의 신분으로 "구약통독", "이스라엘 역사", "초기 이스라엘 역사" 등의 과목들을 강의하였다. 당시 나는 기독교대한감리회 중앙연회(당시에는 중부연회) 남양주지방 수동교회의 담임목사이었기에 감리교신학대학교에서 이루어진 구약학 강의는 목회현장의 사색을 신학강단의 언어로, 신학의 내용을 목회사역의 실천으로 바꾸어가는 작업이었다. 가르치면서 섬기고 섬기면서 가르치는 목회가 1982년부터 출발한 것이다. 말하자면 "감신 82학번"부터가 나의 제자인 셈이다.

　나는 청소년 시절에 예수 그리스도를 내 삶의 구주로 영접하였다. 내가 예수 그리스도를 만난 것은 미션스쿨(mission school)인 대광중고등학교를 다닌 덕분이다. 대광에 재학하던 시절 예수 그리스도를 인격적으로 만났고, 대광의 아들로 커가면서 예수 그리스도를 위한 헌신을 내 삶의 이정표로 세웠다. 여름방학 때 함께했던 농촌봉사, 전도봉사는 섬기며 사는 인생의 보람을 느끼게 해 주었다. 그렇다고 해서 내가 목회자가 되겠다는 꿈을 품은 적은 단 한 번도 없었다. 당시 우리 집안이 무척 가난하였었기에 나는 고등학생 시절부터 먼 친척 집에서 홀로 가정교사로 일하며 아르바이트를 해야 했고, 할 수만 있으면 어린 나이였지만 모든 일에서 홀로서기를 해야만 했다. 그랬었기에 나는 지독한 가난을 물리치기 위해서라도 대학만큼은 돈벌이를 제대로 할 수 있는 학교의 학과를 선택하기를 원했다. 그래서 참으로 악착같이 공부하였다. 대학입학예비고사를 끝내고 본 대학 입시를 위한 원서를 손에 쥐고 있었을 때에도 그런 대학, 그런 학과를 지원하겠다는 꿈은 내려놓지 않았다.

하지만 가난은 내 삶의 방향을 대학 포기로 이끌었다. 대학 진학을 내려놓아야 한다는 쪽으로 내 마음의 추가 움직여 갔다. 대학에 들어간다고 한들 대학입학금과 등록금 등을 해결할 수 있는 방도가 도저히 열리지 않았던 것이다. 그 문제를 부둥켜안고 남몰래 기도하고 있을 때 내가 다니던 교회의 목사님이 내 사색의 방황 속에 불쑥 들어오셨다. 그러면서 내 삶의 걸음걸이를 신학생이 되는 길로 인도하셨다. 가난하기에 오히려 주님을 섬길 수 있는 은총을 입게 된 것을 감사하라고 하시면서 내 인생의 걸음걸이를 목회자가 되는 방향으로 틀어 주셨다.

1970년대 초반 당시 대학입학 본고사는 전기와 후기로 나뉘어 있었다. 대학입학예비고사에 합격한 자들에게만 전기와 후기에 소속된 대학을 지원할 수 있는 자격을 부여하고 있었다. 그때 당시 전기에는 대체로 이름 있는 대학들이, 후기에는 그보다 조금 처지는(?) 대학들이 포진하고 있었다. 그 무렵 고3 수험생들은 대개 전기에 속한 대학을 지원했다가 입시에서 낙방하면 후기 대학을 다시 지원하는 방식으로 대학입학전형을 치러야만 했다. 그때 감리교신학대학은 신학대학 가운데서 유일하게 전기이었다. 당시 나는 장로교회를 다니고 있었지만, 교회 목사님은 내게 목회자가 되려면 감리교회 목회자가 되라고 충고하셨다. 그래서 감리교신학대학을 지원하게 되었고, 합격 통지서와 함께 받은 입학등록금(당시 5만 원이었다!)을 어느 이웃의 도움으로 마감 날 간신히 치렀다. 그때부터 "감신 73학번"이라는 내 인생의 여정이 시작되었다.

돌이켜 보면 하나님은 내가 감리교회의 목회자가 되는 길에 들어서기를 기다리고 계셨다. 그랬기에 하나님은 나를 빈곤한 자리로 내모셨고, 그랬기에 하나님은 주변에 아무도 없는 고독한 환경으로 나를 몰아가셨으며, 그랬기에 하나님은 장로교회 목사님을 통해서 이전에는 한 번도 듣지 못했던(!) 감리교회의 목회자가 되는 길로 나를 인도하셨다. 내가 하나님을 찾기 전에 하나님이 먼저 나를 찾아오신 것이다! 존 웨슬리(John Wesley)가 가르쳐준

선행은총(Prevenient Grace)이 역사하셨던 것이다.

감리교신학대학교에서 나는 두 분의 스승을 만났다. 구덕관 박사님과 민영진 박사님이시다. 물론 당시의 교수님들은 모두 다 내게는 멘토(mentor)가 되고 스승이 되신다. 홍현설, 윤성범, 김용옥, 김철손, 박대인(Edward Poitras), 박봉배, 차풍로 교수님이 특히 그런 분들이시다. 무엇보다도 내가 3학년 재학시절 학도호국단 제대장(총학생회장)으로 학생 활동을 이끌던 당시, 지도교수로 내 삶을 이끌어 주셨던 차풍로 교수님은 잊을 수가 없다. 지금은 고인(故人)이 되셨지만, 그분이 보여 주신 사표(師表)는 내 삶의 큰 모퉁이 돌이 되었다. 하지만, 구약학자의 지평에서 이야기할 때 내 신학수업의 멘토는 구덕관, 민영진 두 분이시다. 구덕관 박사님은 학부생 시절에 나를 구약학도가 되는 길에 들어서게 하셨고, 민영진 박사님은 대학원생 시절에 나를 구약학자의 길로 이끌어 주셨다. 한 분은 내게 구약학자가 되는 눈을 뜨게 하셨고, 다른 한 분은 내게 구약학자로서 살아가는 터전을 마련해 주셨다.

당시에는 학부생들도 4학년 때 졸업논문을 써야만 하였다. 그때 나는 구덕관 박사님의 지도로 세계적인 구약학자 폰 라드(G. von Rad)의 구약신학을 졸업논문의 주제로 삼았고, 4학년 내내 도서관에 처박혀서 폰 라드의 저서들을 원서로 읽어내고자 씨름하였다. 그때 익힌 구약성서의 전승사, 양식사, 구약신학은 지금까지도 내 신학하기의 방법론적 기반이 되었고, 내 사유의 기초가 되었다. 대학원에 진학해서는 민영진 박사님을 통해 본문비평의 세계를 접하였다. 성경말씀을 꼼꼼히, 세밀하게, 주의 깊게, 그러면서도 폭넓게 읽는 독법에 입문한 것이다. 이 독법을 익히고자 여러 성서언어들과 씨름하게 되었고, 이 독법과 마주했기에 성서번역을 성서해석의 기반으로 삼게 되었다. 그 결과 석사학위 논문은 당시 막 출간된 공동번역성서(1977년)를 대본으로 우리말 성경에 반영된 히브리어 본문(마소라 성경, MT)과 헬라어 본문(칠십인역 구약성경, LXX)의 이독(異讀)을 본문비평의 시각에서 분석하는 작업이 되었다.

신학을 이수한 뒤 파송된 목회현장은 살아 있는 말씀을 증언하려는 간절한 갈증을 불러일으켰다. 내가 말씀을 읽는 것이 아니라 말씀이 나를 읽어야 한다는 도전이 매 주일 강단을 주도해 갔고, 말씀목회의 여정이 더해지면서 목회는 수고가 아니라 보람이 된다는 진리를 터득해 갔다. 말씀을 향한 타는 목마름은 안정적이던(?) 담임목사직을 내려놓게 했고, 주위의 우려에도 불구하고 주석을 배우기 위한, 주석을 익히기 위한, 주석을 실천하기 위한 유학길에 감히 들어서게 했다. 클래어몬트(Claremont)에서의 유학은 그런 열망을 향한 하나님의 응답이었다.

내가 유학하던 당시 클래어몬트는 세계적인 석학들로 교수진을 이루고 있었다. 소문으로만 듣던 존 캅(John Cobb), 제임스 로빈슨(James Robinson),

하워드 클라인벨(Howard Clinbell) 교수님 등을 바로 코앞에서 마주했던 그 첫 순간을 지금도 잊지 못한다. 나는 그 클래어몬트에서 내 성서신학적 사유의 두 기둥이 된 구약학자 롤프 크니림(Rolf P. Knierim) 박사님과 제임스 샌더스(James A. Sanders) 박사님을 만나게 되었다. 샌더스 교수님은 내게 정경(canon)과 신앙공동체라는 시각에서 구약성서의 말씀을 다시 읽도록 인도하였다. 구약성경의 말씀이 신앙공동체의 정경이라는 엄연한 사실을 성서해석의 기준으로 삼아야 되는 안목을 열어주셨다. 크니림 교수님은 내게 "역사비평적 해석"을 넘어서는 성서해석의 진로가 어디로 향해야 하는지를 일깨워 주셨다. 편집(redaction)에서 구성(composition)으로 넘어가는 해석학의 지평을 성경본문의 최종형태에서 되새김질하도록 인도하셨다. 그런 훈련을 거쳐서 나는 롤프 크니림 박사님의 지도로 레위기 11-15장에 수록된 정결법전 연구를 박사논문의 주제로 삼게 되었고 박사학위를 취득하면서 마침내 구약학자의 길에 들어서게 되었다.

이제 긴 세월이 흘러 내가 회갑을 맞은 스승이 되었다. 참 기쁘게도, 참 고맙게도 제자들과 함께 글을 쓰게 되었다. 『구약성서의 경건, 구약성경의 영성』에 글을 기고한 이들은 내가 1990년 감리교신학대학교의 교수가 된 이후 오늘에 이르기까지 감리교신학대학교의 학부와 대학원에서 내게서 배우고 구약학 분야에서 박사학위를 받은 제자들이다. 그들 가운데 일부는 국내외

저명한 대학에서 박사학위를 취득한 후 교수로 신학교육현장에 종사하고 있고, 일부는 목회자로서 교회를 섬기면서 이 땅에 하나님의 나라를 이루는 일에 매진하고 있다. 또 그 가운데에는 외국의 저명한 대학에서 아직 박사학위 논문을 쓰고 있는 이들도 있다. 그들의 현재 모습이 어떠하든지 『구약성서의 경건, 구약성경의 영성』에 글을 기고한 이들은 모두 이 땅에서 구약학자의 길을 걸어가고 있는 학자들, 목회자들이다.

『구약성서의 경건, 구약성경의 영성』은 단순한 논문집이 아니다. 이런저런 주제로 각자 썼던 글들을 하나의 울타리 안에 모아놓은 문집이 아니라 하나의 주제를 놓고 여러 사람이 처음부터 함께 작성한 글이다. 책을 기획하고 구성하는 단계부터 글을 쓰고 모으며 편집하는 단계에 이르기까지 논문 모음집이 아니라 공동 집필한 저작이 되도록 세심한 주의를 기울였다.

이 책은 구약성서에 관한 신학적 오리엔테이션이다. 구약성경의 세계를 이스라엘의 신앙이라는 시각에서 들여다 보았고, 구약성서의 지평을 이스라엘의 영성이라는 차원에서 되새겨 보았다. 그런 점에서 이 책은 구약성경을 읽는 방법론적인 논의가 아니라 구약성서가 전하는 가르침을 소개하는 글이다. 구약성경에 관한 해석학적인 논의가 아니라 구약성서의 신학을 설명하는 증언이다. 그런 점에서 『구약성서의 경건, 구약성경의 영성』은 이 시대의 독자들에게 구약성서신학을 익히게 하는 길잡이가 될 것이다.

이 책은 교회를 위한 글이다. 교회를 세우는 글이고 교회에 의해서 이루어진 글이다. 구약성경은 구약의 말씀이 신약을 읽기 위한 토대가 되고 신약의 말씀이 구약을 읽기 위한 디딤돌이 된다는 차원에서 기독교 신앙의 터전이 된다. 구약의 말씀은 구약학자들만을 위한 책이 아니다. 구약의 말씀은 크리스천이 먹어야 하는 생명의 만나이고 교회가 먹어야 할 참된 양식이다.

흔히 구약의 말씀을 가리켜서 신약의 복음과 대조되는 율법이라고 부른다. 율법이란 하나님이 주신 계율이란 뜻이다. 하나님이 주신 법이 율법이다. 율법은 사람이 따르고 사람이 정하는 규칙과는 차이가 난다. 구약에서 법을 지칭하는 일반적인 두 용어, "함미쉬파팀"과 "하훅킴"은 사람이 관습적으로 지켜야 하는 질서나 새롭게 제정된 규칙을 의미한다. 그런데 그 질서나 규칙이 본래 사람이 정한 것이 아니라 하나님이 정하신 것이라는 이해가 구약의 율법에는 간직되어 있다. 사람이 닦고 만든 길(道)이 아니라 하나님이 내시고 세우신 길(道)이라는 의미가 율법에 새겨져 있다. 하나님이 내신 길이기에 하나님의 사람은 누구나 하나님이 만드신 그 길을 따라가야 한다. 그렇기에 구약성서에 법의 이름으로 수록된 가르침은 모두 하나님의 토라이다. 하나님이 제정하신 가르침이다. 하나님이 정해 주신 이정표이다.

아쉬운 것은 우리가 그 율법을 하나님이 주셨다는 차원에서 갈무리하기보다는 지키지 않으면 벌을 받는다는 당위적 차원에서만 붙들고 만다는 점이다.

토라를 하나님이 주신 명령(율법)으로 이해하려고 하기보다는 사람이 지켜야만 하는 규칙(율법)으로 수렴하려고 한다는 것이다. 토라 이해를 하나님이 주신 말씀의 측면에서 받아들이면 그것은 이스라엘 신앙으로 들어가는 디딤돌이 된다. 그렇지만 토라를 사람이 행동으로 사수해야 하는 신앙규칙으로 받아들이면 그것은 이스라엘 신앙의 걸림돌이 된다. 하나님의 약속을 사람의 방식으로 이루려고 했을 때 구약의 말씀은 신앙의 걸림돌(율법)이 되지만, 하나님의 약속을 하나님이 이루실 때까지 기다리며, 기대하며, 기도하는 길을 걸어갈 때 구약의 말씀은 신앙의 디딤돌(율법)이 된다. 사도바울이 갈라디아서에서 아브라함의 삶을 예로 들어 설명한 하갈과 사라, 이스마엘과 이삭의 경우도 이런 예에 든다(갈 3:1-4:31). 사도바울이 그의 말년에 사랑이 율법의 완성이라고 힘주어 말한 것도 이런 이해를 극대화 시킨 것으로 보아야 한다(롬 13:8-10).

구약의 말씀은 정음(正音)이다. 신약의 말씀이 복음(福音)이라면 구약의 말씀은 정음(正音)이다. 그렇다고 해서 구약을 정음으로, 신약을 복음으로 구분해서는 안 된다. 구약에서나 신약에서 우리는 복음을 듣기 전에 바른 소리를 들어야 하고, 정음(正音)을 들어야 복된 소리를 깨우칠 수 있다. 정음에서 복음으로! 복음으로 정음까지!『구약성서의 경건, 구약성경의 영성』은 구약의 복음을 정음으로 들으려는 노력이 맺은 결실이다. 『구약성의 경건, 구약성경의 영성』은 구약의 정음을 복음으로 들으려는 헌신이 이룬 열매이다. 신앙 없이 성경말씀을 대하려고 해서는 안 된다. 영성 없이 하나님의 말씀을 품으려고 해서는 안 된다. 이 땅의 목회자, 신학자, 신학생들에게 다가가는 말 걸기가 이 책에 있다.

구약학자가 되기는 쉽지 않다. 아니, 좁은 길이다. 신학의 좁은 길이다. 여기에 글을 기고한 구약학자들은 모두 이 학문의 좁은 길을 나와 함께 걸어온 장한 주인공들이다. 나는 이 제자들에게 청출어람(青出於藍)의 유산이 이어지기를 기대한다.

학불가이이(學不可以已)
청취지어람(青取之於藍) 이청어람(而青於藍)
빙수위지(氷水爲之) 이한어수(而寒於水).
학문은 그쳐서는 안 된다
푸른색은 쪽(藍)에서 취했지만 쪽빛보다 더 푸르고
얼음은 물이 이루었지만 물보다 더 차다.

스승의 회갑을 맞아 글을 준비하는 제자들의 정성을 보면서 순자(荀子) 권학(勸學) 편에 소개된 유명한 들머리가 기도 중에 떠올랐다. "쪽(藍)에서 뽑아낸 푸른 물감이 쪽빛보다 더 푸르다."고 말하듯이 한국교회에서 후배가

선배보다, 자식이 부모보다, 제자가 스승보다 더 낫게 하소서! 한국교회가
어제의 우리 때문이 아니라 내일의 그들 덕분에 더욱 푸르게 하소서!

스승의 회갑을 기리며 구약성경의 신앙을 품는 제자들이 한국교회를
섬기는 누룩이 되기를 바란다. 스승의 삶을 기리며 구약성서의 영성을
마음에 새기는 제자들이 하나님의 나라를 이 땅에 이루는 거름들이 되기를
바란다. 여기에 글을 기고한 이들뿐만 아니라 나를 선생으로, 왕대일 교수를
스승으로 기억하는 감리교신학대학교의 모든 제자들이 한국감리교회의
소중한 희망으로 쓰임 받기를 간절히 기도한다.

2014년 4월 3일

우장산 서재에서 왕대일

헌정사

금번『구약성서의 경건, 구약성경의 영성』은 존경하는 스승 왕대일 교수님 회갑기념 헌정도서로 기획되었습니다. 제자들이 삼삼오오 모여서 교수님의 25년여 교수사역을 기리기 위한 마음이 모아졌고, 회갑에 즈음하여 출판하는 것을 목표로 하여 함께 작업한 결과 비로소 결실을 보게 되었습니다. 비록 교수님께서 보여 주신 학문적 통찰과 말씀에 대한 깊이에 비하면 부족하기 짝이 없으나, 사사받은 지식과 영성을 나누기 위해 용기를 내 회갑기념 문집으로 출판하여 이에 헌정합니다.

"교회를 위한 성서신학," "말씀의 경건과 영성," 그리고 "한국적 성경 읽기의 적용"을 위해 평생 힘쓰신 교수님의 뜻을 담고자 저희 제자들로 이루어진 집필자들이 부단히 노력하였습니다. 교수님께서는 성서학의 목표를 교회를 위한 연구로 가르쳐 주셨습니다. 그 가르침으로 인해 저희들의 관심이 교회의 목회자와 성도들을 향하도록 하셨습니다. 그리고 저희들의 말씀연구의 장을 이성적 토론의 장으로부터 영성과 경건의 훈련의 장으로 확장시켜 주셨고, 저희들의 가르침이 신앙훈련과 영성실천으로 이어지게 하셨습니다. 그리고 성경해석을 한국인의 관점으로 접근할 수 있도록 안내하셨습니다. 그래서 더 이상 "성경 읽기"가 아닌 "성경으로 살기"를 힘쓰게 하셨습니다. 감히 바라기는 본서가 기독교적 영성의 뿌리를 교회라는 토양에 두고, 하늘의 말씀을 통한 복과 생명의 열매를 충실히 거두는 말씀 해설서가 되기를 원합니다.

본서의 집필진은 현재 교육기관에서 후학들을 양성하는 교수, 일선 목회현장의 목회자, 또 이제 소정의 과정을 마치고 막 나래를 펼치려 하는 신진 학자들로 구성되었습니다. 모두들 왕대일 교수님의 제자들입니다. 마치 헝클어진 더벅머리와도 같았던 제자들의 신학함이나 성경을 바라보는 안목을 교수님께서는 곱게 다듬어 주셨습니다. 제자들은 교수님의 가르침 덕분에 하나님의 말씀사역 안에서 동역자요, 교회를 위한 성서신학 연구에 한 마음 된 자요, 그리스도 예수의 도를 기리는 도우(道友)들이 되었습니다. 각자 홀로 할 수 없는 일을 힘을 모아 감당했습니다. 부족하지만 지켜봐 주시고 넓은 도량으로 헤아려 주신 교수님께 작은 결실을 드리게 되어 저희 제자들에게 무한한 영광이 아닐 수 없습니다.

기본적으로, 본서는 구약성서 전체의 신학적 해설서로 의도되었습니다. 모세오경으로부터 역사서, 예언서와 지혜서 그리고 시편에 이르기까지 각 책의 핵심적 주제들을 부각시키고 오늘의 신앙생활을 위한 경건과 영성의 지침이 되도록 저술되었습니다. 특별히, 시편 부분은 왕대일 교수님께서 직접 집필해 주심으로써 실천적 성서읽기의 유익한 모본을 제시해 주셨고 본서의 품격을 한결 높여주셨습니다. 성서신학을 처음 접하는 신학도뿐만 아니라 교회 현장에서 평신도를 위한 구약성서신학 해설서로 손색이 없을 것입니다.

이제,『구약성서의 경건, 구약성경의 영성』은 작은 출발에 불과합니다. 이순(耳順)의 시절을 지나면서도 변함없는 연구와 가르침에 헌신하시는 교수님처럼 저희 제자들의 말씀사역 또한 이번 기회를 통하여 더 큰 헌신과 열정으로 펼쳐지게 될 것을 다짐해 봅니다. 아무쪼록 본 헌정도서를 통하여 구약성경이 신앙과 경건의 보고로 새롭게 발견되고 계속해서 연구되는 계기가 되기를 소망합니다.

2014년 4월

제자들을 대표하여 김덕중, 안근조, 이사야

CONTENTS

THESIS

01

창조에 담긴
하나님의 아픔과
사랑

안 근 조

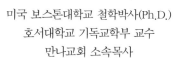

미국 보스톤대학교 철학박사(Ph.D.)
호서대학교 기독교학부 교수
만나교회 소속목사

I. 창세기를 읽는 눈 : 창조신학의 지평

성경은 신앙인에게 가까이하기에는 너무 먼 당신이 되어버렸다. 혼자서 읽기에는 내용이 어렵게 느껴지기 때문이다. 하나님의 계시의 기록이므로 뭔가 내가 이해하는 것 이상의 다른 요소들이 있을 것 같기 때문이다. 또는 어떻게 보면 너무 당연한 이야기들이 적혀 있는 것처럼 여겨지기도 한다. 더군다나 21세기 디지털 화면의 공헌(?)으로 예배에 오르는 길에서조차 성경을 지니고 있지 않은 경우가 허다하다. 신앙인 임에도 불구하고 신앙의 경전인 성경을 멀리하게 되는 현상의 결과는 '성경을 너무 모른다'는 사실이다.

본 장의 주제인 "창세기"만 해도 그렇다. "태초에 하나님이 천지를 창조하시니라"로 시작하는 창세기에 대해 우리는 무엇을 알고 있는가? 하나님이 세상을 창조하신 진리를 우리는 어떻게 일상의 삶에서 받아들이고 있는가? 머리로는 그리고 믿음으로는 하나님이 모든 것의 창조주임을 알지만 실제로 삶의 주변에서 얻어지는 농산물이나 공산품들은 농부나 기술자 등 인간들을 통해 이루어진다. 아이폰은 스티브 잡스의 작품이다. 이런 상황에서 우리의 창조주 고백은 교리화(敎理化)되고 이상화(理想化)된다. 즉, 하나님이 세상을 창조하셨다는 것은 모든 것의 주인 되심을 고백하는 것이며 우리 삶의 근원이 하나님께 있다는 선포로서 받아들일 뿐이다. 잘못된 태도는 아니다. 그러나 문제는 우리가 이렇듯 교리적으로 또는 이상적으로 성경을 읽게 되기에 우리의 일상적 삶과는 거리가 생겨 버렸다. 삶의 한가운데에서 그 힘을 발휘하기에는 모호하고 막연한 종교적 문서가 되어버렸다. 그저 필요할 때만 관련된 사항을 찾아보는 증명서 정도로 전락해 버렸다.

창세기뿐만 아니라 성경 전체를 바라보는 새로운 시각이 요청되는 이유이다. 과연 실제적 현실의 삶에서 창세기는 우리에게 어떤 메시지를 던지고 있는가? 하나님께서 만물의 창조주이심의 고백이 약화된 것은 아니다. 문제는 도대체 우리가 이 고백을 현실의 삶에서 어떻게 적용하며 말씀의 능력을 발휘하고 있는가? 본 장은 이러한 문제 제기를 가지고 창세기를 풀어나가고 있다. 더 이상 현실감 없는 옛 문서로 또는 선언적 경전으로 말씀을 읽기보다 여전히 그 분명한 말씀의 의미가 오늘 이곳, 우리의 삶의 현장에서 길이 되고 생명이 될 수 있도록 하기 위함이다.

창세기는 우리에게 "기초"(basis)를 제공한다. 세상과 삶의 기초를 설명한다. 오늘 인생의 문제는 기초가 흔들리고 무너지는 데 있다. 가정의 기초가 흔들리고 학교의 근본이 퇴색하고 사회의 뿌리가 통째로 뽑힐 위기에 있다. 그러나 우리가 가장 감당하기 힘든 사실은 믿음의 기초 그리고 교회의 근원을 오늘날 송두리째 날려버릴 위기에 놓인 현실이다. 무엇이 믿음이고 무엇이 교회인지 다시금 그 기초를 확립하는 것이 시급하다. 더 나아가 무엇이 가정과 학교이며 무엇이 사람 사는 세상인지 그 근원을 되짚어 보아야 한다. 이를 위해 창세기로부터 우리는 진리의 근본 토대를 발견해야 한다.

"태초에 하나님이 천지를 창조하시니라"는 창조신학의 근원적 선포이다. 모든 존재의 기원이 하나님임을 밝힐 뿐만 아니라 하나님께서 어떤 마음과 원리로 이 세상을 창조했으며 섭리하시는가를 창세기 1장은 밝히고 있다. 모든 것의 기초를 세우셨던 하나님의 창조신학의 내용과 원리를 깨달을 때 우리는 새로운 터전을 닦을 수 있다. "구속사"라는 기존의 교리적 성경 읽기의 틀에서 창세기의 창조신학은 출애굽기-신명기에 이르는 해방과 계약의 신학의 그늘에서 제대로 된 조명을 받지 못한 실정이다. 오히려 창세기의 창조신학의 근원적 이야기는 오경뿐만 아니라 역사서와 예언서 그리고 시가서를 관통하며 하나님의 구원의 역사 속에 작용한다. 이는 폰 라드가 단지 구속사의 서론으로서 창세기를 읽는 것과는 다른 접근이다. 오히려 창조신학의 근본토대가 없다면 구속신학이 세워질 수 없다는 의미이며 더 나아가 구속신학의 내용 자체가 이미 창조신학 가운데 녹아 들어가 있다는 사실이다.

그래서 본 장 창세기 해설의 주제가 "창조에 담긴 하나님의 아픔과 사랑"이다. 창조에는 아픔이 따른다. 진통 없는 탄생이란 있을 수 없는 법이다. 그리고 그 탄생은 사랑의 결실이다. 사랑이 없으면 창조는 불가능하다. 하나님의 창조는 그렇게 아픔과 사랑이 동반된 역사이다. 그래서 한 번 창조하신 이 세상을 하나님께서는 포기할 수 없다. 인류 구원의 역사는 바로 이 창조에 담긴 하나님의 아픔과 사랑으로부터 시작되고 있다. 그리고 그 아픔과 사랑이 인생 모든 삶의 근본이다. 창조주 하나님에 대한 형식적 또는 당위적 선포가 아니라 우리의 아버지와 어머니 되신 하나님의 마음을 창조신학적 지평 가운데 풀어낼 때 창세기는 우리의 일상사에서 살아 역사할 것이다.

II. 창세기의 구조와 주제 : 근원에 대한 이야기

1. 전체 얼개

창세기는 근원에 대한 이야기이다. 세상의 시작뿐만 아니라 성경의 시작이요 그리고 우리 삶의 시작이다. 창세기를 통과하지 않는다면 아무것도 시작할 수 없다. 뿐만 아니라 창세기를 통한다면 어떠한 문제도 해결 가능하다. 왜냐하면 모든 문제들은 새로운 대안보다는 근원의 문제에 그 궁극적인 대답이 놓여 있기 때문이다. 우리의 삶과 신앙의 뿌리에 대하여 창세기는 몇 가지 주요한 근본개념을 던져 준다. 창조와 복, 죄와 타락, 언약과 믿음이다. 창조와 복 그리고 죄와 타락은 창세기 1-11장의 주제 어구들이다. 언약과 믿음은 창세기 12-50장의 주제 어구이다. 그리고 이 모든 창세기의 이야기들을 관통하는 주제는 "창조에 담긴 하나님의 아픔과 사랑"이다.

각각의 주제들에 대한 설명 이전에 먼저 창세기 전체의 구조는 아래와 같이 이루어져 있다.

1) 원역사 : 창 1:1-11:32 하나님의 창조와 복, 인간의 죄와 타락

　　　　1-2장　창조와 질서

　　　　3-5장　죄와 죽음

　　　　6-9장　타락과 심판

　　　　10-11　은혜와 보존

2) 족장사 : 창 12:1-50:26 하나님의 언약, 인간의 믿음

　　　　12-23장　아브라함 이야기

　　　　24-26장　이삭 이야기

　　　　27-36장　야곱 이야기

　　　　37-50장　요셉 이야기

창조 이래 하나님으로부터 창조와 복의 역사는 끊임없이 흘러나온다. 그러나 인간으로부터 나오는 것은 죄와 타락 일변도이다. 질서로 창조하신 세계에 무질서가 들어왔다. 그 결과는 죽음과 심판일 수밖에 없었다. 그러나 하나님은 인류에게 새로운 가능성을 열어 주신다. 영원한 언약(עולם ברית/베릿 올람)을 수립하신 것이다. 이후 인간은 믿음으로 응답하면 된다. 믿음만이 다시금 질서를 회복하고 창조의 생명력을 보존할 수 있는 유일한 방법이 되기 때문이다.

2. 창세기의 주제와 영성 : 하나님의 속앓이

창세기에서 가장 먼저 대두되는 주제는 창조와 복이다. 하나님의 창조는 단순한 만들기(עשה/아싸)가 아니라 생명의 창조(ברא/바라)이다. 구약성서가 증언하는 창조는 "무로부터의 창조"가 아니라 "무질서로부터의

창조"이다. 본래 '무'로부터의 창조는 주후 5세기경 알렉산드리아의 유대인 기독교신학자 필로가 헬라철학적 관점에서 구약성서의 유일신론을 이해하기 위하여 도입된 개념이다. 그러나 이는 성서적 해석이기보다는 아리스토텔레스의 제1원인자라는 이해를 근거로 하는 철학적 해석에 불과하다. 구약성서에서 정작 증언하는 창조는 '무질서'로부터의 창조이다. 창세기 1:2의 말씀은 다음과 같이 언급한다: "땅이 혼돈하고 공허하며 흑암이 깊음 위에 있고 하나님의 영은 수면 위에 운행하시니라" 여기에서 수면은 מים(함마임) 으로서 바다 또는 물의 복수 형태이다. 태고의 바다라 불러도 좋고 아무것도 형상화되지 않은 창조 이전의 상태라 불러도 좋다. 명백한 것은 그 태초의 상태가 혼돈 또는 어둠 즉, 무질서의 상태임을 위의 성서 본문은 알려 준다.

무질서로부터의 창조를 이해한다면 창조 이전의 무질서로부터 창조 이후의 질서로의 이행이 창조 과정을 통해 이루어졌음을 직시할 수 있다. 다시 말하면 창조는 '질서'를 갖추는 일이다. 그 질서는 '경계선을 정하는' 일이다. 빛을 통해 빛과 어둠을 나누신다. 궁창을 지으시고 궁창 아래의 물과 궁창 위의 물로 나누신다. 궁창 아래의 물을 한 곳으로 모이게 하사 뭍과 물로 나누신다. 뿐만 아니라 광명체도 낮과 밤의 주관자를 각각 나누시고 모든 식물과 동물을 비롯한 모든 지상의 생명체들을 그 종류별로 나누신다. 하나님의 창조는 없는 것으로부터 존재를 발생케 하는 철학적 또는 생물학적 개념보다는 뒤죽박죽 섞여 있는 혼돈으로부터 질서정연한 경계를 설정하여 우주적 코스모스, 즉 שלום(샬롬)을 형성하는 성서적 통합의 개념이 강하다. 샬롬이란 본래, 단순한 평화를 의미하지 않는다. שלום(샬롬)이라는 어원은 샬롬의 사전적 의미를 다음과 같아 밝혀 준다: "완벽하게 하다", "온전케 하다", "끝내다", "충만케 하다" 무언가 완전한 형상과 발현을 이루어 충만한 상태에 이를 때 비로소 참된 평화가 찾아오는 법이다. 창세기가 전하는 창조는 이와 같이 질서정연한 경계가 무질서 가운데 설정되어짐으로 말미암아 완성된 샬롬의 형성 과정이었다. 샬롬이 이루어진 세계가 바로 하나님께서 보시기에 "좋은" 세상이다.[1]

창조 기사에서 하나님의 창조 과정에 동반되는 것은 "복"의 명령이다. 탄생된 어린 생명에게 모든 사람들은 축복한다. 그 축복의 내용은 아이의 건강과 미래의 번영일 것이다. 지금 하나님은 새롭게 시작된 모든 피조세계에 대하여 복을 허락하신다(1:22, 28). 그러나 엄밀하게 성경말씀을 보면, 복의 명령은 정주하는 식물보다는 이동성 있는 동물에게 그리고 더 확대된 명령은 남자와 여자에게 주어진다. 동물에게 주어진 복의 내용은 "생육하고 번성하며 충만하라"라는 것이다. 사람에게는 두 가지 복이 더 첨가된다. "땅을 정복하고 모든 생물을 다스리라"라는 것이다. 이는 자율권의 허락 정도이다. 식물은 이동하지 못하지만 하나님의 자연질서의 원리 가운데 씨 맺는 채소와 열매 맺는 나무가 자라나도록 하셨다(1:11-12). 더 능동적으로 움직이게 지어진 동물들은 식물보다는 더 적극적으로 자신들의 생존과 번성을 위해 자율적 사냥과 종족 번식을 하도록 만들어졌다. 이제 사람에게 와서는 더욱 확실한 자율권이 허락되었다. 펼쳐진 여지의 땅을 정복하고 주어진 생물들을 다스리며 영향력을 행사하라는 명령이다. 이를 통해 보건대 하나님의 복은 자율적 주도권이다. 식물들의 나고 자람과 천체의 운행과는 달리, 또한 동물들의 제한된 생존과 번성과는 달리, 인간은 하나님의 주권적 다스림을 허락받았다. 이것이 복이다. 얼마든지 이 세상 속에서 자율적 권한을 누리는 것이 태초로부터 오로지 인간에게 주어진 독특한 복의 내용이다. 하나님은 인간을 하나님의 뜻에 순종만 하는 수동적 존재로 창조하지 않았다. 오히려 능동적인 존재로 하나님의 계속적 창조와 세상 다스리심에 참여토록 하셨다.

문제는 인간의 잘못된 권한 행사이다. 복이 화가 되었다. 인간은 죄와 타락으로 응답했다. 왜 복이 화가 되어 죄와 타락으로 이어졌는가? 하나님의 샬롬을 깨뜨리는 일이 일어났다. 금단의 열매 선악과를 따 먹었기 때문이다.

선악과는 하나님과 인간 사이의 경계이다: "너희가 그것을 먹는 날에는 너희 눈이 밝아져 하나님과 같이 되어 선악을 알 줄 하나님이 아심이니라"(3:5). 인간은 넘지 말아야 할 선인 선악과의 경계를 손을 뻗어 침범하고야 말았다. 죄란 하나님의 창조를 통해 정해진 질서의 경계를 침범하는 일이다. 구약성서의 죄 개념 가운데 עשׁם(아샴)은 '침범하다', '넘어서다'의 의미와 관련이 있다. 태초의 혼돈 위에 베풀어진 질서의 경계가 뚫렸을 때 에덴동산의 평화는 깨져 버렸다. 창조질서의 거룩한 나눔은 이후 왜곡된 인간의 자율권 행사로 인해 타락일로로 치닫는다. 복을 허락하셨을 때의 하나님의 심정과는 전혀 다른 방향으로 인류사는 전개되었다. 여기에 구약성서에서 가장 지배적으로 등장하는 죄의 개념인 חטא(하타)의 의미가 통하고 있다. 하타는 '과녁을 벗어나다', '잘못하다', '놓치다' 등의 원뜻을 지닌다. 하나님의 창조질서에서 어긋나 버린 인간의 상태가 죄 된 상태이다. 왜냐하면 창세기 3장이 증언하듯 질서의 경계를 넘어섰을 때(아샴) 하나님과의 관계가 깨어져 버렸으며 창세기 4장이 강조하듯 과녁을 벗어난 죄의(하타) 활개를 제어하지 못했을 때 인간과의 관계 또한 미움과 살인으로 내달았기 때문이다.

전통적으로 기독교 신앙인들에게 죄 문제의 해결은 구원이다. 구약성서적 관점에서 구원은 바로 하나님의 창조질서를 깨뜨린 죄로부터 돌이켜 하나님의 샬롬을 회복하는 일이다. 그러나 이는 단순히 태초의 에덴동산의 상태로의 회귀 또는 환원이 아니다. 구원의 핵심으로서의 "샬롬의 회복"은 바로 하나님의 창조질서에 합치하는 일이다.[2] 전적인 하나님의 통치가 이루어지는 상태의 확립이다. 다시 말해 "하나님의 나라"이다. 하나님의 주권만이 최종 결정권을 갖게 될 때 하나님과의 관계는 회복되고 세상의 평화는 성취된다. 예수 그리스도의 처음 일성인 "회개하라 하나님의 나라가 가까이 왔다"는 바로 샬롬의 회복에 다름 아니다. 예수 그리스도께서 십자가를 통해 이루신 구원사역은 하나님과 인간과의 샬롬 그리고 하나님과 오염된 세상과의 관계를 회복하신 일이다: "하나님이 세상을 이처럼 사랑하사 독생자를 주셨으니 이는 그를 믿는 자마다 멸망하지 않고 구원을 받게 하려 하심이라"(요 3:16). 여기에서 우리는 기독교 구원신학의 창조신학적 지평을 터득하게 된다.

자족하신 하나님께서 사랑으로 세상을 창조하셨다. 전능하신 하나님 능력의 발현이지만 동시에 전지하신 하나님의 책임적 아픔이 동반된 창조이다. 왜냐하면 피조된 세계의 왜곡된 향방을 이미 창조 초기, 아니 창조 이전부터 알고 계셨기 때문이다. 그러나 하나님의 사랑은 그리고 신실하신 책임감은 인간의 타락과 세상의 죄된 노정에도 불구하고 인간을, 세상을 붙드신다. 그 하나님의 사랑이 언약이다. 가장 먼저 노아에게 무지개를 통한 영원한 언약이 주어졌다. 그리고 비로소 인간의 구체적인 역사 속에서 발휘될 아브라함의 언약이 수립된다. 노아의 경우도 그렇고 아브라함의 경우도 그렇듯 인간 편에서 언약을 요구한 적은 없다. 하나님의 자유하심 가운데 약속하신다. 그러나 하나님은 그 언약으로 인해 당신 자신을 얽어매는 결과를 빚는다. 인간이 바라지도 않는 상황에서 스스로 구속하는 약속으로 말미암아 인간을 끝까지 책임져야 하는 수고를 아끼지 않는다. 여기에 세상을 향한 하나님의 아픔과 사랑이 진하게 배어 있다.

인간들이 할 일은 믿음뿐이다. 노아 홍수 이후 이 세상은 이미 깨어져 버린 곳이다. 어떠한 가능성도 그 안에 있을 수 없다. 무지개 언약이 아니었다면 인류는 벌써 멸망했어도 수백, 수천 번은 더 종말을 고했을 것이다. 왜냐하면, 노아 시대 이후 인류의 역사는 그보다 더 심한 과도한 죄악의 삶을 살아오고 있기 때문이다. 우리 안에 아무런 구원의 소망이 없다. 이런 인류의 역사 속에 하나님의 성실하신 사랑(חסד/헤세드)은 구약과 신약의 역사 내내 펼쳐졌다. 언약으로 율법으로 예언으로 그리고 궁극적으로 예수 그리스도의 십자가로 하나님의 구원의지는 오늘 우리에게까지 이어진다. 아브라함 이래 초대교회의 예수 운동 그리고 오늘 교회의 시대에까지 믿음은 우리가 구원받을 수 있는 유일한 길이다. 창세기가 우리에게 의미 있게 다가오는 것은 그 하나님의 헤세드의 시작을 죄와 타락의 황폐해진 땅으로부터 시작하고 계심을 절절히 기록하고 있기 때문이다. 그 속에서 창조주 하나님의 아픔과 사랑을 우리는 새롭게 발견하게 된다. 아브라함 이래 이삭과 야곱 그리고 요셉 등의 족장들은 아직 하나님의 심정을 백분 헤아리지 못한다. 그들의 좌충우돌 삶의 여과 없는 기록이 창세기 12-50장에 남아 있다. 그러나 줄곧 그들은 언약의 하나님을 붙들고 험악한 인생을 버티고 관통해 냈다. 하나님의 언약의 은혜이며 그들의 믿음의 반응의 결과물이 창세기 후반의 족장사의 기록인 것이다. 지금부터 우리는 창조주 하나님의 변함없는 헤세드의 구원의 드라마를 믿음의 사람들의 주도적 반응과 더불어 살펴보려 한다.

III. 창세기 1-11 : 태고사

1. 창세기 1-2장 두 개의 창조 이야기

교회의 전통적인 창세기 읽기는 1장과 2장에서 펼쳐지는 두 개의 다른 창조 이야기를 자연스레 하나의 보도로 받아들인다. 즉, 1장으로부터 2장 3절에 이르러 7일 동안의 창조사역이 완성되었음에도 2장 4절 이하에서 새로운 창조기록이 덧붙여져서 나타난다. 에덴동산의 창설과 아담과 하와의 탄생 이야기가 따라오고 있는 것이다. 그러나 이곳에서는 기존의 역사비평적 분석적 읽기를 시도하기보다는 현재의 본문 그대로 받아들이는 정경 중심적 읽기의 태도를 취하고 있다. 이렇게 정경 말씀의 순서대로 무리 없이 성경에 접근할 때 각 장이 전하고자 하는 특징적 메시지가 살아나고 말씀의 내용은 풍부해진다. 얼핏, 각기 다른 창조의 이야기로 느껴질 수 있는 두 창조보도는 다분히 의도적이다. 1장의 창조기록은 하나님의 전능성과 주권적 권위가 강조돼 있다. 반면에 2장은 하나님의 친밀성과 인간적 심정이 드러나 있다. 인간의 하나님 이해의 두 측면 즉 멀리 계신 하나님과 가까이 계신 하나님의 이해가 창세기 서두로부터 계시되어 있는 것이다.

하나님이 왜 세상을 창조하셨을까? 물어보나 마나 한 질문일 것이다. 창조섭리 그 자체는 하나님의 영역에 속하기 때문이다. 그러나 이 세상을 창조하신 이래 불순종하고 타락하고 폭력과 음란으로 치닫는 세상을 보면서 이런 질문이 들 수밖에 없는 것은 어쩔 수 없는 일이다. 심지어 하나님 당신께서 땅 위에 사람 지으심을 한탄까지 하지 않으셨는가?(6:6)

우리의 성경은 분명한 선포로 시작한다: "태초에 하나님이 천지를 창조하시니라" 하나님의 천지창조의 명백한 진리에 이의를 제기할 사람은 없다. 빅뱅이론과 진화론 등의 우주형성과 생물체의 진화에 관한 숱한 과학이론들도 구약성경이 증언하는 만물의 창조주가 계신다고 하는 사실을 폐기할 수 없다. 왜냐하면 창조는(בָּרָא/바라) 하나님께서만 하실 수 있기 때문이다. 몇억 분의 일의 우연적 발생과 적자생존의 자연적 메커니즘이 존재세계에 생명을 불어넣을 수는 없다. 힉스입자가 발견되었다고 야단하지만[3] 이제껏 우주의 구성요소로 밝혀진 것은 2013년 가장 최근에 밝혀진 힉스입자를 포함해 전체 우주의 4%에 불과한 물질이 전부다. 아직도 96%의 구성요소가 창조세계의 신비 가운데 묻혀 있다. 심지어 힉스입자 자체를 영적인 존재에 대한 설명의 단초로도(God particle) 보는 상황에서 성경에 엄연히 기록된 말씀들에 대하여 무조건적으로 거부하는 태도는 진리를 심각하게 손상시키는 위험을 초래한다.

하나님께서 세상을 창조하신 이유는 관계적 존재인 하나님의 자연스럽고도 필연적인 결과이다. 창세기 1-2장의 창조보도에는 "보시기에 좋았더라"(בוֹט/토브)의 반복으로 가득 차 있다. 그러나 딱 한군데 하나님의 마음에 "좋지 아니하니"(בוֹט־אֹל/로 토브)로 기록된 곳이 있다. 바로 아담의 "혼자 사는 것"(2:18)을 보고 '로 토브'를 외치고 계신다. 하나님은 홀로 한 분 하나님이시지만 그의 본성은 관계성(relationship)이다. 항상 사귐과 교제를 원하신다. 때문에 2장 19절과 22절에서 각각 홀로 있는 아담에게 동물들을 "이끌어 가시고"(אֹבֹיָו/봐야베) 또 여자를 "이끌어 오신다"(הָאֶבֹיַו/봐에비에하). 하나님은 피조된 세계의 소통과 조화를 원하고 계신다.

따라서 동물들과 여자("돕는 배필")에 대한 이해도 새로운 조명을 받는다. 동물들은 단순한 정복의 대상이 아니라 아담에 의해 이름을 부여받는 존재이다. 이름을 부른다는 것은 존재성을 부여하는 일이요 관계성을 맺는 일이다. 여자를 일컫는 돕는 배필은 보조적이고 부가적인 의미가 아니다. 엄연한 인격적 독립체로 동등한 관계성 가운데 상호관계를 맺는 또 다른 인격체를 일컫는다. 더 나아가 원어에는 רֶזֵע(에젤/돕는 자)로 더 능력이 많은 자로 묘사되어 있다. 대부분의 구약성경에서 에젤이 쓰일 때에는 하나님을 가리키는 경우가 많다: "하나님은 나를 돕는 이시며"(시 54:4a; cf. 시 30:10, 89:19). 남자와 여자 사이의 하나됨의 절정은 아담의 노래에서 여실히 드러난다: "이는 내 뼈 중의 뼈요 살 중의 살이라"(2:23a). 아담과 하와를 대표로 하는 모든 피조물의 사귐과 조화는 하나님의 뜻이다.

그러나 이 소통과 교제는 획일성(uniformity)을 의미하지는 않는다. 오히려 상이성 가운데 조화와 통일(unity)을 향한다. 위에서 창조의 주제를 다룰 때 창조는 '질서'를 확립하는 일이요, '경계선'을 정하는 일로 정의한 바 있다. 형상화되어 있지 않은 태고의 혼돈과 공허 가운데에서 빛을 주고 경계를 나누고 형상을 부여하고 종류별로 생겨나게 하였다. 그 피조세계에는 질서가 있었다. 하나님의 창조섭리에 합하기 때문이다. 그곳에 샬롬이 임하고 하나님의 질서 가운데 더 큰 샬롬을 향한 발전이 가능하다. 피조세계의 관계성을 허락하신 것 자체가 더 온전한 샬롬을 향하도록 자율성을 부여한 하나님의 뜻이 계신 것이다. 그러나 하나님의 창조질서에서 벗어날 때 소통과 교제는 깨어지고 세상은 방종과 무질서의 파도에 휩쓸린다. 그나마 인간이 임의적으로 만든 규율은 제일 좋아봤자 무리한 획일성만을 낳는다. 다양한 피조세계의 무한한 발전 가능성은 혼돈과 폭력 가운데 폐기된다. 그 불행의 시작을 우리는 다음의 창세기 3-5장의 고찰로부터 목격할 수 있다.

2. 창세기 3-5장 타락과 문명의 형성

왜 하나님은 선악과를 동산의 중앙에 만들어 놓으셨을까? 기독교 신앙인들에게 항상 의문으로 다가오는 질문이다. 왜냐하면 인간의 죄의 문제의 해결이 가장 큰 문제인데 하나님께서는 세상의 시작으로부터 그 죄의 원인제공을 하신 격이 되기 때문이다. 그러나 죄에 대한 창조신학적 이해는 구원신학적 이해와는 차이가 있다. 구원신학적 지평에서의 죄는 타락이고 부정함이다. 인간주체의 왜곡된 방향성이고 자율을 넘어선 방종과 욕망의 굴레이다. 인간의 잘못된 선택의 결과로 하나님과 멀어진 상태를 의미한다. 창조신학적 지평에서의 죄에 대한 이해는 비교적 단순하다. 하나님과 인간 사이의 격차를 처음부터 상정한다. 감히 죄 된 인간의 모습으로 하나님에게 이를 수 없는 근본적 상태를 그대로 받아들인다. 이러한 죄에 대한 이해는 본래 고대종교에서 인간과 신과의 무한한 질적 격차에 대한 강조에서 왔다. 아닌 게 아니라 구약성경의 보도는 신적인 존재를 만난 사람들이 신성과 인성의 무한한 격차의 충돌로 인한 죽음을 두려워한다: "내가 하나님과 대면하여 보았으나 내 생명이 보전되었다 함이더라"(창 32:30b); "슬프도소이다 주 여호와여 내가 여호와의 사자를 대면하여 보았나이다"(삿 6:22); "우리가 하나님을 보았으니 반드시 죽으리로다"(삿 13:22). 출애굽한 이스라엘 백성이 시내 산에 이르렀을 때 하나님께서도 백성들의 시내 산 진입을 금지하고 있다: "… 산을 침범하는 자는 반드시 죽임을 당할 것이라"(출 19:12).

하나님과 인간 사이의 넘어설 수 없는 경계를 상징하는 것이 바로 선악과이다. 인간이 하나님의 형상대로 지음을 받고 자율권과 능동성을 공급받았으나 하나님과 인간 사이의 경계는 엄연히 존재한다. 인간이 하나님이 될 수 없고 하나님이 인간이 될 수 없다. 이러한 존재론적 창조의 경계가 깨어질 때 하나님의 창조세계는 삐꺼덕거리기 시작한다. 당장에 아담과 하와가 하나님과의 사귐으로부터 숨는다. 여자와 동물 사이에 단절과 적대가 시작된다. 남자와 생태계 사이의 관계는 자연스러운 조화로부터 땀을 흘리는 수고와 극복의 관계로 전락한다. 제일 나쁜 것은 생명나무에 이르는 길이 차단되는 것이다. 생명나무는 고대 근동에서 모든 창조세계의 생명체의 상징으로 여겨진다. 모든 생명 있는 존재들에게 근원적인 생명력을 제공하는 원천인 셈이다. 선악과가 신과 인간 사이의 경계를 상징한다면 생명나무는 하나님께서 사람과 세상에 허락하는 생명의 능력을 상징한다. 본래 금지된 나무는 선악과였지 생명나무는 아니었다(2:16-17). 그러나 신의 경계를 침범한 인간에게 더 이상 생명나무의 과실은 허락될 수 없다. 왜냐하면 하나님과의 관계성으로부터 이탈된 인간에게 주어진 생명나무는 파괴적 영생을 야기하기 때문이다(3:22). 그러나 후에 구원을 얻은 사람들은 하나님과의 온전한 샬롬의 관계에서 생명나무의 열매를 누릴 수 있다(잠 11:30; 계 2:7).

하나님과 인간 사이의 관계성은 선악과 사건으로 큰 손상을 입었다. 한 번 세상에 들어온 혼돈의 물결은 쉽사리 물러가지 않는다. 하나님과의 온전한 교제가 이루어졌던 에덴동산에서의 추방은 이제 인간에게는 영적, 육적 죽음의 선고이다. 에덴의 동쪽 경계 밖은 그렇게 혼돈과 어둠의 세계이다. 인간에게 지어주신 가죽옷은(3:21) 죽음의 세계에서 살아갈 수 있도록 하는 하나님의 은혜의 상징이다. 그러나 코스모스를 상실한 인간세계는 이후 무질서에 노출된다. 가인은 동생 아벨을 죽이고 놋(T1)

/방랑) 땅에서 유리하는 자가 된다(4:16). 이때에도 하나님은 가인에게 은혜의 표를 주신다(4:15). 그러나 가인은 유리함의 형벌을(4:12) 모면하기 위해 방랑의 땅에서 자신의 임의대로 에녹 성을 쌓는다(4:17). 이후 가인의 후예들은 하나님의 형벌을 피하기 위해 자신들만의 성을 쌓고 하나님의 뜻을 왜곡하고 인간의 문명을 만들어 간다. 샬롬이 한 번 깨어진 세상에서 본래 인간은 다시금 샬롬으로 돌아와야 했다. 자신의 흙 됨을(3:19) 기억해야 했다. 그러나 하나님의 구형을 있는 그대로 받아들이지 않고 모면하는 데 급급했다(4:12-13). 그 결과 처음 이탈된 길로부터 돌이킬 수 없을 정도로 왜곡된 파괴적 자율의 방향으로 멀어져만 갔다.

우리는 에덴의 동쪽에서 이루어지는 인간의 방황과 이탈에 대한 하나님의 반응이 어느 순간부터 수동적이라는 사실을 주목할 필요가 있다. 가죽옷을 지어 입히시고 가인에게 표를 줄 때만 하더라도 하나님은 능동적으로 활동하셨다. 그러나 가인 이후에는 인간문명의 자율적 행보를 제어하지 않으신다. 더군다나 아벨 이후의 거룩한 자손의 상징이라 할 수 있는 셋의 후손들의 계승 역시 자연적 섭리에 의해 이루어진다. 우리는 5:1-5에서 에덴동산 이후 펼쳐지는 세상의 하나님 섭리에 대한 요약을 발견한다: 1. 하나님의 형상대로 사람을 창조하시고; 2. 창조된 남자와 여자에게 복을 주시고 사람으로 구별하신다; 3. 사람은 자기 형상을 닮은 후손을 낳게 되고; 4. 일정한 수한을 누린 뒤 죽는다. 이 창조섭리의 요약은 한 마디로 이 세상은 하나님의 형상을 닮은 인간에게 맡겨졌다는 사실에 대한 재차 강조이다. 인간은 낳고 죽는다. 그래서 한계가 있다. 그러나 그들에게는 동물들과는 달리 하나님의 형상이 주어져 있다. 하나님의 형상으로 지음 받았기에 더 이상 하나님께서 직접 이 세상의 살림살이에 관여하실 필요가 없다. 낳고 죽는 인생의 긴 흐름 가운데 하나님의 뜻은 드러나게 되어 있다. 만약 그 인생의 역사에 하나님께서 직접 관여하신다면 하나님의 형상대로 인간을 지으신 사실 자체에 오히려 역행하는 일이다.

식물보다는 동물에게 동물보다는 사람에게 온전한 자율권을 주시고 "정복하라 … 다스리라" 명하신 것은 그들에게 내재된 하나님의 형상의 발현을 추구하신 것이다.

비록 인간은 선악과를 따먹고 에덴동산에서 쫓겨나고 동생을 죽이는 일을 범하고 있지만 하나님은 여전히 그들 안에 심겨진 하나님의 형상 곧 인간에게 주어진 자율권의 선한 발현을 기대하고 계신 것이다. 그러나 이어지는 6장 이하에서 하나님의 기대는 꺾이고 만다. 그뿐만 아니라 창조세계 자체에 큰 위기가 닥친다. 그리고 그 위기는 곧 하나님의 위기였다.

3. 창세기 6-9장 창조의 위기와 언약 형성

단지 지상으로부터 하나님과 인간의 경계가 뚫린 것이 아니다. 창 6장에서 보면 신과 인간의 경계가 하늘로부터 뚫리기 시작한다: "하나님의 아들들이 사람의 딸들의 아름다움을 보고 자기들의 좋아하는 모든 여자를 아내로 삼는지라"(6:2). 본래 "하나님의 아들들"(브네이 하엘로힘)은 천상의 존재들을 가리킬 때 사용하는 문구이다(cf. 욥 1:6; 2:1). 그러나 천사들이 인간의 딸들과 결혼한다는 문학적 모티프는 고대 근동의 종교에서는 신화적 표현으로 이해 가능하나 현대 크리스천에게 설명하기에는 어려운 측면이 있다. 도리어 "하나님의 아들들"을 하나님의 거룩한 자손들 또는 당대의 능력 있는 용사들이나 왕자들을 일컫는 표현으로 이해하는 것이 무리가 없다.[4] 노아의 후손들 가운데 가인의 후예가 아닌 셋의 후예들을 "하나님의 아들들" 곧 선택받은 의인들로 해석할 수 있다. 이는 3절에서 이어지는 내용을 보면 분명해진다: "여호와께서 가라사대 나의 영이 영원히 사람과 함께 하지 아니하리니 이는 그들이 육신이 됨이라 그러나 그들의 날은 백이십년이 되리라 하시니라" 창조적 섭리 안에 사람은 하나님의 신이 영원히 함께할 수 있었다. 그러나 하늘과 땅의 경계가 무너지는 바람에 육체가 되었다. 창조질서가 깨어진 결과 하나님의 신이 부분적으로 그리고 한시적으로만 인간에게 머무르게 되었다.

하나님의 기대하시는바 하나님 형상의 발현이 이루어지지 않았다. 하나님의 신이 함께하는 하나님의 아들들이 육체(기띠그/바사르)가 되었기 때문이다. 거룩한 자손들이 육체적 인간으로 전락했다. 창조적 자율권의 행사보다는 파괴적 자율권과 방종이 땅을 뒤덮게 되었다. 결국 하나님께서 탄식하신다: "땅 위에 사람 지으셨음을 한탄하사 마음에 근심하시고"(6:6). 그리고 자율을 방종으로 바꾸어 버린 사람과 동물들에게 심판을 선포하신다: "내가 창조한 사람을 내가 지면에서 쓸어버리되 사람으로부터 가축과 기는 것과 공중의 새까지 그리하리니 이는 내가 그것들을 지었음을 한탄함이니라 하시니라"(6:7). 그러나 세상의 혼돈 속에 남은 "하나님의 아들"이 있었다. 바로 노아였다: "노아는 의인이요 당대에 완전한 자라 그는 하나님과 동행하였으며"(6:9). 노아를 통해 작은 보존된 우주를 남겨놓으신 채 모든 피조세계의 종말을 고한 사건이 노아의 홍수 심판이다.

여기에서 놓치지 말아야 할 요점이 있다. 앞서 5:6-32에 걸쳐서 하나님은 세상의 자율적 발전과 문명의 번성을 수동적으로 지켜만 보셨다. 아니 오히려 하나님의 형상을 심어놓은 인간들로부터 신적 선한 문명의 발전을 적극적으로 기대하고 계셨다. 그러나 인간은 여지없이 신적 기대를 무너뜨렸다. 육체적 부패와 포악만이 그들의 반응이었다. 드디어 노아의 때에 이르러 하나님이 능동적으로 움직이기 시작하셨다. 그러나 기억하라! 하나님께서 인간에게 심겨진 형상의 발현에 대한 기대를 접으시는 순간 인류에게는 심판이 임한다. 우리 안에 있는 하나님의 형상은 하나님의 기대요 가능성이다. 그러나 하나님의 아들들이 능동적으로 반응하지 않고 그 형상을 묻어만 둔 채 육체성으로 흘러만 버린다면 그 결과는 하나님의 심판이다. 직접적 하나님의 통치가 그렇게 쉽게 이 땅 가운데 이루어질 수 없는 최대 이유가 여기에 있다.

노아의 홍수 심판은 분명히 창조세계의 위기였으며 하나님의 위기였다.

하나님의 형상을 따라 지음 받은 인간들의 실패는 곧 하나님의 직접적인 개입을 초래한다. 그 신적 개입은 곧 창조세계의 부정이다. 그래서 하나님께서 홍수심판 후 노아의 번제를 받으신 후 다음과 같이 말씀하신다: "여호와께서 그 향기를 받으시고 그 중심에 이르시되 내가 다시는 사람으로 말미암아 땅을 저주하지 아니하리니 이는 사람의 마음이 계획하는 바가 어려서부터 악함이라 내가 전에 행한 것 같이 모든 생물을 다시 멸하지 아니하리니"(8:21). 창조세계 보존의 다짐이다. 두 가지 사실이 명백해진다. 하나는 직접적 신적 개입의 금지이며 또 다른 하나는 사람의 악함에 대한 하나님의 인정이다. 전자는 창조세계를 여전히 인간의 손에 맡기시겠다는 의지이며 후자는 그럼에도 불구하고 인간의 육적 타락의 엄연한 사실을 하나님께서 안고 가시겠다는 결정이다. 노아의 홍수 심판은 하나님의 창조세계 섭리의 분수령이다. 그 이전까지 하나님은 인간의 악함으로 깨어져 버린 세상을 한탄하시고 직접적 행동을 취하셨다. 그러나 홍수 이후 하나님은 인간 내의 신적 형상 발현을 끝까지 포기하지 않으시리라고 선포하신다. 이 하나님의 결심에는 필연적으로 인간의 죄악성에 대한 하나님의 담당과 처리에 대한 의지가 동시에 전제되어 있다.

첫 번째 영원한 언약(עולם ברית/베릿 올람)인 무지개 언약은 이래서 중요하다. 인간 편에서 요구한 언약이 아니다. 하나님께서 창조하신 피조세계에 대한 사랑의 다짐이 이 첫 번째 언약에 절절히 담겨 있다: "무지개가 구름 사이에 있으리니 내가 보고 나 하나님과 모든 육체를 가진 땅의 모든 생물 사이의 영원한 언약을 기억하리라"(9:16). 이 세상에 타락과 부패가 거듭될 것을 이미 하나님께서는 아신다. 그러나 자연의 섭리 가운데 무지개를 하늘 중앙에 걸어 두셨다. 땅이 있을 동안, 심음과 거둠과 추위와 더위, 여름과 겨울, 그리고 낮과 밤이 계속되는 동안(8:22) 무지개도 여전히 비온 뒤에 떠오를 것이다. 그 무지개를 하나님이 "보고", "기억하리라" 말씀하신다. 인간이 보라고 무지개를 만든 것이 아니라 하나님 당신 자신에 대한 결단의 표로 무지개 언약을 선포하고 계신다. 이미 세상은 깨어져 버렸다. 그러나 그 깨어진 세상을 하나님은 포기하지 못하고 끝까지 붙들고 계신다. 인간의 악성까지 감내하신다. 무지개 언약 자체가 더 이상 사람(아담)이 아니라 "모든 육체"(바사르)에게 주어졌다(9:16). 이후 하나님의 구원 역사는 죄인 된 인간의 문제 해결을 위한 하나님의 슬픔과 고통으로 점철한다. 노아 홍수 이후 하나님께서는 하나님의 자유함 가운데 스스로를 '인간과의 언약'이라는 전대미문의 신적 겸비함으로 이 세상과 관계하기 시작하신다.

4. 창세기 10-11장 인류의 번성과 바벨탑

노아의 홍수 심판 이후 그리고 영원한 언약인 무지개 언약의 계시 이후 인류는 하나님의 자연적 창조 섭리 가운데 번성을 거듭한다. 10장에 기록된 노아의 세 아들 셈, 함, 야벳의 자손에 대한 보도는 하나님의 창조세계의 유지와 보존을 의미한다. 온 땅의 모든 나라와 백성 그리고 종족이 번지게 된다. 이는 12장으로부터 시작되는 아브라함에게 허락하신 언약이 온 세계에 대한 언약이 됨을 웅변하는 서언이기도 하다. 그러나 더 중요한 사실은 하나님의 창조세계에 대한 사랑과 보존이 창조섭리 가운데 계속해서 인간의 역사 속에서 펼쳐지고 있음을 가리킨다. 즉, 이미 종말을 고할 수밖에 없었던 피조세계가 하나님의 붙들어 주시는 은혜로 인해서 지속되고 있다는 것을 말해 준다. 그런데 또 한 번 하나님의 직접적 개입을 불러일으키는 사건이 발생한다. 바벨탑 사건이 그것이다.

고통과 슬픔을 마다하지 않고 하나님께서는 인간의 죄성을 안고 가시기로 무지개 언약을 통해 결심하셨다. 그러나 하나님의 오래 참으심과 용서의 은혜에도 불구하고 간과하실 수 없는 죄악이 하나 있다. 하나님의 자리에 대한 찬탈이다. 인간이 신이 되려 하는 것이다. 주어진 자율권을 악용하여 하나님의 주권적 통치에까지 미치려 하는 악마적 시도이다. 이에 하나님의 직접적 개입을 우리는 창세기 11장에서 목격한다: "여호와께서 이르시되 이 무리가 한 족속이요 언어도 하나이므로 이같이 시작하였으니 이 후로는 그 하고자 하는 일을 막을 수 없으리로다 자, 우리가 내려가서 거기서 그들의 언어를 혼잡하게 하여 그들이 서로 알아듣지 못하게 하자 하시고"(11:6-7). 이곳에서 하나님의 언급은 얼핏 이해하기 힘들다. 어떻게 전능하신 하나님께서 인간들의 행사를 "막을 수 없으리라" 하며 두려워하시는가? 그런데 우리는 이러한 언급을 이미 3장 22절에서도 접해 본 바 있다. 선악과를 따 먹은 사람이 선악을 아는 일에 하나님과 같이 되어서 생명나무 실과까지 따 먹고 영생하게 되면 어떻게 할 것인가를 걱정하셨다. 이와 같은 하나님의 언급이 가르치는 사실은 인간에게 심겨진 무한한 가능성이다. 바로 하나님의 형상 때문이다. 인간의 타락과 세상의 부패상에도 불구하고 하나님께서는 당신의 형상을 포기하지 않으심을 알려 준다.

문제는 인간들이다. 하나님의 샬롬의 법칙 곧 창조질서 내에서 신의 형상을 발현해야 하는데, 도리어 하나님의 뜻에 반하여 질서의 경계를 넘어서려 한다. 바벨탑 사건을 부른 인간의 범죄는 두 가지이다. 하나는 그들이 쌓은 탑 꼭대기를 하늘에 닿게 하여 자신들의 이름을 떨치려는 계획이고(11:4a), 또 다른 하나는 온 지면에 흩어짐을 면하려는 계획이었다(11:4b). 인간의 헛된 교만과 획일적 하나됨에 대한 죄악이다. 하나님의 통치 앞에 겸허히 나와야 하는데 자신들의 본연의 모습 이상의 경계를 침범하고 있다. 또한 "땅에 충만하라 땅을 정복하라"(1:28)라는 다양한 발전의 명령 앞에 "우리가 흩어짐을 면하자"라고 말하면서 자신들 만의 나라를 추구하려 하였다.

하나님은 이런 인간의 시도에 대한 해결책으로 '언어를 혼잡하게' 하셨다. "바벨"의 의미는 בלל(발랄) 동사에서 파생한 것으로 '혼돈케 하다' 또는 '혼잡케 하다'의 의미가 있다. 언어의 혼돈은 세상의 혼돈을 추구했던 인간의 교만과 불순종에 대한 처방책으로 주어졌다. 참으로 아이러니컬한 일이다. 그러나 언어의 혼돈은 무질서가 아니라 온 땅에 '충만케' 하시려는 하나님의 계획의 일부이다. 바벨탑 사건 이전 이미 노아의 후손들은 온 세상에 퍼져 있었다: "홍수 후에 이들에게서 그 땅의 백성들이 나뉘었더라"(10:32b). 그러나 바벨탑을 쌓게 된 시기에 온 땅의 나누어짐이 더 이상 일어나지 않는다. 흩어짐을 면하자는 인간들의 불순종이 고개를 들었다. 한 곳에 정주하고 모여 있고 변화를 싫어하는 인간의 성정대로 살려고 모의한다. 하나님의 창조명령을 따라 이동하고 새로운 경지를 개척하고 정복하는 사역이 더 이상 이루어지지 않는다.[5] 이러한 인간의 행사에 하나님께서는 철퇴를 가한다. 다양한 언어를 각각의 나라와 인종에게 부여하심으로써 하나님의 창조섭리가 이루어지도록 유도하신다. 창세기 11장의 바벨탑 사건은 인간의 도시 건설과 문화 확장에 대한 반문명적 기록이 아니라 도리어 인간의 능력과 가능성을 온 세계에 퍼뜨려야 한다는 하나님의 창조섭리가 담긴 적극적 문명발전의 명령으로 새롭게 읽혀야 한다.

이렇듯 한 번 창조된 이 세상은 하나님의 끊임없는 진단과 처방, 용서와 은혜를 통해 지탱되고 유지된다. 그리고 하나님의 형상을 입은 사람들을 통한 새로운 발전의 가능성을 열어놓으신다. 그러나 여전히 믿음직하지 못한 인류로 인해 하나님은 항상 새로운 계획을 시작하신다. 특정한 개인을 구별하고 특별한 민족을 선택하신다. 창세기 12장으로부터 구체적인 인간역사의 무대에 새로운 하늘계획이 펼쳐진다. 바로 족장들의 이야기이다.

IV. 창세기 12-50 : 족장사

1. 창세기 12-23장 아브라함 이야기 : 언약의 실행 시작

아브라함의 삶을 한 마디로 표현한다면 실패의 연속이었다. 그런 그에게 계속된 하나님의 은혜를 베푸시는 모습은 이제껏 살펴본 태고사의 역사적 전개와 일면 유사하다. 인간은 범죄하고 어그러지나 하나님은 참으시고 온전케 하신다.

아브라함의 실패는 창 12-21장에 이르기까지 자주 발견할 수 있다. 하나님의 약속하신 가나안 땅에서 기근이 들었을 때 이집트로 내려가 버린다(12:10). 아내 사래를 누이동생으로 속이고 자신의 목숨을 보존하려 한다(12:13). 자손 약속의 언약에도 불구하고 언약성취의 지연 앞에 인간의 방식대로 상속자를 정하려 한다(15:3, 16:2, 17:18). 사래가 여종 하갈을 학대하고 있음에도 모른 체한다(16:6). 하나님의 자손 약속 앞에 믿음 없이 웃기조차 한다(17:17). 소돔과 고모라의 멸망을 입에 먼저 올린 이는 하나님이 아니라 아브라함이다(18:20-23). 이와 같은 아브라함 실패의 목록은 당시의 아브라함의 상황을 하나하나 고려한다면 인간적으로 이해되기도 한다. 그러나 아브라함의 실패를 지적하는 이유는 그가 특별해서 하나님께 선택받은 게 아님을 상기하기 위함이다. 우리와 똑같은 인간이었음에도 불구하고 하나님께 쓰임 받을 수 있다는 사실을 강조하기 위함이다. 또한 더 나아가서 하나님의 사람들은 끊임없이 훈련과 단련의 과정을 거쳐야 함을 새삼 발견할 수 있기 때문이다. 허락하신 가나안 땅에 가까스로 다다른 아브라함을 기다리고 있던 것은 황폐한 광야 지역의 기근이었다. 그의 이집트로의 이동은 이스라엘 사막 지역의 기근을 체험한 사람이라면 십분 이해할 수 있는 대목이다. 문제는 이집트로 내려간 아브라함이 거짓말을 하는 경우이다. 인간적 두려움으로 인해 이집트

제국의 파라오 앞에서 연약한 한 유목민 가장의 비겁함은 여전히 이해할 수 있는 부분이다. 그런데 놀라운 사실은 하나님께서 이런 아브라함의 실수에도 불구하고 화가 복이 되도록 하셨다. 하나님께서 강권적으로 파라오의 궁전에 재앙을 내리시므로(12:17) 아브라함은 아내를 구했을 뿐만 아니라 많은 소유물을 얻을 수 있었다(12:16, 20). 자손의 문제에 있어서도 아브라함이 인간적 방식으로 상속자의 문제를 정하려 할 때마다 하나님께서는 일일이 나타나서 아브라함을 인도하신다(15:4, 17:19 등). 구두로 하신 약속을 이제 제물을 바치게 하여 언약식을 체결하여 확증한다(15:9-17). 아브라함이 돌보지 않았던 하갈을 하나님께서 대신하여 돌보신다(16:7-14). 그리고 17장에 이르러 아브람과 사래의 이름을 아브라함과 사라로 각각 개명시키심으로 모든 민족의 조상으로 세우신다. 뿐만 아니라 할례를 행하도록 하여 언약의 표징을 그들의 몸에 새기도록 하신다. 그러나 18장에서 보도되는 소돔과 고모라의 다가오는 멸망 앞에서 조카 롯만을 생각하는 아브라함의 모습은 아직도 "열국의 아비"로 서기에는 부족한 모습을 증언하기도 한다.[6] 그럼에도 하나님은 아브라함의 간절한 바람대로 롯을 환난 중 구원하신다(19:29). 약속의 성취 직전 그랄 왕 아비멜렉에 의해 또 한 번의 위기가 아브라함과 사라에게 닥치나 여전히 하나님의 강권적 개입으로 도리어 아브라함이 존귀하게 되는 계기가 된다(20:15-16).

하나님께서는 아브라함을 그의 인생의 과정 내내 교육하시고 성장시키셨다. 물론, 아브라함은 하나님의 사람으로 선택받기에 합당한 이유를 보여 주기도 한다. 하나님께서 그를 부르셨을 때 믿음으로 그의 "본토 친척 아버지 집"을 떠나 약속의 땅으로 향할 수 있었으며(12:4), 조카 롯에게 더 좋은 땅을 선뜻 양보하는 어른이었으며(13:9), 유사시 동원 가능한 용사 318명을 갖출 정도로 현실의 문제에 민첩한 자이기도 했으며(14:14), 무엇보다도 하나님의 약속을 그대로 믿음으로써 '믿음의 의'를 인정받은(15:6) 사람이었다. 매 순간 하나님의 부르심 앞에 아브라함은 응답한다. 아브라함의 인생을 통틀어 하나님의 뜻은 펼쳐졌다. 그러나 하나님의 '조정'이 필요했고 인간의 '성숙'이 요청되었다. 그래서 하나님의 뜻이 아브라함 삶 속에 온전히 실현되기까지 오랜 기간이 요구되었다. 그 기간과 과정을 통과했을 때 비로소 하나님의 뜻이 충만히 발현된다.

아브라함에게 그 절정의 순종은 22장에서 연출되었다. 어렵게 얻은 아들 이삭을 바치라는 하나님의 명령 앞에 아브라함은 주저 없이 다음 날 아침 일찍 모리아 산으로 떠난다. 종들을 멀찌감치 남겨두고 이삭과 단둘이 산에 오른 아브라함은 이삭을 제물로 드리기 위해 칼을 든다. 그의 행동은 과감하고 거침이 없다. 그리고 그 순종의 과정 내내 아브라함은 침묵한다. 하나님을 향한 전적인 순종이며 하나님의 뜻 앞에 인간의 목소리는 들리지 않는다. 성숙한 신앙의 절정이 펼쳐진다. 이 신앙성숙의 마지막 단계를 통과한 아브라함에게 어떤 일이 보도되는가? 23장에 이르면 당시 아브라함이 거주했던 헤브론 지역의 모든 가나안인들이 아브라함을 존경하며 그를 "하나님이 세우신 지도자"로 칭송한다(23:6). 뿐만 아니라 사라의 매장지로 자신들의 땅을 무상으로 아브라함에게 내어주는 장면을 목격할 수 있다(23:11). 그러나 아브라함은 여전히 그 땅의 족속들에 대하여 정중하며 사라를 위한 매장지도 정당한 대가를 지불하고 매입한다(23:12-13).

한 가지 흥미로운 사실은 우리가 22장을 아브라함의 신앙의 여정 가운데 가장 성숙한 단계로 평가한다면 23장은 신앙의 절정에 이른 하나님의 사람의 삶에 대하여 설명한다. 곧 하나님과의 관계에서 전적인 하나님의 섭리에 맡겨진 샬롬이 확립될 때 세상에서 사람들과의 삶 또한 평화와 안정이 깃든다는 사실이다. 아브라함은 평생 가나안 땅의 거류민으로 지냈다. 때로는 기근에 이집트로 쫓겨나기도 했고, 때로는 네게브 지역의 목자들과 다툼이 일기도 했으며(21:15), 이방인으로서 땅 한 조각도 없이 떠돌아다니는 고달픈 인생이었다. 그러나 하나님 앞에 온전히 순종하게 되었을 때, 마침내 그 땅의 참된 지도자로 서게 되고 정식으로 약속의 땅의 일부인 막벨라 밭을 획득하게 된다(23:17-18).

결정적인 순간 하나님께서는 수동적이시다. 22장도 그렇고 23장도 그렇고 능동적으로 행동하는 것은 아브라함이다. 물론, 예전에 아브라함이 신앙적으로 미숙하고 인간적인 실수를 범할 때 하나님의 능동적 개입이 드러나기도 했었다. 그러나 아브라함에게 심겨진 하나님의 형상이 전적으로 발현되는 순간 아브라함의 결단과 행동만이 보도된다. 아브라함과의 언약의 형성 과정도 처음 12장과 15장까지는 하나님의 일방적 약속만이 선포되었다. 그러나 17장에 이르면 하나님께서 언약의 상대방인 아브라함에게 처음으로 요구하시는 장면이 연출된다: "나는 전능한 하나님이라 너는 내 앞에서 행하여 완전하라"(17:1b). 하나님의 창조질서 안에 인간은 항상 하나님의 새로운 창조의 동역자로 서게 된다.

하나님께서 노아의 홍수 이후 이미 파괴되어진 세상을 붙드시며 샬롬의 회복을 위해 새롭게 시작하신 일이 영원한 언약(베릿 올람)이다. 그리고 구체적 인간의 역사 속에 그 언약의 실행을 시작하시는 것이 아브라함으로부터이다. 창세기 12-23장에서 펼쳐지는 아브라함의 인생 드라마는 인간의 세상사에서 어떻게 하나님의 구원역사가 전개되는가를 근본적으로 대변한다. 그것은 하나님의 신실하신 언약이다. 하나님은 언약을 통해 우주적 통치의 위엄과 권위의 자리에서 내려오신다. 그리고 겸비하심으로 인간의 역사와 관련을 맺으신다. 그래서 한 개인의 삶 속에 관여하시고 실수와 실패의 연속인 아브라함 안에서 삶의 추이를 조정하시고 당신의 사람을 교육하시고 단련하신다. 마침내 아브라함이 신앙적 성숙의 절정에서 하나님의 섭리와 더불어 반응하게 된다. 곧 하나님의 형상의 온전한 발현이며 비로소 인간은 창조적 능동자로 세상 속에 하나님의 대리자로 살아가게 된다. 이 모든 과정 속에서 아브라함에게 그리고 언약의 후손들에게 요구되었던 것은 오직 믿음이었다.

2. 창세기 24-26장 이삭 이야기 : 순종과 양보

아브라함이 실로 결단성 있는 믿음의 아버지였다면 이삭은 조용한 순종의 아들이었다. 이삭의 이야기는 아버지 아브라함이나 아들 야곱의 이야기에 비하면 분량도 짧고 활동상도 그리 두드러지지 않는다. 그러나 그렇다고 이삭의 신학적 비중이 감소되지는 않는다. 오히려 이삭의 삶은 그만큼 하나님의 조정과 화해가 필요 없을 정도로 하나님의 뜻에 이미 합했던 것으로 이해할 수 있다. 아브라함처럼 실패와 성숙의 문제가 그리 많지 않았으며 야곱처럼 인간적 욕구와 하나님의 뜻 사이의 갈등이 심각하지도 않았음을 방증한다. 충분히 설득력 있는 사실은 아버지 아브라함의 믿음의 삶과 교육이 이삭에게 전수되었을 것이라는 점이다. 그 위에, 이견의 여지가 있기는 하지만 22장에서 보도된 이삭의 모습은 아버지의 뜻에 철저히 순종하는 아들의 모습이다.

이삭이 다른 족장들에 비하여 가볍게 다루어질 필요는 없으나 창세기에서 보도되는 분명한 사실은 이삭의 수동성이다. 23장에서 보면 이삭의 정혼자의 결정은 이삭 본인이 아니라 아버지 아브라함과 그의 늙은 종에 의해 이루어진다. 야곱이 우물가에서 라헬을 직접 만나고 모세가 미디안 동네의 우물가에서 십보라를 직접 만나는 것에 비교한다면 이삭의 소극성은 바로 이해 가능하다. 뿐만 아니라 그랄 땅의 목자들과 우물물 다툼이 일어났을 때에도 아무런 저항 없이 새로운 우물을 세 번씩이나 찾아 나서는 유약한 모습을 보이기도 한다(26:12-22). 가장 주목되는 장면은 이삭의 말년에 축복권을 그의 두 아들에게 물려줄 때에 정작 주도적 역할을 수행한 것은 그의 아내 리브가라는 점이다. 이러한 수동적 이삭의 모습은 그의 주변 정황을 살펴보면 이해가는 측면이 있다. 나이 많은 부모님의 과보호의 영향일 수도 있고(21:8-10, 24:8, 67), 이삭의 평생에 그의 주변에 늘 존재했던 배다른 형인 이스마엘의 영향도 있을 수 있다(25:9). 이와 같은 상황에서 이삭은 성장 과정 중 주도적 역할을 감당할 기회가 그리 많지 않을 수도 있었다.

그러나 한 가지 우리가 기억할 수 있는 것은 이러한 수동적 이삭의 모습을 통해서도 여전히 하나님의 뜻이 흘러가고 있었다는 사실이다.[7] 무엇보다도 이삭의 존재 자체가 아브라함에게 허락하신 하나님의 약속의 성취이다. 그의 존재 자체가 즐거움이요 그의 어머니와 주위 사람들에게 웃음(יִצְחָק/이쯔학)과 위로가 된다. 둘째, 이삭은 묵상하는(שׂוּחַ/수아흐) 사람이다. 리브가가 그의 정혼자를 가장 먼저 만난 순간은 이삭이 들판에서 묵상하고 있을 때였다(24:63-65). 하나님의 음성을 듣는 광야(מִדְבָּר/미드발)에서 이삭은 평생 아버지의 하나님 야훼와 교통하던 사람이다. 셋째, 이삭은 분쟁보다는 평화를 추구하는 사람이다. 그랄 땅의 목자들이 자신의 우물들을 다 메우고 새롭게 파놓은 우물들을 두 차례나 빼앗아 가지만 싸우지 않고 다른 데로 옮겨 간다. 그리고 새로운 우물을 파 내려간다. 결국에는 더 넓은 경지를 허락받는다(26:22). 인간적 상황이 아니라 하나님의 언약하심과 신실함을 바라보는 자만이 가능한 일을 이삭은 그의 삶 속에서 행하고 있다. 끝으로, 아브라함과 비교할 수 없는 커다란 부와 축복을 소유한다: "이삭이 그 땅에서 농사하여 그 해에 백배나 얻었고 여호와께서 복을 주시므로 그 사람이 창대하고 왕성하여 마침내 거부가 되어 양과 소가 떼를 이루고 종이 심히 많으므로"(26:12-14a). 뿐만 아니라 아버지 아브라함이 누렸던 것보다 더 큰 권위와 명예를 가나안 땅의 왕과 군대장관에게 얻는다(26:26-31). 물론 이삭이 성취한 복된 삶은 아브라함에게 허락하신 하나님의 약속에 근거한다(26:3-5).

하나님의 섭리는 각 사람의 인생사에 관여하고 계심을 아브라함에 이어 이삭에게서도 발견할 수 있다. 이삭에게 특히 부각되는 점은 그의 순종과 양보의 삶이다. 그의 평생에 아버지 아브라함과 유사하게 자신의 아내 리브가를 누이동생으로 속이는 실수를 한 번 정도 범한 일은 있으나(26:6-11) 이삭의 삶은 전반적으로 하나님과의 사이에 그리고 사람들과의 사이에 평화 곧 샬롬을 이루는 삶을 살아갔다. 특별히 그의 순종의 삶은 모리아 산에서 제물로 바쳐진 사건을 필두로 그의 삶 내내 하나님 앞에 자신의 인생이 드려진 삶을 살았다. 하나님의 음성을 듣고 가나안 지역의 기근에도 불구하고 이집트로 내려가지 않음으로 아버지 아브라함의 실수를 반복하지 않은 점은 그의 순종의 인생에 대한 대표적 증언이다(26:1-6). 또한 그랄 땅의 목자들과의 우물 분쟁에서 보여 준 이삭의 양보하는 삶의 패턴은 이삭의 인생을 한마디로 요약해 보여 주는 대목이다. 이러한 순종과 양보의 삶은 그러기에 형통한 축복과 명예 그 자체였다(26:12, 28).

3. 창세기 27-36장 야곱 이야기 : 대립과 적응

이삭의 삶을 양보와 순종의 삶으로 정리한다면 야곱의 삶은 대립과 적응으로 표현할 수 있다. 야곱은 태어나면서부터 그의 쌍둥이 형인 에서와 복중에서 싸우며 급기야 형 에서의 발뒤꿈치를 잡으며 태어난다(25:22-26). 팥죽 한 그릇으로 장자권을 에서로부터 양도받은 것은 물론이요(25:33), 아버지 이삭을 속이고 축복권까지도 가로챈다(27:33). 하란 땅 외삼촌 라반의 집에 피신해 가 있을 때에도 야곱은 내내 라반과 대립한다. 라반의 둘째 딸인 라헬을 아내로 얻기 위하여 14년에 걸쳐 담판을 지어야 했으며(29:30) 라반의 소유물들을 라반의 아들들과 가를 때에도 야곱은 기지를 발휘하여 자신의 가축들을 증가시켰다(30:41-42). 야곱의 대립적 삶의 패턴은 그의 아내들에게도 유사하게 드러난다. 레아와 라헬은 남편 야곱의 사랑을 얻기 위하여 자신들의 몸종인 실바와 빌하를 각각 야곱에게 첩으로 주면서까지 경쟁적으로 자녀들을 출산한다(30:1-24). 뿐만 아니라 이와 같은 대립은 야곱의 자손들에게까지 이어져서 37장 이후 요셉과 형제들의 갈등으로 치닫는 것을 볼 수 있다. 그러나 무엇보다도 인상적인 야곱의 대립은 얍복 강가에서 하나님의 천사와의 씨름이다(32:24-30). 야곱은 심지어 천상의 존재와도 투쟁하며 하나님의 복을 구한 자이다.

그럼에도 불구하고 야곱이 하나님의 사람으로 쓰임 받는 이유는 아브라함과 이삭에게 허락하신 하나님의 언약 때문이다. 그리고 하나님께서는 그 언약을 유효하게 하시기 위해 야곱의 투쟁적 삶을 하나님의 뜻에 합치될 수 있도록 적응의 과정을 허락하신다.[8] 형 에서를 피해 도망갈 때 벧엘의 환상으로 야곱과 평생 함께하실 것을 약속하신다: "내가 너와 함께 있어 네가 어디로 가든지 너를 지키며 너를 이끌어 이 땅으로 돌아오게 할지라 내가 네게 허락한 것을 다 이루기까지 너를 떠나지 아니하리라 하신지라"(28:15). 외삼촌 라반의 집에서 라반의 아들들과의 재산을 둘러싼 분깃 싸움이 극에 달했을 때 하나님께서는 야곱에게 고향 땅으로 돌아갈 것을 직접 명령하신다(31:3, 13). 야곱의 귀향길에 마하나임에 이르렀을 때 하나님께서는 하늘의 천사들을 보내서 두려워하는 야곱에게 하늘의 군대가 동행하고 있음을 드러내 주기도 하셨다(32:1-2). 형 에서와의 갈등이 해결된 이후 그러나 세겜에서 또 다른 큰 위기를 당했을 때 하나님은 야곱에게 나타나서 벧엘에서의 야곱의 꿈을 기억케 하시고 그곳으로 돌아가도록 인도하신다(35:1).

야곱의 신앙의 여정의 하이라이트는 그가 처음 하나님을 만났던 벧엘에 마침내 돌아왔을 때이다. 그의 평생의 해결과제였던 에서와의 갈등의 매듭도 풀린 상태였고(33:4) 오랜 가나안 땅에서의 혼합주의적 종교관습도 완전히 폐기한 이후였다(35:2). 처음 벧엘에서의 하나님 체험 이후 야곱은 줄곧 자신의 결정과 선택으로 능동적으로 살아왔다. 딱 한 번 밧단아람 으로부터 고향으로 돌아가라는 하나님의 음성을 들었을 뿐(31:3) 야곱이 얍복 강가에 이르기까지 오랜 기간 하나님을 찾은 적은 없었다. 심지어 얍복 강가에서의 하나님의 천사와의 씨름도 순종하는 신앙인의 하나님 만남이기보다는 야곱 자신의 인간적 투쟁의 연속 과정 중 하나였을 뿐이다. 그러나 야곱은 그렇게 싸우며 쟁취했던 삶의 여정 가운데 가장 큰 장애물에 부딪혔다. 바로, 자녀들의 문제였다. 특히 세겜 지역에서 그의 외동딸 디나가 수치를 당하는 일이 발생한다(34:2). 그리고 누이의 당한 일을 앙갚음하기 위해 야곱의 두 아들 시므온과 레위가 세겜의 모든 남자들을 살인하는 피비린내 나는 사건이 발생한다(34:25-26). 벧엘로 돌아가라는 하나님의 음성은 바로 이 시점에서 들려온다(35:1). 야곱은 모든 이방 신상을 버리고 의복을 정결케 한다. 그리고 다음과 같이 말한다: "우리가 일어나 벧엘로 올라가자 내 환난 날에 내게 응답하시며 내가 가는 길에서 나와 함께 하신 하나님께 내가 거기서 제단을 쌓으려 하노라 하매"(35:3). 야곱 평생에 진정으로 하나님 신앙에 잇닿게 되는 시점이요 이후 하나님의 온전하신 뜻에 연합할 수 있는 삶을 살아간 것으로 해석할 수 있다. 이는 벧엘로 돌아온 야곱의 제사를 받으시는 하나님의 선포에서 확증된다: "하나님이 그에게 이르시되 나는 전능한 하나님이라 생육하며 번성하라 한 백성과 백성들의 총회가 네게서 나오고 왕들이 네 허리에서 나오리라 내가 아브라함과 이삭에게 준 땅을 네게 주고 내가 네 후손에게도 그 땅을 주리라 하시고"(35:11-12). 이제 야곱은 아브라함과 이삭과 야곱의 하나님으로 불리우는 신앙의 조상들의 거룩한 반열에 오르게 된 것이다.

안정되고 온유한 삶을 살았던 이삭과는 달리 야곱은 그의 고백처럼 험악한 인생을(47:9) 살았다. 같은 하나님의 언약의 조상들인데 두 사람의 인생역정은 판이하다. 한 분 하나님 앞에 선 인간의 모습은 그만큼 다양하다. 이삭은 싸움을 피하고 평화를 추구했다. 반면에 야곱은 모태로부터 싸우며 태어났고 평생 쟁취하며 살았다. 똑같은 언약의 조상들로 서게 되지만 그들의 인생이 이토록 대조적인 것은 하나님의 뜻 앞에 반응한 그들의 모습이 그만큼 달랐음을 가르쳐 준다. 이 관찰은 하나님의 섭리를 이 세상 가운데 이루어드리는 사명자의 삶에 관하여 두 가지 통찰을 준다. 첫째, 사람은 자신의 있는 모습 그대로 살아가면 된다. 하나님의 소명을 받았다고 해서 모든 사명자들이 똑같은 패턴의 인생을 영위하는 것은 아니다. 각자의 성격과 달란트를 발휘하며 자신의 목소리를 드러내며 살아가면 된다.

최선의 삶을 본인이 경주하고 있다면 그리고 언약의 하나님을 믿음으로 바라보고만 있다면 우리의 실수와 거짓 그리고 혼돈상태에도 불구하고 참아주시고 용서하시고 결국에는 다시금 정상궤도를 회복할 수 있도록 적응의 은혜를 베풀어 주신다는 사실이다. 둘째, 하나님은 일방적이거나 권위적인 통치자가 아니라는 사실이다. 각자의 인생에 향하신 하나님의 용서와 사랑은 그들을 있는 모습 그대로 받아 주신다. 때문에 하나님 앞에 나아가는 인생들은 출발부터 세세한 삶의 진로가 운명론적으로 결정되어 있는 것이 아니다. 물론, 큰 그림의 로드맵은 하나님 안에 설정되어 있다. 그러나 현실의 삶에서의 구체적 사건과 행사는 본인의 결단과 실천 가운데 얼마든지 새롭게 전개된다. 예를 들어, 에서가 팥죽 한 그릇에 자신의 장자권을 야곱에게 팔지 않았어도 그는 이스라엘 12지파의 아버지로 세움 받았을 수도 있었을 것이다.[9] 창조신학적 지평에서 하나님의 섭리는 인간 동역자들과 더불어 계속해서 새롭게 실현되고 창조된다.

이스라엘의 조상들은 각자 자신의 있는 모습 그대로 하나님 뜻의 실현을 자신들의 인생에서 일구어 냈다. 아브라함은 믿음으로, 이삭은 순종으로, 야곱은 투쟁으로 언약의 하나님 앞에 응답했다. 이후 펼쳐지는 족장사의 주인공은 요셉이다. 그런데 요셉에 해당하는 본문의 분량이 아브라함보다 많은데도 불구하고 요셉의 목소리는 그다지 많이 들리지 않는다. 요셉은 어떤 면에서 침묵으로 하나님 앞에 반응하고 있다. 요셉의 침묵 가운데 담긴 위대한 신앙을 아래에서 관찰하려 한다.

4. 창세기 37-50장 요셉 이야기 : 섭리와 주권

요셉은 꿈의 사람이다. 천진난만하고 사랑스러운 모습을 연상케 한다. 단지 야곱이 사랑하는 아내인 라헬의 소생이었기에 요셉을 사랑했을 것 같지는 않다. 성경은 야곱이 요셉을 노년에 얻은 아들이기에 여러 아들들보다도 더욱 사랑하였다고 증언한다(37:3). 요셉의 어린아이와 같은 성경은 형들의 잘못을 아버지에게 고자질하는 장면이나(37:2) 자신의 꿈을 아무 거리낌 없이 형들과 부모 앞에서 말하는 모습에서 엿볼 수 있다(37:5). 게다가 나이가 17세나 되었음에도 형들이 자신을 미워하는 것을 눈치도 채지 못한 채 도단까지 형들을 반갑게 찾아가는 요셉은 순진하다 못해 가련할 정도로 단순한 느낌을 준다(37:16-17). 현실의 때가 전혀 묻지 않았던 요셉이기에 형들의 배신은 그만큼 충격적이었으며 평생 상상치도 못했던 이방의 땅 이집트의 낯선 환경은 절망적이었을 것이다. 더군다나 채색옷을 입고 응석받이로 자라난 홍안의 소년에게 인간 이하의 취급을 받는 노예살이는 죽음과도 같았을 것이다.

　　그런데 37장에서 곤경 가운데 빠진 요셉이 이집트의 시위대장 보디발의 집에 팔려갔다는 보도로 이 파란만장한 젊은이의 이야기가 갑자기 끝난다. 이어지는 38장은 전혀 요셉의 이야기 맥락과 상관없는 야곱의 넷째 아들 유다의 이야기가 등장한다. 38장 없이 37장에서 39장을 바로 읽는다면 요셉의 인생드라마가 자연스레 연결될 수 있다. 더군다나 38장의 내용 자체도 유다가 며느리 다말과 관계를 통해 쌍둥이 자손을 출산한다는 얼핏 이해하기 힘든 사건이 기록되어 있다. 그러나 이스라엘의 후대 역사적 발전을 기억한다면 37장과 38장의 본문적 병렬은 무리가 없다. 왜냐하면 37장은 후일 북왕국을 이루는 중심지파인 에브라임 지파의 시작을 알리는 보도요 38장은 후일 남왕국의 중심을 이루는 유다지파의 뿌리를 드러내는 기록이기 때문이다. 이와 같은 관점이 정경비평적 읽기인데[10]구약정경의 현재의 본문 배치의 이유를 밝힐 때 37장의 의미는 더욱 새롭게 다가온다. 즉, 요셉이 이집트로 팔려가는 것은 단순한 응석받이의 비극적 삶의 시작이기보다는 후대 이스라엘의 가장 강성한 지파가 어떠한 상황으로부터 출현하게 되는가의 도입부로 볼 수 있게 된다.

　　38장에서의 유다 지파의 출발은 유다가 자신을 속인 며느리 다말에게 "그가 나보다 옳도다"(38:26)라는 선포를 통해 소위 형사취수(兄死就嫂)라는 유목민 사회에서의 규범에 충실했던 다말의 정당하고 의로운 행위를 기리는 장면에서 드러난다. 39장에서 이어지는 요셉 지파의 출발은 하나님의 함께하심과 형통케 하심의 축복을 통해 설명된다(39:2). 그 중심에 꿈의 사람 요셉이 있다.

요셉의 삶에 계속되는 절망과 죽음의 상황을 독자들은 안다. 그러나 그러한 요셉의 인생을 그리는 성경의 전체적 조망은 기대와 소망이다. 요셉은 즉시 보디발 주인에게 은혜를 입고 가정총무의 중직을 맡게 된다. 보디발의 아내의 유혹과 모함으로 요셉은 감옥에 갇히는 신세가 되나 여전히 이야기의 흐름은 희망적이다: "간수장이 옥중 죄수를 다 요셉의 손에 맡기므로 그 제반 사무를 요셉이 처리하고 간수장은 그의 손에 맡긴 것을 무엇이든지 살펴보지 아니하였으니 이는 여호와께서 요셉과 함께 하심이라 여호와께서 그를 범사에 형통하게 하셨더라"(39:22-23). 파라오의 술 맡은 관원장과 떡 맡은 관원장의 투옥은 요셉에게 새로운 계기가 된다. 그들의 꿈을 각각 잘 풀어줌으로 인해 파라오의 꿈을 해몽하는 자리에까지 나아간다(41:14). 결국 파라오의 꿈에 대한 현명한 풀이를 통해 요셉은 이집트에서 가장 높은 벼슬아치의 자리에 오르게 되고(41:40) 당시에 가나안과 이집트 전 지역에 닥친 7년 흉년의 기간 동안 주변세계의 민족들을 살리는 역할을 감당하게 된다. 요셉이 형들과 재회하게 되는 시점은 바로 이때이다(42장 이하).

요셉 이야기의 중심 모티프는 꿈이다. 그가 꾸었던 꿈 때문에 이집트로 팔려갔고 그가 풀이한 꿈 때문에 감옥에서 풀려났으며 결국 이집트의 가장 높은 권좌에 오르게 되었다. 급기야 자신이 어릴 때부터 꾸었던 꿈의 실현을 그의 형들과 아버지와의 이집트에서의 재회를 통해 이룬다. 요셉의 성경 이야기는 이전의 아브라함과 이삭과 야곱의 기록에 비하여 하나님의 나타나심과 언약의 선포 등이 부각되지 않는다. 그저 꿈쟁이 요셉이 당하는 인생의 역경들을 이야기처럼 엮어만 가고 있다. 그래서 다른 신앙의 조상들에게서 찾아볼 수 있는 하나님의 뜻과 인간의 응답을 쉽게 발견할 수 없다.

요셉은 고난으로 점철되었던 인생의 여정 가운데에서도 좀처럼 어떤 생각을 하고 있었는지 자신의 목소리를 들려주지 않는다. 하나님께 원망하거나 간구하는 장면도 드러나지 않는다. 그러나 요셉이 드디어 하나님을 향하여 그의 오랜 침묵을 깨는 장면이 있다. 바로 형들이 요셉을 다시 만났을 때 그들이 이전에 요셉에게 행한 일 때문에 보복 당할까 봐 두려워하는 상황이다. 요셉은 형들에게 다음과 같이 말한다: "하나님이 큰 구원으로 당신들의 생명을 보존하고 당신들의 후손을 세상에 두시려고 나를 당신들보다 먼저 보내셨나니 그런즉 나를 이리로 보낸 이는 당신들이 아니요 하나님이시라 하나님이 나를 바로에게 아버지로 삼으시고 그 온 집의 주로 삼으시며 애굽 온 땅의 통치자로 삼으셨나이다"(45:7-8). 모든 환난과 낙심 속에서도 희망으로 형통으로 요셉을 이끌어주었던 것은 하나님의 주권적 섭리에 대한 인정과 신뢰이다. 그리고 그 믿음의 근거는 바로 꿈이었다. 하나님께서 일찍이 그에게 허락하셨던 꿈을 요셉은 어떠한 상황 속에서도 놓지 않고 붙들고 있었던 것이다.

꿈을 꾸는 자는 현실에 일희일비하지 않는다. 고난과 절망 너머의 무지개의 꿈을 좇는다. 그래서 꿈을 품은 자는 침묵한다. 사정하거나 울부짖거나 거짓말을 하기보다는 잠잠하다. 굳은 신뢰의 바탕에서 하나님을 바라보기 때문이다. 삶의 모든 차원에서 하나님의 주권과 통치를 인정할 수 있기 때문이다: "주 여호와 이스라엘의 거룩하신 이가 이같이 말씀하시되 너희가 돌이켜 조용히 있어야 구원을 얻을 것이요 잠잠하고 신뢰하여야 힘을 얻을 것이거늘…"(사 30:15). 요셉은 믿음의 침묵으로 오랜 고통의 세월을 참아낼 수 있었다. 요셉의 고통과 인내를 통해 펼쳐진 삶에서 우리는 하나님의 섭리를 읽는다. 결국 요셉은 자신의 인생을 통해 하나님 형상의 발현과 하나님 나라의 통치를 구현할 수 있었다. 이제 하나님께서는 요셉을 통해 새로운 하나님 구원의 장을 준비한다. 그것이 출애굽의 해방이요 한 거룩한 민족의 창조이다.

V. 창세기에 담긴 경건과 영성 : 하나님의 아픔과 사랑

창세기에는 세상을 향하신 하나님의 겸비하심과 사랑하심이 담겨 있다. 자족하신 하나님께서 굳이 창조하실 필요가 없는 세상을 만드셨다. "하나님은 사랑이시다"의 결정체가 바로 세상이다. 마치 부모의 사랑의 결과로 자녀들이 생겨나듯 말이다. 하나님께서는 우주의 형성 이래 말썽 많은 피조세계를 끝까지 책임지시기 위해 당신 자신과 더불어 무지개 언약을 맺으신다. 그리고 인간역사와 관련된 구체적인 뜻을 아브라함을 통해 시작하시고 이삭과 야곱, 요셉을 통해 조정해 가신다. 우주적 코스모스의 창조와 역사적 언약공동체의 창조의 과정을 전해주는 창세기의 기록은 오늘 신앙공동체에게 다음의 세 가지 신앙적 교훈과 영성적 통찰을 준다.

첫째, 창조질서이다. 하나님이 세상을 창조하셨다. 그러기에 세상은 하나님을 닮았다. 사시사철 계절의 변화와 아침 해와 지는 해의 규칙성, 들에 피는 백합화의 아름다움과 하늘을 나는 새의 경이로움, 이 모든 것들이 하나님께로부터 왔다. 그중에서도 특히 인간은 하나님의 형상을 부여받았다. 인간의 인지능력과 창의력, 감성적 예민함과 신체적 강인함, 윤리적 도덕성과 풍부한 사회성 등 하나님께로부터 허락받은 능력들을 통해 문명을 개척하고 문화의 꽃을 피워왔다. 부모의 형상을 빼닮은 자녀들로부터 그들의 부모를 알 수 있듯이 우리는 자연과 인간으로부터 하나님을 발견한다. 창세기는 하나님의 엄연한 창조질서가 이 세계에 충만하게 퍼져 있음을 증명해 준다. 동시에 그 질서가 혼돈의 물결로 인해 항상 위협받고 있음을 경고한다.

이 세상의 긍정과 부정이 창조질서에 관한 창세기의 가르침이다. 타락과 부패함, 만연해 있는 죄악들에도 불구하고 오히려 하나님께서는 이 세상을 긍정하신다. 아니 포기하지 않으시고 붙들고 계신다. 왜냐하면 하나님께서 허락하신 창조의 경륜이 여전히 피조세계에 드러나 있기 때문이다. 그러나 에덴동산의 샬롬이 깨어진 후, 하늘과 땅의 경계가 혼동된 이후 하나님께서는 이 세상을 부정하신다. 무질서와 암흑의 세력에 대한 단호한 심판을 가하신다. 그러나 이 심판은 여전히 언약과 새로운 창조에 연결된다. 하나님의 형상을 물려받은 남은 자들에 의한 창조질서의 '충만한 발현'(מילש/샬롬)을 기대하신다.

신앙인들에게는 계속된 하나님의 세상창조의 권리와 의무가 부여되어 있다. 세상은 아름다운 것이다. 그리고 인간사회의 과학문명과 문화는 향유할 만한 것이다. 그러나 창조주 하나님에 대한 경외와 믿음을 벗어난 인간나라의 바벨탑 쌓기라면 철저히 경계해야 한다. 에덴동산의 아름다운 질서와 노아 방주의 온전한 구원은 하나님께서 함께하시고 말씀대로 순종할 때 가능하였다. 오늘의 세계에서 하나님의 임재와 말씀의 순종이 절실한 이유가 여기에 있다. 하나님을 갈망하고 말씀을 부여잡을 때 새로운 창조가 시작된다.

둘째, 바운더리 개념이다. 하나님의 창조는 경계를 나누는 질서의 창조였다. 바운더리가 형성되어 있지 않을 때 공허와 혼돈이요 흑암이다. 하나님의 말씀은 곧 경계를 부여한다. "빛이 있으라" 말씀하실 때 태초의 무질서로부터 생명의 질서와 죽음의 무질서가 갈라졌다. "궁창이 있으라" 하실 때 하늘과 땅의 경계가 나뉘었다. 말씀은 그래서 법이 되고 기준이 된다. 우리의 삶에 원리가 되고 규모와 체계를 갖추어 준다. 따라서 말씀이 사라지면 경계도 사라지고 세상은 다시금 무질서로 떨어진다: "묵시가 없으면 백성이 방자히 행하거니와 율법을 지키는 자는 복이 있느니라"(잠 29:18). 말씀은 바운더리이다. 선악과의 경계 규정은 질서와 혼돈, 생명과 죽음,

샬롬과 파괴의 바운더리였다. 그 경계선이 침범되는 순간 아담과 하와의 샬롬은 깨어져 버렸다. 반면에 노아가 말씀을 받아들일 때 노아 방주의 샬롬은 무질서의 홍수로부터 남은 자들을 구원해 냈다. 궁극적으로 언약의 말씀을 받은 아브라함과 그의 자손들은 죄악과 혼돈의 세상에서 새로운 하나님 나라의 비전을 품고 창조적 순례의 삶으로 나아오게 되었다.

바운더리 개념은 오늘 우리에게 자기 자리 지키기이다. 부모는 부모로서 자녀는 자녀로서 선생님을 선생님으로서 학생은 학생으로서 주어진 일과 삶에 충실할 때 질서가 잡힌다. 정치인은 정치인으로서 경제인은 경제인으로서 기술자는 기술자로서 본연의 일에 성실할 때 사회의 안정과 평화는 찾아온다. 그러나 자기 자리를 벗어날 때 혼돈과 갈등이 빚어진다. 인간의 욕심과 욕망은 말씀에 귀를 어둡게 하고 주어진 바운더리를 넘어서도록 만든다. 세상의 싸움과 혼돈은 말씀의 결여이며 경계 침범의 결과이다. 자기 소견에 좋은 대로 행동할 때 사사 시대 말기와 같은 무질서와 폭력의 세상이 연출될 수밖에 없다. 그러나 하나님의 다스리심과 말씀 앞에 순종할 때 하나님 나라의 샬롬은 찾아온다.

셋째, 하나님의 마음이다. 세상을 향한 사랑과 성실하심이다. 그런데 창세기를 꼼꼼히 묵상하다 보면 더욱 깊이 다가오는 하나님의 마음은 부모의 '안타까움'이다. 분명하고 확실한 길이 놓여 있는 데에도 불구하고 자식들은 원치 않는 길로 향한다. 먹지 말아야 할 것을 먹고 하지 말아야 할 것을 한다. 그러나 일일이 매사에 간섭할 수 없다. 어느 정도까지는 견책이 가능하나 결국 자신이 스스로 깨달을 수 있을 때까지 기다려야만 한다. 그래서 하나님의 성품은 오래 참으심이다: "여호와는 긍휼이 많으시고 은혜로우시며 노하기를 더디 하시고 인자하심이 풍부하시도다"(시 103:8). 하나님의 인내에는 수고로움이 더 붙는다. 선악과를 따 먹은 아담과 하와에게 가죽옷을 입히신다. 형제를 죽인 가인에게 표를 주신다. 인류의 광포함을 참으실 수 없는 상황에서도 노아를 기억하사 방주를 짓도록 안내하신다. 아브라함의 실패를 성공의 계기로 돌리시고 야곱의 좌충우돌을 그의 삶의 확장으로 조정하신다. 무지개 언약으로 자손 번성의 언약으로 먼저 움직이시는 내리사랑이 바로 하나님이시다. 그 수고로운 사랑의 절정이 바로 예수 그리스도의 십자가이다.

오늘날 젊은 부부들은 굳이 자녀를 낳으려 하지 않는다. 낳더라도 한 명에 그치려 한다. 수고와 희생이 따르기 때문이다. 사랑의 결여이며 희생의 부정이다. 하나님은 세상을 창조하신 이래 희생을 마다하지 않으셨다. 어떻게 보면 성경에 기록된 하나님의 구원역사는 하나님의 인류를 향하신 수고하심이요 아픔의 역사이다. 우리가 위에서 접한 창세기는 기존의 권위적이고 전능하신 가부장적 하나님의 품성보다도 안타까워하고 수고하며 기꺼이 도와주는 어머니의 모습을 가진 하나님이었다. 내어줌과 희생의 하나님이 아니었다면 이 세상은 이미 오래전에 종말을 고했을 것이다. 이 세상의 생존은 하나님의 희생적 사랑의 결과이다. 오늘 계속된 새로운 세대의 삶의 보존과 발전이 부모의 사랑과 희생으로 가능한 것과 같이 말이다. 결국 창세기는 창조에 담긴 하나님의 아픔과 사랑을 우리에게 전한다. 하나님의 형상을 닮은 우리에게 최대 가치는 아픔과 사랑이다.

VI. 마치는 말 : 기본기

창세기는 우리의 기초와 근본에 대한 기록이다. 창세기를 읽으면 읽을수록 오늘 우리가 얼마나 우리의 뿌리로부터 멀어져 있는가를 깨닫게 된다. 우리는 하나님께서 창조하신 세계에서 살아간다. 우리는 하나님께서 말씀하신 세계에 기반한다. 그러나 우리는 인간이 만든 세상에 살고 있는 것처럼 살아간다. 인간의 말과 계획에 근거해 살아간다. 하나님께서는 사랑으로 세상을 창조한다. 자유하심 가운데 겸비함과 안타까움으로 인간세상과 관련을 맺고 언약하시며 그 언약을 끝까지 지키신다. 그러나 우리는 사랑하지 않고 미워한다. 이해하지 못하고 용서하지 못한다. 내 마음에 좋을 대로 행동하고 기꺼이 희생하려 하지 않는다. 얼마나 우리가 서 있는 현장과 살아가는 삶의 환경이 본래 하나님께서 허락하신 "보시기에 좋았더라"의 그 세상으로부터 멀어져 있는가를 실감할 수 있다.

창세기로부터 얻는 가르침은 우주탄생의 신비도 지구 생명체의 생성과 진화, 문명발전의 과정과 같은 과학적이고 역사적인 사실이 아니다. 오히려 나는 누구인가에 관한 지극히 단순하고 기본적인 진리이다. 나는 하나님의 형상을 입은 하나님의 자녀이며 이 세상은 하나님의 말씀으로 창조되었다. 그리고 하나님의 자녀는 이 세상을 계속해서 발전시켜 가야하는 특권을 부여받았다. 인간은 창세기의 처음 이야기에 기록된 이 말씀을 충실히 따르기만 하면 된다. 창조의 원리인 사랑을 따르면 되고 용서의 원리인 아픔과 희생을 마다하지 않으면 된다. 이것이 창세기가 전하는 인간의 기본기이다. 기본이 지켜질 때 창조질서는 보존되고 하나님의 샬롬은 완성된다.

더 읽을 책

구약학회 엮음.『창세기에 길을 묻다』서울: 물가에심은나무, 2012.

김영혜 외 공저.『토라의 신학』서울: 동연, 2010.

송제근.『오경과 구약의 언약신학』서울: 두란노, 2006.

목회와신학편집부 엮음.『창세기 어떻게 설교할 것인가』서울: 두란노, 2012.

왕대일.『구약신학』서울: 감신대성서학연구소, 2010.

월터 브루거만.『창세기』서울: 한국장로교출판사, 2000.

브레들리 P. 홀트.『기독교 영성사』엄성옥 역. 서울: 은성, 2005.

W. 부르그만 외 공저.『신학으로 본 구약입문: 구약신학과의 만남』차준희 역.
   서울: 프리칭아카데미, 2013.

Fretheim, Terence E. *Creation Untamed: The Bible, God, and Natural Disaster.*
   Grand Rapids, Michigan: Baker Academic, 2010.

Wenham, Gordon J.『창세기(상)』박영호 역. 서울: 솔로몬, 2001.

주

1) 테렌스 프레다임은 하나님께서 태초에 세상을 보기에 좋게 창조하셨지만 완벽하게 창조하지는 않으셨음을 강조한다: Terence E. Fretheim, *Creation Untamed: The Bible, God, and Natural Disaster* (Grand Rapids, Michigan: Baker Academic, 2010), 9-37. 프레다임은 하나님의 창조에 있어서 피조물과의 관계를 통한 계속적 창조를 강조하기 위해서 이 개념을 도입한 것이지 처음에 보시기에 좋게 창조한 세계에 샬롬이 없었다는 사실을 의미하는 것은 아니다. 즉, 하나님의 일방적 세상섭리로 일회적 창조의 완성 또는 우주적 샬롬의 완벽을 추구하기보다는 피조된 세계의 사명자들과의 관계성 가운데 계속적 창조와 더 풍성한 샬롬의 완성을 향하여 열려 계심을 의미한다.

2) 왕대일, 『구약신학』 (서울: 감신대성서학연구소, 2010), 385.

3) 2013년 노벨 물리학상 수상자로 영국의 피터 힉스 교수와 벨기에의 프랑스와 앙그레르 교수가 선정되었다. 그들은 각각 힉스입자를 예측하고 그 존재를 입증한 공헌을 인정받았다. 힉스입자는 물질을 구성하는 입자와 에너지를 전달하는 매개입자 사이의 작용하는 힘의 관계를 설명해 주는 소립자를 일컫는다.

4) Gordon J. Wenham, *Genesis 1-15* (Waco: Word, 1987), 139.

5) Walter Brueggemann, *Genesis* (Atlanta: John Knox Press, 1982), 98-99.

6) 안근조, "소돔과 고모라 이야기," 『창세기에 길을 묻다』 한국구약학회 엮음(서울: 물가에심은나무, 2012), 136-137.

7) 송제근, 『오경과 구약의 언약신학』 (서울: 두란노, 2006), 83.

8) W. 부르그만 외 공저, 『신학으로 본 구약입문: 구약신학과의 만남』 차준희 역 (서울: 프리칭아카데미, 2013), 155.

9) 이와 유사한 논리가 북이스라엘의 초대 왕 여로보암에게도 적용된다. 본래 여로보암은 하나님의 예언자 아히야에 의해 세움을 입었다. 그리고 다윗왕조에 허락하신 것 같은 약속이 여로보암 왕조에게도 허락된다(왕상 11:38). 그러나 여로보암 자신의 선택으로 인해(왕상 14:9) 결국 여로보암 왕조는 본래 하나님의 뜻과는 달리 패망의 길을 걷는다.

10) 예일대의 브레버드 차일즈(Brevard S. Childs)와 클레어몬트대의 제임스 샌더스 (James A. Sanders)에 의해 도입된 성서해석의 방법론으로 정경의 최종 형태를 중시하는 본문 중심 읽기의 한 갈래이다. 책들의 배열 순서와 짜임새가 있는 그대로 전해주는 메시지를 포착하며 더 나아가 이러한 정경형태를 결정하게 된 정경공동체의 상황과 사상의 이해에까지 해석의 주안점을 삼는다.

T H E S I S

02
출애굽과
예배공동체

이 사 야

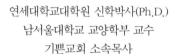

연세대학교대학원 신학박사(Ph.D.)
남서울대학교 교양학부 교수
기쁜교회 소속목사

I. 예배하는 다문화공동체

저마다의 의견이 다를 수 있겠으나, 출애굽 사건은 구약성서가 제시하는 가장 위대한 하나님의 구원 사역이다. 모세의 소명 기사에서 나타나는 초상화는 하나님께서 그의 백성의 탄식하는 소리를 들으시고(출 2:23), 그들을 바로의 억압에서 구속하시려 보내신 해방자(liberator) 혹은 구원자(deliverer)이다. 그래서 출애굽은 민중신학과 해방신학 등에서 모두 중요시 여기는 사건이기도 하다. 이러한 모티브 안에서 모세에게 부여된 일차적인 역할은 백성들을 바로의 억압에서 해방시키는 것이었다.[1] 그러나 출애굽 사건은 단순히 이스라엘의 해방을 의미하는 정치적 사건만이 아니다. 그것은 430년 동안 노예로 살았던 하나님의 백성의 육체적, 노예적 해방만이 아닌, 다시 하나님께 예배하는 공동체로 돌아옴을 뜻했다. 이는 출애굽기 전반부의 모세의 소명 기사에서 가장 먼저 나타난다.

> 하나님이 이르시되 내가 반드시 너와 함께 있으리라 네가 그 백성을
> 애굽에서 인도하여 낸 후에 너희가 이 산에서 하나님을 섬기리니 이것이
> 내가 너를 보낸 증거니라(출 3:12)

또한 하나님께 예배하기 위해 애굽을 떠나야 한다는 바로 앞에서의 모세와 아론의 주장에서도 잘 나타난다.

> 그 후에 모세와 아론이 바로에게 가서 이르되 이스라엘의 하나님 여호와께서
> 이렇게 말씀하시기를 내 백성을 보내라 그러면 그들이 광야에서 내 앞에
> 절기를 지킬 것이니라 하셨나이다(출 5:1)
> 여호와께서 모세에게 이르시되 바로에게 들어가서 그에게 이르라 히브리
> 사람의 하나님 여호와께서 말씀하시기를 내 백성을 보내라 그들이 나를

섬길 것이니라(출 9:1 9:13;10:3)

이는 출애굽 사건이 단순히 약속의 땅의 성취, 억압으로부터의 해방만이 아니라 예배와 밀접히 관계됨을 말해주는 것이라고 할 수 있다. 즉 출애굽은 하나님을 예배하기 위한 목적, 하나님께 올바른 예배를 하기 위한 목적이 있다는 것이다. 그래서 여호수아 24장에 보면 땅에 대한 약속이 모두 실현된 후 '세겜'에서 예배드리는 장면을 볼 수 있다. 이러한 '예배공동체'(community of worship)를 형성한 출애굽공동체의 구성원들은 민족적, 혈연적 관계를 넘어서 있다.

> 이스라엘 자손이 라암셋을 떠나서 숙곳에 이르니 유아 외에 보행하는 장정이 육십만 가량이요 수많은 잡족과 양과 소와 심히 많은 가축이 그들과 함께 하였으며(출 12:37-38)

"수많은 잡족"(רב ערב 에레브 랍)은 이스라엘 백성과 같이 일하던 노예들로 출애굽할 때 같이 있었던 자들을 말하는데, 이는 출애굽공동체가 여러 민족들로 섞인 다문화적 공동체였음을 일러 주는 말이다. 출애굽공동체는 처음부터 다문화적 공동체로 시작되었으며, 그 안에 섞인 여러 민족들도 출애굽하면서 이스라엘 민족 안으로 같이 동화되었고, 이제 이스라엘 민족은 혈연공동체가 아닌 수많은 잡족도 예배에 참석하는 예배공동체를 형성한 것이다.

민수기 11장에 나타나는 칠십인 장로 이야기에서 먹을거리(고기) 문제로 탐욕을 품고 불평했던 이들도 바로 이 '잡족'으로 이해할 수 있다. 어중이떠중이 혹은 오합지졸로 이루어진 이 군중은 애굽에서 탈출할 때에 함께 끼어든 비이스라엘 사람들을 지칭하는 말이며, 애굽에서 즐겨 먹었던 고기와 다른 음식을 그리워하면서 선동하였다.[2]

그들 중에 섞어 사는 다른 인종들이 탐욕을 품으매 이스라엘 자손도 다시
울며 이르되 누가 우리에게 고기를 주어 먹게 하랴(민 11:4)

모세의 출애굽공동체가 다문화적 공동체였던 것은 모세의 장인 이드로가
이방인이었다는 것과 모세의 아내가 구스 여인이었던 데에서도 잘 드러난다.
모세의 지도력에 대적했던 이는 모세의 형제자매로부터 공동체 전체에
이르기까지 다양하게 나타나는데, 아론과 미리암은 모세가 구스 여인을 취한
것을 빌미로 모세의 리더십에 도전했다.

모세가 구스 여자를 취하였더니 그 구스 여자를 취하였으므로 미리암과
아론이 모세를 비방하니라(민 12:1)

'구스 여인'의 정체에 대해서는 학자들의 의견이 분분하다. 본문은 단지
그녀가 구스 여인이었다는 점만 진술할 뿐이다. 노트(M. Noth)는 구스(Cush)
혹은 구산(Cushan)은 미디안에 대한 또 다른 이름이라고 주장한다.[3]
모세의 아내 십보라는 미디안 여인으로 밝혀진 바 있다. 구약성경 전승에서
구스는 주로 에티오피아를 말하며(왕하 19:9; 사 20:3,5; 37:9; 43:3; 45:14;
겔 30:4-5 등), 바벨론 동편의 카시인들의 지역 또한 또 하나의 가능성이 될
수 있다.[4] 그렇다면 모세의 아내가 흑인이었을 수도 있다. 여기서 말하는
구스 여인이 십보라를 말하는 것인지, 아니면 두 번째 부인을 말하는
것인지는 분명하지 않다. 어느 경우이든 간에 아론과 미리암의 적대감은
인종상의 차이이든 민족적인 차이이든 모세의 아내가 이스라엘인이
아니었다는 데에 근거했을 것이다.[5] 미리암과 아론의 도전은 이내 고라와
다단, 아비람과 온의 도진으로 이어졌다. 이들은 모세와 아론을 내항하여
파당을 지어 하나님이 이스라엘 모든 사람에게 가까이하시기 때문에 그들
중 어느 특정인이 이스라엘의 지도자가 될 수 없다고 주장한다(민 16장).
아론과 미리암이 '자신들도 하나님과 가까운 사이'라고 주장했던 데에

비해 이들의 주장은 한 걸음 더 나아가서 보다 민주화된 형태를 제기하고 나선다. 공동체 전체가 모세를 대적하고 나선 이야기는 출애굽 이야기 곳곳에 등장한다. 그러나 여러 종족과 세대, 조력자와 적대자가 공존하는 공동체에서 모세의 지도력은 자신을 대적하는 공동체를 포함한 전체 공동체를 위해 기도하는 중재자의 모습으로 두각을 나타낸다.

또한 이 종교공동체는 여러 세대에 걸쳐서 지속된다. 출애굽에 참여했던 사람들의 수는 지나치게 많은 것으로 보인다. 장정만 60만 정도라면, 나이와 성별 비율을 비추어 볼 경우 전체 숫자는 200만 이상이 될 것이다. 어떤 학자들은 엘레프(アフ)(/천)라는 히브리어 낱말을 '천'이라는 숫자보다는 '씨족'으로 번역하여 대략 600개 정도의 가족단위가 출애굽에 참여했다고 본다.[6] 프레다임(T. E. Fretheim)은 이와는 다른 방식으로 이 숫자를 설명하는데, 즉 솔로몬 성전의 건축이 출애굽과 더불어 시작된 한 시대의 끝으로 여겨졌다는 것을 암시하는 본문들이 있다는 점과 본문의 예언적인 언어가 출애굽 세대를 후대의 여러 세대들과 확실하게 연결시키고 있다는 점을 들어 다윗과 솔로몬 시대의 대략적인 인구를 반영한 것으로 보고 있다.[7] 그러나 어느 경우이든 출애굽공동체는 여러 인종과 세대가 섞여 있었던 점에는 이견이 없다.

II. 시내산 계약과 토라공동체

이스라엘 사람들은 출애굽한 지 석 달 만에 시내 산에 도착하게 된다(출 19:1). 다시 시내 광야를 출발하기까지의 시내 산 단락(출 19:1-민 10:10)은 이 시내 산에서 많은 일들이 벌어졌음을 일러 준다. 무엇보다도 먼저 이 시내 산에서 하나님은 모세를 통하여 이스라엘 사람들이 살아가야 할 삶의 규범들을 말씀하신다. 하나님께서 이스라엘에게 거룩한 백성으로 살아갈 길을 보여 주신 '가르침'(teaching), 이것이 곧 '토라'(תּוֹרָה)이다. 유대인들이 성경의 처음 다섯 책을 '율법서'라고 부르는 이유는 이 토라가 주로 율법의 형태로 되어 있기 때문이다. 이스라엘이 하나님의 가르침에 따라 살아갈 때 그들은 하나님의 백성다운 삶을 사는 것이다. 구약 안에 기록되어 있는 토라의 말씀은 모두 613개의 조항이다. 이 613개의 모든 계명의 뜻과 그 정신을 열 가지로 요약, 압축시켜 놓은 것이 바로 십계명이다(출 20:1-17; 신 5:6-21). 하나님께서 이스라엘 백성에게 십계명을 준다(출 20장). 십계명은 이스라엘 사람들이 하나님의 백성답게 살아야 될 조건들을 열 마디로 요약한 것이다.

토라는 넓은 의미에서 이스라엘에게 주신 "하나님의 말씀", "하나님의 명령"이라고 통틀어 말할 수 있다. 이 토라의 준수가 하나님의 백성이 될 수 있는 조건이다. 시내산 계약의 특징은 바로 이 계약조건에 있다.

> 세계가 다 내게 속하였나니 너희가 내 말을 잘 듣고, 내 언약을 지키면(조건),
> 너희는 모든 민족 중에서 내 소유가 되겠고 너희가 내게 대하여 제사장
> 나라가 되며 거룩한 백성이 되리라…(출 19:5-6)

시내 산에서 하나님은 이스라엘과 계약을 맺으신다. 그것은 하나님은 이스라엘의 하나님(God of Israel)이 되고 이스라엘은 하나님의 백성(People of God)이 된다고 하는 계약이다. 하나님께서 이스라엘과 맺은 계약이 시내 산에서 이루어졌기 때문에 흔히 이것을 시내산 계약(Sinai Covenant)이라고 부르고 있다. 이스라엘이 하나님의 소유가 된다는 말씀은 곧 하나님의 백성이 된다는 말이다. 그리고 제사장 나라가 된다는 것은 곧 거룩한 백성이 된다는 것이다. 중요한 것은 이스라엘이 하나님 말씀(토라)에 순종하고 살아 나갈 때에 하나님의 백성이 되고 거룩한 백성이 될 수 있다는 것이다.

출애굽공동체는 처음부터 예배공동체였을 뿐 아니라 하나님의 백성다운 삶을 살아가기 위해 토라를 준수해야 하는 말씀공동체였던 것이다.

출애굽 여정의 끝자락에서 만나는 신명기 6장에는 유명한 '쉐마(שמע)'의 말씀이 있다. 이 쉐마는 신명기 전체를 대표하는 말씀일 뿐만 아니라, 사실 구약 이스라엘의 신앙을 잘 요약해주는 말씀이다.

> 이스라엘아 들으라(שמע ישראל, 쉐마 이스라엘). 우리 하나님 여호와는
> 오직 유일한 여호와시니 너는 마음(לבב 레바브)을 다하고 뜻(נפש 네페쉬)을
> 다하고 힘(מאד 메오드)을 다하여 네 하나님 여호와를 사랑하라(신 6:4-5)

이 쉐마에는 구약 신앙의 핵심인 유일신 신앙이 잘 드러나 있다. 온갖 다른 신들이 범람하던 문화 속으로 들어가 살게 될 이스라엘이 한 분이신 하나님께 마음을 다하고 성품을 다하고 힘을 다해 그분을 섬기며 살아가야 한다는 유일신 신앙은 모든 구약 신앙의 핵심이 된다. 이 신앙이 무너지면 이스라엘 신앙은 존재할 수가 없다. 만일 한 분 하나님 이외에 이 세상의 어떤 것이 절대적인 충성의 대상이 된다면, 그것은 곧 우상숭배가 된다. 구약 신앙에서 가장 큰 죄는 우상숭배인 것이다(시 44:15-20; 사 40:18-26; 렘 10:3-5).

사실 이 쉐마에서 말하는 하나님에 대한 사랑이 명령의 형태로 주어지고 있다는 것이 우리네 사고방식에서는 좀 낯선 일이다. 흔히들 생각하는 사랑이란 주로 감정의 차원이기 때문이다. 그런데 이 쉐마의 말씀은 "마음과 뜻과 힘을 다해서 하나님을 사랑하라"고 명령을 하고 있다. 구약성서가 말하는 사랑은 단순히 감정의 차원이 아니라, 행동적인 차원이 수반되어야 사랑이 성립되는 역동적인(dynamic) 개념이기 때문이다. 하나님에 대한 사랑은 감정과 말로만 증명되지 않는다. 그것은 행동으로 드러나야 한다. 그래서 구약성경, 특히 신명기에서 하나님을 '사랑한다(אהב, 아하브)'는 말과 하나님께서 주신 말씀을 '지키라(שמר 샤마르)'는 말이 함께 자주 등장하곤

한다.

> 그런즉 너는 알라 오직 네 하나님 여호와는 하나님이시요 신실하신
> 하나님이시라 그를 사랑하고(아하브) 그의 계명을 지키는(샤마르) 자에게는
> 천 대까지 그의 언약을 이행하시며 인애를 베푸시되(신 7:9)
> 그런즉 네 하나님 여호와를 사랑하여(아하브) 그가 주신 책무와 법도와
> 규례와 명령을 항상 지키라(샤마르)(신 11:1)

출애굽공동체가 시내 산에서 부여받은 하나님의 말씀, 토라는 이스라엘이
하나님의 백성답게 살아가는 방법, 우리가 하나님을 사랑할 수 있는 길을
제시해 준다. 그것은 하나님이 이스라엘을 사랑하셔서 주신 말씀을 지켜
행하는 것이다. 이와 같은 '말씀의 준수=하나님 사랑' 공식은 예수의
가르침에서도 확인할 수 있다.

> 나의 계명을 지키는 자라야 나를 사랑하는 자니 나를 사랑하는 자는 내
> 아버지께 사랑을 받을 것이요 나도 그를 사랑하여 그에게 나를 나타내리라
> (요 14:21)

율법과 복음은 모두 하나님이 우리를 사랑하셔서 주신 값진 선물이다.
율법이 문제가 아니라 율법에 얽매여 사람이 참 사람답게 살지 못하는
것이 문제이고, 율법의 근본정신인 사랑을 잃어버리고 사는 것이 문제이다.
하나님이 우리에게 율법을 주신 목적은 결국 우리를 사랑하셨기 때문이고
더 나아가서 그 사랑에 부끄럽지 않게 살아가기를 요구하시기 때문임을
잊지 말아야 한다.

Ⅲ. 성막, 하나님의 처소

성막은 출애굽공동체의 예배장소이다. 출애굽기 25-31장은 이 성막의
구조와 기능에 대해 집중적으로 말하면서, 우선적으로 성막 건립과 그
성막에서 일할 제사장의 임명과 직무에 관심을 갖고 있다. 구약성서, 특히
출애굽의 신앙과 신학에서 성막이 차지하는 비중은 크다. 출애굽기 24장은
모세가 시내 산에 올라 사십 일 사십 야를 보내는 이야기로 마무리되고,
31장은 하나님이 친히 쓰신 십계명 돌판을 모세에게 주신 것으로 마무리된다.
그 사이에 성막에 대한 하나님의 지시가 있다. 하나님께서 이스라엘
가운데 임재하시는 장소라는 점에서 성막은 성전과 그 맥을 같이한다고
할 수 있지만, 몇 가지 점에서 차이가 난다. 성전 건축이 인간의 계획에
의해 주도되었고, 이방인과 심지어 강제로 동원된 무리들이 참여한 일인데
반해(왕상 5-6장; 9:15-23 등), 성막 건립은 처음부터 하나님의 설계하에
하나님의 영이 충만한 자(브살렐과 오홀리압)의 감독하에 출애굽 구성원들에
의해 진행되었다(출 31:1-11). 무엇보다도 가장 큰 차이는 성전이 한 장소에
고정되어 있는 반면, 성막은 이동 가능한 성소라는 점이다. 성전에 계신
하나님을 찾기 위해서는 백성이 찾아와야 하지만, 성막에 계신 하나님은
백성과 함께 시공간을 함께하며 동행하신다.

동쪽에 위치한 성막의 문을 들어서면 제일 먼저 번제단이 눈에 들어오도록
설계되어 있다. 바로 이 번제단에서 구약의 대표적인 제사인 번제가 드려진다.
번제란 가죽을 벗긴 제물을 통째로 제단 위에서 불사르는 온전한 제사이다.
이스라엘 백성은 매일 아침저녁으로 양을 한 마리씩 번제로 드려야 했다(출
29:38-41). 소나 양, 염소를 제물로 가지고 온 백성이 먼저 번제물의 머리에
안수를 하고(레 1:4), 가죽을 벗기고 각을 뜬 후(레 1:6,11) 그 제물을 제사장에게
넘긴다. 제사장은 백성이 이미 잡은 제물의 피를 제단 사방에 뿌리고, 물로

씻은 후 불을 지핌으로 하나님께 온전한 제사를 드린다(레 1:5,9,11,13). 처음부터 예배란 제사장이 홀로 감당하는 것이 아니었다. 그것은 제사장과 일반 백성이 함께 감당하는 거룩한 사역이었다. 목회자와 평신도가 함께 감당한다는 것, 그것은 오늘날 행해지는 수많은 예배에서 목회자와 평신도가 함께 놓쳐서는 안 되는 중요한 정신이 아닐까?

물두멍이 있는 곳을 지나 성소로 들어가면 일곱 개의 가지가 있는 등잔대(=메노라)와 떡상(진설병상) 그리고 분향단이 나타난다. 이어 성소와 지성소를 구분하는 휘장을 지나면 성막의 핵심기구인 법궤가 나타난다(출 25:10-18). 성막의 가장 안쪽 구석, 그 비밀스런 장소에 법궤가 있다. 그룹의 날개 모양으로, 법궤를 덮는 뚜껑이 덮여 있다. 속죄소이다. 전통적으로 보이지 않는 하나님의 보좌 혹은 발등상의 형상으로 여겨진 이 속죄소를 루터는 '은혜의 보좌'(Gnadenthron)라고 번역했다. 흔히들 '은혜의 보좌 앞에 나아간다'(기도한다)는 표현은 바로 이 속죄소를 두고 하는 말이다. 그 안에 십계명 돌판이 담겨 있다. 신약성서 히브리서 9장 4절은 이 법궤 안에 만나를 담은 금 항아리와 아론의 싹 난 지팡이 그리고 언약의 돌판들이 들어 있는 것으로 말하고 있으나 구약성서가 말하는 법궤의 내용물은 십계명 돌판이 유일하다. 만나 항아리(출 16:33-34)와 아론의 싹 난 지팡이(민 17:4)는 여호와 앞(יהוה לפני 리프네 아도나이), 곧 법궤 앞에 두도록 규정하고 있다.

이상하지 않은가? 자기 백성 이스라엘과 함께하신다는 상징이 법궤라면, 왜 이렇게 은밀한 곳에 위치하는가? 그곳은 모든 백성이 언제라도 볼 수 있는 자리가 아니다. 하나님의 임재는 심지어 대제사장조차 함부로 가까이할 수 없는 곳에 자리하고 있다. 인간의 보편적인 종교성은 눈에 보이는 가시적인(visible) 신의 형상을 요구한다. 그러나 구약성서가 말하는 하나님은 인간의 유한한 눈으로는 볼 수 없는 초월적인 존재이다. 구약성서가 말하는 하나님은 늘 이스라엘과 함께하시는 분이지만, 인간의 눈으로 확인할 수 없는 비가시적인(invisible) 존재이다. 구약의 종교가 다른 고대 근동의 종교와 근본적으로 다른 것은 바로 신상이 없는 종교(iconoclastic religion)였다는 점이다. 구약성서는 십계명 제2계명을 비롯한 여러 본문에서 다른 신들의 형상뿐 아니라 하나님의 형상 제조도 금하고 있다(출 20:4-5 신 5:8-9; 렘 10:3-5 등. 사 40:18 참조). 이렇듯 구약의 이스라엘 신앙에서 하나님의 신상을 만들 수는 없지만, 고대 근동의 모든 종교가 신의 형상을 소유하고 있는 것처럼 하나님이 이스라엘과 함께하신다는 임재의 상징이 필요했고 또 존재했는데, 그것이 곧 법궤였다. 특히 눈에 보이는 가시적인 왕조차 없었던 사사 시대에 법궤의 존재는 하나님이 자신들과 함께하신다는 이스라엘의 신앙을 유지하는 데 절대적인 상징물로 자리 잡았다고 할 수 있다.[8]

구약성서의 하나님은 늘 이스라엘과 함께하시는 하나님이다. 그리고 구약성서는 이스라엘과 하나님 사이의 만남 이야기라고 할 수 있다. 구약성서에서 처음 하나님이 인간과 만나신 곳은 에덴동산이었다면, 출애굽기부터 나타나는 하나님의 처소는 성막이다. 예배의 중심지, 법궤가 안치된 장소 그리고 무엇보다도 백성들 가운데 하나님이 함께하시는 거룩한 장소이다. 그러나 아쉽게도 구약성서에서 이스라엘의 신앙 형성에 결정적인 역할을 하는 성막은 더 이상 존재하지 않는다. 비록 성막은 역사 속에서 사라져 버렸지만, 성막의 의미는 성막의 존재 여부와는 상관없이 지금도 모든 그리스도인의 삶에 있어서 중요하다. 출애굽 당시 이스라엘이 하나님과 만나는 장소, 즉 하나님이 이스라엘 중에 거하시는 곳이 성막이었다면, 왕정 시대 이후로는 그 역할을 성전이 대신하게 된다. 그리고 신약 시대에 들어와 성소의 본질은 건물에서 사람으로 바뀌게 된다. 성막이나 성전이 성소라는 이름으로 불릴 수 있었던 것은 하나님이 거하시기 때문이다. 예수님 안에 하나님이 거하시기에 예수 그리스도가 바로 성소라는 것이다(요 1:14; 2:21 참조). 예수께서 십자가에 달리실 때 자기 몸을 찢으신 것과 동시에 지성소의 휘장을 찢으심으로 죄인이 하나님께로 가는 길을 활짝 열어 놓으셨다(마 27:51; 히 10:20). 우리가 '하나님의 은혜의 보좌 앞에 담대히 나아갈 수 있는 것은 바로 새 성막이신 예수 그리스도의 사역 때문이다(히 4:16).[9] 구약의 성막이 하나님의 함께하심과 더불어 죄인인 인간이 하나님께 다가가는 것의 어려움을 상징하는 이중적인 성격을 가진 반면, 새로운 성막이신 예수 그리스도는 죄인들에게 먼저 다가오신 새 성막이셨다.[10] 더 나아가 그리스도의 이름으로 모인 곳은 건물이 없더라도 성소가 될 수 있음을 말한다.

> 너희는 너희가 하나님의 성전인 것과 하나님의 성령이 너희 안에 계시는 것을 알지 못하느냐 누구든지 하나님의 성전을 더럽히면 하나님이 그 사람을 멸하시리라 하나님의 성전은 거룩하니 너희도 그러하니라(고전 3:16-17)

그리스도를 믿고 하나님을 그 안에 모시는 모든 사람을 하나의 성전이라고 말하고 있는 것이다. 너무도 거룩하기에 제사장조차도 그 안에 들어갈 때에 조심스러웠던 그 거룩함의 장소가 바로 우리 자신이라는 것이다.

IV. 출애굽공동체의 지도자, 모세의 영성

1. 섬김과 나눔

구약성경에서 출애굽 사건이 가장 위대한 구원사역이었다면, 가장 위대한 지도자의 모델은 단연 모세이다. 성경이 말하는 모세의 일생은 그의 탄생 이야기에서 죽음에 이르기까지 드라마틱하다. 비록 학자들 중에는 모세의 역사성에 대해 의문을 제기하는 이들도 있으나,[11] 그는 최종 형태의 오경이 제시하는 가장 위대한 이스라엘의 예언자이자 지도자임에는 틀림없다: "그 후에는 이스라엘에 모세와 같은 선지자가 일어나지 못하였나니 모세는 여호와께서 대면하여 아시던 자요"(신 34:10). 구약성경이 모세를 이스라엘의 가장 위대한 지도자로 인정하는 것은 그가 출애굽공동체의 지도자로 원망과 불평이 끊이지 않는 백성과 최악의 환경인 광야라는 이중적 고난의 환경 속에서 40년간 자기 백성을 이끌고 약속의 땅으로 인도했기 때문이다.

그러나 출애굽공동체가 단순한 정치적 공동체에 머물지 않는 것처럼, 구약성경이 말하는 지도자로서의 모세 또한 단지 정치적 지도자의 모습이 아니다. 종교적 공동체이자 다문화적 공동체인 출애굽공동체를 이끄는 지도자 모세의 가장 두드러진 모습은 섬기는 종으로서의 모습이다.

모세의 소명 기사에는 두 가지 흥미로운 소재가 등장한다. 하나는 하나님께서 모세를 찾아오신 방법이 '떨기나무'를 통해서였다는 것이다. 왜 떨기나무일까? '연약하기 짝이 없이 눌림 받는 히브리인들의 울부짖는 탄식 속에 현존하여 계시는 하나님'에 관한 이미지가 바로 '쉽게 타버릴 수밖에 없는 연약한 가시떨기를 결코 소멸시키지 않고 오히려 그 연약한 떨기 속에서 강렬한 불길을 일으키시며 자신을 현존시키시는 하나님'에 관한 이미지로 연결된다.[12] 다른 하나는 "네가 선 곳은 거룩한(שׂדק) 땅이니 네 발에서 신을 벗으라(של נעליך)"는 하나님의 명령 속에서 있다(출 3:5). 모세를 여호와의 종으로 부르는 것과 관련지어 생각할 때, 모세의 소명이야기에서 하나님이 모세에게 신을 벗으라고 하시는 것은 이제부터 '하나님의 종'으로 살아가라는 의미를 지닌다고 생각해 볼 수 있다.[13] 이제부터 모세의 의지는 없어지고 오직 하나님의 말씀대로만 움직이는 종이 되는 것이다. 모세는 이 만남을 통해 자기 의지대로 방황하던 오랜 방랑을 끝내고 하나님의 손에 붙들린 종으로 다시 태어난다.[14] 실제로 구약성서에 모세의 직함이 '하나님의 사람'(איש האלהים 이쉬 하엘로힘)[15], '하나님의 종'(עבד האלהים 에베드 하엘로힘)[16]과 '여호와의 종'(עבד יהוה 에베드

아도나이)[17]으로 나타나는 것은 우연이 아니다.

종(עֶבֶד 에베드)에 해당하는 히브리어 동사 עָבַד(아바드)의 기본적인 의미는 "어떤 한 사람이나 한 무리의 사람들이 다른 사람이나 다른 무리의 사람들을 위해 정해진 기간이나 한평생 일함"을 뜻하며, '하나님께 예배드린다'라는 뜻과 "섬긴다"라는 뜻을 동시에 가지고 있다.[18] 즉 '아바드'의 대상이 하나님으로 나타날 때 그 의미는 예배(worship)가 되며, 그 대상이 사람이 될 때 그 의미는 섬김과 봉사가 된다. 프레다임(T. E. Fretheim)은 출애굽기 5장 9-12절에 나오는 섬김의 단어들이 모두 파라오를 목적어로 취하고 있는 점에서 이스라엘은 누구를 섬길 것인가라는 주제를 논의한다.[19]

> 그 사람들의 노동을(הָעֲבֹדָה 하아보다) 무겁게 함으로 수고롭게 하여 그들로 거짓말을 듣지 않게 하라 백성의 감독들과 기록원들이 나가서 백성에게 말하여 이르되 바로가 이렇게 말하기를 내가 너희에게 짚을 주지 아니하리니 너희는 짚을 찾을 곳으로 가서 주우라 그러나 너희 일은(מֵעֲבֹדַתְכֶם 메아보다트켐) 조금도 감하지 아니하리라 하셨느니라(출 5:9-11)

이미 출애굽기 4장 23절에서 하나님께서는 이스라엘의 섬김의 대상이 하나님임을 분명히 밝힌 바 있다. 출애굽기에 나타나는 대결의 구도는 모세와 바로 사이에 나타나는 것이 아니라, 진정한 섬김의 대상인 하나님과 강요된 섬김의 대상인 바로 사이의 대결이라고 할 수 있다. 여기서 섬김의 주체인 공동체의 지도자에게 있어서 뚜렷한 자기정체의식과 사명의식은 바른 판단을 할 수 있는, 그리고 필연적으로 만나는 난관을 이겨내는 강력한 힘이 된다. 모세의 자기정체의식이 섬기는 지도자로서의 여호와의 종이었다면, 종교적 공동체를 지향하는 모세의 사명의식은 열 가지 재앙이 진행되는 도중 겪은 바로의 회유와 타협시도에 대한 거부에서 가장 먼저 나타난다. 여호와라는 신을 모른다고 했던 바로의 처음 반응(출 5:2)은 마지막 재앙의 경우에 있어서 여호와 하나님을 인정하고 재앙을 그치게 해달라거나 자신을 위해 기도해달라고 부탁하기도 한다. 이스라엘을 보내줄 수 없다는 바로의 주장은 이제 여호와를 알게 되었기 때문에 이스라엘을 보내주는 상황으로 변화된다. 열 가지 재앙의 피해 때문에 출애굽을 허락하는 것이 아니라, 바로가 여호와의 권능을 알게 되고 체험하고 결국은 신적인 능력을 인정함으로써 출애굽을 허락하게 된 것이다.[20] 그러나 한 가지 더 생각할 것은 출애굽기의 '열 가지 재앙'은 여호와를 모르는 바로에게 하나님에 대한 깨우침을 주는 것과 동시에 모세에게는 자신을 보낸 하나님과 사명에 대한 확신을 더욱 견고하게 했다고 할 것이다. 재앙이 진행되는 도중 바로는 출애굽 사건의 목적인 예배하는 공동체를 저지하기 위한 네 차례의 회유를 시도한다(출 8:25,28; 10:9-11,24). 애굽 왕 바로는 네 번째 재앙인 파리 사건 이후, "애굽을 떠나지 말 것"(출 8:25)을 필두로, "너무 멀리 가지 말 것"(출 8:28), "장정만 떠날 것"(출 10:9-11), "양과 소는 남겨두고 떠날 것"(출 10:24)으로 회유한다. 마지막 네 번째 회유는 애굽인들이 신성하게 여기는 수소와 숫양을 제물로 삼아서는 안 된다는 의미로 해석할 수도 있다. 이러한 바로의 회유와 타협이 철저한 실패로 끝나고 말았던 것은 "모든 백성이 함께", "모든 소유를 가지고", "애굽 국경 밖으로", "멀리 떠나" 야훼를 섬겨야 한다는 종으로서의 뚜렷한 사명의식 때문으로 해석할 수 있다.

여호와의 종으로서의 모세의 뚜렷한 자기정체의식과 사명의식은 모세가 이스라엘 백성을 이끌고 가나안 땅으로 향한 것이나, 이스라엘 사람들이 가나안 땅을 점령한 것은 하나님께서 아브라함과 이삭과 야곱, 이스라엘의 신앙의 조상들에게 약속해주신 말씀을 실현시켜 주신 것이라는 점에서도 분명히 나타난다.

네 하나님 여호와께서 너를 네 조상들이 차지한 땅으로 돌아오게 하사 네게
다시 그것을 차지하게 하실 것이며 여호와께서 또 네게 선을 행하사 너를

네 조상들보다 더 번성하게 하실 것이며 … 네 하나님 여호와를 사랑하고
그의 말씀을 청종하며 또 그를 의지하라 그는 네 생명이시요 네 장수이시니
여호와께서 네 조상 아브라함과 이삭과 야곱에게 주리라고 맹세하신 땅에
네가 거주하리라(신 30:5,20)

이미 하나님은 이스라엘 신앙의 조상들에게 가나안 땅을 주시겠다고
여러 번 약속하셨고, 그 땅으로의 진입은 출애굽공동체를 이끄는 모세의
사명의식으로 자리 잡고 있었던 것이다.

이런 의미에서 신명기와 구약성경의 역사서에서 모세를 '여호와의
종'으로 일컫는 것은 모세를 '종의 마인드의 소유자'요 '하나님을 향한 예배와
이스라엘공동체를 향한 섬김이 함께 구비된 섬기는 리더십 소유자'이었음을
말한다고 할 수 있다. 민수기 11장에서 모세는 자신에게 내린 하나님의
영이 자신의 조력자로 세움 받는 또 다른 지도자들인 칠십 장로들에게
나누어지는 것을 꺼려하지 않는다.

모세가 그에게 이르되 네가*나를 두고 시기하느냐 여호와께서 그의 영을
그의 모든 백성에게 주사 다 선지자 되게 하시기를 원하노라(민 11:29)

하나님은 모세에게 임한 영을 칠십 명의 장로들에게도 임하게 하셨다.
그들에게 하나님의 영이 임한 이유는 지도자로서의 모세의 짐을 덜어주기
위함으로 나타난다. 버드(P. Budd)는 이것을 "하나님의 백성을 지도하기
위해 필요한 모든 자원을 제공하는 신적 권능부여"라고 말한다.[21] 특이한
점은 선출된 칠십 명의 지도자들 중에 하나님의 영이 임하던 장막에
나타나지 않은 엘닷과 메닷이라는 사람에게까지 그 영이 임했다는
것이다. 여호수아는 이 두 사람에게 임하는 영을 그치게 할 것을 모세에게
청했지만, 모세는 오히려 "모든 백성이 다 야훼의 영 받기를 원한다"는
말로 여호수아를 책망한다. 모세는 다른 사람들의 지도력을 부정하거나
거부하지 않는다. 이와 같은 모습은 섬기는 지도자로서의 나눔의 영성을

보여 준다고 할 것이다.

2. 대언과 중재

출애굽공동체 자체가 종교적 공동체의 모습을 띠고 있고, 모세가 그러한 공동체의 예언자, 중재자의 역할을 감당하는 것은 우리로 하여금 그를 한 명의 목회적 지도자로 읽게끔 한다. 신명기의 저자는 구약의 거의 모든 시대를 조망해 보면서 가장 위대했던 예언자로 모세를 꼽기에 주저하지 않는다(신 34:10). 그렇다면 모세를 이스라엘 역사상 최고의 예언자로 꼽는 이유는 무엇일까? 그는 구약에서 아브라함 다음 두 번째로 등장하는 예언자이면서 '대언'과 '중재'라는 예언자의 두 가지 역할을 온전하게 수행한 첫 번째 예언자였다. 광야여정에서 보낸 마지막 40년은 하나님의 말씀을 전달하는 대언자의 직임과 이스라엘을 위한 중재자의 직임이 철저하게 수행되던 기간이었다.

예언자로서의 모세의 모습은 하나님의 말씀에 대한 강조에서 잘 나타난다. 말씀에 대한 강조는 지도자로서의 모세의 권위를 더욱 견고히 하는 기능을 한다. 일례로 신명기 28장과 30장은 하나님의 말씀에 대한 순종은 복과 생명을, 말씀에 대한 불순종은 저주와 화를 가져온다는 신명기의 언약 신학적 공식을 가장 잘 드러내는 말씀이다.

> 네가 네 하나님 여호와의 말씀을 삼가 듣고 내가 오늘 네게 명령하는 그의 모든 명령을 지켜 행하면 네 하나님 여호와께서 너를 세계 모든 민족 위에 뛰어나게 하실 것이라 네가 네 하나님 여호와의 말씀을 청종하면 이 모든 복이 네게 임하며 네게 이르리니 … 네가 만일 네 하나님 여호와의 말씀을 순종하지 아니하여 내가 오늘 네게 명령하는 그의 모든 명령과 규례를 지켜 행하지 아니하면 이 모든 저주가 네게 임하며 네게 이를 것이니(신 28:1-2,15)

여기서 우리말 '듣고'와 '청종하면', '순종하지'로 번역된 히브리 단어는 모두 '샤마'(עמש)이다. 샤마의 일치적인 의미는 들음(hear)이지만, 하나님의 말씀을 듣는다는 것은 단순한 청취로 끝나는 것이 아니라, 들은 말씀대로 순종하며 살아가는 것까지를 의미한다.[22] 공동체의 운명은 거기에 속한 개인들의 운명이기도 하다. 신명기 28장과 30장에서 하나님의 말씀에 대한 순종과 불순종의 결과들에 대한 상세한 나열은 개인과 공동체 간의 상호관계성들을 예리하게 일깨워 준다.[23] 여기서 하나님의 말씀에 '샤마'하지 못함으로 인한 저주의 내용들은 주전 586년 예루살렘의 멸망과 성전의 파괴라는 형태로 이 종교적 공동체가 실제로 경험한 것들로 예언자적 심판선언에 해당한다고 볼 수 있다. 먼 훗날 이스라엘은 불순종으로 인해 타국의 포로가 될 것이지만(신 30:1-5), 새로운 언약을 통해 이스라엘 민족과 율법을 넘어 열방과 마음이 하나님께로 향하게 될 것이다(신 30:6-20; 렘 31:31; 겔3 6:22-28). 이러한 미래의 심판과 희망을 선포한 모세의 통찰력은 구약의 전형적인 선지자적 특성을 반영한다. 신명기에서 명백히 묘사된 모세의 주요 이미지는 선지자이다.[24]

중재자로서의 모세의 모습은 자신의 대적자와 조력자 모두를 포괄하는 공동체 전체를 위한 중재기도에서 잘 나타난다. 민수기에서 계속 일관되게 피력되고 있는 것은 모세의 중보적 리더십이다. 그는 백성들의 끊임없는 불신앙과 반역에 대해 심판과 처벌을 택하기보다는 그들을 위한 기도와 제의를 통한 궁극적인 중보를 도모한다.[25] 출애굽기 32장은 황금송아지를 만들어 숭배하던 이스라엘 백성에 대한 하나님의 진노를 돌이키려는 모세의 간절한 기도를 담고 있다.

모세가 그의 하나님 여호와께 구하여 이르되 여호와여 어찌하여 그 큰 권능과 강한 손으로 애굽 땅에서 인도하여 내신 주의 백성에게 진노하시나이까 어찌하여 애굽 사람들이 이르기를 여호와가 자기의 백성을 산에서 죽이고 지면에서 진멸하려는 악한 의도로 인도해 내었다고 말하게 하시려 하나이까 주의 맹렬한 노를 그치시고 뜻을 돌이키사 주의 백성에게

이 화를 내리지 마옵소서(출 32:11-12)

이러한 중재자로서의 모세의 모습은 출애굽기 32장 32절에서 절정에 이른다. 하나님 대신 황금송아지를 숭배한 이스라엘이 하나님의 저주를 받을 수밖에 없게 되었을 때, 모세는 그들을 위해 자신의 생명을 담보로 하는 기도를 드린다. "…그들의 죄를 사하시옵소서 그렇지 않사오면 원컨대 주의 기록하신 책에서 내 이름을 지워버려 주옵소서…" 일찍이 그는 애굽 사람을 죽이고, 보복(죽음)이 두려워서 애굽을 도망쳐 나왔던 사람이 아니던가? 예언자의 직분을 감당하던 40년 기간이 모세를 새로운 모습으로 바꾸어 놓았다. 다시 말하건대 '출애굽'이라는 역사의 현장이 일개 졸부였던 모세를 민족의 영도자로 바꾸어 놓았다. 죽음이 두려워 도망쳤던 모세가 이제 자기 잘못도 아닌 남의 잘못을 두고 하나님께 용서를 빈다. 동족이 받을 징벌을 대신 받는 지도자의 대속적 중재이다. 그것은 구약성서가 보여 주는 최고의 중재기도였다고 할 것이다. 모세라는 지도자, 그는 백성들을 전인적으로 구속하며 그들의 반역을 감싸 안고 중보하는 자로서 미래의 지도자를 준비하는 그리스도의 모형이라고 말할 수 있다.[26] 밀러(P. D. Miller)는 그의 모세 연구에서 이러한 지도자의 초상화를 중재자(intercessor), 그리고 그 백성들을 위해 '고난받는 하나님의 종'(suffering servant of God)이라고 결론짓는다.[27]

3. 변화와 계승

오경이 묘사하고 있는 모세의 모습은 처음부터 완벽한 지도자에게 요구되는 이상적인 상은 아니다. 모세의 소명 기사에는 리더로 세움 받기를 두려워하는 모세의 모습이 역력히 드러난다. 애굽의 학정 아래 시달리고 있던 이스라엘 족속의 구원을 위한 하나님의 계획이 이미 시작되었을 때, 그 일은 처음부터 장벽에 부딪히게 된다. 그 장벽은 다름 아닌 모세 자신의 핸디캡이었다. 자신을 들어 쓰시려는 하나님의 계획이 모세 자신으로서는 반가운 일이 아니었다. '리더로서의 자질 부족'과 자신을 리더로 세우신 하나님과 이스라엘공동체에 대한 '확신의 부재' 등을 이유로 하나님의 부르심을 다섯 번이나 변명하며 거절하고야 만다(출 3:11,13; 4:1,10,13). "내가 누구이기에…"라는 말로 시작하는 모세의 자기변명에는 자신의 무능함에 대한 솔직한 인정과 하나님에 대한 확신의 부재로 가득 차 있다. 다섯 번이나 감히(?) 하나님의 명령에 변명과 거절로 일관하는 모세의 모습은 맡겨주신 사명이 그에게 얼마나 두렵고 떨리는 일이었는지를 가늠하게 한다. 말씀 앞에 두려워 떨고 있는 한 지도자, 하나님은 이제 그를 성경 역사상 가장 위대한 지도자로 세우시게 된다. 본디 하나님 말씀을 대신 전하는 자를 예언자라고 한다. 예언자의 말은 타고난 재주가 아니라 진리의 원천이신 하나님에게서 나온다. 하나님이 그 말씀을 맡기셨다는 것은 하나님이 함께하신다는 또 다른 증거이기도 하다. 하나님 앞에서 인간적인 변명은 통하지 않는가 보다. 하나님은 이 거룩한 사역을 이끌어갈 힘이 모세에게 있는 것이 아니라 하나님에게 있음을 확인시키셨다. "내가 반드시 너와 함께 있으리라"(출 3:12)는 하나님의 짧은 대답은 이미 충분한 해답이었다.

지도자로 세움 받은 이후에 나타나는 모세의 모습에는 예전의 졸부의 모습은 나타나지 않는다. 모세는 죽음의 공포 자체였던 바로 앞에 서서 하나님의 이름으로 외친다: "이스라엘의 하나님 여호와의 말씀에 '내 백성을 보내라 그들이 내 앞에서 절기를 지킬 것이니라' 하셨나이다"(출 8:1). 이스라엘공동체가 변하기 이전에 먼저 변한 것은 분명 지도자인 모세 자신이었다. 지도자에게 있어서 가장 중요한 변화의 대상은 바로 자기 자신이다. 민수기 12장은 또한 혈기로 가득 찬 애굽인을 죽이던 모세와는 전혀 달리 온유함으로 가득찬 모세의 모습을 보여 준다: "이 사람 모세는 온유함이 지면의 모든 사람보다 더하더라"(2절).

모세의 최후를 담고 있는 신명기 34장은 "아브라함과 이삭과 야곱에게 맹세하여 그 후손에게 주기로 한 땅을 네 눈으로 보게 하였거니와 그리로 건너가지 못하리라"(신 34:4)고 하시는 냉정하신 하나님에 대하여 "여호와의 말씀대로" 순종하여 모압 땅에서 죽어 장사 되는 모세의 모습을 그려 준다(5절). 동족 이스라엘을 위해 하나님과 바로 앞에서 죽음을 두려워하지 않던 모세, 민족을 위해 대신 고난 받겠다던 모세, 구약 시대 이스라엘의 생명과도 같았던 율법을 선포하고 40년 동안이나 민족을 이끌었던 모세, 그러나 정작 그 땅을 눈앞으로 바라보면서는 굳이 가나안에 들어가겠다고 고집부리지 않고 "하나님의 말씀이기에" 모압 땅에 묻힐 수 있던 모세. 이 모든 모습들은 이스라엘공동체의 지도자로서의 모세가 이전의 옛 사람이 아니었음을 보여 주고 있다.

그러나 무엇보다도 여호수아로 이어지는 지도력 계승의 구도는 모세의 이야기를 미완성으로 끝나지 않게 한다. 모세가 가장 위대한 지도자로 남을 수 있었던 것은 여호수아가 있었기 때문에 가능한 일이었다. 신명기 34장 9절은 모세-여호수아 지도력 계승의 핵심적 요소들을 간명하게 요약해 주고 있다: "모세가 눈의 아들 여호수아에게 안수하였으므로 그에게 지혜의 영이 충만하니 이스라엘 자손이 여호와께서 모세에게 명령하신 대로 여호수아의 말을 순종하였더라" 모세는 위임의 의미로 여호수아에게 안수하고 지혜의 영을 전달한다. 모세를 통해 전달받은 지혜의 영으로 인도할 때 여호수아에게는 모세의 권위가 있다.[28] 여호수아는 이스라엘을 인도하고 다스릴 모든 미래의 지도자들의 모델이자 척도가 된다. 이와 같은 모세-여호수아의 지도력 승계구도가 모세 편에서 볼 때에 '계승의 영성'(spirituality of succession)이라고 한다면, 여호수아 편에서 볼 때는 '영성의 계승'(succession of spirituality)이라고 할 수 있다. 구약성서가 말하는 모세의 사명은 자신의 조상들이 걸어서 나온 그 땅으로의 돌아가기까지이다. 이는 이스라엘 역사의 시작이라 할 수 있는 아브라함 이주 이야기의 확대된 형태라고도 볼 수 있다. 모세의 '수종자'(출 33:11)에서부터 시작하여 이스라엘의 가장 위대한 지도자의 길을 걸어간 여호수아는 또 다른 의미에서 제2의 모세이자, 성서가 말하는 모세의 완성이라고 말할 수 있다. 정탐꾼 사건이나 홍해/요단 강을 건넌 일, 율법 선포 등에서 여호수아가 모세의 축소판으로 나타나고 있는 것은 결코 우연한 일이 아니다. 필부의 아들로 태어나 출애굽의 구원사역을 시작한 모세와 모세의 시종으로 시작하여 그 구원사역을 완성한 이 두 지도자를 구약성서는 모두 '여호와의 종'(신 34:5/수 24:29)으로 표현하면서 그들이 이후에 펼쳐지는 하나님의 구원사역에 등장하는 모든 리더들의 전형으로 제시되고 있다.

나오면서

출애굽 사건의 의미가 정치적 해방에 머물지 않고 예배공동체로 자리매김할 수 있었던 데에는 다문화적 신앙공동체의 지도자로서 모세가 보여 주는 영성에 있다. 우리는 수많은 교회와 예배의 홍수 속에서 메말라가는 영성의 시대를 살아간다. 영성이라는 말이 지니고 있는 의미의 포괄성 때문에 그 의미는 종교적 배경에 따라 다르고, 같은 종교 안에서도 교파나 신학적 주장에 따라 다르게 나타날 수 있으리라. 하지만 하나님과의 깊은 교제라는 측면에서 영성을 이해할 때, 구약성서가 말하는 가장 깊은 영성의 소유자 또한 모세라고 말할 수 있다. 모세는 누구보다도 하나님이 함께하셨던 사람으로 나타나고, 하나님과의 깊은 교제에 빠져든 사람이다: "모세는 여호와께서 대면하여 아시던 자요"(신 34:10).

모세의 영성은 섬기는 지도자로서의 자기정체 의식과 뚜렷한 사명의식을 보여 준다. 구약성서가 모세에게 부여하는 직함인 '여호와의 종'은 하나님과 공동체를 섬기는 자로서의 지도자의 모습과 지도자의 권위를 공동체와 나누는 자의 모습을 대변한다고 할 것이다. 그의 영성은 또한 목회적 영성을 대변하는 예언자적, 중재자적 영성이라고 할 수 있다. 구약성경은 모세를 예언자의 전형으로 제시하며 또한 최고의 중재자로 묘사하고 있다. 그리고 무엇보다도 지도자로서의 모세는 공동체의 변화를 이끌어내기 이전에 먼저 지도자 자신의 변화된 모습을 제시하는 변화의 영성과 모세의 축소판이라고 할 수 있는 또 하나의 여호와의 종인 여호수아의 지도자 선출을 통해 '계승의 영성'을 제시하고 '영성의 계승'을 가능하게 한다. 이와 같은 특징적 영성은 모세를 구약성경에서 지도자의 전형으로 나타나게 하고 있다. 다문화적 공동체, 예배공동체, 토라공동체인 출애굽공동체를 하나의 결집된 조직으로 묶을 수 있었던 것은 지도자 모세의 영성에 있었다고 해도 과언이 아니다. 오늘날 우리가 살아가는 시대와 교회 역시 다양한 문화들을 품고 있는 집성체이다. 출애굽 이야기는 이 시대에도 여전히 예배공동체로서의 교회의 회복과 모세와 같은 지도자의 영성을 촉구하고 있다.

더 읽을 책

김이곤. "타지 않는 불꽃 떨기 속의 하나님" 『기독교사상』 317호(1984.11), 216-229.

S. D. 맥브라이드. "초월적 권위: 구약 전승에 있어서 모세의 역할" 『기독교사상』 387호 (1991.3). 23-36.

목회와 신학 편집부편. 『출애굽기』 두란노 How 주석. 서울: 두란노, 2003.

패트릭 밀러. 『신명기』 김회권 역. 서울: 한국장로교출판사, 2000.

박준서. 『구약세계의 이해』 서울: 한들출판사, 2002.

박철현. "성막의 의미와 그 현대적 의의," 『출애굽기 어떻게 설교할 것인가』 서울: 두란노 아카데미. 2009. 119-127.

필립 J. 버드. 『민수기』 WBC 성경주석. 박신배 역. 서울: 솔로몬, 2004.

데니스 올슨. 『민수기』 현대성서 주석. 서울: 한국장로교출판사, 2000.

이한영, "모세의 리더십" 『한국기독교신학논총』 58집(2008). 5-26.

장석정, "열 가지 재앙 再考" 『구약과 신학의 세계』 서울: 한들출판사, 2001, 268-289.

T. E. 프레다임. 『출애굽기』 강성렬 역. 서울: 한국장로교출판사, 2001.

R. E. 프리드만. 『누가 성서를 기록했는가』 이사야 역. 서울: 한들출판사, 2008.

P. J. Budd. Numbers, WBC, Waco, TX:Word. 1984, 128.

H. Ringgren. "עבד," TDOT X, Michigan: Eerdmans Publishing. 1999, 376-405.

G. L. pez. "שׁמח," TDOT X V, Michigan: Eerdmans Publishing. 2006, 258-259.

Martin Noth. Numbers, A Commentary, OTL tr. J.D. Martin. London: SCM Press, 1968.

Nahum M. Sarna. Exploring Exodus: The Heritage of Biblical Israel, New York: Schocken Books. 1986.

Patrick D. Miller. "Moses my Servant: The Deuteronomistic Portrait of Moses," Interpretation 41/3, Jul, 1987.

주

1) 이한영, "모세의 리더십,"『한국기독교신학논총』 58집 (2008), 11.

2) 데니스 올슨,『민수기』 현대성서 주석 (서울: 한국장로교출판사, 2000), 109. 올슨은 이들을 '인간쓰레기'(riffraff)로까지 번역한다.

3) Martin Noth. *Numbers, A Commentary*, OTL tr. J.D. Martin, London:SCM Press, 1968., 94. 미디안이 출애굽 이전 모세가 활동했던 곳이었음을 생각할 때 설득력이 있다.

4) 필립 J. 버드,『민수기』, WBC 성경주석, 박신배 역 (서울: 솔로몬, 2004), 245 참조.

5) R. E. 프리드만,『누가 성서를 기록했는가』 이사야 역 (서울: 한들출판사, 2008), 101.

6) N. Sarna, *Exploring Exodus: The Heritage of Biblical Israel* (New York: Schocken Books,1986), 94-102 참조. 테런스 E. 프레다임,『출애굽기』 강성렬 역 (서울: 한국장로교출판사, 2001), 233-234에서 중인.

7) ibid.

8) 박준서,『구약세계의 이해』 (서울: 한들출판사, 2002), 265-266.

9) 박철현, "성막의 의미와 그 현대적 의의,"『출애굽기 어떻게 설교할 것인가』 (서울: 두란노 아카데미, 2009), 126. 박철현은 요한복음 1장 14절의 "말씀이 육신이 되어 우리 가운데 거하시매"에서 "거하시매"에 해당하는 헬라어가 성막을 뜻하는 σκηνόω에서 파생된 동사임을 지적하면서, 이 구절의 정확한 의미를 "말씀이 육신이 되어 우리 가운데 장막을 치시매"로 제안한다.

10) ibid.

11) 모세를 비역사적인 인물로 간주하는 대표적인 학자로는 그레스만 (H.Gressmann), 코우츠(G.W.Coats) 등을 들 수 있다. 이한영, "모세의 리더십," 6-7.

12) 김이곤, "타지 않는 불꽃 떨기 속의 하나님,"『기독교사상』 317호 (서울: 대한기독교서회, 1984.11), 219.

13) 누가복음 15장에 보면 재산을 탕진하고 돌아온 탕자가 자신을 품꾼으로 여기며 신을 신지 않고 돌아오는 장면이 나온다. 모세의 신을 벗긴 것과는 달리, 아버지는 가락지를 끼우고, 좋은 옷을 입히고, 살찐 송아지를 잡으며 신발을 신기면서 그를 종이 아닌 아들로 인정한다.

14) 목회와 신학 편집부편,『출애굽기』 두란노 How 주석, (서울: 두란노, 2003), 118.

15) 신 33:1; 수 14:6; 대상 23:14; 대하 30:16; 스 3:2; 시90 제목; 삿 13:6; 삼상

2:27; 9:6; 왕상 12:22; 13:1,4,5,6(2회),7,8,11,12,14(2회),21,26,29,31; 17:18,24; 20:28; 왕하 1:9,10,11,12,13; 4:7,16,21,22,25, 27(2회),40,42; 5:8,14,15,20; 6:6,9,10,15; 7:2,17,18,19; 8:2,4,7,8,11; 13:19; 23:16; 대하 8:14; 11:2; 25:7; 렘 35:4.

16) 대상 6:49; 대하 24:9; 느 10:29; 단 9:11.

17) 모세(14회)-신 34:5; 수 1:1,13; 8:31; 11:12,15; 12:6(2회); 13:8; 14:7; 22:2,5; 대하1:3;24:6, 여호수아(2회)-수2 4:29; 삿 2:8, 시편의 제목에 나타나는 다윗(2회)-시 18;36, 기타-왕하 10:23; 시 113:1; 사 54:17.

18) H. Ringgren, "עבד," *TDOT* X (Michigan: Eerdmans Publishing, 1999), 376-405 참조, 특히 381-382.

19) 테런스 E. 프레다임, 『출애굽기』, 144.

20) 장석정, "열 가지 재앙 再考,"『구약과 신학의 세계』(서울: 한들출판사, 2001), 288.

21) P. J. Budd, *Numbers*, WBC(Waco, TX: Word, 1984), 128.

22) G. L pez, "שמע," *TDOT* XV (Michigan: Eerdmans Publishing, 2006), 258-259 참조.

23) P. D. 밀러, 『신명기』김회권 역, (서울: 한국장로교출판사, 2000), 304-305.

24) 이한영, "모세의 리더십," 21.

25) ibid., 15.

26) ibid., 19.

27) Patrick D. Miller, "Moses my Servant: The Deuteronomistic Portrait of Moses," *Interpretation* 41/3, Jul, 1987), 251, 이한영, ibid.에서 중인.

28) S. D. 맥브라이드, "초월적 권위: 구약 전승에 있어서 모세의 역할,"『기독교사상』387호 (1991.3), (서울: 대한기독교서회), 34. 민 27:18-23 참조.

THESIS
03
내가 거룩하니 너희도 거룩 하라

권 미 선

▼

감리교신학대학교대학원 신학박사(Th.D.)
감리교신학대학교 강사

I. 레위기 바로 알기

1. 레위기는 예배의 책이다

구약성경 중에서 가장 지루하고 읽기 힘든 책을 들라면 레위기를 꼽는 사람들이 많을 것이다. 그러나 유대교에서는 어린이들에게 레위기를 제일 먼저 가르치는 전통이 있다. 어린이들은 가장 기본이 되고 쉬운 것부터 배운다. 그렇다면 레위기는 성도가 알아야 할 기본적인 내용이라는 의미가 된다.

레위기를 흔히 제사장들을 위한 책이라고 생각하기 쉬운데 그렇지 않다. 레위기의 히브리어 명칭은 책의 첫 단어를 따서 וַיִּקְרָא(와이크라/그가 부르셨다)이며, 레위기란 명칭은 구약성경의 헬라어 번역본인 칠십인역에서 유래한 이름이다. 그러나 "여호와께서 회막에서 모세를 부르시고 그에게 말씀하여 이르시되"(레 1:1)로 시작하고 "이것은 여호와께서 시내 산에서 이스라엘 자손을 위하여 모세에게 명령하신 계명이니라"(레 27:34)로 끝나는 레위기는 제사장 직무에 대한 전문서적이라기보다는 모든 하나님의 백성들을 향한 하나님의 말씀이다. 또한 "시내산 언약을 통해 모든 이스라엘 백성들은 각자가 제사장 나라의 제사장이 되어야 한다는 것이 본래 레위기 신학의 기본사상이다"(참조. 출 19:6; 벧전 2:5,9).[1]

레위기는 야훼 하나님을 섬기는 도리와 방법을 제시하고 있는 "제사(예배)의 책"이라고 할 수 있다.[2] 그러므로 하나님이 원하시는 예배를 드리기 위해서는 레위기를 반드시 읽어야 한다. 개신교 성도들은 예수 그리스도가 구약의 제사를 폐하였기 때문에(히 10:8-9), 더 이상 구약의 제사제도는 알 필요가 없다고 생각한다. 그러나 폐하여진 것은 제사제도의 형식적인 면이지 하나님의 뜻을 따라 예배하는 예배의 원리와 예배 그 자체를 폐하려는 것이 아니다(마 5:17; 롬 3:31; 히 13:15-16). 더구나 예수 그리스도가 속죄 제물로서 단번에 영원한 대속을 이루었다는 복음을 이해하기 위해서 레위기의 제사규정에 대한 이해는 필수적이다(롬 3:21-28; 히 9:11-12). 또한 레위기는 오늘의 성도들에게 제사장적인 거룩한 삶의 원리를 제시한다. 레위기가 요구하는 거룩(레 11:44-45; 19:2)은 "하늘에 계신 너희 아버지의 온전하심과 같이 너희도 온전하라"(마 5:48)는 예수 그리스도의 말씀에 연결된다. 한마디로 레위기는 오늘날 성도들에게 성화의 길을 가르치는 책이라 할 수 있다.[3]

2. 레위기는 오경의 중심이다

27장으로 이루어진 레위기는 오경에서 가장 짧은 책이지만 오경의 중앙에 위치한 오경의 핵심이다. 이스라엘 백성은 출애굽 제2년 2월 20일에 시내 광야를 떠나게 된다(민 10:11). 그러므로 레위기의 내용은 성막 건립부터 시내 산을 떠날 때까지 약 50일 동안 하나님께서 모세를 통해 이스라엘 백성들에게 계시하신 법도와 계명을 정리한 것이다. 이처럼 레위기가 시내산 언약과 연속성을 갖기 때문에 레위기는 오경의 전체적 틀에서 보아야 한다.

오경 안에서 레위기는 '시내 산에서 듣는 야훼의 가르침'(출 19:1-민 10:10), 그중에서도 '회막으로부터의 계시'(레 1:1-민 10:10)에 들어 있다. 모세 이야기(출애굽기-신명기)에서 가장 중요한 부분은 오경에서 가장 많은 분량을 차지하는 '시내 산에서 일어난 사건'이다. 그렇다면 출애굽의 목표는 단순한 해방과 구원이 아니라 해방된 이스라엘이 시내 산에서 언약을 통해 하나님의 백성이 되는 것이며(출 19:1-24:18), 이 언약공동체가 성막 중심의 예배공동체가 되는 데 있다(레 1-27장). 천지창조에서 시작된 하나님 나라의 역사가 회막을 중심으로 하나님을 예배하는 공동체가 조성되는 시내 산에서 그 절정에 도달한다는 것을 오경의 구조가 보여 준다.

오경에서 하나님은 하늘에 계시지 않고 예배하는 공동체가 결성되는 땅에 내려와 그 한가운데 계시고자 한다. 레위기는 이스라엘 백성들이 어떻게 해야 성막에 거하시는 거룩하신 하나님의 임재에 적합하게 되는지를 가르친다. 다시 말해 거룩하신 야훼 하나님과의 시내산 언약관계를 유지하는 방도를 가르치는 책이다. 예배를 통해서 사람들이 하나님과 더불어 사는 길이 열린다는 것이다. 제사장 나라와 거룩한 백성(출 19:6)인 이스라엘이 사명을 감당하기 위해서 어떻게 살아야 하는가를 가르치는 책이 레위기다. 해방은 일회적으로 완성되는 것이 아니다. 부정과 오염과 악으로부터의 해방은 영속적인 것이다. 레위기는 바로 이러한 원리와 수단들을 전하고 있다.[4]

3. 레위기 신앙의 핵심은 거룩이다

"내가 거룩하니 너희도 거룩할지어다"(레 11:44-45; 19:2)라는 구절은 레위기의 핵심 구절로서 거룩이 레위기의 중심사상임을 드러낸다. 레위기 전체는 거룩이라는 개념으로 연결되어 있다. 거룩하신 야훼 하나님과의 시내산 언약관계를 유지하는 방도를 가르치는 책으로서 레위기의 거룩은 어떤 의미인가? 구체적으로 제사의 대속원리를 통해 정결하게 되는 내용과, 거룩한 하나님의 소유로 구별된 하나님 백성의 윤리적인 삶을 통한 온전성이 중요시된다.

1) 속됨 / 부정함 / 정함[5]
레위기에서 '거룩'은 '속됨'과 '부정함'과 '정함'이라는 세 가지 개념을 통해서 설명될 수 있다. 레위기에 의하면 존재하는 모든 것은 거룩하거나 속된 것이다. 따라서 '속됨'과 '거룩'은 상반되는 개념이다. 이런 관점에서는 거룩하지 않은 것은 다 속된 것이다. 거룩한 것이 하나님과 관계된 것을 의미한다면 속된 것은 세속적인 영역에 속한 것을 의미한다. '속된 것'은 다시 '부정한 것'과 '정한 것'으로 구분되며 부정한 것은 정결 의식을 거쳐 정한 상태에 이르게 되고, 정한 것은 성별 과정을 거쳐 거룩하게 될 수 있다. '거룩'과 '부정'은 양립할 수 없기 때문에 부정한 것이 곧바로 거룩하게 될 수 없다. 이와 달리 정한 것이 오염되면 부정하게 되고, 거룩한 것이라도 세속화되는 과정과 오염 과정을 통하여 부정하게 될 수 있다. 정결한 영역은 '거룩'과 '부정'이 직접 부딪치지 않게 하는 완충지대 역할을 한다.

레위기에서 어떤 대상이 하나님과 가까이하면 할수록 더 거룩해야 한다. 따라서 사람이나 사물은 거룩하신 하나님과 물리적인 가까움 정도에 따라서 거룩의 요구가 달라진다. 이스라엘 진 밖은 부정한 영역인 반면(레 14:40,41,45), 이스라엘이 머무는 진은 정결한 곳이다(레 4:12; 6:11). 이스라엘이 머무는 진 중앙에 하나님이 거하시는 회막이 있고, 회막 안에는 성소가 있다. 성소는 거룩한 장소이다(레 6:16,26,27). 회막도 거룩의 정도가 다르다. 회막문 → 성소 → 지성소 순으로 더 거룩하다. 그래서 이스라엘 백성들은 회막문에 들어갈 수 있지만(레 3:2; 8:3-4), 제사장은 성소까지 들어갈 수 있으며(레 6:26), 지성소에는 대제사장만이 일 년에 한 번 들어갈 수 있다(레 16:2). 이 때문에 성소에서 집례하는 제사장들은 백성들보다 더 높은 수준의 거룩이 요구되었으며(레 10:3), 대제사장은 일반제사장보다 더 높은 차원의 거룩함이 요구되었다(레 21:10-15).

이러한 구별은 동물의 경우에도 적용된다. 동물들도 부정한 동물, 정한 동물, 거룩한 제물로 구분된다. 부정한 짐승은 이스라엘 백성들에게는 혐오스러운 것이며(레 11:10,20,23), 정한 짐승은 이스라엘 백성들의 먹거리가 되며(레 11장), 제사장들은 거룩한 사람들로서 성물을 먹을 수 있었다(레 6:18,29; 7:34). 그러나 백성들은 물론 제사장들도 생명 되는 피는 먹어서는 안 될 뿐만 아니라 피는 제단에 뿌려야 했다(레 17:11-14).

레위기에 의하면 오직 야훼 하나님만이 거룩하시다. 야훼의 속성으로서 거룩은 야훼를 피조물과 구별시키는 요인이다. 거룩하신 하나님 외에 어떤 대상도 스스로 거룩하게 될 수 없다. 사람, 동물, 특정 장소가 거룩하게 되는 것은 오직 거룩하신 하나님과 관계할 때만 가능하다. 그러므로 야훼 하나님이 거하시는 성소(레 6:26; 8:15; 15:31), 하나님의 소유된 백성(레 19:2),

야훼께 드려지는 제물(레 1-7장)을 거룩하다고 한다.

2) 제사와 윤리의 통합

다른 관점에서 레위기에 나타난 거룩의 의미는 세속적인 영역으로부터의 분리이며, 이 분리의 개념이 사람/장소/시간에 적용된다. 분리로서의 거룩의 개념은 제사법(레 1-7장)과 음식법(레 11장)에 잘 나타나 있다. 즉 하나님께 드려지기 위한 목적으로 사람이나 제물이 따로 구별되어야 한다(레 22:3). 이스라엘은 하나님의 소유로 구별된 백성이기 때문에 부정한 이방인과 구별된 삶을 요구받는다. 그래서 이스라엘이 부정한 것들로부터 분리되어야 한다(레 11:44-45; 20:24-26). 이런 근거에서 레위기의 정함, 부정함의 구분은 이스라엘을 하나님께 성별하는 장치이다.

그러나 레위기에서 요구하는 거룩이 세속으로부터의 분리로 시작하지만 궁극적으로는 공동체의 삶 속으로 들어갈 것을 요구한다. 그러므로 레위기에서 거룩은 제사와 윤리의 통합이며, 하나님 앞에서의 삶과 세상 속에서의 삶의 통합이다. 그래서 레위기는 제사 예배를 통해 하나님께 나아가는 법(레 1-17장)과 윤리/도덕적 생활을 통해 하나님과 동행하는 길(레 18-27장)을 제시한다. 이러한 성숙한 성도의 삶이 시내산 언약의 내용인 야훼 하나님의 보배로운 소유, 즉 제사장 나라와 거룩한 백성(출 19:5-6)의 실현인 것이다.

레위기에서 하나님의 백성들에게 거룩을 요구하는 근거는 하나님이 거룩하시기 때문이다. 그러므로 하나님 백성의 거룩은 '하나님을 닮아가는 삶'을 의미한다. 레위기는 이스라엘 백성들이 야훼 하나님을 닮아가야 하는 신학적 근거로 출애굽의 구원과 시내 산에서 맺은 하나님과의 언약을 제시한다(레 20:24,26). 야훼 하나님과 언약관계에 있는 이스라엘 백성이 추구해야 할 궁극적인 목표는 하나님의 거룩하심을 본받는 삶을 사는 것이다.

II. 레위기의 5대 제사(레 1-5장)

성경에 나타난 최초의 제사는 가인과 아벨이 드린 제사다. 그다음에는 홍수 후에 방주에서 나온 노아가 제단을 쌓고 야훼 하나님께 번제를 드렸다. 노아 이후 아브라함, 이삭, 야곱에 이르는 족장 시대와 출애굽 시대에 이르기까지 제사의 역사가 이어진다. 이방 종교의 제사는 신들이나 조상들의 힘을 이용하여 복을 구하거나 화를 면하려는 성격을 갖는다. 그러나 성경의 제사의 의미는 하나님과 하나님의 백성과의 관계 속에 있다. 하나님께 사랑받고, 선택받고, 구원받은 하나님의 백성이 그 은혜에 감사하는 것이다. 따라서 레위기의 제사가 그리스도의 속죄로 완성되었다고 생각하고 레위기를 소홀히 여기는 오늘날 기독교인들의 태도는 잘못된 것이다. 그리스도의 속죄로 새언약의 백성이 되었지만, 그 관계를 사랑으로 발전시키는 길을 레위기가 보여 주고 있기 때문이다.[6]

성경의 제사를 이해하려면 제사드리는 장소, 제사드리는 과정, 제사드리는 사람, 이 세 가지 요소를 알아야 한다.

1. 제사의 3대 요소

성막(성전)은 하나님께서 사람과 함께 거처하면서(출 25:8-9) 인간을 만나고 말씀하시며(출 25:22), 제사(예배)를 받으시고(레 1:1-5), 용서하시는 곳(레 4:18-20; 17장)이다. 하나님께서 사람들 중에 거하시는 것은 그들의 하나님이 되시기 위함이다(출 29:45-46). 그러나 성막은 하나님 임재의 상징이지 원형은 아니다. 이제 하나님은 구약성경의 모형적 성전보다 더 온전한 성전인 예수 그리스도 안에서 사람들과 함께하신다(요 1:14; 마 12:6; 26:61). 따라서 오늘날의 예배당은 구약 시대의 성막과 같지 않다. 성전은 예수 그리스도 자신이므로, 예수 그리스도의 모형으로서 성막을 보아야 한다.

레위기의 제사 과정에 대한 이해가 깊을수록 예수 그리스도가 누구신지, 그리고 우리를 위해 행하신 그분의 사역의 의미를 더욱더 잘 알게 될 것이다. 구약성경의 제사가 모형이라면 신약성경의 예수님의 사역은 원형(실재)에 해당한다. 구약성경의 제사는 봉헌자와 제사장이 협력하여 진행한다. 봉헌자가 희생제물을 회막문 앞으로 끌로 나와 안수하고 그 동물을 제의의식을 따라 죽인다. 이때 제사장이 하는 일은 희생동물을 도살할 때 빼낸 피를 가져다가 단 사면에 뿌리는 것이다. 그다음에 봉헌자가 번제물을 가져다가 가죽을 벗기고 각을 뜬다. 제사장은 그 각 뜬 것을 미리 준비하였던 번제단의 나무와 불 위에 놓는다. 봉헌자가 내장과 정강이를 물로 씻고 나면, 제사장은 그 전부를 단 위에서 불사른다. 공동체 예배에 수동적으로 참여하는 오늘날의 예배자들의 모습과는 대조적이다.

첫 언약 때에는 피는 생명의 자리 혹은 생명 자체이기 때문에 하나님은 희생제물의 피를 제단에 두어 인간의 죄를 속죄하는 역할을 하도록 명령하셨다(레 17:10-14). 새언약 아래서는 구약의 희생동물의 피가 예수 그리스도의 피로 대체된다. 그리스도의 피는 다른 사람의 죄 사함(레 17:11)을 얻게 하는 피며, 새 언약(렘 31:31)을 확증하는 피다.

레위기에 언급된 제사는 모두 다섯 가지다. 예수 그리스도 안에서 구약의 제사제도의 형식적인 면은 폐기되었다. 이제 레위기의 제사법은 성도들이 율법에 얽매이지 않고, 예수 그리스도 안에서 예배하도록 그리스도에게로 인도하는 역할을 한다(갈 3:24). 또한 오늘날의 그리스도인들에게 하나님이 원하시는 예배가 어떤 것인지 가르쳐 성도들이 온전한 예배를 드리도록 하는 역할을 한다(요 4:23-24).

2. 5대 제사

1) 번제 : 레위기 1장 1-17절, 6장 8-13절
레위기 1장 4절은 번제의 목적이 속죄라고 언급하고 있다(레 14:20;

16:24). 여기서의 속죄는 의미는 홍수 후 노아가 드린 번제의 향기가 야훼의 태도를 바꾸게 한 것처럼(창 8:21) 인간 본성의 죄악과 관계된 것으로 볼 수 있다.[7] 모세 이후 제사법이 등장하기 전에는 노아가 제일 먼저 번제를 드렸고(창 8:20-21), 아브라함도 번제를 드렸다(창 22:13). 레위기 1장에서는 이스라엘 자손 중에 야훼 하나님께 예물을 드리고 싶은 사람은 누구든지 개인적으로 번제를 드릴 수 있도록 개방하고 있다.

번제는 불로 태우는 화제로서 제사장의 몫인 그 제물의 가죽 외에는(레 7:8) 번제단에서 제단 불로 완전히 불살라야 하기 때문에, '온전한 제사'라고도 한다. 번제는 부자도 가난한 자도 드릴 수 있다. 평신도의 번제물은 소, 양, 염소의 흠 없는 수컷이며, 가난한 자는 비둘기로 드릴 수 있다. 예수님의 가정도 가난해서 비둘기로 번제를 드렸다(눅 2:24). 그러므로 번제는 자신의 경제력에 맞게 감사의 마음을 드리는 것이다. 드리는 사람도 기쁨으로 드리고 받으시는 하나님의 마음도 기쁜 기쁨의 제사다. 번제를 드리는 사람이 의무감에서 드리거나 부담스럽게 생각한다면 그 제사는 의미를 상실한 것이다. 번제의 핵심은 제물을 완전히 태워 바치는 행위인데, 봉헌자의 몸과 마음과 삶 전체를 하나님께 온전히 헌신하는 것을 의미한다. 다시 말해 자신의 삶의 주인은 자신이 아니라 야훼 하나님이라는 고백이다.

2) 소제 : 레위기 2장 1-16절

소제는 제사 중에서 유일하게 동물을 제물로 하지 않고 곡물이나 열매를 제물로 드리는 제사이다. 소제는 넓은 의미에서 희생제물까지 포함하는 용어로, 정치적으로는 봉신이 주군에게 충성의 표시로 바치는 조공이나 선물로 이해된다. 소제의 가장 중요한 특징은 피와 관계가 없다는 사실과 다른 제사에 동반된다는 것이다. 레위기 2장의 소제는 번제와 함께 이스라엘 자손 누구에게나 공개되는 개인제사로 다른 제사의 의미가 주로 하나님께서 인간에게 주시는 용서, 회복 같은 것이라면 소제는 그것에 대한

인간 편에서의 반응, 곧 감사와 찬양과 헌신과 봉사를 표현하는 것이다.[8]

소제에 소금은 반드시 들어가야 하며(레 2:13) 누룩과 꿀은 들어가서는 안 되며(레 2:11), 기름과 향유는 없어도 되지만 있으면 좋은 것이다(레 2:15). 소제는 누구나 드릴 수 있는 예물로 어느 가정에나 있는 평범한 기구들을 사용하여 곡식 가운데 일부를 가정에서 요리하여 드리는 것이다. 하나님은 가난한 사람들도 충분히 소화할 수 있는 것을 요구하신다.

소제를 드리는 방법이 다양한 것은 선천적으로 혹은 후천적으로 하나님께 받은 재능, 여건, 재물을 통하여 다양하게 감사를 표현할 수 있음을 나타낸다. 누룩이 발효와 부패를 일으키는 반면 소금은 부패를 방지한다. "네 하나님의 언약의 소금"은 반드시 넣어야 하는데, 소금은 제사 문맥에서는 하나님과 예배자의 변하지 않는 계약관계를 의미한다(레 2:13; 민 18:19). 제사는 바로 이 약속에 바탕을 두면서 드리는 것이다. 반대로 소제에 누룩과 꿀을 넣지 말라는 것은 둘 다 변하는 성질을 가진 것으로 하나님과의 언약관계를 부패시키는 요소가 들어가서는 안 된다는 것을 상징한다.

3) 화목제 : 레위기 3장 1-17절, 7장 11-21절

화목제는 누구나 어느 때든지 하나님께 감사드리고 싶은 사람이 자원해서 드리는 감사제사이다. 레위기 3장에는 언제, 어떤 목적에서 화목제를 드릴 수 있는지에 관한 언급이 없으나, 제사장 규범인 레위기 7장에 의하면 누구든지 감사(12절), 서원(16절), 자원(16절)의 경우에 화목제를 드릴 수 있다.

감사로 드리는 화목제는 하나님의 구원에 대한 감사를 나타내는 것이며, 서원으로 드리는 화목제는 하나님께서 과거 혹은 미래에 구원을 베풀어 주실 것에 대하여 약속했던 서원을 갚는 의미가 있다. 자원제는 봉헌자가 추수 때와 같은 경우에 하나님의 선하심을 깨닫고 그것에 대하여 스스로 드리는 제사다. 죄와 관계없이 드러지는 화목제는 하나님과 이스라엘의 언약관계가 쌍방의 깊은 이해와 사랑 속에서 높은 차원으로 발전하는 것임을 보여 준다.

번제는 모든 것을 불태우고, 소제나 속죄제는 일부만 태워지고 제사장이나 아론의 자손들이 나머지를 먹는다. 그러나 화목제는 제물의 일부만 태우고 가슴과 뒷다리를 제사장이 취하고 난 뒤(레 7:30-33) 나머지를 봉헌자가 먹을 수 있다. 그러므로 화목제는 하나님께 감사를 표시하는 제사임과 동시에 하나님께서 기뻐 받으시고 다시 돌려주신 선물을 봉헌자와 주위에 있는 사람들이 함께 먹으며 잔치를 벌이는 기쁨이 충만한 제사다. 하나님 앞에서 먹고 마시므로 하나님과의 관계뿐만 아니라 성도 간의 친교가 이루어지는 것이다. 그리고 고기를 먹을 때 반드시 하루 혹은 이틀 안에 전부 먹어야 한다(레 7:15-18). 이 규정을 어겼을 때는 그 화목제는 하나님이 기쁘게 받으시지 않는다는 것이다(레 7:18). 소 한 마리를 하루에 한 가정이 다 먹을 수 없기 때문에 당연히 주위에 있는 사람들을 불러 모아 즐겁게 잔치하는 것이며, 음식을 먹으며 친교가 이루어지는 것이다.

속죄와 관련이 없는 화목제도 제물의 고기는 먹을 수 있지만 피를 먹어서는 안 되며, 피를 제단 밑에 쏟아 부어야 한다. 이것은 피는 생명이므로 생명의 주관자이신 하나님께 돌려드린다는 뜻이며 인간이 함부로 생명을 빼앗지 않았다는 뜻이다. 피를 먹지 말라는 말씀을 존중할 때 그 식탁은 하나님의 축복이 함께하는 식탁이 되는 것이다.

신약성경은 예수 그리스도를 하나님과 죄인들과의 관계를 회복시키시는 화목제물로 이해한다(롬 3:25; 5:8-10; 고후 5:18-19). 예수 그리스도의 희생은 그를 믿는 자와 하나님 사이의 관계를 회복시키는 화목제물로 야훼께 향기로운 냄새이며 음식이다.

4) 속죄제 : 레위기 4장 1절-5장 13절, 6장 24-30절

모세 이전 시대에는 따로 속죄제가 없었으며, 번제가 속죄제의 기능을 포함하고 있었고, 대속의 의미를 갖는 제사로서 속죄제와 속건제는 시내산 언약 이후에 생겼다. 공식적으로는 아론과 그의 자손들의 임직에서 속죄제가 요구되었고(출 29:10-14; 레 8장), 이스라엘 회중은 매년 한 차례씩 속죄일에 속죄제를 드려야 했다(레 16장). 속죄제는 하나님의 백성 이스라엘이 하나님의 계명을 어기고, 제사장 나라와 거룩한 백성이라는 하나님의 목표에서 벗어난 삶을 살았을 때 드리는 제사다. 속죄의 가장 중요한 목적은 하나님의 임재가 그의 백성 중에 계속될 수 있도록 하는 것이다.

그런데 특이한 것은 희생제물의 피를 죄인에게 뿌리는 것이 아니라 성막에 바르고 뿌린다는 것이다. 개인이 부지중의 지은 죄를 해결하고자 할 때는 번제단에 피를 바른다(레 4:30). 제사장이나 백성이 집단적으로 부지중에 죄를 지었을 때는 회막 안으로 들어가서 성소에 피를 뿌리는데 휘장 앞에 뿌리며 향단에 피를 바른다(레 4:6-7, 17-18). 속죄제의 절차에서 죄가 무거울수록 회막의 중심부에 피를 뿌린다. 성경에 의하면 피는 오염된 것을 깨끗하게 씻어내는 힘이 있는데, 피를 죄인인 사람에게 뿌리지 않고 회막에 뿌리는 것을 볼 때 죄의 결과로 회막이 오염되었다는 사실을 발견할 수 있다. 즉 사람이 죄를 지으면 하나님이 거하시는 회막이 오염되고, 회개하지 않고 속죄제를 드리지 않으면 회막은 계속 오염된 상태로 남게 된다. 오염된 곳에 더 이상 계실 수 없어 하나님께서 회막을 떠나시게 되면, "그 회막을 중심으로 살아가는 공동체는 하나님의 보호를 받지 못하니 결국 멸망하게 되는 것이다".[9] 개인이 죄를 지었을 때, 신속하게 죄를 해결하지 않을 때는 개인의 죄 때문에 공동체가 파멸되게 된다.

속죄제를 통해 피를 회막과 제단에 뿌림으로 회막의 오염을 제거하여 하나님께서 평안히 계시게 하면 형벌을 면하게 된다. 그러나 속죄제가 죄인의

회개를 전제로 하여 진행된다는 사실이 중요하다. 속죄제는 부지중에 지은 죄를 깨달을 때 드리게 된다(레 4:13,14). 제사장은 죄를 고백하는 사람을 위해 속죄제를 드려 괴로워하는 마음을 치료하는 역할을 하는 것이다. 죄를 고백하고 회개하는 경우에는 속죄제를 통해 성전을 정화할 수 있지만, 죄를 고백하지 않을 경우는 속죄제를 드릴 수 없기 때문에 대속죄일에는 대제사장이 백성 모두의 회개하지 않은 죄를 대신해서 회개하는 제사를 드린다(레 16장). 오늘날도 성도들이 죄를 지었을 경우 하나님께 죄를 고백하고 용서를 구하는 것처럼, 레위기도 회개를 전제로 속죄제를 드린다.

속죄제의 특징은 죄지은 사람의 신분에 따라 그 제물과 피의 제사예식이 다르게 결정된다는 사실이다. 제사장과 이스라엘 회중의 죄는 같은 등급으로 취급되어 흠 없는 수송아지를 제물로 드려야 하며(레 4:3,14), 백성의 지도자는 흠 없는 숫염소로(레 4:22), 평민은 흠 없는 암염소나 어린 암양으로(레 4:27), 그중에서도 가난한 자는 산비둘기 또는 집비둘기 새끼 둘, 그것도 어려운 사람은 고운 밀가루를 드리도록 했다(레 5:7-13). 레위기의 속죄제의 핵심은 하나님의 백성이라도 제사장부터 평민에 이르기까지 범죄 가능성에서 배제되는 사람은 아무도 없다는 것이다. 가난한 자도 가난을 핑계하지 못하도록 그에 맞게 속죄제를 드리도록 규정하고 있다. 속죄제의 원리는 겸손이며, 여기서의 겸손은 자기의 죄를 인정하고 고백하는 것이다.

레위기 4장과 5장 1-13절이 동일한 속죄제에 대하여 기술하고 있지만, 세부적으로 보면 차이점이 발견된다. 4장은 금지 명령을 우발적으로 어긴 죄에 대한 것인 반면, 5장은 실행명령을 고의적으로 어긴 것이다. 원칙적으로 고의적인 죄는 제사드릴 수 없으며 속죄할 수 없다. 그러나 법정증언 기피, 부정한 것 관리 소홀, 맹세한 것에 대한 약속 불이행 등의 경우에는 고의적인 경우라도 속죄제를 드릴 수 있도록 규정하고 있는데, 먼저 죄책감을 느끼고 죄를 고백하는 행동이 선행되어야 한다. 속죄제에서 피는 가장 중요한 요소다. 그러나 5:1-13에는 가난한 사람을 위하여 피

없이 드리는 속죄제가 등장한다. 죄를 깨닫고 뉘우치고 용서받기 원하지만, 동물제사를 드릴 여유가 없는 사람을 위하여 자비로운 하나님은 곡식으로 드리는 속죄제를 허용하신다. 이것은 피 흘림이 없이도 죄 용서를 받는 예외적인 경우로서 율법의 은혜의 성격을 드러낸다.

5) 속건제 : 레위기 5장 14-6장 7절, 7장 1-10절

속건제는 하나님이나 이웃의 소유권을 침해하거나 손해를 입혔을 경우, 그 잘못을 깨닫고 드리는 제사다. 속건제가 속죄제와 다른 점은 손해를 끼친 것에 대해 원금의 20퍼센트를 덧붙여 보상하는 점(레 5:14-16)과 제물은 숫양에 국한되며 회중제사가 아닌 개인제사라는 점이다. 레위기 속건제의 핵심은 소유권침해라는 죄의 용서에 있다. 하나님의 소유권 침해는 제물을 잘못 먹는 일(레 22:2-16), 하나님께 속한 헌물이나 십일조 남용(레 27장) 등이 있는데, 이런 것은 야훼의 이름을 모독하는 죄로 여겼다. 이웃의 소유권을 침해하는 경우로는 전당물에 대한 부정, 도적질, 임금착취, 분실물 불법 취득(레 6:1-3) 등이 있다. 이와 같은 경제 사회적인 죄도 하나님께 대한 범죄에 해당한다.

속건제의 오늘의 의미는 구원받은 하나님의 백성이 그가 속한 사회에서 경제, 사회적 정의를 실현하는 것이 하나님께 가까이 나가는 길이요, 그것이 곧 예배생활임을 일깨워 준다. 타인의 재산을 탈취한 일이 있다면 네 배나 갚겠다고 선언한 삭개오에 대하여, 주님은 구원이 이 집에 이르렀다고 선언하셨다(눅 19:8-9).

3. 제사장을 위한 제사 지침 : 레위기 6장 8절-7장 38절

본문은 제사장과 평신도가 함께 이루어가는 제의공동체의 방향을 제시해주고 있다. 특히 제사장의 몫을 상세히 구체적으로 공개함으로써 평신도들이 제사장을 신뢰하며 협력할 수 있는 모델을 제시하고 있다.

제사장의 임무 가운데 중요한 것은 번제단의 불이 계속 타오르도록 관리하는 것이다(레 6:9-13). 제단은 하나님께 상달되는 통로이므로 이 통로가 끊어져서는 안 된다. 제사장과 하나님과의 만남이 계속되어야 하며, 하나님과 하나님 백성과의 교제가 계속될 수 있어야 한다. 오늘날도 하나님과의 만남의 불은 꺼져서는 안 되는 것이다.

제사장이 받는 몫을 보면 번제의 경우에는 제사를 집례하는 제사장이 가죽을 받게 되며, 소제의 경우에는 요리한 소제물의 일부분은 집례한 제사장이 받으며, 다른 종류의 소제물은 모든 제사장에게 돌아간다. 가장 빈번하게 드려지는 제사는 소제다. 따라서 제사장의 몫은 대부분이 소제물이었다. 제사장은 부자 몇 명이 드린 제물이 아니라 많은 가난한 사람들이 하나님께 드린 제물 가운데서 몫을 받게 된다. 속죄제는 그 피가 제단에 뿌려진 제물을 집례한 제사장과 그 동료 제사장들만 먹을 수 있도록 범위가 좁혀진다. 속죄제물이라도 제사장과 이스라엘 온 회중이 지은 죄를 위해 드리는 속죄제의 제물은 먹지 못하고 모두 불살라야 한다(레 6:30, 참조 4:1-21).

본문은 희생제물 중에서 제사장에게 돌아갈 몫을 구체적으로 규정하여(레 7:30,32) 성전에서 일하는 사람은 성전에서 나는 것을 먹어야 하는 원리를 가르쳐줄 뿐만 아니라, "내가 … 제사장 아론과 그 자손에게 주었나니"라고 강조하여 제사장의 몫은 봉헌자나 이스라엘 백성이나 장로들에게서 받는 것이 아니라 하나님으로부터 받는다는 사실을 명확히 하고 있다. 하나님께 바쳐진 예물 가운데서 하나님이 주시는 것이다. 또한 제사장에 관한 사항을 비밀로 하는 것이 아니라 공개하여 평신도들이 제사장을 이해할 수 있게 하고 서로 신뢰를 바탕으로 협력하여 하나님의 공동체를 이루어가도록 하고 있다.

III. 제사장 위임식과 제사장 직무 : 레위기 8-10장

제사장은 히브리어로 ןהכ(코헨)인데, 그 의미는 '하나님 앞에서 섬기며 서 있는 자'로 풀이된다. 모세 때까지는 주로 가장이나 지도자가 제사장 역할을 했으며, 시내산 언약을 통해 이스라엘의 제사장직은 아론과 그의 자손들 중 흠 없는 아들들(레 21:16-28)에게 세습되었다. 레위 지파는 야곱의 셋째 아들인 레위의 자손들로서 시내 산 진영에서 금송아지 사건 때 모세의 지도 아래 야훼의 편에 서서 우상숭배자들을 제거하였다. 이후 시내 산을 떠나 가나안 땅으로의 행진을 준비하는 과정에서 하나님께 바쳐진 대표 지파로 지정되었다.

레위기 1-7장까지 평신도와 제사장에 대한 제사지침서가 정리된 후 8-10장까지는 시내 산에서 이스라엘 백성의 공식적인 제사예배 실행에 관해 기술하고 있다.

1. 제사장 위임식 : 레위기 8장

제사장을 거룩하게 하여 위임시키라는 명령은 출애굽기 29장에 나타나 있으며, 레위기 8장에서는 실제 제사장을 거룩하게 하는 위임식의 예식을 집행하고 있다. 레위기 8장에서 특이한 것은 "야훼께서 모세에게 명령하신 대로…"라는 구절이 7번이나 반복되고 있다는 사실이다(4,9,13,17,21,29,36절). 이는 제사장 위임이 야훼께서 직접 명령하신 것이며, 아론과 그 자손들의 제사장의 권위가 야훼로부터 나온다는 것을 강조한다.

1) 위임식 : 레위기 8장 6-13절

모세는 아론과 그 아들들을 물로 씻기는 정결의식을 행한다. 물로 몸을 씻는 정결의식은 평상의 영역에서 거룩의 영역으로 이동할 때 행하는 의식이다. 제사장으로 위임받는 것은 거룩한 신분으로 이동이 일어나는 사건이기 때문에 이 의식이 필요한 것이다. 아론의 대제사장의 예복과 그 아들들이 입는 제사장의 예복이 다르다. 대제사장의 예복은 8가지다. 세마포 속바지/겉옷/허리띠/두건은 공통이고, 대제사장은 겉옷 위에 두루마기를 입고, 두루마기 위에 에봇을 입고, 흉패를 가슴에 달고, 금으로 '야훼께 거룩'이라고 쓴 금관을 쓴다. 흉패 안에는 제비뽑기 방식으로 하나님의 뜻을 묻는 우림과 둠밈이 들어 있다. 특이한 것은 예복에 신발이 없다는 것이다. 제사장은 맨발로 제사를 드렸으며 모세와 여호수아도 하나님의 임재 앞에서 신발을 벗었다(출 3:5; 수 5:15). 고대 근동사회에서 신발을 벗는 것은 겸손의 태도를 드러내거나 존경의 표시였다. 야훼는 신을 벗은 모세에게 출애굽의 사명을 주셨으며, 여호수아에게는 이스라엘 백성을 가나안으로 인도하는 사명을 주셨다.

제사장을 거룩하게 성별하기 전에 성막부터 성별해야 하기 때문에, 모세가 관유를 성막과 그 안에 있는 모든 것에 바른 후 아론의 머리에 그 기름을 붓고 발라서(12절) 거룩하게 한다. 물로 씻는 것이 평상의 영역에서 거룩의 영역으로 영역을 통과하는 통과의례라면, 기름 바르는 것은 신분의 변화를 일으키는 힘을 발휘하는 의식이다. 기름을 아론의 머리에 붓고 바름으로 아론은 거룩한 신분이 되었다(출 30:30). 아론은 '기름부음 받은 자'가 된 것이다. 예수 그리스도는 성령과 능력으로 기름부음을 받으셨다(행 10:38).

2) 위임식 제사 : 레위기 8장 14-32절

모세가 집례하여 속죄제(14-17절)와 번제(18-21절)와 위임제(22-32절), 세 가지 제사를 드렸다. 모세가 제사장으로 위임받은 아론과 그의 아들들의 옷에 기름과 피를 뿌려 그들과 그들의 옷을 거룩하게 했다. 이 피는 위임식 숫양의 피를 제단에 부은 후 제단에서 취한 피다. 일단 제단에 닿은 피는 거룩하게 되었다. 사람이나 물건이 이 피와 접촉하게 되면 그 사람과 물건을 거룩하게 만드는 힘을 가지게 된다(30절). 이후에 아론과 그 아들들은 제사장이 먹을 수 있는 음식을 먹게 되었다(31절).

회중을 위임식에 참여시키라는 하나님의 명령은(3,4절) 위임받은 제사장의 권위가 하나님으로부터 받은 권위이며, 이 제사장이 회중들을 대표해서 하나님 앞에 설 사람임을 인정하도록 하기 위함이다. 제사장은 하나님이 선택한 사람이다. 위임식을 통해 평범한 사람이 거룩한 사람으로 영역 이동을 한다. 제사장의 머리에 쓰는 금관에 기록된 '야훼께 거룩'이 상징하듯이 제사장의 특징은 하나님의 소유임을 나타내는 거룩이다. 제사장은 하나님과 가까이 사귀는 자이며(레 10:3), 이스라엘 백성을 대표하여 제사 드리는 자(레 9:7)이며, 이스라엘 백성에게 율법을 가르치는 자(레 10:11)로서 본질적인 사명은 하나님과 그의 백성 사이의 언약관계의 유지를 위한 중보자다.

2. 공적예배의 시작 : 레위기 9장

7일 동안의 제사장 위임식이 끝난 후 제8일에 모세가 아론과 그 아들들과 이스라엘 장로들을 불러다가 대제사장 아론의 집례로 첫 공식제사를 거행하도록 지시했다(레 9:1-7). 레위기 8장의 위임식 첫날에 모였던 회중이 회막 앞에 모이고(레 9:5), 이스라엘의 공식예배가 시작되었는데, 이 공식제사의 목적은 "야훼의 영광"을 위함이며(6절), 예배의 마지막에 "야훼의 영광"이 나타남으로써(23절), 첫 공식제사를 통해 야훼 임재의 약속이 성취된다(출 25:8).

시내 산 위에 머물렀던 야훼의 영광(출 24:16-17)이 회막을 완공하고 성별할 때 회막에 나타났으며(출 40:34-35), 이제 공식적인 제사를 통해 온 이스라엘 백성에게 나타났다(레 9:23). 제사장 자신을 위한 제사와 백성들을 위한 첫 번째 제사가 속죄제라는 점을 주목해야 한다. 하나님께 나아가는 자는 누구든지 자신의 죄를 고백하는 것이 우선되어야 함을 가르치고 있다. 자신의 죄에 대한 인정과 고백은 예수 그리스도 안에서 해방과 구원을 맛본 사람의 특성이다.

3. 제사장 직무 규정 위반 : 레위기 10장

시내 산 회막에서 아론과 그 아들들의 집례로 첫 공식제사가 거행되고 하나님의 영광과 임재가 나타고 백성들이 환호하며 화목제물의 고기를 나누어 먹으면서 잔치를 벌이던 날, 아론의 아들들로서 제사장인 나답과 아비후가 "야훼가 명하시지 않은 다른 불"(레 10:1)로 분향하다가 그 자리에서 야훼로부터 나온 불에 삼키어 죽었다. 향단에서 분향하는 불은 번제단의 꺼지지 않는 불을 사용해야 하는데(레 6:12-13), 여기서 다른 불은 번제단의 불이 아닌 다른 곳에서 가져온 불로 생각된다.

생명으로 가득해야 할 성소에서 제사장들이 죽었기 때문에 성소가 극심하게 더럽혀졌다. 하나님의 거룩성을 가장 존귀하게 받들어야 할 제사장들이 하나님의 거룩함에 손상을 입혔기 때문에 그들을 벌하시는 것은 하나님의 거룩하심을 드러내는 일이다. 애통함과 슬픔의 표시로 머리를 풀고 옷을 찢는 관습이 있지만, 아들과 형제의 죽음을 보고도 슬퍼하거나 비통함을 표현할 수 없는 사람들이 제사장들이다(레 21:10-12). 만일 대제사장이 그러한 행동을 하게 되면 하나님께 벌을 받고 온 회중에게 재앙이 닥치게 된다. 아들이 죽었는데도 아론은 슬픔을 삼키고 비통함을 표할 수 없었다. 이 사건은 거룩하신 하나님의 임재가 한편으로는 축복이지만, 다른 한편으로는 위험한 일임을 보여 준다.

나답과 아비후 사건 이후 야훼께서 아론에게 직접 지시하신 내용이 나타난다(레 10:8). 제사장이 회막에 출입할 때는 포도주나 독주를 금함으로 죽음을 면하라는 내용이다(레 10:9). 아마도 나답과 아비후가 "다른 불"로 분향한 원인이 술에 취해 있었기 때문이라고 추정할 수 있다. 제사장들에게 알코올음료를 금지하는 규정은 제사장은 거룩한 것과 속된 것을 구별하고, 부정하고 정한 것을 구별하며, 이스라엘 백성에게 율법을 가르쳐야 하는데 술 취하면 판단력을 상실하기 때문이다(레 10:10). 모세의 역할은 야훼의 명령을 전달하고 선포하는 것이지만, 제사장의 역할은 지속적으로 백성들에게 그 내용을 가르치고 실천할 수 있도록 지도하는 목회적 역할이다.

IV. 정결법 : 레위기 11-15장

출애굽한 이스라엘 백성들이 시내 산에서 하나님과 언약을 맺고 성막을 건립한다(출 19-40장). 이 언약공동체가 예배공동체가 되는 법이 레위기 1-10장에 기록되어 있다. 이스라엘은 이제 예배공동체로 머물러서는 안 되며, 하나님을 따라 정결하게 살고(레 11-15장), 궁극적으로는 거룩한 백성이 되어야 한다(레 17-26장). 즉 구원받은 공동체는 예배-정결-성결을 이루어야 하는 것이다. 회막이 건축되기 전에 하나님은 시내 산 위에서 모세를 부르셨지만(출 19:3), 회막이 세워진 후(출 40:17,34-35)에는 하나님은 산에서 내려오셔서 모세를 회막에서 만나신다(레 1:1). 회막은 이스라엘공동체가 자리 잡은 진영 한복판에 세워지는데, 회막과 함께 하나님이 이스라엘 속에 거하시게 된 것이다(출 25:8,22). 하나님이 그들 가운데 계속 거하실 수 있도록 하나님의 백성은 예배하는 백성(레 1-10장)을 넘어 정결한 백성이 되어야만 하는 것이다.

레위기 11-15장은 정결하게 사는 삶이 거룩에 이르는 길임을 가르치고 있다. 부정이란 깨끗하지 않음만을 의미하는 것이 아니라, '바르지 못함'이나

'정숙하지 못함/지키지 못함'도 포함한다. 하나님의 말씀에서 벗어난 것은 모두 부정이다.[10] 모세를 통해(레 12:1; 14:1) 이스라엘 백성에게 전달된 정결법의 내용은 주로 부정한 짐승의 식용문제(레 11장), 출산을 통한 산모의 부정문제(레 12장), 사람의 피부병과 옷과 가옥의 부정문제(레 13-14장), 유출병의 부정문제(레 15장)를 취급한다. 이스라엘 백성에게 정결법이 주어진 이유는 첫째 이스라엘이 하나님이 선택하신 백성임을 기억하게 하는 것과, 둘째 당시 이방종교의 문화 속에서 야훼 하나님 백성의 정체성을 지키는 보호 장치로 볼 수 있다.

1. 동물에 관한 정결법 : 레위기 11장

이미 노아의 홍수 이야기에서 정하고 부정한 짐승의 구별이 생겨났다(창 7:2; 8:20). 동물의 식용은 노아 홍수 이후에 피를 먹지 말라는 전제하에 허락되었다(창 9:3,4). 그러나 이 규정은 모든 인류에게 주어진 법이지 이스라엘에만 주어진 제의법이 아니었다. 시내산 언약 이후에는 이스라엘은 정한 동물만 먹을 수 있도록 규정하고 있다.

레위기의 음식법 규정의 핵심은 하나님의 백성은 매일 대하는 식탁에서부터 선택받은 백성으로서 하나님의 거룩함을 나타내야 한다는 것이다. 즉 고기는 먹되 동물의 피는 먹지 못하게 함으로써 동물을 먹거리로 허락하신 생명의 주인 되신 하나님을 기억하고, 정한 동물만을 먹음으로써 선택받은 거룩한 백성의 특성을 드러내야 한다. 그러나 신약성경에 의하면 부정한 짐승과 정결한 짐승의 구별은 한시적인 규정으로(행 15:19-21), 이방인들에게 복음을 전파하기 위해 재해석되어야 할 규정이다(행 10:9 이하; 11:5-10). 감사함으로 받으면 모든 음식이 다 정결한 것이다(고전 10:25-26; 딤전 4:4). 이제 그리스도인들은 음식법이 아닌, 사랑의 법을 준수함으로써 선택받은 백성임을 드러내야 한다(고전 8:13). "몸을 구별하여 거룩하게 하라"(레 11:44)는 것이 음식법의 결론이며 이는 신약의 성도들도 지켜야 할 정신이다(고전 6:13; 10:31).

2. 산모의 정결법 : 레 12장

아들을 낳으면 7일 동안 부정하고 33일이 지나야 산혈이 깨끗하게 되고, 딸을 낳으면 14일 부정하며 66일이 지나야 산혈이 깨끗하게 된다. 그러므로 아들의 경우 40일 동안 딸은 80일 동안 산모는 성물을 만질 수도 없고 성소 출입이 금지된다. 딸을 낳은 경우 아들보다 두 배의 정결기간이 요구되는 이유에 대하여 성경을 설명하지 않는다(레 12:1-5).

여자가 아이를 해산하는 것 자체가 부정한 것이 아니라, 산혈(레 12:4,5,7)이 부정의 원인이다. 아이를 출산하는 과정에서 피가 유출되기 때문이다. 피는 생명인데 생명인 피가 유출된다는 것은 죽음을 의미한다. 그러나 산모가 부당한 대우를 받는 것은 아니다. 산모는 이 기간 동안 사람들과 접촉하지 않게 되고, 7-14일 동안 해산 후 몸조리할 시간을 확보하게 된다. 특히 딸인 경우 아들보다 7일을 더 안정을 취하게 된다. 그러므로 딸을 낳은 경우 부정한 기간이 길다는 것이 성차별이라고 말하기는 어렵다. 오히려 남녀 차별이 있는 사회 속에서 산모가 안정을 취할 수 있는 기회를 주는 것이다. 이런 관점에서 12장은 출산한 여인을 접촉해서는 안 되는 사람으로 격리하여 산모를 보호하는 것이다.[11]

출산으로 인한 부정의 정결기간이 끝나면 산모는 제사장에게 가서 번제와 속죄제를 드려서 다시 예배공동체의 정상적인 위치로 복귀하는 절차를 밟고 새 생명을 주신 하나님께 감사한다. 주목할 점은 출산 정결법을 통해 여성만이 드리는 제사규정이 나타난다는 것이다(레 12:6,8). 예수님의 부모도 예루살렘 성전에 올라가 레위기 율법의 산모 정결법을 지킨 것으로 기록되어 있다(눅 2:21-24). 중요한 것은 정결을 이루는 자리가 세상살이 현장이라는 사실이다. 예배하는 자리뿐만 임신에서 출산에 이르는 생활에서도 하나님의 백성다운 정결함이 요구된다.

3. 피부병 정결법 : 레위기 13장 1절-14장 57절

본문은 צָרַעַת(차라아트/나병)가 일으키는 부정을 다룬다. 대부분의 학자들은 차라아트는 나병까지 포함한 악성 피부질환을 일컫는 용어로 이해한다. 차라아트는 사람의 피부에 나는 질환이며, 옷이나 가죽, 건물의 벽 등을 상하게 하는 전염병이다. 차라아트는 사람의 신체를 상하게 할 뿐만 아니라, 사람이 사는 환경을 손상시키고, 신앙공동체를 파괴하는 질병이다. 하나님의 백성은 자기 몸뿐만 아니라 자기가 사는 환경까지도 정결하게 해야 한다. 이러한 피부병 환자는 하나님 백성의 거룩성을 부정하게 하기 때문에 예배공동체에서 격리된다. 그러나 피부병 환자를 제사장이 부정하다고 선언하고 있을 뿐 죄인이라 선언하지는 않는다. 제사장의 의도는 성소가 부정에 오염되는 것을 막고, 하나님의 백성을 보호하려는 것이다.

구약의 차라아트는 불치병이 아니다. 레위기 14장은 치유된 사람이 정결과 제사를 통해 다시 예배공동체의 구성원으로 복귀되는 과정을 기록하고 있다. 그렇지만 이 병에 걸린 사람들은 대부분 고침 받지 못한 채 격리되어 죽는 날만 기다렸다. 구약성경의 본문은 부정하게 된 자를 격리시키는 것만을 말할 뿐, 그들이 어떻게 치료되는지를 말하지 않는다. 그러나 예수님은 오셔서 하나님 나라의 도래의 증거로 나병을 고치셨음을 강조하고(마 11:4-5), 고침 받은 자들에게 레위기의 정결법을 지키도록 하셨다(마 8:4; 눅 17:14). 레위기의 제사장은 병을 진단하고 판단하면서도 병을 치료할 수는 없었지만, 예수님은 병자를 찾아오셔서 불치의 병으로 고생하는 사람들을 치료하셨다.

4. 유출병 정결법 : 레위기 15장

본문은 남자와 여자의 성기에서 유출되는 분비물을 부정한 것으로 본다. 성병으로 인한 유출 외에도 정상적인 유출인 월경과 정액의 사정까지 부정하다고 정의를 내린다. 유출병은 그 사람만 부정하게 만드는 것이 아니라, 그와 접촉한 모든 사람, 사물들도 부정하게 만든다. 이는 이스라엘 신앙이 성관계를 개인의 사사로운 문제가 아니라 공동체 문제, 즉 하나님과의 관계에서 파악하고 있다는 의미다. 인간의 가장 기본적인 욕망은 식욕과 성욕이다. 그러므로 가정에서 가장 중요한 자리는 식탁과 침상인데, 이 두 곳이 모두 생명과 직결되는 자리다. 정결한 공동체를 만들기 위해서는 바로 식탁에서부터 침상까지 정결해야 한다는 것이 레위기 정결법의 의도이다.

하나님께 속한 사람은 거룩하신 하나님의 본성에 상응하는 특별한 속성을 가져야 하며, 그것이 외적으로 드러나야 했다. 그것이 정결법의 정신이다. 물론 신학적으로 거룩함은 제사나 윤리 도덕적 행위로 얻어지는 것은 아니다. 야훼 하나님께서 부르신 사람만이 거룩할 수 있다. 그럼에도 불구하고 선택받은 백성은 하나님의 거룩함을 닮아가야 하는 것이다. 그러나 진정으로 거룩한 삶은 내 힘과 내 능력으로 되는 것이 아니라 성령의 도우심으로만 가능하다(롬 8장).

레위기 정결법의 결론은 15장 31절이다. "너희는 … 이스라엘 자손이 그들의 부정에서 떠나게 하여 그들 가운데에 있는 내 성막을 그들이 더럽히고 그들의 부정한 중에서 죽지 않도록 할지니라" 성소는 본질적으로 거룩한 영역이기 때문에 정결을 실천해야 할 장소는 가정이다. 일상적인 삶의 영역에서 날마다 경건에 이르는 연습을 해야 할 것이다(딤전 4:7). 날마다의 삶이 거룩한 예배가 되어야 하며, 거룩은 마음과 영뿐만 아니라 몸에도 구현되어야 한다(고전 6:19-20). 예수 그리스도는 구약성경의 정결법을 폐한 것이 아니라(막 1:44; 마 8:4; 눅 17:14), 재해석으로 완성하셨다.

V. 대속죄일과 속죄의 피 : 레위기 16-17장

레위기 16장은 옛 이스라엘 종교력에 따라 매년 7월 10일(오늘날 9월 하순경)에 거행되는 속죄일에 대한 기록이고, 레위기 17장은 속죄제물의 피를 통한 대속의 원리를 강조하는 내용이다. 레위기 16-17장은 레위기 전반부의 제사법을 총괄하면서 레위기 후반부의 윤리법(레 18-27장)으로 이어지는 다리 역할을 수행하고, 속죄일과 피의 속죄의 원리를 통해 하나님 앞에 선 인간의 죄성과 그 해결책을 깨우쳐 준다. 즉 인간은 죄 문제의 해결을 통해서만 진정한 윤리, 도덕적인 삶을 살 수 있게 된다는 것이다.

1. 대속죄일 : 레위기 16장

일 년에 한 번 대제사장이 온 백성의 죄를 용서받기 위해 지성소에 들어가는 날이 대속죄일이다. 또한 이날은 온 백성의 모든 죄가 아사셀 염소의 등에 얹혀 광야로 운반되어 제거됨으로써 온 백성이 용서의 확신을 얻는 날이기도 하다. 속죄일 제정 목적은 오염된 지성소와 회막과 제단, 아론과 그 가족과 이스라엘 백성 전체를 일 년에 한 차례씩 속죄하여 죄를 제거함으로써 이스라엘 백성에게 속한 모든 것을 성결하게 하여 제사장 나라로서 거룩한 삶을 살게 하기 위함이다.

대속죄일의 기원은 제사장인 나답과 아비후가 규정에 없는 다른 불을 드리다가 하나님으로부터 죽임을 당한 사건에서 시작된다(레 16:1). 제사장은 개인이 아니라 백성을 대표하기 때문에 제사장의 잘못은 온 백성의 잘못으로 간주된다. 나답과 아비가 죽은 후(레 10장) 이들의 죄와 시체로 오염된 성소를 정화하는 제사가 없었다. 따라서 레위기 16장은 이러한 오염을 정화시키는 제사로 볼 수 있으며, 11-15장은 성소를 오염시키는 또 다른 원인인 부정에 관한 내용의 삽입으로 볼 수 있다. 속죄소가 있는 지성소의 무단출입은 나답과 아비후 경우처럼 죽음을 초래할 위험이 있으며(레 16:2), 일 년에 하루 속죄일 예식을 통해서만 대제사장에게 지성소 출입이 허락되었다(레 16:34). 속죄일 예식은 속죄제와 아사셀을 위한 염소 예식과 번제로 진행된다.

속죄일의 속죄예식은 기본적으로는 레위기 4장의 속죄제 규정에 상응한다. 차이점은 대제사장이 먼저 자기와 자기 집을 위한 속죄 제물의 피를 가지고 지성소에 들어가서 속죄소 앞에 그 피를 뿌리고, 다시 백성을 위한 속죄 제물의 피를 가지고 지성소에 들어가 동일한 방법으로 피를 뿌려 속죄하는 점이다(레 16:11-19,23-25,27-28). 대속죄일 속죄예식에서는 속죄를 위한 피의 사용이 두드러지게 강조되고 있고, 피의 속죄 기능에 대한 신학적인 설명은 17장 11절에서 제시된다.

대속죄일에 대제사장이 온 백성의 죄를 위해 속죄제사를 드리는 것은 백성 스스로 회개하지 않은 죄를 위해 제사를 드리는 것이다. 회개하지 않은 죄가 지성소를 오염시킨다. 이러한 심각한 죄를 위해 드리는 속죄제물은 먹을 수 없으며 반드시 불태워야 하고, 그 죄를 아사셀 염소에게 대신 짊어지게 하여 공동체 밖으로 멀리 보내 제거해야만 한다. 아사셀 염소의 머리에 아론이 두 손으로 안수하고, 이스라엘 백성의 모든 불의와 죄를 대신 고백함으로써 그 죄를 염소의 머리에 두어 그 염소를 광야로 보낸다(레 16:20-22,26). 이 예식의 핵심사상은 속죄일에 모든 죄가 용서되며, 그 죄의 실체자체가 이스라엘 백성에게서 제거되고 추방된다는 것이다. 신약에서는 예수 그리스도가 "세상 죄를 지고 가는 하나님의 어린 양"(요 1:29)으로 소개되는데, 여기서 아사셀 염소와의 유비적 연관성을 발견한다.[12] 레위기 16장에 나타난 속죄일의 전통과 속죄제의 내용은 히브리서에 잘 반영되어 있다. 히브리서는 예수님을 대제사장으로 유비시키고, 구약의 대제사장은 그 유한성으로 말미암아 반복적으로 제사를 드렸으나 영원한 대제사장이신 예수 그리스도는 자신의 피로 영원한 속죄를 단번에 이루셨다(히 9:12)고 진술한다.

속죄제와 아사셀 염소 예식이 끝난 직후, 대제사장 아론은 회막에 들어가서 속죄일의 세마포 예복을 벗어두고, 물로 몸을 씻은 뒤 대제사장의 예복으로 갈아입은 후에 자기와 백성을 위해 번제를 드린다. 속죄제와 아사셀 염소와 번제를 연속적으로 드리는 의미는 죄의 용서와 죄의 격리와 제거, 그리고 자신을 하나님께 온전히 드리는 것을 의미한다.

2. 속죄의 피 : 레위기 17장

피와 생명과 제단이 레위기 17장을 하나로 연결하는 고리 역할을 하고 있다. 17장은 "피를 먹지 말라"는 피의 식용에 대한 절대적인 금지와 그것의 이론적인 근거를 담고 있는 10-12절이 정점이다. 제물의 피를 제단에 쏟아 부어야 하고(6,11절), 제물의 고기를 먹을 때 그 피는 먹어서는 안 된다(10,12절). 들판에서 사냥한 짐승을 잡는 경우에도 결코 피를 먹어서는 안 되며 그 피를 땅에 흘리고 흙으로 덮어야 한다(레 17:13-14). 한마디로 17장 전체는 '피의 적절한 처리에 관한 규정'이라고 말할 수 있다.

피를 먹지 말라는 명령은 절대적이다. 모든 피를 먹어서는 안 된다. 희생제사용으로 사용할 수 있는 동물의 피뿐만 아니라 모든 비제의적 범주에 속하는 동물(사냥한 고기, 흠이 있는 동물, 죽은 고기)의 피를 먹어서는 안 된다. 피를 먹어서는 안 되는 이유는 "생물의 생명은 그 피 안에 있기"(11절) 때문에, 피를 제단 위에 바쳐서 "너희의 생명을 위하여 속죄하는 제물로 삼아야 한다"(11절)고 하나님이 명령했기 때문이다. 피가 속죄를 이루는 수단이 되는 것은 피에 생명이 있기 때문이다(11절). 레위기 17장 11절은 16장의 속죄일 제정과 함께 "피를 통한 속죄"를 피의 식용금지 내용과 연결하여 신학적으로 설명함으로써 복음의 핵심을 요약하고 있는 구절이다.

레위기 17장에는 하나님으로부터 공인받지 못한 동물 도살은 살인죄며 이것은 곧 우상숭배에 해당한다는 생각이 서려 있다(레 17:3-7). 동물의 피를 제단에 쏟아 붓는 일은 생명의 통제권은 하나님께 속한다는 것을 나타내는 상징적인 행위이다. 만일 고기를 먹을 때 그 피도 함께 먹는다면, 그것은 생명에 대한 하나님의 통제권을 인정하지 않는 행위가 된다. 그러나 여기서 그치지 않고, 레위기 17장 11절은 피가 생명의 자리이기 때문에 속죄를 이루는 수단임을 일깨워 준다. 구약성경의 다른 곳에서 피의 속죄 작용은 거룩한 장소의 오염을 제거하는 일종의 '정화'다. 그러나 피의 속죄 효과는 '너희 생명을 위한 몸값으로, 너희 생명을 대신하여 지불되는 몸값'으로 설명된다. 구약성경 전체에서 희생제물의 피가 인간의 생명을 위한 몸값이라고 말하는 유일한 곳이다. 여기서 인간의 죄를 속죄할 수 있도록 기회를 제공하신 하나님의 은혜를 발견할 수 있다. 하나님의 유익을 위하여 하나님께 생명을 돌려드리는 것이 아니라 '이스라엘의 유익을 위하여 피를 제단에 바치도록 하나님이 명령하셨다. 그러므로 레위기 17장 11절에서 제단에 드리는 피는 제물이 아니라 오히려 하나님의 무조건적인 은혜의 상징이다.

피가 인간을 위해 속죄를 이룬다는 복음은 예수 그리스도의 피를 통하여 "단번에 영원히" 성취되었다(마 26:28; 히 9:12,22; 13:12). 계속하여 깨끗하게 하고(히 9:14,22) 하나님 가까이 갈 수 있게 하는 것(히 10:19)은 예수 그리스도의 자발적인 희생으로 흘려지고(히9:26; 10:5-10), 하나님 앞으로 옮겨진(히 9:23-24; 12:24) 그리스도의 피다. 이 피는 영원히 효력 있는 구속을 보증한다. 하늘 성소에 그리스도의 피를 드리는 행동은 반복될 수 없지만, 그 피는 대제사장으로서 그리스도 자신이 영원히 남아 있는 한 속죄하는 능력으로 계속하여 남아 있다. 그러므로 이스라엘 희생제사의 중심은 희생동물의 피를 제단으로 가져오는 제사장의 행위다. 옛언약 아래서 희생동물의 피가 육체를 정결하게 하여 거룩하게 할 수 있다면, 그리스도의 피는 사람들의 양심을 죽은 행실로부터 깨끗하게 할 수 있다(히 9:13-14). 죄 사함을 이루는 것은 생명의 담지자인 피다(레 17:11-14). 그리스도의 피는 이 능력을 갖고 있다(히 9:22).

VI. 생활예배 : 레위기 18-27장

레위기 전반부(1-17장)는 제사장 나라인 이스라엘 백성의 하나님께 나아가는 길을 가르친다면, 후반부는 거룩한 백성의 올바른 삶(18-27장)에 대한 가르침이다. 이러한 구조를 통해 레위기가 보여 주는 신앙의 원리는 바른 예배를 드림으로 하나님을 경외하며 사랑하는 것이 기초이며, 이러한 삶이 이웃사랑으로 나타난다는 것이다. 하나님을 사랑하고 이웃을 자기 몸과 같이 사랑하는 것이 모든 율법과 예언서의 가르침이라고 하신 예수님의 말씀은 정확히 레위기 신앙의 핵심을 요약한 것이다. "네 이웃 사랑하기를 네 자신과 같이 사랑하라"는 레위기 19장 18절은 구약 야훼 신앙윤리의 정수다.

1. 가족과 성 윤리 : 레위기 18장

레위기의 윤리 도덕법은 사회의 기본단위인 부부관계와 가족관계의 성도덕을 맨 처음 다루고 있다. 이것은 하나님의 백성인 이스라엘의 거룩한 삶은 가정에서부터 시작된다는 것을 의미한다. 당시 이스라엘 가정은 대가족으로 여러 세대가 함께 살았다. 가정은 경제공동체임과 동시에 하나님과의 언약공동체이다. 가정공동체가 안정되고 화목하고 정결해야 온 이스라엘공동체가 화평하고 정결해진다. 부부간의 질서, 부모와 자식 간의 질서, 친족 간의 질서가 유지되어야 한다. 대가족 안에서 가족 간에 성도덕 질서가 무너지면 가정공동체의 평화는 깨지게 된다. 성적인 부정의 문제는 결국 부부관계로부터 시작하여 모든 인간관계에 치명적인 손상을 가져올 뿐만 아니라, 하나님께 가증한 것으로 사람을 더럽히고 땅도 그 죄악으로 인해 더러워진다. 그래서 마침내 땅이 그 주민들을 토하여 내게 된다(레 18:25). 이스라엘 백성이 가나안 주민들처럼 성도덕이 문란해지고 더러워지면, 약속으로 얻은 그 땅이 이스라엘 백성도 토해 버릴 것이라고 경고하고 있다(레 18:28-29; 20:22).

건전한 가정을 지키고 성도덕의 타락을 예방하고 치유하는 길은 하나님의 법을 힘써 지키는 길뿐이다(시 119:9-11). 레위기는 혈족과 친족 중심으로 16개 조항의 성관계 금지규정을 제시한다: 어머니, 계모, 고모, 이모, 숙모, 자매, 의붓자매, 이복자매, 형제의 아내, 며느리, 의붓딸, 친손녀, 외손녀, 의붓 친손녀, 의붓 외손녀, 처형제(레 18:6-18). 본문은 혈족과 가정 안에서 여자가 성적인 농락의 대상이 되고, 여인들이 혈육 간에 시기 질투에 휘말리는 상황을 방지하여 약자를 보호함으로써 가정 질서를 유지시키는 규정이다. 레위기 18장의 핵심 부분인 7-23절은 23절 후반부를 제외하고 전부가 남성에게 내리는 금지명령이다. 성경의 다른 부분에서는 많은 경우 유혹하는 여인이 성적인 방탕과 연결되어 있는 반면에, 18장에서는 성적 타락의 문제에 대한 책임을 철저히 남성에게 묻고 있다. 이것은 고대의 가부장적 사회에서 성적인 범죄를 저지르는 사람은 주로 남성이기 때문이다.[13]

가족과 친족 간의 성윤리의 확립과 함께, 가정과 사회생활에서 일반적인 성도덕 문란과 타락을 예방, 규제하고 있다(레 18:19-23): 생리 중인 여인과의 성관계 금지(19절); 유부녀와의 간통 금지(20절); 몰렉에게 어린이 인신제사 금지(21절). 부모의 야망을 위해 힘없는 어린이들을 제물로 삼는 행위는 하나님의 이름을 욕되게 하는 것이라고 경고하고 있다(21절). 레위기 18장은 결론적으로 성도덕의 문란은 윤리적으로 "혐오스러운 것"임을 네 번이나 강조하고, 성적 타락을 예방하기 위한 유일한 길은 하나님의 법을 지키는 것임을 훈계한다. 음행의 결과는 땅이 그 주민을 토해 내며, 음행하는 자는 그 "백성 중에서 끊어지는 벌"을 받는데, 이것은 하나님의 거룩한 백성으로서의 자격상실을 의미한다.

2. 거룩의 윤리 : 레위기 19-20장

"너희는 거룩하라 이는 나 여호와 너희 하나님이 거룩함이니라"(레 19:2)는 표현은 레위기 전반부(레 11:44-45)에도 나타나지만 후반부의 거룩한 백성의 윤리적 삶을 촉구하는 상황에서 자주 반복된다. 그러므로 하나님의 계명에 순종함 없이 희생제사만으로는 하나님을 기쁘시게 할 수 없다는 예언자의 메시지와 레위기의 거룩한 삶이 동일한 원리에 기초하고 있음을 알 수 있다.

이스라엘 온 회중에게 요구되는 거룩하라는 명령의 근거는 하나님의 거룩하심이다(레 19:2). 그러므로 거룩한 삶은 한마디로 하나님을 닮는 삶이다. 레위기 19장 전체를 하나님과 관련된 규정과 사람과 관련된 규정으로 나누어 본다면, 하나님의 거룩함은 '안식일 준수'(3절), '우상 숭배금지'(4절), '신상 제조 금지'(4절), '야훼의 성물을 더럽히지 말라'(8절), '하나님의 이름을 욕되게 하지 말라'(12절), '네 하나님을 경외하라'(14절) 같이 하나님과 직접적으로 관계된 명령의 실천을 통하여 파악된다. 이스라엘 자손의 거룩함은 사람이 소유할 수 있는 성품의 문제가 아니라 하나님 말씀을 실천함으로써 경험할 수 있는 실천적인 개념이다.

레위기 19장에서 특이한 것은 '거룩하라'는 명령이 먼저 나타나고 그다음 실천방안이 나타나는데, 맨 처음에 부모 경외가 나타난다는 사실이다. 즉 부모 공경이 거룩한 백성이 되는 첫걸음임을 강조한다. 부모를 경외하지 않는 사람은 결코 하나님과 이웃을 사랑할 수 없다는 것이 구약 윤리의 강조점이다(엡 6:1-3).

그다음으로는 하나님과 이웃과 올바른 관계를 형성하는 행동을 강조한다. 하나님과 이웃과 올바른 관계를 맺는 사람은 소극적으로는 이웃에게 해를 끼치지 않을 뿐 아니라, 적극적으로 이웃에게 선을 행한다. 따라서 거짓 증거하지 말라(15,35절), 살인하지 말라(16절), 간음하지 말라(29절), 이웃의 물건을 도적질하지 말라(11절), 이웃을 착취하지 말고 임금을 제때에 지불하라(13절), 정직한 상거래 규정(35-36절)은 소극적인 이웃사랑에 속하고, 화목제물의 고기를 셋째 날까지 남겨두지 말라는 규정(6절), 추수 때에 곡식과 과일을 조금 남겨두라는 규정(9-10절) 등은 적극적으로 이웃사랑을 실천하는 규정에 속한다. 하나님의 제사장 나라인 이스라엘 백성이 거룩한 하나님과 동행하는 삶은 하나님의 계명을 일상생활에서 순종하는 것이며, 순종의 결과는 구체적으로 하나님 사랑과 이웃사랑으로 나타난다.

레위기 18장이 금지 명령이라면 20장은 그 명령을 어겼을 경우 내리는 처벌이 나열되어 있다. 그 처벌은 반드시 죽이는 죄에 해당하는 것과 백성 중에서 끊어지는 죄, 그리고 죄를 당하거나 후손이 없이 죽는 죄로 나누어 있다.

자녀를 몰렉에게 인신제사하는 사람은 "그 땅의 백성이 돌로 쳐 죽여야 한다". 그 밖에 부모를 저주하는 자, 유부녀와 간통한 자, 계모와 근친상간, 며느리와 근친상간, 모녀를 함께 데리고 사는 자, 동성애, 수간, 무당과 점쟁이는 반드시 죽여야 한다(레 20:1-2,6,9-16,27). 몰렉제사 처벌 규정을 시행하지 않는 사람, 무당과 점쟁이를 찾는 사람, 형제자매의 근친상간, 생리 중인 여자와 성관계하는 행위는 "그 백성 중에서 끊어지는" 벌을 받게 되는데(레 20:3-6,17-18), 이 벌은 하나님의 백성인 이스라엘공동체로부터 추방 내지는 자격박탈이라는 효과를 말한다. 고모와의 근친상간, 숙모와의 근친상간, 형제의 아내와의 근친상간은 "죄를 당하거나 후손이 없는" 처벌을 받게 된다(레 20:19-21). '죄를 당한다'는 의미는 그 범죄행위에 대한 책임을 져야 한다는 의미인데, 구체적인 처벌내용은 후손이 없게 되는 것이다.

레위기 18장과 20장을 통하여 이스라엘 자손들이 출애굽할 당시 이방 사람들의 성문화와 종교적인 삶의 현장을 가늠해 볼 수 있다. 금지 명령들은 그러한 일들이 이스라엘 주변 민족들 사이에 행해지고 있었다는 것을 방증해 준다. 하나님의 백성인 이스라엘은 그들의 이웃 민족들과는 구별되는 삶을 통하여 하나님의 거룩하심을 증언해야 할 사명이 있다(26절). 주변 민족들의 타락한 풍습과 구별되는 거룩한 삶을 요구하는 레위기의 말씀은 현대의 타락한 세상의 성문화와 사회의 풍습의 영향에 노출되어 있는 오늘날 성도들에게 거룩한 삶을 위한 지침이 되어야 한다.

3. 제사장의 윤리지침 : 레위기 21-22장

레위기 18-20장에서는 거룩한 백성으로서 이스라엘 백성 모두를 위한 일상생활 윤리지침이 제시되었다면, 레위기 21-22장에서는 제사장의 윤리지침이 나와 있다. 제사장은 하나님께 드리는 제사를 집례하는 신분이기 때문에 일반백성들에게 요구되는 것보다 더 강화된 거룩성이 요구된다. 레위기 21-22장에서 제사장의 거룩성을 위한 윤리 규정의 주요 주제는 가정생활 지침과 직무생활 이 두 가지로 구분된다.

1) 제사장의 가정생활 : 레위기 21장 1-15절, 22장 1-16절
제사장의 가정생활에서 장례와 결혼에 관련된 주제가 주로 취급되는 점이 특이하다. 구약성경에서 죽은 사람의 시체(민 19:11-22)나 동물의 주검(레 11:8)에 접촉한 사람은 부정하게 된다. 특히 사람의 시체를 만진 자는 7일 동안 부정하며, 정결예식을 거행하지 않으면 성소를 더럽히게 되며, 그 사람은 이스라엘 백성 중에서 끊어지는 처벌을 받는다(민 19:11-13). 아론의 자손 제사장들은 친족 중에서 상을 당해도 그 죽은 시체를 만져 부정케 되어서는 안 된다. 다만 가까운 혈족인 어머니, 아버지, 아들, 딸, 형제, 출가하지 않은 친자매의 경우는 예외다. 제사장은 생명의 근원이신 하나님을 모시는 역할을 하기 때문에 죽음을 멀리해야 하는 것이다. 대제사장은 더 엄격한 규정이 적용되어 가까운 피붙이는 물론 부모의 시체도 가까이해서는 안 되며, 가족 중에 상사가 생겨도 자기 직무의 장소인 성소를 떠나서는 안 된다. 대제사장은 가장으로서의 책임보다 대제사장으로 공적인 책임이 더

중요한 것이다.

제사장은 부정한 창녀나 이혼한 여인과 결혼해서는 안 된다. 그것은 그 결혼으로 태어난 아이가 아론의 자손인지 명확하지 않기 때문이다. 아론 자손만이 제사장이 될 수 있기 때문에 혈통의 순수성은 중요한 문제다. 대제사장의 경우는 더 엄격한 규정이 적용되어 대제사장은 그의 친족 제사장 가문에서 처녀와 결혼해야 한다.

2) 제사장의 직무생활 : 21장 16-24절, 22장 17-30절

제사장은 심신이 건강한 사람이어야 하며, 제사장 직무를 수행할 수 없는 결격사유가 12가지로 제시된다(레 21:18-20). 이 규정은 하나님께 드리는 희생제물은 흠이 없어야 한다는 규정(레 22:17-25)과 동일한 의미에서 이해되어야 한다. 즉 최고의 것을 하나님께 드린다는 의미이다. 장애인인 경우에 제사를 집례하지는 못하지만 제사장 신분은 그대로 유지하며 제사장의 생활비도 계속 받는다. 이 규정을 오늘날의 목회자에게 적용하는 것은 적절하지 않다. 오늘날의 목회자는 구약의 제사장처럼 세습되는 직분이 아니라 기능적인 직분이고, 오히려 모든 성도들이 제사장이며, 예수 그리스도는 육체적 장애인들과 여성들도 하나님 나라의 사역에 부르셨다.

제사장은 거룩한 음식을 먹을 때 자신을 돌아보아 정결한 상태에서 먹어야 한다. 만일 정결하지 못한 경우에는 거룩한 음식을 먹을 수 없다. 그러므로 제사장 가족은 항상 정결한 상태를 유지하기 위해 노력해야 한다. 레위기 22장 31-33절은 21-22장의 결론 부분이다. "나는 너희를 거룩하게 하는 야훼다"라는 문구가 평신도 윤리지침에서는 한 번만 등장하지만, 제사장 윤리지침에서는 6번이나 등장한다. 예나 지금이나 성직자에 대한 실망은 주로 그들의 말과 행동의 불일치에서 오기 때문에 제사장은 누구보다도 하나님의 말씀을 순종하는 데 있어서 모범을 보여야 한다.

4. 야훼의 절기와 성회 : 레위기 23장

이스라엘의 절기는 크게 봄 추수 축제와 가을 추수 축제로 나눌 수 있다. 이렇게 구분되는 것은 이스라엘의 기후 때문이다. 봄에는 주로 보리를 추수하게 되는데, 유월절과 무교절, 칠칠절(맥추절, 오순절)이 봄 절기들이다. 가을 추수기에 나팔절, 대속죄일, 초막절의 가을 절기들을 지킨다.

레위기 23장에서 설명하는 구약의 명절들 중 첫 번째 "야훼의 절기"는 안식일이다. 거주하는 각처에서 안식일을 지키고 쉼을 누리면서 하나님께 감사하는 날이다. 안식일의 의미는 인간의 삶이 인간의 노동에만 의존하는 것이 아니라 하나님의 은혜로 살아간다는 것을 고백하는 것이다. 이스라엘 백성들은 절기를 지키는 전통을 통해 오랜 세월 그들의 정체성을 지킬 수 있었다. 회막이 일반적인 장소들과 구별된 거룩한 공간으로 이스라엘 백성들이 하나님의 임재를 경험하는 공간적인 성소였다면, 시간들 속에서 구별된 "야훼의 절기"는 야훼 하나님께서 이스라엘 민족을 선택하시고 구원하신 것을 기억하며 하나님의 은혜를 기념하는 시간적인 성소라 할 수 있다.[14] 오늘날의 성도들도 레위기의 절기들처럼 주기적으로 공적인 예배를 통해 하나님과 만나는 시간이 필요하며 이러한 만남을 통하여 그리스도공동체의 정체성을 지켜갈 수 있다.

5. 희년과 구속 : 레위기 25장 1절-27장 34절

본문은 희년과 안식년이라는 절기 이상의 의미를 갖고 있다. 오히려 본문의 중심은 절기보다 땅이다. 본문이 전하는 이스라엘 신앙은 땅의 소유자는 하나님이며, 이스라엘 백성들은 그 땅을 경작하는 나그네와 소작인이라는 믿음이다.

1) 안식년과 희년 : 25장
7년마다 지켜야 하는 안식년은 땅의 휴식을 위한 규정이다. 6년 동안은 부지런히 일하여 수확하고, 7년째에는 안식년으로 일 년 동안 농사를 짓지 않는다. 안식년에 그 땅에서 스스로 자란 수확물은 밭 소유자가 추수하는 것이 아니라 가난한 자들과 종들과 거류민뿐만 아니라 가축과 들짐승을 비롯한 그 땅의 모든 생명체가 나누어 먹을 수 있다(레 25:2-7). 그러므로 안식년법은 땅과 함께 더불어 살아가는 생태계 전체를 위한 하나님의 배려라고 할 수 있다. 안식일과 마찬가지로 안식년은 모든 생명체의 삶은 하나님의 은혜에 근거하고 있음을 고백하는 것이다.

희년은 일곱 번째 안식년이 지난 다음 해 즉 50년마다 지키는 절기로 거룩한 해이다. 모든 토지와 집의 소유권이 원소유자에게 돌아가도록 규정하고 있다. 뿐만 아니라 종이 되었던 사람들도 원래의 자리로 돌아간다. 이 제도는 모든 경제적인 불평등의 문제를 해결하고, 부의 세습과 가난의 대물림이라는 악순환의 고리를 끊고, 기존의 사회구조를 변혁시킬 수 있는 기회를 제공한다.[15] 기업으로 받은 토지는 영원히 팔 수 없는데, 그 이유는 토지는 하나님의 소유로서 사람들은 거류민과 동거인으로 하나님과 함께 있는 자들이기 때문이다(23절).

어떤 이유로든지 가난해져서 토지를 팔았을 경우에 가까운 형제나 친척이 그 토지를 다시 사서 원주인에게 돌려주어야 한다(24-25절). 우선 친족들이 도울 수 있는 제도를 통하여 해결하고, 그래도 해결될 수 없는 문제들은 국가적인 차원의 제도를 통하여 해결하려는 안식년과 희년제도는 사회적 약자들을 보호하는 법이다. 오늘날에도 국가적인 차원에서 사회적 약자들을 법으로 보호하지만, 제도가 미치지 못하는 부분에서 먼저 교회공동체 안의 약자들, 나아가 사회적 약자들을 돌보는 것이 안식년과 희년의 정신을 본받는 것이다. 레위기 25장은 상거래시 이웃을 속이지 않고 정직하게 매매하는 것(17절), 가난한 형제에게 이자를 받지 않는 것(37절), 형제가 가난 때문에 팔렸을 경우 형제처럼 여기고 혹독하게 부리지 않는 것이 하나님을 경외하는 것이라고 가르치고 있다(39-43절).

2) 십일조와 헌물 : 레위기 27장

레위기 1-7장이 하나님께 바치는 제사와 예물에 관한 기록이고, 레위기 27장이 하나님께 드리는 예물에 관한 기록이라는 점에서 레위기의 결론 부분이라 할 수 있다. 야훼 하나님께 드리는 예물은 정성을 다하여 기쁜 마음으로 드려야 한다. 자원하는 마음으로 서원하여 드리는 헌물과 헌금의 종류는 다음과 같다: 사람의 값을 드리는 헌금(2-8절); 짐승으로 드리는 헌물(9-13절); 부동산 헌물(14-25절). 그리고 야훼의 것이기 때문에 반드시 드려야 하는 예물은 초태생 헌물(26-27절), 야훼께 온전히 바친 것(28-29절), 농산물과 가축의 십일조(30-33절)이다.

예물을 드릴 때 중요한 것은 드리는 사람의 자원하는 마음과 정성이다. 서원하여 드릴 때 한 번 서원한 것은 임의로 다른 것으로 교환할 수 없으며, 제사장의 지도를 따라 드려야 하며, 야훼께 온전히 바친 경우에는 거룩한 것이기 때문에 팔지도 못하고 무르지도 못한다(28-29절). 그러나 가난한 사람의 경우에는 그 형편에 따라 제사장이 값을 조정하도록 하여(8절) 약자를 배려하고 있다. 초태생과 십일조는 처음부터 야훼의 것으로 구별된 것이다. 사람이나 짐승의 처음 난 것은 모두 야훼의 것이다. 십일조는 자신 얻은 모든 재물은 하나님이 은혜로 주신 선물임을 인정하고 자신이 재물의 주인은 하나님이라는 신앙 고백이다.

참고 문헌

김덕중. "레위기에서의 거룩의 의미" 『레위기』 서울: 두란노아카데미, 2009, 37-55.

김중은. 『거룩한 길 다니리』 서울: 한국성서학연구소, 2001.

김진명. "레 17-27장: 거룩한 백성으로 살아가는 길" 『레위기』 서울: 두란노아카데미, 2009, 313-367.

송제근. "언약 관계와 5대 제사의 의미" 『레위기』 서울: 두란노아카데미, 2009, 83-98.

왕대일. "정, 부정에 대한 가르침과 그 적용". 『레위기』 서울: 두란노아카데미, 2009, 111-121.

왕대일. 『구약신학』 서울: 도서출판 성서학 연구소, 2010.

정중호. 『레위기: 만남과 나눔의 장』 서울: 한들출판사, 1999.

주

1) 김중은, 『거룩한 길 다니리』 (서울: 한국성서학연구소, 2001), 37.

2) 김중은, 『거룩한 길 다니리』, 16-19.

3) John E. Hartley, "Leviticus and the New Testament," *Leviticus*, WBC 4, Word, 1992, lxxii쪽 이하 참조.

4) 왕대일, 『구약신학』 (서울: 도서출판 성서학 연구소, 2010), 119-42.

5) 김덕중, "레위기에서의 거룩의 의미," 『레위기』 (서울: 두란노아카데미, 2009), 37-55.

6) 송제근, "언약 관계와 5대 제사의 의미," 『레위기』 (서울: 두란노아카데미, 2009), 84.

7) 김중은, 『거룩한 길 다니리』, 47.

8) 송제근, "언약 관계와 5대 제사의 의미," 91.

9) 정중호, 『레위기: 만남과 나눔의 장』 (서울: 한들출판사, 1999), 91.

10) 왕대일, "정, 부정에 대한 가르침과 그 적용," 『레위기』 (서울: 두란노아카데미, 2009), 117.

11) 정중호, 『레위기: 만남과 나눔의 장』, 213.

12) 김중은, 『거룩한 길 다니리』, 108.

13) 정중호, 『레위기: 만남과 나눔의 장』, 308-309

14) 김진명, "레 17-27장: 거룩한 백성으로 살아가는 길," 『레위기』 (서울: 두란노아카데미, 2009), 352.

15) 김진명, "레 17-27장: 거룩한 백성으로 살아가는 길," 357.

민수기,
광야가 알려 준
대답

이 익 상

▼

이스라엘 텔아비브대학교 철학박사과정
춘천중앙교회 소속목사

I. '민수기'라는 이름

민수기 두루마리의 히브리식 이름은 '베미드바르'(במדבר)이다. 이 말을 문자적으로 번역하자면 '광야에서'라고 할 수 있다. 이 이름만으로도 민수기에 나오는 이야기들의 배경이 되는 장소가 광야라는 것을 알 수 있다. 그런데 우리말 성경을 비롯하여 히브리어 성경에서 처음으로 외국어로 번역된 그리스어 성경 칠십인역(LXX)을 비롯하여 라틴어 성경(*Vulgata*), 영어 성경에 이르기까지 한결같이 히브리어 두루마리 '베미드바르'가 가지고 있는 '광야에서'라는 이름으로 오경의 네 번째 책을 부르는 성경 역본은 아무것도 없다.

그리스어 성경의 '아리스모이'(Ἀριθμοί), 라틴어 성경의 '누메리'(*Numeri*)라는 이름에 대해서 학자들은 이 번역들이 제2차 성전시대에 유대인 랍비들이 책을 부르던 말 '후마쉬 하프쿠딤'(חומש הפקודים)에서 나온 것으로 추정한다. '후마쉬'는 '오경'을 부르는 제2차 성전시대의 말이고, 그 오경 중에서 '프쿠딤'은 우리말로 직역하자면 '(특정한 목적을 위해서) 소집된 사람들'이라는 말이다. 모세의 율법이라고 불려지던 다섯 권의 책 중에서 네 번째 책을 '후마쉬 하프쿠딤'이라고 부른 것은 이 두루마리의 1장에서부터 4장, 그리고 26장에서만 등장하는 '파카드'(פקד 소집하다, 계수하다, 통계를 내다)라는 말과 이 단어를 사용하고 있는 인구 계수 이야기의 특징에서 붙여진 것이었다. 그러므로 '후마쉬 하프쿠딤'의 그리스어식 표기, 라틴어식 표기인 Ἀριθμοί와 *Numeri*가 우리말로 번역되면서 우리말 성경 중, 오경의 네 번째 책의 이름을 '민수기'라고 확정한 것이다.

II. 민수기를 구성하는 전통들

전체 오경을 읽으면서 특별히 민수기가 어렵게 생각되거나, 복잡하다고 생각되는 이유는 오경이라는 큰 틀에서 같은 카테고리로 묶을 수 있는 율법, 같은 소재를 다루고 있는 이야기들이 다른 네 권의 책들과 내용 면에서 조금씩 다르기 때문이다. 그리고 심지어 민수기에서 조차도 부자연스러워 보이는 다양한 이야기들이 얽혀 있다(벨하우젠은 이 전통들을 JEDP라는 이름으로 나누었다). 출애굽에 대한 기억(memory)들은 그 사건을 경험한 사람들에 의해서 다양한 지역, 다양한 문화적인 배경, 다양한 사회적인 배경으로 전해지고 기록되었다. 이런 다양한 기억(memory)과 전통(Source 또는 Tradition)들은 개별적으로 존재하였다. 하지만, 하나님 신앙고백과 역사 경험의 기록들은 이스라엘의 정체성과 역사 인식을 필요로 하는 상황에서 수집(collect)되어 졌다. 이스라엘 역사에서 이런 시점은 북왕국의 멸망과 히스기야의 종교개혁(Harvard School), 요시아의 종교개혁(Harvard School), 남왕국의 멸망과 포로기(Götingen School)가 대표적인 예이다.

일부 북유럽의 스칸디나비아 학파(Scandinavian School)의 학자들을 제외하고, 성경을 연구하는 대부분의 학파들이 가지고 있는 성경 기록의 역사이해는 개별적으로 존재하던 오경(Torah literature)이 포로기와 포로기 이후를 거쳐 주제별, 신학별로 모아져서 하나의 책(The Book of Torah)이 되었다는 것이다. 최근 오경을 연구하는 대부분의 학자들은 이러한 견해에 대체로 동의를 한다. 그렇다면, 민수기의 내용이 반복되는 것 같기도 하고, 오경의 다른 책들과 조금은 다른 것 같기도 한 혼란스러움은 조금 이해가 된다. '민수기'라는 책이 하나로 엮어지기 이전에 개별적으로 존재하던 서로 다른 신학적인 입장에서의 하나님 증거와 하나님에 대한 기억, 그리고 기록들(J, E, P의 신학들이 투영되어 있는 서사적인 이야기, 율법들, 인구 계수의 기록들, 광야 유랑 도시들의 명단, 제의 규정, 전쟁 이야기, 시, 축복문)이 '광야'라는 공통의 공간적 배경 아래에서 R에 의해 한데 묶여졌기 때문이다.

R은 기록자(Writer 또는 Author)가 아니라, 수집가(Collector)에 가까운 편집자였다. 그렇기 때문에 R의 역할은 이전에 알지 못했던 이스라엘의 역사를 창의적으로 새롭게 만들어 내어 기록하는 것이 아니라, 이미 기록되어 있는 (또는 전해진) 역사 기록들을 잘 엮어내는 것이었다. 그렇기 때문에 R은 한 사건을 두고 말하고 있는 기억과 기록들의 세부적인 내용들이 각각의 전통들마다 조금씩 차이가 있을지라도, 그것 중의 하나를 취사선택하는 것이 아니라, 그 모든 기억과 기록들이 하나님에 대한 것이며, 하나님의 말씀이었기 때문에 모두를 보존할 수밖에 없었다(M. Haran). 그리고 R은 그 전통의 '차이'들을 자신의 문학적인 틀걸이 안에서 '조화'를 시키기 위해서 노력하였다.

III. 민수기의 내용과 구조

민수기는 전쟁에 나아갈 수 있는 이스라엘의 남자의 수를 계수하는 이야기(1장)로 시작해서, 진을 형성하고 진군할 때의 순서(2장), 레위인들의 역할(3-4장), 다양한 상황을 규정하는 율법들(5-6장), 열두 우두머리들이 드릴 헌물(7장), 레위인들의 정결예식(8장), 두 번째 유월절(9장), 이스라엘의 행진 규정(10장), 다베라와 기브롯 핫다아와에서 내린 하나님의 징벌과 칠십 장로의 선출, 그리고 미리암의 벌(11-12장), 가나안 땅의 정탐(13-14장),

하나님께 드릴 제물과 안식일에 일한 사람(15장), 고라와 다단, 아비람의 반역(16-17장), 제사장과 레위인의 직무와 그들의 몫(18장), 정결예식의 방법(19장), 가데스로부터 모압 평지에 도착할 때까지 생긴 일(20-21장), 발람(22-24장), 브올에서 저지른 우상 숭배(25장), 두 번째 인구조사(26장), 슬로브핫의 딸들의 재산분배와 후계자 여호수아(27장), 하나님의 절기들(28-29장), 서원의 법률(30장), 미디안과의 전쟁(31장), 요단 동쪽에 정주하는 지파들(32장), 이집트에서 모압까지 지나온 경로(33장), 요단 서쪽의 경계(34장), 레위인들의 성읍(35장), 시집간 여인의 유산문제(36장)의 이야기로 끝난다.

　학자들은 개별적인 이야기들이 어떤 신학적인 의도를 가지고 하나의 책이 되었는가에 대해서 서로 다른 의견들을 내어 놓는다. 시내 광야 − 시내 광야에서 모압 광야 − 모압 광야 (1:1-10:10, 10:11-22:1, 22:2-36)에 이르는 지리적인 구분에 따른 틀을 제시하거나(M.D. Cassuto), 이집트에서 탈출한 세대와 가나안으로 들어가는 세대(1-19, 20-36)를 중심으로 만든 틀걸이(M.Z. Segal), 옛 세대의 소멸과 새로운 세대의 시작(1-25장, 26-36장)이라는 틀을 제시하거나(D.T. Olson), 행진 준비와 본격적인 행진(1:1-10:10, 10:11-36:13)이라는 틀걸이를 제시하기도 한다(R.P. Knierim). 심지어 민수기 안의 내용에 근거해서 작은 구조를 만드는 것뿐 아니라, '육경'(Hexateuch)이라는 커다란 틀 안에서 거대한 교차 대구 구조(Chiasm)를 만들어 내어서 민수기와 출애굽기(출 15:22-24:18)를 비교 분석하기도 한다(J. Milgrom).

　이런 틀걸이를 만드는 작업을 단지 민수기를 연구하는 학자들의 창의성이 만들어내는 작업들 중의 하나로 치부되어서는 안 된다. 학자들이 문학적인 구조를 제시하는 이유는 '민수기'(The Book of Numbers) 편집자의 의도를 찾아내는 작업이기 때문이다. 다시 말하자면, R의 시대에까지 전해진 이스라엘의 광야생활에 대한 다양한 기억과 기록들을 R이 '민수기'라는 이름 아래에 하나의 책(두루마리)으로 엮을 때, R이 중요하게 생각했거나 의도했던 이스라엘 백성들이 경험한 광야생활의 교훈과 의도를 찾는 작업이라는 말이다. 필자 역시 '민수기'라는 이름을 단서로 민수기의 구조를 아래와 같이 제시하고, 이 구조 안에서 민수기가 주고자 하는 메시지를 찾아내고자 한다.

• 출애굽 세대에서 광야에서 태어난 새 세대로의 전환

A 출애굽 세대의 인구조사		1:1-4:49
B 율법 규정들		5:1-10:10
C 행군(백성들의 불평과 징벌)		10:11-21:9
D 요단 동쪽에서 벌어진 전쟁들		21:10-35
E 역사회상(발람과 바알브올)		22:1-25:18
A' 광야에서 태어난 새 세대의 인구조사		26:1-65
B' 율법 규정들		27:1-30:16
C' 행군(전쟁 승리)		31:1-54
D' 요단 동쪽 지파		32:1-42
E' 역사 회상과 이스라엘의 유산		33:1-36:13

민수기에서 조사된 이스라엘 회중의 수는 전쟁에 나갈 수 있는 이십 세 이상의 남자들이다(민 1:3; 26:2). 민수기에서는 인구 조사가 두 번에 걸쳐서 행하여지는데, 그 첫 번째는 출애굽 후에 둘째 해, 둘째 달, 첫째 날에 이루어졌다(민 1:1). 첫 번째 인구조사는 출애굽 1세대의 인구조사였다. 하나님은 출애굽 1세대에게 시내 산에서 율법과 복을 주었다(민 6:22-27). 하나님이 준 율법과 복에 대한 백성들의 반응은 헌물과 율법의 준수였다(민 7:1-10:10). 그러나 하나님과 이스라엘 간의 아름다운 관계는 그리 오래가지 못하였다. 행군과 더불어 이스라엘은 불평을 시작했고, 하나님과 이스라엘의 중재자인 모세의 권위에 도전하였으며, 약속의 땅 앞에서 원망하였다. 뿐만 아니라, 그대로 지키겠노라고 다짐했던 율법조차도 지키지

않았다. 그때마다 하나님은 적절한 방법으로 하나님과 모세를 반대하는 이스라엘을 징벌하였다. 그러나 R이 묘사하는 하나님은 단지 인간처럼 화내고, 그 성냄으로 자신의 기분을 풀어내는 불완전한 존재가 아니었다. 하나님은 오히려 레위인들에게 정결예식의 규례를 주어 이스라엘을 하나님의 백성으로 만드시려는 계획을 굽히지 않으셨다(민 11:1-21:9). 배반하는 민족인 이스라엘에게 오히려 전쟁의 승리를 주었으며, 이스라엘을 저주하려던 발락의 계략마저 발람의 축복으로 바꾸어 버렸다(민 22:1-24:25). 그러나 이스라엘은 싯딤과 브올에서 하나님이 준 모든 것을 다 버렸다. 이방 여인과 음행을 하고 '바알 브올에게 가담'한 것이다(민 25:1-18). 하나님은 격노하였고, 여호수아와 갈렙을 제외한 출애굽 1세대들을 광야에서 모두 죽게 하였다(민 26:65). 그리고 새 세대를 시작하게 하였다.

시내 산에서 율법을 받은 이스라엘이 경험한 광야생활은 죽음에 대한 이야기들의 연속이었다(민 11-25). 11:1로 시작하여서 11:33-34; 14:36-38; 15:35-36; 16:27-33, 35; 17:11-15; 20:1,23-29; 21:6; 25:6-15에는 계속하여서 이스라엘이 죽음에 이른다. 출애굽 1세대에게 광야는 가나안과 극명하게 대비되는 죽음의 땅이었다(A. Leveen). 이집트에서 노예살이를 하던 백성들을 상상도 하지 못하는 놀라운 기적으로 파라오의 노역과 압제에서 탈출시킨 하나님은 도대체 왜 이스라엘을 죽음에 이르게 하였는가? 하나님이 이스라엘 백성에게 요구하시는 것은 무엇인가? 필자가 제시하는 민수기의 틀걸이는 출애굽 1세대와 광야에서 태어난 새로운 세대의 이야기를 반복 구조(Repetition)로 정리하면서 이 두 세대의 이야기를 병렬시켜 대비하는 것이다(L.R. Bailey).

22장부터 25장에 이르는 발람과 바알브올의 역사 회상은 R이 J, E, P의 이야기를 한데 엮어 출애굽 1세대의 광야의 삶을 다시 조명하면서 이 질문들에 답한다. 발람은 소위 말하는 '예언자'나 '선견자'가 아니다. 민수기에서 묘사하고 있는 발람의 모습은 고대 서아시아에 흔히 있었던 복채를 받고 기인한 일을 하는 '점술가'나 '마술사'에 불과하다(M.S. Moore). 그런데 하나님은 돈을 받고 돈을 준 이가 듣기 좋은 이야기를 하는 점술가(Mantic prophet)에게 직접 사자(messenger)를 보내어 눈으로 보게 하여 주고(민 22:21-35), 자신의 목소리를 들려주신다(민 23:4,16; 24:2). 그리고 이스라엘을 세 번에 걸쳐 축복하게 한다(민 24:10). R이 뒤돌아본 이스라엘의 역사는 비록 온전하지 않은 이스라엘 일지라도, 이방의 점술가에게까지도 자신을 드러내 보이며 이스라엘에게 복 주려는 하나님이다. 그러나 이스라엘은 전혀 그렇지 않았다. 하나님이야 어떠하든 간에 자발적으로 모압 여자들과 음행하고 바알브올에 가담하였다. R은 하나님이 이스라엘 출애굽 1세대가 죽음에 이르도록 방치하지 않았고, 오히려 어떻게든 그들에게 복을 주려 하였으나, 이스라엘 스스로 죽음을 선택하였다는 것을 말한다.

R의 눈에 비친 출애굽 1세대와 광야에서 태어난 새로운 세대는 매우 분명하게 대비된다. R은 출애굽 첫 세대에서 새 세대로 전환하는 E-A'에서 자칫 밋밋할 수 있는 반복 구조의 이야기를 더욱 역동적으로 만들었다. R의 눈으로 재구성된 새 세대는 출애굽의 한 걸음 한 걸음이 모세와 '여호와의 명령대로'(민 33:1-2) 차곡차곡 걸어갔던 역사였다. 직접 지나갔을 도시들, 그리고 경험해 보지는 못하였지만, 아버지로부터 들었을 그 도시들의 명단들을 빼곡히 적어 넣었다. 이 도시들의 명단은 단지 '도시들의 이름'이 아니라 하나님이 인도하고 함께하였던 과거였고 현재 경험하고 있는 역사의 증거였다. 그리고 출애굽 1세대와는 달리 가나안 땅에서 받을 하나님의 기업들을 서로 나누는 이야기와 심지어는 여인들까지 그 기업을 받을 수 있는 규정을 마련하였다. R의 눈에는 출애굽 1세대인 여호수아, 갈렙과 더불어 광야에서 태어난 새로운 세대야말로 가나안에 들어갈 자격이 있는 이스라엘이었다.

• 시내 산의 율법이 무너졌을 때

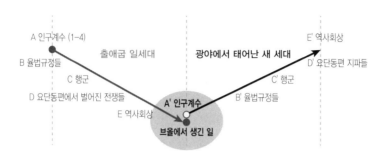

이전 장에서 필자가 제시한 민수기의 구조는 반복(Repetition)이었다. R은 J, E, P의 전통을 한데로 묶어서 A-B-C-D-E-A'-B'-C'-D'-E'의 반복 구조를 만들었고, 반복되는 두 세대의 이야기에서 위의 그래프가 보여 주듯이 E-A'로 이어지는 이야기인 민수기 25장과 26장을 그 전환점으로 삼았다. 민수기 25장은 출애굽 1세대들이 광야에서 벌인 죄악의 정점이자 그 세대의 마지막을 알리는 사건이고 26장은 광야에서 태어난 새로운 세대의 시작을 마치 출애굽 1세대가 그랬던 것처럼 인구를 계수하는 일로 시작하기 때문이다.

출애굽 1세대와 새로운 세대의 흥망성쇠의 전환점이 되는 25장에서는 이스라엘이 범한 두 가지의 죄에 대해서 말하고 있다. 첫 번째는 이스라엘이 '이방 여인들(모압 여자들과 미디안 여인들)과 음행하기'를 시작한 것이고, 두 번째는 이스라엘이 '바알브올에 가담'한 일이다. 이 두 가지 사건은 둘처럼 보이는 하나의 사건이기도 하다. 모압 여인들과의 음행은 단지 '성적인 결합'이라는 혈통의 문제점을 말하는 것은 아니다. 애초부터 출애굽한 이스라엘은 단일 혈통의 민족이 아니었다(출 12:38). 출애굽 역사를 통해서 이스라엘의 하나님을 유일한 신으로 고백하는 백성들이 진정한 이스라엘이었고, 이 이스라엘 백성들에게 하나님이 준 두 번째의 돌판(십계명)에서는 이방 여인들과의 결혼의 문제점에 대해서 분명하게 짚고 넘어가고 있다(출 34:15-16). 비록 이 돌판에서는 '모압 여인들과의 결혼' 또는 '미디안 여인들과의 결혼'이라고 구체적으로 적시하지는 않지만, 이방 여인들을 아내로 삼음으로 그 여인들에 의해서 이방의 신들을 섬기게 될 문제에 대해서 하나님은 분명하게 경고하고 있다.

> 또 네가 그들의 딸들을 네 아들들의 아내로 삼음으로 그들의 딸들이 그들의 신들을 음란하게 섬기며 네 아들에게 그들의 신들을 음란하게 섬기게 할까 함이니라(출 34:16)
> 그 백성이 모압 여자들과 음행하기를 시작하니라(민 25:1b)

출 34:16에서는 '이방인의 딸들을 이스라엘의 아들들의 아내로 삼게 되면 그 여인들이 자신들의 신들을 뒤좇아 섬기듯 이스라엘의 아들들도 그 여인들의 신들을 뒤따라 섬길 것이다'(사역)라고 경고하고 있다(J). 출 34:16에서는 '이방 신을 섬기는 것'을 '음행'으로 규정하였다. 그리고 민 25:1-3에서는 J의 신학과 용어를 그대로 차용하였다. R은 이방인의 딸들과의 결합을 단지 육체적인 결합으로만 이해하지 않았다. R은 그것을 '음행'으로 규정하였고, 더 나아가서 이방 신들을 섬기는 것으로 이해하였다. 그러므로 민수기 25장에서 R이 광야에서 벌어진 이스라엘의 우상숭배에 대한 J의 바알브올 이야기를 25장 서두에 배치하여 J의 전통을 이어가는 것은 매우 의도적인 것이라고 말할 수 있다.

두 번째 돌판에서 하나님이 경고했던 문제는 싯딤에서 현실화되었다. 이스라엘이 '바알 브올에 가담'한 일이다(민 25:3). "바알 브올에 가담하다"라는 말은 브올 땅(민 23:28)의 바알을 따라 "그 신을 섬긴다"는 말이다. 신 3:29에서는 이 지역을 '벳브올'이라 말하는데, 이 지명으로 보아서 브올에는 이방 신의 산당 또는 성소가 있었음 직하다(R.D. Nelson). R은 발람도 실패했던 이스라엘을 향한 저주(민 22-24)가 이스라엘 스스로 그 땅의 여인들과 음행함으로 재앙을 초래하였다는 것을 지적하려고 하였다. 모세에게 시내 산에서 준 두 번째 돌판에서 하나님이 경계하였던 바로 그 일이 싯딤에서 벌어졌기 때문이다. R은 민수기 25장에서 출애굽 1세대가 자행하였던 우상숭배를 J의 이야기와 출 20장에서 모세가 받은 십계명의 용어를 빌어서 신랄하게 비판한다. 출애굽 1세대가 이집트를 떠난 지 삼 개월이 되던 날 시내 광야에 이르고, 시내 산 아래에 진을 친 셋째 날 하나님은 첫 번째 십계명을 주었다(출 19 이하).

> 너는 나 외에는 다른 신들을 네게 두지 말라 너를 위하여 새긴 우상을 만들지 말고 또 위로 하늘에 있는 것이나 아래로 땅에 있는 것이나 땅 아래 물 속에 있는 것의 어떤 형상도 만들지 말며 그것들에게 절하지 말며 그것들을 섬기지 말라(출 20:3-5aα)
> 백성이 먹고 그들의 신들에게 절하므로(민 25:2b)

"나 외에는 다른 신들을 네게 두지 말라"(출 20:3)는 첫 계명 이후에, 이스라엘에게 준 두 번째 계명은 우상들(또는 다른 신들)에게 "절하지 말라"는 것이었다(출 20:5aα). 여기에서 '그들'이라는 히브리어가 가리키는 것은 일차적으로 '우상'과 '형상'이다. 그러나 3절과 4절을 병렬의 관계로 생각한다면, '우상'과 '형상', 이 둘은 곧 '다른 신들'이다(A. Phillips). 이스라엘은 바알브올에서 모압 여인들과 음행하고 '그들의 신에게 절하였다'(민 25:2). R은 싯딤에서 이스라엘이 모압 여인과 행음한 것이 바로 시내 산에서 하나님이 이스라엘에게 준 율법(십계명의 첫 번째와 특별히 두 번째 계명)을 범한 것이라는 것을 십계명의 첫 번째 명령에서 나오는 '다른 신들'이라는 말을 '그들의 신'이라는 단어로 대치하여 사용하고 두 번째 명령에서 사용된 히브리어 단어를 그대로 사용함으로 더욱 강조하고 있는 것이다.

뿐만이 아니라, R은 개별적으로 있었던 J의 싯딤에서 바알브올에 가담한 이스라엘의 이야기와 브올에서 미디안 여인 고스비와 동침한 이스라엘 사람의 이야기를 간직하고 있는 P의 전통(민 25:6-19)을 하나로 묶어내었다. R이 J와 P를 하나로 묶을 수 있었던 것은 비록 표현하는 방법(Terminology, Phraseology)은 다를지라도 두 이야기 모두가 '이방 여인과의 동침'이라는 공통의 모티브를 가지고 있었고, '(바알)브올'이라는 공통의 소재를 가지고 있었기 때문이었다. R은 이 두 전통을 하나로 엮으면서 누구보다도 아론의 손자이자 광야에서 태어난 새로운 세대에 속한 제사장들인 엘르아살과 비느하스가 앞장서서 우상 숭배의 문제를 해결함으로 아론의 후손에게 영원한 제사장 직분의 언약을 확정시키고 이들의 손으로 광야에서 태어난 새로운 세대가 역사의 중심에 설 수 있게 하였다.

IV. 새로운 시작 : 다시 세우는 율법

민 26:2aα는 마치 민 1:2aα처럼 똑같이 이스라엘 남자 회중의 수를 통계 내도록 한다. 민수기 1장과 26장의 시작 부분인 위의 두 구절은 히브리어 단어 하나 다르지 않고 정확하게 일치한다. 출애굽 1세대가 본격적인 광야의 길에 들어서기 전에 하나님의 명령으로 진행되었던 인구 통계를 모압 평지에서 새로운 세대를 출발시키며 다시 반복하는 것이다. 그러나 민수기 26장의 인구 조사는 1장의 인구 조사와는 다른 것들이 있다. 민수기 26장의 역할은 단순히 이미 민수기 1장에서부터 4장에 이르기까지 실시했던 인구조사를 25장의 재앙 이후에 갱신된 새로운 인구에 대한 정보를 주기 위한 것이 아니었다. 시내 산에서처럼 모압 광야에서 새 세대를 시작시키는 하나님의 의도를 R이 강조하는 것이며, 동시에 광야에서 태어난 새로운 세대의 역사를 회상하며 그들의 유산을 나눌 때에 땅 분배의 기준을 제시해 주는 것이었다(B.A. Levine).

첫 번째의 다름은 지도력의 교체이다. 출애굽 1세대인 모세와 아론 중심으로 인구 조사를 한 민수기 1장과는 달리, 26장에서는 출애굽 1세대인 모세와 광야에서 태어난 새로운 세대인 아론의 아들 엘르아살이 함께 인구 조사를 시작하고 마친다(민 26:1,63-65). 이와 같은 세대교체의 이야기는 민수기 26장을 감싸 안고 있다.

A 인구 조사 시작 (아론에서 엘르아살로의 세대교체: 종교) 26:1-4
　　B 열두지파의 인구 계수 26:5-62
A' 인구 조사 마침 (모세에서 갈렙과 여호수아로의 세대교체: 지도력) 26:63-65

위의 구조에서 보듯이, 인구조사의 시작을 알리면서 과거에는 모세가 아론과 함께 인구를 계수하였다(민 1:3). 그러나 민 26:1-4에서는 인구 조사의 주체가 모세와 아론의 아들 엘르아살로 바뀐다. 인구 조사의 시작을 알리며 종교 제의의 지도자가 출애굽 1세대인 아론에서 새 세대인 엘르아살로 바뀌는 것을 R이 강조하는 것이다. R의 의도는 인구 조사를 마치면서 다시 한번 드러난다. 갈렙과 여호수아가 출애굽 1세대 가운데 두 번째 인구계수에 들어간 단 두 명이라는 사실을 적시하면서 자연스럽게 이스라엘의 지도력이 모세로부터 이 둘에게로 이양되는 것을 은연중에 보여 주고 있기 때문이다. 이 모든 것은 R의 의도적인 본문 구성이라고 하지 않을 수 없다.

그러나, R의 눈에는 이것들만으로는 새 세대의 출발을 알리기에는 부족해 보였다. R은 시내 산에서 율법을 받고 하나님의 백성으로 출발하여 모압 땅에 이르기까지, '광야'라는 지형적인 배경(Topography)을 한 단위로 '율법'이라는 틀을 구조로 삼았다. 하나님이 시내 산에서 율법(십계명)과 제의법을 주고(출 20-레 7), 그 제의법을 지켜나갈 적법한 제사장을 선임한 후(레 8-10), 인구를 계수하고(민 1-4), 광야로 들어선 것처럼, 새로운 세대도 출애굽 1세대에게 주어진 일련의 과정들을 그대로 따르게 하였다. 그리고 출애굽 1세대가 겪었던 광야에서의 삶의 기록들이 고스란히 남아있는 민수기를 그 전환점으로 삼았다.

A 율법의 수여	출 20-레 7
B 제사장 선임	레 8-10
C 인구 계수	민 1-4
D 광야	민 5-25
C' 인구 계수	민 26:1-62
B' 제사장 및 차세대 지도자 선임	민 26:63-65
A' 율법의 수여	민 27-30

그래서 인구를 계수하고 새로운 제사장인 엘르아살과 차세대 지도자로 등장하게 될 갈렙과 여호수아의 이야기 이후에 마치 시내 산에서 그러했던 것처럼 하나님은 새 세대에게 다시금 율법을 주게 된다(민 27-30). 이 율법은 이전에는 몰랐던 전혀 새로운 율법이 아니었다. 그리고 이 전의 율법들의 문제점들을 보충하는 율법도 아니었다. 오히려 다시 율법을 받은 출애굽 이 세대들에게는 너무나도 익숙한 율법이었을지도 모른다. 그러나 익숙하지만 지키지 않던 그 율법을 다시금 갱신하며 새 세대에게 하나님의 율법과 계명을 따라 사는 것이 얼마나 중요한가를 민수기를 읽는 독자들에게 에둘러 보여 주고 있다. 뒤 이어지는 전쟁에서 승리하는 이야기들과 가나안 땅의 경계를 나누고 분배하는 과정은 출애굽 1세대가 시내 산에서 출발한 이래로 민 25장에 이르기까지 겪어야 했던 내리막길을 극적으로 뒤집고 다시 올라가는 반등의 역사이다.

V. 민수기의 편집자(R)가 설교자들에게 주는 교훈

2세기 유대교 랍비인 아키바는 아가서와 민수기를 성경에서 가장 거룩한 책들이라고 불렀다. 아키바는 아가서에서 하나님과 이스라엘 사이의 관계를 목가적인 사랑이야기로 그린 것에 대한 찬사를 보내는 한편, 하나님과 인간 사이의 고통스러운 관계를 통해서 그려지는 하나님과 인간의 사랑 이야기의 또 다른 형태가 민수기라고 평가한다. 아키바의 눈에는 아름다운 밀월만이 사랑의 표현방식이 아니라, 부모가 자녀들의 현재와 미래를 위해서 자녀들을 꾸짖는 것을 사랑이라고 바라보았다. 출애굽의 한 세대를 광야에서 마치게 하고, 새로운 세대를 일으켜 가나안으로 이끄는 과정은 단순히 '세대교체'라는 이름으로 부르기에는 하나님에게나 사람들에게나 너무나 고통스러운 일이었다. 하지만 민수기가 전하는 모든 이야기들이 하나님의 징벌이 아니라, 하나님의 사랑이라는 것이 아키바의 성경 이해이다.

인구를 조사하는 이야기로부터 시작하여서 민 10:10까지의 이야기는 시내 산으로부터 시작되는 이스라엘의 광야생활에 대한 희망과 기대감을 은연중에 내비치고 있다. 이스라엘 인구의 조사는 이스라엘 군대의 규모에 대한 조사였다. 603,550명에 이르는 대군을 이끌고 진군해 나아갈 이스라엘의 앞길에는 그야말로 겁낼 것도 없었고, 두려울 것도 없었다.

잘 짜여진 진영, 체계적인 군사 조직, 그러나 제아무리 막강한 군대를 가진 이스라엘이라고 할지라도 현실은 그들이 기대하는 것과는 완전히 달랐다. 마치 레위기에서 제사장의 위임식을 마친 후, 기쁨에 술 취해서 하나님이 명령한 불이 아닌 다른 불을 가지고 분향을 하다가 죽은 나답과 아비후처럼(레 10), 외부의 적으로부터 자신을 방어할 수 있는 막강한 군대를 가졌다는 기쁨에 넘친 이스라엘은 외부의 적이 아닌 내분과 하나님에 대한 도전으로 무너졌기 때문이다(민 11:1-14:45; 15:32-36; 16:1-

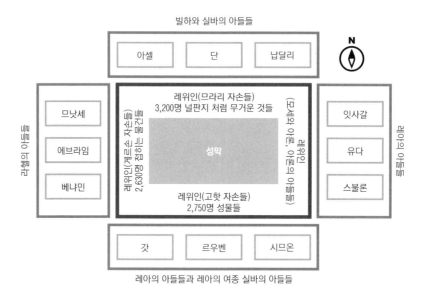

빌하와 실바의 아들들

아셀　단　납달리

레위인(므라리 자손들)
3,200명 널판지 처럼 무거운 것들

성막

레위인(게르손 자손들)
2,630명 접히는 물건들

레위인(모세와 아론, 아론의 아들들)

레위인(고핫 자손들)
2,750명 성물들

므낫세
에브라임
베냐민

잇사갈
유다
스불론

갓　르우벤　시므온

레아의 아들들과 레아의 여종 실바의 아들들

17:13; 20:1-13; 21:4-9; 25:1-18). 그러므로 출애굽한 1세대와 광야에서 태어난 새로운 세대가 교체되는 민수기 26장 이후의 이야기는 희망의 기대감이 현실에서 좌절로 드러났을 때에 어떻게 회복할 수 있는 가를 보여 주는 교과서라고 말할 수 있다.

첫 번째로 이 교과서에서는 이스라엘이 가지고 있는 하드웨어가 이스라엘의 미래를 결정해 주는 것이 아니다라는 것을 가르쳐 준다. 아무리 훌륭한 군대 조직 편성을 가지고 있을지라도 여전히 가지고 싶으나 가지지 못한 것들을 추구하는 불평, 하나님의 지도자에 대한 비방과 도전, 율법에 대한 불순종과 같은 것들이 하나님으로부터 징벌을 받는 빌미라는 것을 보여 준다. 하나님의 구름이 성막에서 떠올랐을 때에 이스라엘이 시내 광야에서 출발하기는 하였다(민 10:11). 그러나 이스라엘이 따랐던 것은 구름이었지만, 그들이 의지했던 것은 군대(하드웨어)였다. 결국 밤이 되면 이스라엘의 진영을 지키고 인도하던 낮의 구름과 같은 하나님의 불이

다베라에서는 이스라엘을 벌하는 불로 바뀌게 되었다(민 11:1-3).

　두 번째로 이 교과서에서는 하나님의 계명과 율법을 지키는 것이 얼마나 중요한 것인가를 가르쳐 준다. 불과 얼마 전에 시내 산에서 하나님의 율법과 계명을 받고, 성막을 세우고(출 20-레 7), 제사장 위임식을 거행하고(레 8-10), 군대를 조직할 때까지만 해도(민 1-4) 앞으로 펼쳐질 광야에서의 삶은 '희망' 그 자체였다. 그러나 하나님으로부터 받은 계명과 율법을 지키지 않기 시작하면서 율법은 이스라엘 백성 삶의 가이드라인이 아니라 올무가 되기 시작했다(출 20:10; 34:21; 민 15:32-36). 율법과 계명에서 금지한 이방 여인과의 결혼, 그리고 그 여인들을 따라 시작하는 우상숭배는 결국 출애굽 1세대가 광야에서 죽음을 맞이하고 갈렙과 여호수아를 제외한 출애굽 1세대의 아무도 약속의 땅 가나안으로 들어가지 못하게 되는 원인이 되었다. 희망찬 시작과 암울한 현실의 괴리 사이에는 율법 준수의 문제가 자리 잡고 있다.

　세 번째로 이 교과서에서는 다시 시작하는 새 세대에게 필요한 것은 하나님의 계명과 율법을 다시 회복하는 것이었다. 성경에서는 거룩한 장소, 거룩한 사람, 거룩한 시간을 이야기하고 있다. 광야의 때에 거룩한 장소는 성막이고, 거룩한 사람은 제사장이며, 거룩한 시간은 안식일을 비롯한 하나님이 제정한 절기들이다. 출애굽한 이스라엘에게는 지리적으로 시내 산이라는 공간적인 배경 이후에 이미 하나님으로부터 설계도를 받아서 만든 거룩한 성막이 있었고, 그 성막에서 하나님에게 제사를 드리는 제사장(거룩한 사람)이 있었다. 이 둘은 이미 존재하기 때문에 그 거룩함의 영역들에 대해서 새 세대가 알고 있는 바이다. 하나님은 새 세대에게 그들이 지켜야 할 거룩한 시간에 대해서 다시 한번 명령한다. 이미 이 거룩한 시간들에 대해서는 출애굽 1세대에게 명령한 바가 있지만(레 23,25장), 유형의 장소와 사람과는 달리 이제부터 지켜야 할 무형의 거룩한 시간에 대해서 다시금 명령하심으로 그들이 철저하게 하나님의 계명과 율법에

의지하며 살 것으로 요구한다. 이것은 새로운 세대가 자신들의 전 세대의
전철을 밟지 않는 유일한 길이었다.

VI. 민수기의 영성

하나님의 자녀로 살아가는 사람들도 어쩔 수 없이 겪는 어려움과 고통이
있다. 뜨거운 신앙 경험 이후에 앞으로 펼쳐질 삶에 대한 희망찬 기대도 잠시뿐,
반복되는 죄의 굴레에서 벗어나지 못하고 그 안에서 죄를 짓고 살아가는
기독교인들, 그리고 꼭 '죄'라는 틀 안에서 정의할 수 없지만 밑도 끝도 보이지
않는 추락을 경험하고 있는 현실 속에서 나의 의지와 기대와는 관계없이
실망과 실패, 그리고 좌절이 반복된다. 오늘을 살아가는 기독교인들에게
광야(민수기)가 주는 대답은 *ab initio* "from the beginning"이다. 이것은
광야에서 태어난 새로운 세대가 가나안 땅에 들어가기 위해서 그들을
준비시킨 하나님의 원리이다. 시내 산에서 받은 율법과 하나님의 계명이
무너졌을 때에 하나님은 대충 사람들을 꾸려 나가시며 억지로 그들을
가나안 땅으로 끌고 가지 않으셨다. 하나님은 새로운 세대에게 마치 출애굽
1세대에게 하셨던 것처럼 율법과 계명을 주셨다. 하나님이 다시 준 율법과
계명은 이전 세대와 다른 것도 아니었다. 그럼에도 그들에게 다시 기억하게
하시고 다시 생각나게 하시는 것은 언제나 강조해도 지나치지 않은 이스라엘
백성들의 삶의 기본 원리이면서, 동시에 매번 강조하지 않으면 금세 잊고
저버리는 것이었기 때문이었다. 그도 그럴 것이 민수기뿐 아니라, 예언자들의
책들에 이르기까지 한결같이 지적하는 이스라엘의 문제는 하나님의 계명과
율법의 준수, 그것도 마음으로부터 우러나오는 율법에 근거한 삶의 모습이지

않았던가! 그러므로 민수기는 쓰러진 오늘의 교인들과 쓰러질 내일의 교인들에게 다시 '처음으로' 돌아가서 하나님의 백성된 삶의 원리인 하나님의 율법과 계명을 기억하라고 소리친다.

참고 문헌

Knierim, Rolf P.; Coats, George W. *Numbers*. The Forms of the Old Testament Literature 4. Cambridge: William B. Eerdmans Publishing Company, 2005.

Leveen, Adriane. *Memory and Tradition in the Book of Numbers*. New York: Cambridge University Press, 2008.

Levine, Baruch A. *Numbers 21-36*. The Anchor Bible 4A. New York: Doubleday, 2000.

Milgrom, Jacob. *Numbers*. The JPS Torah Commentary Philadelphia: The Jewish Publication Society, 1990.

Moore, Michael S. *The Balaam Traditions: Their Character and Development*. Society of Biblical Literature Dissertation Series 113. Atlanta, Georgia: Scholar Press, 1990.

Nelson, Richard D. *Deuteronomy: A Commentary*. The Old Testament Library London: Westminster John Knox Press, 2002.

Olson, Dennis T. *The Death of the Old and the Birth of the New*. Brown Judaic Studies 71. Chico, California: Scholars Press, 1985.

Phillips, Anthony. *Ancient Israel's criminal Law: A new Approach to the Decalogue*. Basil: Oxford, 1970.

Sarna, Nahum M. Exodus: *The Traditional Hebrew Text With the New JPS Translation*. The JPS Torah Commentary Philadelphia: The Jewish Publication Society, 1991.

Vervenne, Marc."The 'P' Tradition in the Pentateuch: Document and/ or Redaction?"Pages 67-90 in *Bibliotheca Ephemeridum Theologicarum Lovaniensium*. Edited by C., Brekelmans;Lust, J. Leuven: Leuven University Press, 1990.

Wellhausen, Julius. *Prolegomena to the History of Ancient Israel*. Translated by Black, Sutherland;Menzies, Allan. Chiago: A&C Black, 1885.

Wiesel, Elie. "Nadab and Abihu." *European Judaism* 30 [2] (1997): 18-28.

더 읽을 책

데니스 올슨.『민수기』현대성서 주석. 서울: 한국장로교출판사, 2000.

김회권.『하나님 나라 신학의 관점에서 읽는 모세 오경 2』서울: 대한기독교서회, 2006.

매튜헨리.『메튜헨리 주석: 민수기, 신명기』매튜헨리 주석전집 3. 서울: 크리스챤다이제스트, 2008.

왕대일.『민수기』성서주석 4. 서울: 대한기독교서회, 2007.

왕대일.『민수기: 어떻게 설교할 것인가』두란노 HOW 주석 4. 서울: 두란노아카데미, 2009.

유진 메릴.『민수기, 신명기』Bible Knowledge Commentary 3. 서울: 두란노서원, 2002.

이한영.『광야에서의 실패와 소망: 설교를 위한 민수기 연구』서울: 한국성서학연구소, 2009.

정중호.『민수기1』새로운 해석과 설교를 위한 한국 구약학 총서 4. 서울: 프리칭 아카데미, 2008.

필립 J. 버드.『민수기』WBC 성경주석시리즈 5. 서울: 솔로몬, 2004.

05
기억하는 신앙 :
신명기의 경건과
영성

김 지 연

미국 에모리대학교 철학박사과정
에모리평화교회 담임전도사

I. 들어가는 말 : 신명기-이스라엘의 영적 지침서

신명기는 오경의 다섯 번째 책으로서 이스라엘의 광야생활의 마감과
더불어 출애굽의 지도자 모세의 죽음을 보도하는 오경의 대단원인
동시에, 뒤이어 나오는 가나안 정복과 왕정 시대를 다루는 이른바 신명기
역사서들(여호수아-열왕기하)의 서문 역할을 한다.[1] 신명기 전체의 문학적
설정은 모압 평원에 이르러 마침내 가나안 진입을 눈앞에 둔 이스라엘
백성에게 죽음을 앞둔 모세가 출애굽부터 광야 시대까지의 지난 역사를
회고하고 시내 산에서 주어졌던 율법을 다시금 들려주는 고별설교(farewell
address)의 형태로 되어 있다. 모세의 설교는 이스라엘 백성이 가나안 땅에
들어가서도 야훼 하나님의 은혜를 잊지 말고 오직 그분만을 섬기며 율법에
순종하는 삶을 살아야 한다는 경고와 당부로서, 율법에 순종하는 삶이
곧 야훼 하나님을 경외하는 삶이요, 약속의 땅에서의 복된 삶을 누리는
열쇠라는 메시지를 선포하고 있다.

신명기(申命紀; Deuteronomy)라는 이름은 이 책의 그리스어 제목
deuteronomion에서 유래한다. deuteronomion은 문자적으로 '두 번째
법'(deutero+nomos)이라는 뜻이다. 이 제목은 본래 칠십인역 구약성경이
왕은 율법책을 복사하여 평생토록 곁에 두고 읽어야 한다는 신명기 17장
18절의 '미스네 핫토라'(הזאת התורה משנה 'a copy of the law')라는 히브리어
어구를 'to deuteronomion touto'(a second law)로 잘못 번역한 데서 비롯한
것으로 여겨진다.[2] 그러나 결과적으로 '두 번째 법'이라는 제목은 이 오경의
마지막 책의 내용과 성격을 잘 대변하고 있는 셈인데, 그 이유는 신명기가
출애굽기에 등장하는 광야 유랑과 시내 산 체류에 관한 다양한 일화들뿐만
아니라 시내 산에서 처음으로 주어진 십계명과 율법들을 되풀이하고(retell)
재해석하고(reinterpret) 있기 때문이다. 특히 신명기의 핵심인 이른바

신명기 법전(Deuteronomic Code)으로 불리는 부분(신 12-26)은 상당 부분이 시내 산에서 받은 첫 번째 율법, 즉 출애굽기 20장 22절에서 23장 33절에 걸쳐 나오는 계약법전(The Book of the Covenant)의 내용의 되풀이 또는 개정이라고 할 수 있다.

신명기의 기원과 형성에 대해서는 복잡한 편집사적 논의가 있으며 아직까지 일치된 결론이 나오지 못하고 있다. 다만 19세기 초 드 베테(W.M.L. de Wette)의 연구 이후 대부분의 학자들은 신명기의 핵심 부분이 어떤 식으로든 주전 7세기 요시야 왕 시대 성전에서 발견되었다는 율법 두루마리(주전 621년, 왕하 22-23장)와 관련이 있음을 인정하고 있다. 열왕기하 22-23장은 이 잊혀졌던 율법 두루마리의 발견으로 인해 요시야 왕이 대대적인 종교개혁을 단행하였다고 보도하는데, 거기 설명된 종교개혁의 내용들(특히 지역 성소들을 제거하고 예루살렘 성전에 모든 제의를 집중시키는 제의중앙화)은 신명기의 명령들과 많은 부분이 일치하고 있다. 신명기의 기원(최초 저작)이 지파동맹체 시대 혹은 왕국 시대에 있다 하더라도 신명기의 일부 본문들(신 4:26-29; 28:47-57, 63-68; 29:26-28; 31:1-10)에 망국과 포로기의 경험이 반영되고 있는 점으로 미루어 신명기는 최종편집에 이르기까지 매우 오랜 기간에 걸쳐 형성된 것으로 보인다.

신명기는 연설(speech), 설교(sermon), 법(law), 내러티브(narrative), 시(poem) 등 다양한 장르에 속하는 자료들이 한데 어울려 이루어진 문서이기 때문에, 최종본문으로서의 신명기 전체의 장르와 성격을 어떻게 규정하느냐에 대한 다양한 견해들이 제시된 바 있다. 몇 가지 대표적인 예를 들면, 요시야 왕의 개혁을 후원하기 위한 프로그램 문서(de Wette), 요시야 왕의 개혁을 지지하던 지주들, 곧 '땅의 사람들'(עַם הָאָרֶץ)을 위해 제정된 정치적 헌법(Crüsemann), 고대 근동의 봉신조약문을 모델로 작성된 이스라엘의 야훼 하나님에 대한 신앙을 맹세한 계약 문서(Mendenhall, Clements), 레위인 제사장들에 의해 저작, 편집되고 낭송된 예배 의식서(von

Rad), 예루살렘 궁정의 서기관, 현자들에 의해 집성된 이스라엘의 종교적 이상을 담은 지혜문학적인 권고와 훈계(Weinfeld) 등이 있다.

신명기의 다면적인 성격 때문에 이 모든 견해들이 부분적으로는 옳을 수 있지만, 신명기를 구성하는 다양한 자료들을 관통하고 하나로 아우르는 주제가 '야훼 하나님 경외의 중요성,' 즉 '어떻게 하면 이스라엘이 야훼 하나님을 경외하는 삶에서 떠나지 않도록 하느냐'라는 것을 고려하면, 우리는 무엇보다도 신명기의 관심이 개인과 공동체의 경건과 영성을 지도하고 함양하는 데 있다는 것을 알 수 있다. 신명기가 스스로를 규정하는 '토라'(תורה)라는 용어는 육법전서 같은 성문법의 의미보다는 우선적으로 '가르침'(teaching)의 의미를 담고 있다. 그런데 이 '가르침'은 무엇보다도 종교적 가르침이다. 데니스 올슨(Dennis Olson)은 신명기의 이러한 종교적 가르침으로서의 성격에 주목하여 신명기를 공동체의 신앙을 다음 세대로 전수해야 할 필요성에서 제작된 일종의 '요리문답집'(catechesis)으로 정의한 바 있다.[3]

그러나 보다 최근에는 올슨의 견해에서 한 걸음 더 나아가 신명기를 '영적 지침서'(spiritual direction)로 보아야 한다는 견해가 대두되었는데, 그렇게 보는 이유는 신명기는 단지 신앙의 내용(fides quae)뿐만 아니라 신앙 자체(fides qua), 즉 어떻게 하면 야훼 신앙이 이스라엘의 개인과 공동체의 삶을 규정하는 근본 원리가 될 수 있는지에 깊이 관심하고 있기 때문이다.[4] 신명기의 가르침은 교리적인 차원을 넘어서서, 개인의 내면과 영혼에 깊이 각인되어야 할 삶의 원리, 삶의 방식으로 제시되고 있는 바, 이러한 가르침을 전달하는 신명기의 언어는 풍부한 개인적이고 내면적인 종교적 표현들로 약동하고 있다. 다시 말해 신명기가 가르치는 신앙은 '율법과 은혜'라는 잘못된 이분법이 시사하는 완고하고 형식적인 율법주의와는 거리가 먼, 온 맘을 다해 야훼 하나님을 사랑하고 경외하는 내면화된 신앙, 영적 에너지로 충만한 신앙이다.

신명기는 포로기 이후 형성된 유대교의 경건과 영성의 근간이 되는 문서로서 야훼 하나님은 누구이시며 이스라엘은 누구인가, 야훼 하나님과 이스라엘의 관계는 무엇이며 이스라엘은 야훼 하나님을 어떻게 섬겨야 하는가, 또한 어떻게 하면 야훼 신앙을 단절 없이 후세에 전달할 수 있는가에 대한 분명한 대답을 제시하고 있다. 신명기의 가르침은 실로 이스라엘의 종교적 정체성의 핵(core)을 형성하고 있는데, 신명기에 이르러 비로소 '야훼 유일신 신앙'이 최초로 표현되었으며, 이러한 야훼 유일신 신앙이 이스라엘의 개인과 공동체의 삶에서 어떻게 실천될 수 있는지에 대해 명시적이고 구체적인 가르침을 주고 있다.[5] 제2성전기(주전 530-주후 70년)로부터 오늘날에 이르기까지 유대교의 경건과 영성에서 신명기는 특별한 중요성을 지녀 왔는데, 그것은 신명기의 가르침이 단지 전문 율법학자들의 연구와 논쟁의 대상으로 머무른 것이 아니라 회당 예배와 개인 기도생활 등 대중의 경건에 있어서도 핵심적 역할을 해왔기 때문이다.

신명기를 개괄적으로 소개하는 글들은 많이 있어 왔지만, 신명기의 이러한 종교적이고 영적인 가르침으로서의 성격은 그다지 관심 있게 다루어지지 않았다. 그러므로 이 글은 신명기를 이스라엘의 영적 지침서로 이해하는 데서부터 출발하여 신명기가 가르치는 경건과 영성이 신명기의 다양한 내용, 신학적 주제들에 어떻게 구체적으로 드러나 있는지 살펴보려 한다.

II. 신명기의 경건과 영성 : 기억-정체성-미래

1. 이스라엘의 역사적 경험과 기억하는 신앙의 중요성

신명기가 대변하는 이스라엘의 경건과 영성을 한 마디로 압축하여 표현하자면 '기억하는 신앙'이라고 할 수 있다. 이스라엘은 야훼 하나님이 어떤 분이시라는 것과 지나간 역사 속에서 야훼 하나님이 이스라엘에 행하신 일들을 '기억'하고 '잊지 말아야' 한다.

> 오직 너는 스스로 삼가며 네 마음을 힘써 지키라 그리하여 네가 눈으로 본 그 일을 잊어버리지 말라 네가 생존하는 날 동안에 그 일들이 네 마음에서 떠나지 않도록 조심하라 너는 그 일들을 네 아들들과 네 손자들에게 알게 하라(신 4:9)

'기억과 망각'은 신명기의 다양한 내용들 전체를 관통하는 핵심 테마로서, 신명기는 전편을 통해 기억하라는 호소와 망각의 위험에 대한 경고로 가득 차 있다(신 4:9; 5:15; 6:12; 7:18-19; 8:2, 11-20; 9:7; 11:2; 15:15; 16:3; 24:9, 18, 22; 26:17, 19; 32:7, 18). 신명기에는 직접적으로 기억과 망각을 뜻하는 동사 זכר(자카르/기억하다)와 שכח(샤카흐/망각하다)가 사용된 곳이 18군데이며, 직접 기억과 망각 동사를 사용하지는 않지만 유사한 의미를 지니는 관련된 표현들, 예를 들면 "나의 이 말을 너희 마음과 뜻에 두고"(신 11:18), "그 일들이 네 마음에서 떠나지 않도록 하라"(신 4:9) 등과 같은 표현들까지 합하면 그 빈도가 더욱 높아진다.

그렇다면 이스라엘의 신앙에 있어서 망각과 기억이 왜 이토록 중요한 문제가 되고 있는 것일까? 그것은 신명기의 저작과 편집의 배경이 되는 이스라엘의 역사적 경험들을 바탕으로 이해될 수 있다. 서론에서 살펴보았듯이 넓게는 지파동맹체시절부터 포로기에 이르는 신명기의 형성사는 신명기의 가르침이 대략 이스라엘 역사의 세 가지 분수령과 같은 사건들의 경험을 바탕으로 하고 있음을 알려 준다. 첫 번째는 이스라엘의 가나안 진입으로서, 서론에서 이미 간단히 언급했지만, 신명기의 문학적 설정은 이스라엘의 광야 유랑 40년을 마감하는 시점에서 가나안 땅과의 경계인 모압 평원에서 모세가 출애굽부터 광야 시대를 거친 이스라엘의 지난 역사를 정리해서 들려줌과 동시에 시내 산에서 받은 율법을 되풀이하여 들려주는 것이다. 이러한 모세의 고별설교에 걸려 있는 현안은 바로 '기억의 전승'의 문제이다. 광야 유랑 40년 세월을 거치면서 출애굽을 직접 경험한 세대는 모두 사망했고 출애굽의 영도자 모세 자신도 이제 죽음을 앞두고 있다. 가나안 땅 진입을 바로 앞둔 상황에서 모세는 출애굽과 광야 유랑을 직접 경험하지 않은 미래의 세대들이 이 모든 역사를 망각하고 가나안의 풍요와 원주민들의 이교 문화에 동화되어 야훼 신앙을 저버릴 위험을 경계하고 있는 것이다.

신명기의 기억과 망각의 주제를 이해하는 바탕이 되는 두 번째 역사적 경험은 주전 7세기 요시야 왕의 종교개혁이다. 북이스라엘왕국이 아시리아 제국에 멸망당한 후(주전 722년) 남유다왕국은 아시리아의 봉신국가로 전락하였다. 북이스라엘이 멸망할 당시 남유다의 왕은 아하스였는데, 아하스로부터 므낫세 시대에 이르는 동안 다른 국가들과 마찬가지로 유다에도 당대의 패권 국가였던 아시리아의 종교와 문화가 크게 유입되었다. 아하스 왕은 아시리아의 문물을 들여오는 데 매우 적극적이었는데, 열왕기하 16장에는 아시리아의 봉신이었던 아하스 왕이 아시리아 왕 디글랏 빌레셀을 만나러 다마스쿠스에 갔다가 그곳의 제단을 보고 깊은 인상을 받은 나머지 그것을 모방한 제단을 예루살렘에 세우도록 한 이야기가 나온다. 이러한 아시리아 종교, 문화의 영향은 히스기야의 종교개혁에도 불구하고 계속되어 무려 50년간을 통치한 므낫세 왕 시대에 이르러서는 유다의 종교가 극심한 혼합 제의의 양상을 띠게 되었다. 므낫세의 아들 아몬의 죽음 이후 왕위에 오른 요시야는 아시리아의 세력이 약화되고 바벨론이 새로운 패권자로 부상하는 교체기를 틈타 유다의 정치적 독립을 꾀하고 대대적인 종교, 사회, 문화 전반의 개혁을 실시한다.

요시야는 유다에 닥친 모든 정치, 경제, 사회, 문화적 위기가 가나안 국가들과 아시리아 제국의 종교와 문화에 동화되어가는 유다의 정체성의 위기로부터 비롯했다고 여겼다. 그렇다면 이스라엘의 정체성은 어디에 근거하고 있는가? 요시야를 중심으로 한 개혁 집단은 이스라엘을 이스라엘 되게 하는 것은 일반적으로 한 민족이나 국가의 정체성을 이루는 요소들인 혈통이나 영토, 왕국이 아니라 바로 토라에 기반한 야훼 신앙이라고 인식했다. 그들은 당대 유다 사회의 종교 관습을 과거 모세의 율법을 통해 계시된 이스라엘 종교의 순수한 형태에서 변질된 것으로 규정하고, 오직 그러한 이스라엘 종교 본연의 형태로 돌아감으로써만 민족과 국가의 생존을 도모할 수 있다고 보았다.

열왕기하 22장은 이러한 종교적 각성의 계기를 성전에서 율법책을 발견한 사건이라고 보도하는데, 이 잊혀졌던 율법책의 발견 이야기는 이스라엘의 종교적 정체성에 있어서 망각과 기억의 문제를 상징적으로 드러내고 있다. 모세의 율법은 이미 아득한 옛날 이스라엘의 광야 시대에 주어졌지만, 가나안 땅에 진입하여 왕국을 세운 이후 점차 잊혀지게 되었고, 결국 어떤 이유에선지 모세의 율법을 기록한 책은 완전히 잊혀진 채로 성전 한구석에서 먼지 속에 잠자고 있었다는 것이다. 율법책을 낭독하는 것을 듣고 난 요시야 왕이 옷을 찢고 참회했다는 것은 그가 이러한 율법의 완전한 망각이야말로 유다가 자신의 정체성을 상실한 원인이며, 바로 이러한 정체성의 상실이 당대 유다가 직면한 모든 국가적 재난의 원인이라고 인식했다는 것을 보여 준다. 즉, 지금까지 임한 유다의 모든 국난은 율법에 불순종할 경우 예고된 저주가 임한 것에 다름 아니라는 것이다. 그리하여 요시야의 개혁의 모토는 유다의 정체성의 원천인 '율법으로 돌아가자'가 되고, 율법의 내용을 널리 알리고 기억하도록 하기 위해 모든 백성 앞에서 율법을 낭독하게 하고, 율법의 명령을 좇아 대대적인 종교정화운동을 벌인 후 유월절을 성대하게 기념한다. 이스라엘과 유다의 역대 어느 왕보다도 율법의 명령을 철저하게 준수하려고 했던 요시야의 열심은 신명기 역사가로 하여금 그를 신명기 6장이 명령하는 "마음을 다하고 뜻을 다하고 힘을 다하여 하나님을 사랑하는" 삶의 모델로 제시하게 하였다(왕하 23:25).

그러나 요시야 왕의 갑작스러운 사망과 더불어 개혁은 좌초되고 유다는 커가는 바벨론 제국의 패권 아래 망국의 길을 걷게 된다. 주전 587년 바벨론 왕 느부갓네살의 침공으로 예루살렘 성전이 파괴되고 유다의 왕족과 엘리트 계층은 바벨론의 포로로 끌려가게 된다. 망국과 집단 유배의 충격은 포로로 끌려간 이들로 하여금 자신들이 당한 재난의 원인이 무엇이며 어디에서 회복의 소망을 찾을 수 있을지 성찰하도록 한다. 바벨론 포로공동체에서 활동했던 신명기 역사가들(Deuteronomistic Historians)은 가나안 진입부터 왕정 시대에 이르는 이스라엘의 역사를 회고하고 정리함을 통해 망국과 포로의 원인을 요시야의 개혁이 좌초된 이후 또다시 유다 백성들이 율법을 망각하고 순종하지 않은 데 대한 야훼 하나님의 보응으로 설명한다. 그러나 이들은 또한 율법의 저주를 뛰어넘는 하나님의 은혜와 자비에 대해 말하면서 유다의 회복은 유다가 포로생활을 통해 과거의 죄를 참회하고 다시금 하나님의 율법을 기억하고 순종하는 공동체로 거듭나는 데 있음을 역설한다.

한편, 포로 신분으로 바벨론 제국의 한복판에서 종교와 문화가 이질적인 이민족들과 함께 살아가게 된 유다인들은 그들의 민족적, 종교적 정체성에 대한 심각한 도전에 직면하게 된다. 이러한 위기의식은 바벨론 포로공동체로 하여금 이민족에 동화되지 않고 자신들의 정체성을 보존하기 위한 여러 가지 장치들을 개발하도록 이끌었는데, 할례, 음식규정, 안식일 준수 등은 그 기원이 포로기 훨씬 이전으로 거슬러 올라가긴 하지만, 포로기에 이르러 비로소 공동체 전체에 적용되는 체계적이고 강제성 있는 규정들로 확립되었다는 것이 학자들의 통설이다.[6]

그러므로 신명기의 본문 속에 중층적으로 얽혀 목소리를 내고 있는 이스라엘의 이 세 가지 중요한 역사적 경험들은 망각과 기억의 문제에 대한 신명기의 진지한 관심이 다름 아닌 이스라엘공동체의 정체성과 미래에 대한 염려에서 비롯하고 있음을 알려 준다. 신명기 역사서들이 기술하는 출애굽부터 왕정 시대에 이르기까지 이스라엘의 역사는 계속해서 순수한 야훼신앙으로부터 멀어지는 망각과 실패의 역사이다. 비록 간헐적인 종교개혁을 통해 야훼 신앙의 순수성을 잠시 되찾는 듯했다가도 개혁의 실패나 중단과 함께 이스라엘은 이내 이전의 타락하고 혼합적인 상태로 돌아가 버린다. 결국 망국과 유배로 귀결된 북왕국과 남왕국의 역사는 정체성을 상실한 공동체에게 미래란 없다는 것을 보여 준다. 이러한 역사를 배경으로 한 신명기의 '기억'에 대한 호소는 단지 과거의 사실을 지식적으로 또는 감상적으로 떠올리라는 뜻이 아니다. 신명기에 있어서 기억은 re-membering, re-collectng이라는 영어 단어들의 어원이 시사하는 것처럼 그것을 통해 개인과 공동체의 정체성을 찾아가는 적극적이고 의지적인 행위이다. 또한 신명기가 말하는 기억은 결코 잊혀져서는 안 되는 공동체의 근원적인 경험이 담긴 과거를 공동체 구성원들의 삶 속에 현재화하고 그것을 미래 세대로 전달함을 뜻한다. 이러한 의미에서의 기억은 단순한 과거 회상이 아니라 정체성을 형성하고(identity-creating) 공동체의 현재와 미래를 형성하는(shaping the present and future of a community) 기능을 한다고 할 수 있다. 신명기의 '기억하라'는 호소는 바로 이러한 맥락에서 이해되어야 한다.

2. 기억하는 공동체로서의 이스라엘 : 공동체적 기억(Collective Memory)과 정체성

지금까지 우리는 신명기의 경건과 영성의 핵심이 기억하는 신앙에 있다는 것과 이러한 기억하는 신앙의 의미는 이스라엘의 역사적 경험들을 바탕으로 이해할 수 있음을 논하였다. 그렇다면 이제부터는 신명기가 말하는 기억의 구체적인 내용은 무엇이며, 그러한 기억을 향상시키기 위한 전략은 무엇이고, 또한 기억을 후세에 전달하는 것은 어떤 방법을 통해 이루어지는가에 대해 고찰하도록 하겠다.

1) 기억의 내용 - 이야기와 율법(Story & Law)
(1) 출애굽과 광야생활의 이야기

신명기가 그리는 이스라엘의 초상은 '기억하는 공동체'라 해도 과언이 아니다. 이스라엘의 명운은 이스라엘이 야훼 하나님의 은혜와 야훼 하나님과 더불어 맺은 언약을 잊지 않고 기억하는가 여부에 달려 있기에, 이스라엘은 전심을 다해 기억하기에 힘쓸 것이 요구된다. 그런데 신명기는 이스라엘공동체의 정체성의 기초가 되는 야훼 하나님의 속성과 야훼 하나님과 이스라엘의 관계가 추상적 논리나 이론이 아니라 바로 이스라엘공동체의 특별한 역사적 경험들 속에서 계시되었다고 본다. 그 경험은 이스라엘이 누구인가를 정의하는 경험이기에 영원히 잊혀져서는 안 되는, 이스라엘의 공동체와 개인들의 삶 속에서 늘 상기되고 살아 움직여야 할 경험이다. 이러한 경험이 그것을 직접 경험한 세대의 죽음과 함께 사라지지 않도록 하기 위해서는 그것이 개인들의 주관적이고 파편적 기억으로 머물지 않고 일관성 있고 통일성 있는 '공동체적 기억'(collective memory)의 형태로 전환되어야 한다.

공동체적 기억 또는 집단 기억이란 20세기 초 프랑스의 사회학자 모리스 알박스(Maurice Halbwachs)가 그의 책 『기억의 사회적 틀(The

Social Frameworks of Memory)』에서 주창한 개념으로, 기억은 단지 개인의 주관적인 정신의 작용이 아니라 개인이 속한 사회 집단에 의해 조건 지어지고 틀 지어진다는 이론이다. 알박스에 따르면, 개인의 기억은 본질적으로 파편적인데, 곧 개인은 자신이 속한 공동체의 컨텍스트를 떠나서는 과거를 일관되고 통일성 있게 기억하고 이해할 수 없다는 것이다. 공동체는 거기 속한 개인들에게 기억을 위한 자료들을 제공하며 그들로 하여금 그중 어떤 것들은 기억하고 어떤 것들은 잊도록 유도함으로써 공동체 구성원들이 하나로 공유할 수 있는 공동체적 기억을 구축해간다. 공동체적 기억을 통해 회상되는 과거는 규범적인 과거(the normative past)라 할 수 있는, 선별되고 재구성된 과거의 사건들을 통해 해당 공동체의 기원과 정체성, 규범과 가치들을 함축적으로 드러내도록 설계된 일종의 '구축된 과거'(the constructed past)이다. 그러므로 공동체적 기억과 규범적인 과거는 그것을 받아들이고 공유하는 개인들을 하나의 공동체로 결속하고 그들의 삶에 정체성과 방향성을 부여하는 기능을 한다. 어느 사회든지 이러한 공동체적 기억을 구축하고 보존하는 기능적 기제들을 가지고 있는데, 알박스는 그것들을 '기억 보조 장치'(aides-mémoires) 또는 '기억의 장소(lieux de mémoire)라고 명명하였다. '기억의 장소'란 한 국가나 종교적 공동체의 기억이 농축되어 있는 장소로서, 기념물 및 기념 장소, 제의와 축제, 신화와 전설, 경전 등의 문학 텍스트, 그리고 도서관과 문서저장고(archive) 같은 기억 보관소 등이 있다.[7]

종교는 과거로부터 이러한 공동체적 기억의 형성과 저장에 있어 핵심적 역할을 담당하여 왔는데, 신명기는 바로 이러한 역할의 전범을 제시하고 있다. 신명기가 기억과 망각의 주제를 활용하여 의식적으로 구축하려고 하는 것은 바로 공동체적 기억과 그것을 통한 규범적인 과거의 정립이다. 신명기가 이스라엘의 공동체적 기억으로 확립하고 기념하는 가장 중요한 사건은 단연 출애굽의 경험이다. 야훼 하나님은 무엇보다도 출애굽 사건을 통해 이스라엘에게 자기 자신을 계시하셨다. 출애굽기와 신명기의 십계명 본문 서두에서 야훼 하나님은 자신을 이렇게 소개하신다: "나는 너를 애굽 땅, 종 되었던 집에서 인도하여 낸 네 하나님 여호와로라"(출 20:2, 신 5:6). 출애굽 사건을 통해 야훼 하나님은 자신을 애굽 땅에서 압제받는 히브리인들의 해방자로 계시하셨다. 비록 하나님께서는 오래전에 이미 아브라함에게 자신을 계시하시고 땅과 자손의 약속을 주신 바 있지만, 그의 자손들은 400년 넘게 애굽에서 종살이하면서 자신들이 하나님께 선택받은 백성이라는 것과 하나님께서 조상들에게 주신 약속들을 거의 망각하게 되었다. 하나님께서 모세를 통해 그들을 애굽에서 탈출시킴으로써 이스라엘은 비로소 독자적인 사회적, 정치적 집단으로 탄생하게 되었다. 출애굽 이전의 하나님은 이스라엘이라는 한 집단의 하나님이 아니라 조상들 개인의 하나님으로 알려져 있었다. 그러므로 이스라엘을 이스라엘 되게 한 사건이 바로 출애굽 사건이고, 공동체로서의 이스라엘의 하나님은 무엇보다 출애굽의 하나님이다. 출애굽 사건에는 조상들에게 하신 약속을 기억하시는 하나님, 고통받는 자기 백성을 긍휼히 여기시고 구원하시는 하나님, 그리고 자기 백성을 압제하는 자들을 크고 두려운 권능으로 심판하시는 하나님의 속성들이 생생하게 드러나 있다.

출애굽과 더불어 또 한 가지 중요한 이스라엘의 공동체적 기억은 광야생활에 대한 기억인데 이는 긍정적 기억과 부정적 기억을 모두 포함한다. 이스라엘 백성들은 광야생활 동안 하나님께서 그들에게 베푸신 은혜(신 8:2-6)를 기억해야 함은 물론, 그들이 광야에서 하나님을 거역하여 심판받은 사건들(신 9:2-29)도 잊지 말고 기억해야 한다. 모세는 신명기 9장 7절에서 금송아지 사건을 회고하면서 "너는 광야에서 네 하나님 여호와를 격노하게 하던 일을 잊지 말고 기억하라"고 호소한다. 신명기는 이스라엘의 40년 광야생활을 하나님께서 이스라엘을 시험하신 기간, 즉 이스라엘이 하나님을 향하여 어떤 마음을 품는지, 하나님의 명령을 지키는지 안 지키는지를 관찰하고 지켜보신 기간으로 정의하고 있다(신 8:2). 광야에서 있었던 여러 사건들은 하나님의 이스라엘을 향한 신실하심과 자비를 상기시켜 줌과 동시에, 이러한 하나님의 은혜를 망각하고 그의 명령에 불순종하는 것이 어떤 결과를 가져오는지 생생하게 알려주는 경고의 기능을 한다.

신명기는 이러한 출애굽과 광야 시대의 역사를 공동체적 기억으로 구축함으로써 이스라엘공동체의 정체성과 방향성을 제시하려 한다. 알박스가 설명하듯이, 공동체적 기억은 역사와는 다른 개념으로, 역사란 현재와 더 이상 유기적 관계를 가지지 않는 과거임에 반해, 공동체적 기억이 관계하는 과거는 현재에 살아 움직이는 과거이다. 공동체적 기억은 그것이 기념하는 과거의 사건을 실제로 경험하지 않은 세대들이 상징적인 방식으로 과거를 체험할 수 있도록 한다. 하나님과 이스라엘의 언약이 그 언약의 체결을 실제로 경험하지 않은 세대들에게도 영원히 유효한 것은 그들이 공동체적 기억을 통해 상징적으로 이 언약에 참여하기 때문이다. 신명기 29장의 모압에서의 언약체결 장면에서 모세가 하나님과 언약을 맺는 당사자들이 이날 모세 자신과 함께 서 있는 사람들뿐 아니라 "오늘 우리와 함께 여기 있지 아니한 자에게까지"(신 29:15)라고 말한 것은 바로 이런 의미에서 이해될 수 있다. 신명기는 넓게는 책 전체가 출애굽과 광야생활에 대한 공동체적 기억이며, 또한 그 기억을 후대로 영원히 전수하라는 권고와 호소이다. 또한 신명기는 몇몇 군데에서 출애굽과 광야생활의 경험 전체를 기억하기 쉬운 짧은 이야기 형태로 요약하여 제시하고 있다(신 6:20-24; 9:14-16; 11:2-7; 26:5-10a). 특히 신명기 26장에서 하나님께 곡식의 첫 열매를 바치는 사람이 제사장 앞에서 낭송하도록 되어 있는 이른바 '유리하는 아람 사람 스피취'(The Wandering Aramean Speech)는 조상들의 애굽 체류부터 출애굽, 그리고 가나안 진입에 이르기까지의 이스라엘의 역사를 간결하게 요약하고 있는데, 폰 라드는 이를 일컬어 신명기 6장 20-24절, 여호수아

24장 2b-13절 등과 더불어 이스라엘의 '짧은 역사 신조'(a brief historical creed)라고 이름한 바 있다.[8]

(2) 율법

두 번째로 이스라엘이 기억해야 할 것은 광야에서 모세를 통해 주어진 율법이다. 율법은 물론 지키고 순종해야 할 하나님의 명령이지만, 율법을 지키고 순종하기 위해서는 먼저 율법의 의도와 목적, 내용이 무엇인지를 알고 기억해야 한다. 신명기는 야훼 하나님이 이스라엘에게 율법을 주신 이유를 이스라엘이 그것을 지킴으로 자자손손 야훼 하나님을 경외하고 복을 누리도록 하기 위함이라고 한다(신 6:1-3, 24). 즉, 율법의 다양한 계명들은 이스라엘에게 야훼 하나님은 어떤 분이신가와 야훼 하나님이 그의 택한 백성에게 요구하시는 삶은 어떤 것인지에 대해 알려주기 때문에, 이스라엘은 율법을 지킴을 통해 야훼 하나님을 경외하는 것을 배우고 그것을 구체적으로 실천할 수 있다는 것이다. 그러므로 신명기는 율법에의 순종을 이스라엘의 야훼 하나님에 대한 사랑과 충성을 가늠하는 척도로 간주하고 있다. 신명기에 따르면 이스라엘이 율법을 소유하고 있다는 것은 하나님께서 이스라엘에게 주신 특권이며 많은 민족들 가운데서 이스라엘을 위대하게 하는 요소이다(신 4:6-8). 또한 율법은 시대와 장소를 초월하여 적용될 수 있는 보편성을 지니는 바, 그것은 율법이 이스라엘 역사의 시원(始原), 즉 이스라엘공동체의 삶이 특정한 영토나 정치형태에 구속되지 않았던 시대인 광야 시대에 주어졌기 때문이다. 요시야 왕의 개혁의 최대의 성과는 이스라엘의 진정한 정체성은 율법, 곧 토라에 기반한 신앙에 있음을 확립한 것이었다. 그러므로 어느 시대 어느 장소에 거하든 토라를 기억하고 그 계명들에 순종하는 공동체는 곧 진정한 이스라엘이라 할 수 있었는데, 이것은 당시로서는 전혀 새로운, 영적 형태의 정체성(a new, spiritual form of identity)의 탄생이라 할 수 있었다. 이처럼 토라의 정체성을 형성하는 기능에 주목하며, 하인리히 하이네(Heinrich Heine)는 토라를 일컬어 '이동식 본향'(portable fatherland)이라고 언급한 바 있다.[9]

신명기의 율법 준수에 대한 권고에서 한 가지 주목할 만한 것은 율법에의 순종과 불순종을 기억과 망각의 구도 속에 놓고 있다는 것이다. 즉, 신명기에 따르면 율법을 지키지 않는 것은 곧 야훼 하나님을 잊어버리는 것이다: "내가 오늘 네게 명하는 여호와의 명령과 법도와 규례를 지키지 아니하고 네 하나님 여호와를 잊어버리지 않도록 삼갈지어다"(신 8:11). 여기서 다시금 열왕기하 22장의 잊혀진 율법책의 발견 이야기를 상기해 보면, 이 이야기에서 중요한 것은 이스라엘이 율법에 불순종하여 저주를 받게 된 것은 성전의 수북한 먼지 속에서 발견된 율법책이 암시하듯이 이스라엘이 율법을 망각했기 때문이라는 것이다. 이 이야기가 전달하고자 하는 것은 요시야의 개혁 직전의 이스라엘의 영적 상태는 이방 종교에 미혹되어 율법을 고의적으로 멀리하는 수준을 넘어서서 율법을 거의 잊어버린 상태였다는 것이다. 이스라엘은 이제는 더 이상 율법의 내용을 알지 못하기에 율법을 지킬 수 없게 되었다. 율법의 내용을 기억하지 못한다는 것은 곧 율법이 계시하고 있는 야훼 하나님의 속성과 택한 백성에게 요구되어지는 삶이 무엇인지를 알지 못한다는 것이므로 야훼 하나님을 경외하는 삶을 원천적으로 불가능하게 만든다. 그러므로 신명기는 율법의 준수를 권고하는 동시에 어떻게 하면 이스라엘공동체가 율법의 내용을 잘 기억하도록 할 수 있는가에 깊이 관심하고 있다. 율법에 순종하는 삶을 살지 못하게 하는 원인이 망각이라면, 그것은 거꾸로, 기억을 향상시킴으로써 율법에 순종하는 삶을 살도록 유도할 수 있다는 의미이기도 하기 때문이다.

신명기가 이스라엘공동체의 율법의 내용에 대한 기억을 향상시키기 위해 채택한 가장 중요한 전략은 율법을 소개하고 가르침에 있어서 공동체적 기억과 규범적인 과거를 적극 활용하는 것이다. 신명기 법전(신

12-26장)은 그것이 포함하는 율법의 다양한 규정들의 유래들(origins)과 원리들(rationales)을 설명하는 데 있어 출애굽과 광야생활에 대한 공동체적 기억을 거듭거듭 끌어들이고 있다. 몇 가지 예를 들면, 첫째로 신명기 5장 12-15절의 십계명의 안식일 계명은 그와 병행 본문인 출애굽기 20장 8-11절의 안식일 계명의 원리가 창조 때에 하나님이 안식하신 것으로 제시되고 있는 것과 달리 그 원리를 하나님께서 이스라엘에게 베푸신 출애굽의 은혜에서 찾고 있다. 즉, 애굽에서 종살이하는 이스라엘을 하나님께서 긍휼히 여기셔서 해방시켜주셨듯이 이스라엘도 자기 집에서 일하는 가족이나 노예나 거류민, 심지어 가축에 이르기까지 긍휼히 여기는 마음으로 일주일에 한 번씩 안식할 수 있도록 해주어야 한다는 것이다. 이와 유사한 원리를 지니는 율법 조항으로는 신명기 15장 12-15절의 '히브리 종의 해방에 관한 규정'이 있다. 그에 따르면 동족 히브리인을 노예로 사서 부릴 경우는 칠 년째 되는 해에 해방하고 빈손으로 가지 않도록 가축과 곡식과 포도주를 후히 줘야 하는데, 15절은 그렇게 해야 하는 까닭이 출애굽의 경험에 있다고 말한다: "너는 애굽 땅에서 종 되었던 것과 네 하나님 여호와께서 너를 속량하셨음을 기억하라 그것으로 말미암아 내가 오늘 이같이 네게 명령하노라" 그 외에도, 신명기 24장 10-22절의 다양한 인도주의적 규정들 ― 나그네나 고아의 송사를 억울하게 하지 말고 과부의 옷을 저당잡지 말라는 규정(24:17-18), 곡식과 과일을 추수하고 난 후 나머지를 나그네와 고아와 과부를 위하여 남겨두라는 규정(24:19-22) 등 ― 은 모두 이스라엘의 애굽에서의 종살이 경험을 그 원리로 제시하고 있다.

출애굽과 광야생활의 기억을 율법 조항의 원리로 활용하는 또 다른 부류의 예들로는 다른 민족 출신의 사람들을 이스라엘공동체에 받아들일 수 있느냐 없느냐의 여부를 다루는 조항들이 있다. 신명기 23장 3-8절에 따르면 암몬과 모압 사람은 이스라엘이 애굽에서 나와 굶주렸을 때 양식을 제공하지 않았고 선지자 발람으로 하여금 이스라엘을 저주하게 했기 때문에 야훼의 총회에 받아들여서는 안 되는 반면, 애굽 사람은 이스라엘이 그들 가운데서 나그네로 체류했기 때문에 미워하지 말고 그들의 삼대 후 자손은 야훼의 총회에 들어올 수 있다고 설명한다. 또한 신명기 25장 17-19절에는 아말렉을 진멸하라고 명령하는데, 그것은 아말렉이 가데스에서 피곤하여 뒤처진 이스라엘 백성들을 공격했기 때문이라고(출 17:8-15; 민 24:20) 설명한다. 이와는 또 다른 방식으로 출애굽과 광야생활에 대한 기억을 활용하는 조항으로는 신 24장 8-9절의 문둥병자의 처리에 관한 규정이 있는데, 본문은 문둥병자를 처리할 때 하나님께서 광야에서 미리암이 문둥병에 걸렸을 때 명령하신 대로 행하라고 권고한다.

이상에서 보았듯이 신명기는 율법의 다양한 규정들을 가르침에 있어서 이스라엘의 공동체적 기억을 적극적으로 활용하고 있다. 이러한 전략을 통해 신명기는 율법을 이스라엘의 규범적인 과거 속에 굳건히 뿌리내리게 함으로써 공동체 구성원들이 율법을 배우고 실천할 때마다 그들의 정체성을 담고 있는 공동체적 기억이 그들의 삶 속에 현재화되도록 유도한다. 또한 신명기가 율법 조항들의 원리로 끌어온 공동체적 기억은 그것이 이야기 형태로 제시되어 있다는 점에서 학습자들이 율법을 보다 쉽게 이해하고 암기하는 데 도움을 주었다고 볼 수 있다. 신명기는 이러한 전략을 통해 학습자의 기억 속에서 법은 이야기를, 이야기는 법을 서로 지시하도록(cross-referencing) 함으로써 이스라엘의 공동체적 기억과 율법 양면에 대한 학습의 효과를 극대화하고 있다고 하겠다.

이처럼 신명기가 법과 이야기의 상호작용(interplay between law and narrative)을 통해 율법에 대한 기억을 향상시키려는 전략에 주목하는 것은 우리로 하여금 신명기의 공동체적 기억을 향상시키는 전반적인 전략에 관심하도록 이끈다.

2) 공동체적 기억을 향상시키는 전략들(Collective Mnemotechnics)[10]

신명기는 책 전체를 통해 공동체적 기억을 향상시키는 다양한 전략과 기술들을 채택하고 있는데 그것들을 몇 가지로 분류해 보면 다음과 같다.

(1) 교육

문맹률이 높던 고대사회에는 암송과 낭송 등 구전(oral transmission)으로 지식을 전달하는 것이 교육에서 큰 역할을 담당하였다. 앞에서 간단히 언급했듯이 신명기는 이스라엘의 규범적 과거가 되는 출애굽과 광야생활의 경험을 짧은 이야기 형태로 만듦으로써 외우고 전달하기 쉽도록 하였다. 이처럼 기억하고 전수하기 쉽게 다듬어진 이스라엘의 규범적 과거는 공동체적 기억을 후대로 계승하는 효과적인 도구로 쓰일 수 있었다. 또한 신명기는 율법을 교육함에 있어 반복학습의 중요성을 크게 강조한다. 모든 지식은 반복을 통해 기억으로 저장되기 때문에 기억을 극대화하려면 최대한 많이 반복해서 학습하는 수밖에 없다. 신명기는 때와 장소를 가리지 말고 언제, 어디서나 기회가 있을 때마다 율법을 자손들에게 힘써 가르칠 것을 권고한다. "네 자녀에게 부지런히 가르치며 집에 앉았을 때에든지 길을 갈 때에든지 누워 있을 때에든지 일어날 때에든지 이 말씀을 강론할 것이며"(신 6:7; 11:20)

(2) 내면화된 신앙

신명기는 율법을 기억하고 그것에 순종할 것을 요구함에 있어서 권위적이고 억압적인 명령보다는 설득을 통해 자발적인 순종을 이끌어 내려 한다. 신명기는 율법 준수의 대전제가 무엇보다도 "마음을 다하고 뜻을 다하고 힘을 다하여 네 하나님 여호와를 사랑하라"(신 6:5)는 것임을 역설한다. 마음(לֵבָב)과 뜻(נֶפֶשׁ)과 힘(מְאֹד)을 다하여 사랑한다는 것은 곧 하나님을 사랑하는 데는 지정의(知情意) 즉 인간의 전 존재를 다

투입하여야 함을 뜻한다. 율법 곧 하나님의 말씀은 지식의 차원에 머무는 것이 아니라 우리의 가슴에 내려와 그 마음판에 새겨져야 한다는 것이다: "오늘 내가 네게 명하는 이 말씀을 너는 마음에 새기고"(신 6:6). 그러므로 신명기가 가르치는 신앙은 완고한 율법주의와는 거리가 먼 철저히 '내면화된 신앙'이다. 신명기는 율법의 구체적 요구들을 실천하기에 앞서 먼저 중심에 야훼 하나님에 대한 사랑과 경외가 깊이 뿌리내리고 있어야 한다고 역설한다. 신명기 10장 16절의 "너희는 마음에 할례를 행하고 다시는 목을 곧게 하지 말라"는 요구는 바로 부드러운 마음, 하나님의 말씀을 받아들이고 사랑하는 수용적인 마음(receptive heart)이 하나님을 경외하는 것의 출발임을 지적하고 있다. '마음의 할례'(the idea of circumcision of the heart)는 신명기에 단 두 번 등장하고(10:16; 30:6) 구약성경의 다른 부분들에는 거의 등장하지 않는 혁신적인 개념으로, 신명기는 이 개념을 통해 신체 외부에 적용되던 언약의 표징을 마음과 생각, 의도와 같은 개인의 내면에도 적용할 것을 요청하고 있다.

이처럼 내면화된 신앙을 가르치기 위해 신명기는 경건과 영성에 있어서 감정을 적극적으로 활용한다. 먼저 '사랑하라'(אהב)는 용어는 비록 그것이 야훼 하나님과 이스라엘의 관계를 설명함에 있어서 고대 근동의 조약문에서 주군과 봉신의 관계를 설명하는 용어를 차용한 것이라고 여겨지지만, 그렇다고 해서 단어의 원래 의미가 가지는 감정적인 에너지(emotional force)를 상실하는 것은 결코 아니다. 얀 아스만(Jan Assmann)에 따르면 감정은 공동체적 기억의 형성과 보존에 있어서 중요한 역할을 한다. 그에 따르면 감정 － 사랑, 관심, 동정, 유대감, 소속하고 싶은 욕구뿐만 아니라 증오, 적의, 불신, 고통, 죄책이나 수치심 등 부정적 감정까지도 － 은 공동체적 기억에 구체적 맥락을 부여함으로써 그 기억이 공동체 구성원들의 내면에 깊이 뿌리내리도록 돕는다.[11] 신명기는 공동체적 기억과 율법을 통해 야훼 하나님을 경외하는 법을 가르침에 있어서, 무엇보다도 야훼 하나님과 이스라엘의 관계를 인격적인 관계로 제시하고 있다. 모든 인격적인 관계는 감정이 개입된다. 신명기가 소개하는 야훼 하나님은 인간 세상에서 저 멀리 떨어져 있는 우주적 신이나 만신전(pantheon)의 꼭대기에 있는 국가의 수호신이 아니라, 자신이 택한 백성과 상호 간 충실성을 요구하는 깊은 인격적 관계를 맺는 신이다. 신명기는 이러한 야훼 하나님과 이스라엘의 깊은 유대 관계를 설명하기 위해 종종 부모와 자식의 은유(신 8:5; 32:5-6)를 사용하기도 하며, 다른 한편으로는 이러한 관계의 배타성을 설명하기 위해 야훼를 '질투하는 하나님'(אֵל קַנָּא)으로 소개하기도 한다. 이처럼 신명기가 가르치는 이스라엘의 경건과 영성은 야훼 하나님과의 생생하고 역동적인 관계 속에서 형성되는 내면화되고 감정적 에너지로 충일한 신앙이다.

(3) 신체 표식(body-marking)과 경계의 상징(liminal or boundary symbolism)

신명기는 율법에 대한 지속적인 주의와 관심을 요청함에 있어서, 율법을 개인의 내면인 마음에 새기라는 요구와 더불어, 또한 물리적으로 그것을 공동체 구성원들의 신체와 그들이 거주하는 공간에도 새길 것을 요구한다: "너는 또 그것을 네 손목에 매어 기호를 삼으며 네 미간에 붙여 표로 삼고 또 네 집 문설주와 바깥 문에 기록할지니라"(신 6:8-9; 11:18, 20). 이 말씀이 문자적으로 지켜지기 시작한 것에 대한 증거는 주전 2세기로 거슬러 올라가는데, 경건한 유대인들은 이 말씀을 좇아 하루에 두 번 신명기 6장 5-9절의 쉐마(Shema)를 비롯한 토라의 몇 가지 구절들(출 13:1-10; 11-16; 신 11:13-21)이 적힌 양피지가 담겨 있는 작은 가죽 상자인 성구함(phylactery) − 보통 테필린(tefillin)이라고 불리는 − 을 긴 끈을 사용하여 두 팔과 이마에 묶고 기도를 드렸다. 또한 그들은 메주자(Mezuzah)라 불리는 쉐마가 적힌 양피지가 담긴 작은 상자를 자신들의 집 문설주와 대문에 붙였는데, 고대로부터 문이나 문설주, 문지방 등의 공간의 경계를 표시하는 지점들은 성스러운 힘이 깃든 장소로 여겨졌다.[12] 정통주의 유대교(Orthodox

Judaism)는 오늘날까지도 테필린과 메주자의 관습을 지키고 있다. 이와 같이 개인의 신체와 거주 공간의 경계 지점들에 토라의 구절을 부착하는 관습은 토라의 계명들을 쉼 없이 상기하기 위한 일종의 시각적 기억 장치(visible reminder)라 할 수 있다.

(4) 율법의 공적 낭독과 율법을 비문으로 새기는 관습

고대 사회들에는 법조문을 공적인 장소에서 낭독하는 관습이 있었는데, 구약성경 곳곳에도 이러한 관습을 발견할 수 있다. 출애굽기 24장의 시내 산에서의 언약체결식은 모세가 자신이 기록한 '언약서'(The Book of the Covenant)를 백성들 앞에서 낭독하였다고 기록하며, 신명기 31장에서는 모세가 매 칠 년마다 초막절에 율법을 백성들 앞에서 낭독하라고 명령한다. 문맹률이 높았던 고대 사회에서 이러한 정기적인 법의 공적인 낭독(public reading of law)은 일반 백성들에게 법의 권위를 드높이고 법의 정신과 내용을 교육하는 중요한 수단이었다.[13] 한편, 신명기 27장에는 모세가 이스라엘 백성이 가나안에 들어간 이후 에발 산에 큰 돌들을 세우고 석회 칠을 한 후 그 위에 율법의 모든 말씀을 새기라고 명하는데, 이처럼 법을 대중이 접근하고 볼 수 있는 기념비의 비문으로 새기는 행위는 고대 사회에 흔히 통용되었던 관습으로 바벨론의 함무라비 법전 역시 이러한 기념비(stela)의 형태로 새겨져 있다.

(5) 축제

무교절과(Mazot; the Feast of Unleavened Bread) 통합된 유월절(Pesach; The Passover), 칠칠절(Shavuot; The Feast of Weeks), 그리고 초막절(Sukkot; The Feast of Booths or Tabernacles)의 세 가지 축제 절기는 출애굽과 광야생활에 대한 공동체적 기억을 되살리고 전수하는 중요한 교육의 장이었다. 특히 유월절과 무교절(신 16:1-8)은 음식을 먹는

방법과 시간까지 정교하게 연출되는 공동체의 제의적 식사(ritualized meal)를 통해 참여자들이 출애굽의 긴박했던 상황을 현재에 체험하게 하는 탁월한 공동체적 기억술 (collective mnemotechnics)의 하나였다.

3) 공동체적 기억의 미래적 지평 : 전통의 전달과 해석의 문제

앞서 우리는 공동체적 기억은 공동체의 규범적 과거를 현재에 되살리는 기능을 통해 공동체의 정체성과 미래를 확보하는 역할을 한다는 것을 밝힌 바 있다. 그런데 이러한 공동체적 기억의 미래적 지평은 공동체적 기억의 단순한 보존을 넘어선 '해석의 문제'를 제기한다. 이해될 수 없는 과거는 결코 되살려질 수 없기 때문이다. 광야에서 처음 주어진 것으로 되어 있는 이스라엘의 율법의 경우를 예로 들면, 비록 율법의 기본정신과 십계명과 같은 헌법적인 규정들은 시대를 초월하여 적용될 수 있었지만 절도, 상해, 채무, 가정생활 등 일상의 다양한 상황들에 대한 지침을 담고 있는 규정들은 시대가 변하고 사회경제적 맥락이 달라지게 되면 결코 그대로 적용될 수가 없었다. 이러한 문제는 율법이 제정된 후 시간이 흐르면 흐를수록 더욱 심각해질 수밖에 없었다. 이러한 상황은 이야기, 법, 예언, 시가 등 구약성경의 모든 장르의 문서들에도 적용되는데, 주후 1세기에 정경화(canonization) 작업의 완료로 인해 구약성경의 본문들이 완전히 고정되기 전 제2성전기 유대교에서는 성경의 다양한 문서들을 재해석하는 성경해석문학이 봇물을 이루었다. 이 시기 크게 유행한 성경해석문학의 다양한 장르들 중에 오늘날 학자들이 '다시 쓴 성경'(Rewritten Bible) 혹은 '다시 쓴 성서'(Rewritten Scripture)라고 부르는 부류가 있는데 이것은 성경을 해석함에 있어서 단순히 성경 구절들에 주석을 다는 차원이 아니라 창의적 해석을 통해 성경의 내용을 아예 '다시 쓰기'(rewriting)를 시도하는 독립된 문학 장르이다. 구체적 예로는 아람어로 쓰인 창세기 외경(Genesis Apocryphon), 창세기 1장부터 출애굽기의 14장의 유월절과 출애굽까지의

이야기를 모세가 시내 산에서 하나님의 계시를 받은 이야기(출 19장과 24장)를 프레임으로하여 재구성하고 풀이하는 희년서(The Book of Jubilees), 오경의 여러 법전들에 나오는 다양한 조항들을 재구성하고 통합하고 새로운 자료들을 추가하여 처음부터 끝까지 모세의 중개를 배제한 하나님의 1인칭 서술로 일관하는 성전 두루마리(Temple Scrolls) 등이 있다. 이러한 '다시 쓴 성경'들은 기본적으로 성경 본문들을 대본으로 삼되 거기에 살을 붙이기도 하고 해석을 첨가하기도 하며, 어떤 부분들에 대해서는 과감한 수정과 변경을 가하기도 한다.

이 점에서, 신명기는 역대기와 더불어 구약성경 내에 이미 존재하는 '다시 쓴 성경'의 전범이라 할 수 있다. 역대기가 열왕기를 원본으로 하여 원본과는 다른 독자적 관점으로 이스라엘의 왕정기 역사를 재서술하였다면, 신명기는 출애굽기에 이미 소개된 출애굽과 광야생활의 다양한 일화들과 법규들을 새로운 관점에 재서술한다. 신명기가 출애굽기의 내용을 다시 쓴 것들 중 가장 중요한 것은 신명기 12-26장에 이르는 신명기 법전으로서 구약성경에서 가장 오래된 법전으로 여겨지는 출애굽기의 계약법전(출 20:22-23:33)의 스타일과 구조를 차용하는 동시에 그 내용을 상당 부분 달라진 시대 상황에 맞게 개정(revise)하고 있다는 점이다. 신명기가 이처럼 출애굽기의 내용과 스타일에 의존하는 것에 대해 버나드 레빈슨(Bernard Levinson)은 신명기 저자들이 자신들이 추진하는 개혁을 계약법전으로부터 시작되는 이스라엘의 법적 전통의 연장선상에 자리매김함으로써 개혁의 급진적인 성격을 감추려는 의도적인 전략으로 설명한 바 있다.[14]

그러므로 신명기 자체의 이러한 해석적 성격은 신명기가 전달하는 모세의 가르침이 다른 시대, 다른 사회문화석 컨텍스트에 살고 있는 새로운 세대들을 위해 언제든지 재해석될 수 있는 가능성을 열고 있다고 할 수 있다. 그런 의미에서 신명기의 '기억하라'는 명령은 과거의 보존뿐만 아니라

과거의 적극적인 해석 또는 재해석 행위까지 포함하는 것으로 이해되어야
한다.

3. 기억하는 공동체에게 주시는 하나님의 약속 : 신명기의 이상과 비전

신명기가 제시하는 기억하는 공동체로서의 이스라엘의 이상과 비전은
"지혜와 지식이 있는 백성"(חכם ונבון עם, 신 4:6)으로 뭇 나라들의 칭송을
받는 것이다. 이것은 이스라엘을 진정으로 위대하게 만드는 것은 영토의
크기나 부강함, 군사력이 아니라 바로 이스라엘의 지적이고 영적인
우수성이라는 확신에 찬 선언이다. 이스라엘은 뭇 나라들 중에 하나님의
선택을 받아 하나님과 가까운 관계를 누릴 수 있는 특권을 받았고,
율법을 통해 하나님을 경외하고 의로운 삶을 살 수 있는 길을 제시받았다.
그러므로 신명기는 이스라엘이 율법에 순종하고 그 모든 명령을 지켜
행하면 야훼 하나님께서 이스라엘을 "세계 모든 민족 위에 뛰어나게 하실
것"(신 28:1)이고 또한 그의 "거룩한 백성"(עם קדוש)(신 28:9)이라고 불리게
하셔서 만민이 이스라엘을 두려워하게 하실 것이라고 확신한다.

한편 신명기는 모세의 모든 설교와 율법 강론의 목적이 이스라엘이
하나님께서 조상들에게 약속하신 땅에서 오랫동안 복된 삶을 누릴 수 있게
하기 위해서라고 진술한다. 그런데 여기서 신명기가 한결같이 강조하는
것은 이스라엘이 들어갈 땅은 그들이 힘으로 쟁취한 땅이 아니라 야훼
하나님께서 그들의 조상들에게 하신 약속을 기억하여 주신 '은혜로 주어진
땅'이라는 것이다. 그러므로 그 땅에서의 생존과 축복은 과연 이스라엘이
하나님이 그들에게 요구하시는 삶을 사느냐에 달려 있다. 이스라엘이
야훼 하나님의 은혜를 기억하고 율법에 순종하면 그 땅에서의 복된 삶이
보장되지만, 만일 하나님의 은혜를 망각하고 율법에 불순종하면 언제라도
하나님께서는 이스라엘을 그 땅에서 쫓아내실 것이라는 것이다. 시내산
언약은 기본적으로 조건부 언약으로서 야훼 하나님은 이스라엘이 언약에

충실한지 여부에 따라 각각 축복과 저주로 보응하시는 분으로 소개된다. 율법의 기억과 순종, 망각과 불순종이 각기 축복과 저주를 불러온다는 것은 신명기의 트레이드 마크로 여겨지는 전형적인 '인과응보의 신학'(retribution theology)이다. 그런데 여기서 중요한 것은 신명기의 이러한 인과응보의 신학이 의도하는 바는 단지 원인과 결과의 기계적 상응을 말하기 위해서가 아니라는 것이다. 인과응보의 신학이 갖는 수사적인 힘(rhetorical force)은 그것이 행위와 결과의 완벽한 인과관계에 대한 믿음을 근거로 하여 듣는 이에게 결단을 촉구한다는 점이다. 그러므로 신명기 28장의 긴 축복과 저주의 리스트는 곧 신명기 30장 15-20절의 사망과 저주 대신 생명과 복을 택하라는 호소의 맥락에서 이해되어야 한다. 신명기의 이러한 긴급한 결단에의 요구는 요시야 왕 시대 강대국의 침략의 위협 가운데 놓인 유다의 상황을 배경으로 읽을 때 그 메시지가 더욱 울림 있게 다가온다.

그런데 신명기가 이처럼 생명의 길과 죽음의 길 사이에서 결단을 촉구하는 것은 인간에게는 스스로 선을 택하고 행할 수 있는 능력이 있다는 확신을 바탕으로 하고 있다. 즉 이스라엘은 율법의 가르침을 통하여 무엇이 하나님이 원하시는 선하고 올바른 삶인지를 깨닫고 그렇게 행동하기로 주체적으로 결단할 수 있다는 것이다. 신명기 10장 17절의 이스라엘 백성은 스스로 '마음의 할례'를 행하라는 요구는 바로 신명기의 이러한 인간성에 대한 낙관적 비전에서 비롯한다.

4. 이상과 현실 사이에서 : 망각과 실패, 그것을 뛰어넘는 하나님의 자비와 은총

공동체적 기억과 규범적인 과거의 확립을 통해 이스라엘의 공동체적 정체성과 약속의 땅에서의 복된 미래를 확보하려 한 신명기의 프로젝트에도 불구하고 결국 이스라엘은 망국과 유배라는 국가적 재난을 피하지 못했다. 열왕기하는 이러한 재난의 원인을 요시야 왕의 개혁이 좌초된 이후 재개된 유다의 배교와 타락에서 찾고 있다. 북이스라엘 멸망의 교훈, 유다의 생존은 야훼 하나님 경외와 토라의 철저한 준수에 달려있다는 요시야 시대 개혁가들의 외침에도 불구하고 유다는 결국 망각과 실패의 길을 걸었던 것이다. 신명기 29-32장의 모압에서의 언약 체결(The Moab Covenant)과 모세의 노래(The Song of Moses) 본문에 드러나 있는 이스라엘의 완고함과 건망증에 대한 비난과 탄식, 그리고 궁극적인 실패에 대한 예고는 바로 이러한 망국과 포로의 경험을 반영하는 것으로 이해해야 한다.

> 그러나 깨닫는 마음과 보는 눈과 듣는 귀는 오늘날까지 여호와께서 너희에게 주지 아니하셨느니라(신 29:4)
> 내가 알거니와 내가 죽은 후에 너희가 스스로 부패하여 내가 너희에게 명령한 길을 떠나 여호와의 목전에 악을 행하여 너희의 손으로 하는 일로 그를 격노하게 하므로 너희가 후일에 재앙을 당하리라 하니라(신 31:29)

신명기 29-31장의 이른바 모압 계약(The Moab Covenant)은 오경의 다른 곳에는 등장하지 않는 자료로서, 29장 1절의 표제(superscription)는 이 계약이 호렙 산, 곧 시내 산에서 주어졌던 첫 번째 계약에 추가적으로 주어진 계약임을 명시하고 있다. 그러므로 모압 계약은 시내산 계약을 부정하는 것이 아니라 보충하는 것이지만, 모압 계약의 실제적 내용은 여러 면에서 시내 산 계약의 그것과 신학적 긴장을 이루고 있다.[15] 그 신학적 긴장의 핵심에는 언약의 성격과 또한 언약을 준행할 수 있는 인간의 능력에 대한 새로운 이해가 자리하고 있는데, 그것은 앞서 언급한 '마음의 할례'라는 개념에 대한 전혀 다른 이해를 통해 설명될 수 있다. 앞서 보았듯이 신명기 10장 16절의 '마음의 할례'는 그것을 행하는 주체가 이스라엘공동체를 구성하는 개인 자신인데 반해, 신명기 30장 6절의 '마음의 할례'는 그것을 행하는 주체가 다름 아닌 야훼 하나님이다. 이 구절은 또한 신명기 6장 5절의 마음과 뜻과 힘을 다하여 하나님을 사랑하라는 쉐마의 명령도 다른 관점에서 이해하고 있다.

> 네 하나님 여호와께서 네 마음과 네 자손의 마음에 할례를 베푸사 너로
> 마음을 다하며 뜻을 다하여 네 하나님 여호와를 사랑하게 하사 너로 생명을
> 얻게 하실 것이며(신 30:6)

이스라엘 백성들이 전심으로 하나님을 사랑하는 것이 그들 자신의
능력으로 되는 것이 아니라 하나님께서 그들의 마음을 변화시킴으로 인해
비로소 가능하게 되는 은혜의 선물이라는 이 절의 선언은 망국과 포로의
경험이 가져온 심오한 신학적 반성과 통찰을 담고 있다. 이스라엘은 비록
율법의 요구를 지키지 못함으로 하나님의 심판을 받았지만 그것이 하나님과
이스라엘의 언약의 끝은 아니며, 결국 하나님의 자비와 사랑은 율법의
저주를 뛰어넘어 택한 백성을 회복시킨다는 것이다. 이러한 모압 계약의
선언은 창세기 15장과 17장에서 아브라함에게 주어진 계약의 갱신(a renewal
of the Abrahamic covenant)이라고도 할 수 있는데, 신명기 29장 13절과
또 다른 포로기 본문인 신명기 4장 31절에는 하나님께서 이스라엘을 결코
버리지 않으시는 이유가 하나님께서 이스라엘의 조상들에게 하신 맹세
때문임을 명시하고 있다.

이처럼 신명기의 포로기의 상황과 경험이 반영된 본문들은 인간의
한계와 실패를 뛰어넘는 하나님의 영원한 자비와 사랑을 가르침으로써
신명기의 신학이 기계적 인과응보론으로 축소되는 것을 막아주는 역할을
한다. 물론 이 본문들에 담겨 있는 하나님께서 직접 인간의 마음을
변화시켜 율법의 요구를 만족시킬 수 있도록 만들어 주신다는 사상은
인간은 선과 악을 분별하고 주체적인 결단을 통해 선을 선택할 수 있으며
그것은 부단한 율법의 학습을 통해 이루어진다는 신명기의 주조(主潮)가
되는 사상과 쉽게 조화될 수 없는 것이 사실이다. 그러나 우리는 신명기가
스스로 모압 계약은 결코 호렙산/시내산 계약을 대체한다고 말하지 않는

것처럼, 하나님의 주권적 은혜를 말하는 것이 곧 율법에 순종할 인간의 의무를 제거하는 것은 아니라는 점을 명심해야 한다. 그러므로 신명기 내부에 존재하는 율법과 언약에 대한 서로 다른 견해들은 해결할 수 없는 모순(irreconcilable contradiction)이라기보다는 오히려 창조적 긴장(creative tension)으로 받아들여져야 한다. 이러한 창조적 긴장은 신명기가 단순하고 기계적인 인과응보 신학의 교과서가 아니라 인간 현실의 복잡성과 난해성에 대한 고민과 성찰을 담은 심오한 영적 지침서로 기능할 수 있도록 만들어 준다.

III. 나가는 말 : 신명기가 유대교와 기독교의 경건과 영성에 끼친 영향

이상에서 우리는 신명기의 다양한 가르침들을 경건과 영성이라는 초점 아래 재조명해 보았다. 신명기는 개인과 공동체의 경건과 영성을 형성하고 함양하는 데 있어서 기억의 역할에 대해 심오한 통찰력을 보여 주고 있다. 기억, 보다 정확히 말해 공동체적 기억은 한 신앙공동체에 속한 개인들에게 정체성과 연대의식을 형성함과 더불어 공동체의 규범적인 과거가 늘 현재 속에 살아 경험되도록 해줌으로써 개인과 공동체의 신앙에 깊이와 충만함을 부여한다. 신명기는 이스라엘을 이스라엘 되게 하는 것은 출애굽과 광야생활, 그리고 율법의 수여라는 이스라엘의 근원적 경험(foundational experience)을 오늘의 삶 속에서 잊지 말고 기억하는 데 있다고 천명함으로써 전혀 새로운 형태의 정체성 ― 영적인 형태의 정체성(a spiritual form of identity)이라고 할 수 있는 ― 을 창조하였다. 신명기가 고안한 이러한 정체성의 개념은 시대와 장소에 상관없이 토라의 가르침을 연구하고 실천하는 자들이 바로 진정한 이스라엘이라는 인식을 낳았고, 이러한 인식은 포로기 이후 유대교와 유대교에서 갈라져 나와 독립된 종교로 성립된 기독교에 심대한 영향을 끼쳤다.

바벨론에 거주하던 유다인 포로들은 신명기의 성소중앙화 명령에 따라 자신들이 살던 곳에 성전을 짓지 않았다. 그럼에도 불구하고 이들은 오직 토라의 철저한 준수를 통하여 지배적인 이방 문화와 종교의 위협 속에서도 진정한 이스라엘로서의 정체성과 자부심을 지킬 수 있었다. 또한 제2성전기 포로귀환공동체의 분열과 갈등 속에서 에스라는 토라를 공동체의 삶의 원리와 질서를 규정하는 구속력 있는 법으로 채택함으로써 정체성 상실과 분열의 위기에 놓였던 유대교에 강력한 구심점을 마련하였다. 에스라의 개혁은 한 마디로 '누가 진정한 이스라엘인가'에 대한 물음에 대한 대답이라 할 수 있었고, 이는 신명기의 신학을 재천명한 것이라 할 수 있었다.

한편, 제2성전기 유대교의 다양한 종파들 중 쿰란공동체는 신명기에 기원한 이러한 영적인 형태의 이스라엘의 정체성을 극단으로 밀고 나갔는데, 그들은 이러한 정체성을 이방인들과 유대인들을 구분하는 기준으로서만이 아니라 유대인들 내부의 구별 기제로 사용하였다는 데 그 독특성이 있다. 즉, 이들 쿰란공동체 회원들은 일반적인 유대인들은 토라를 제대로 준수하고 있지 않으며, 따라서 오직 토라를 철저히 준수하는 자신들만이 진정한 이스라엘이며 자신들의 공동체가 곧 타락한 제2성전을 대체하고 자신들의 공동체에서 시행되는 예전(liturgy)과 토라의 연구가 곧 성전의 희생제사를 대체한다는 지극히 영적이면서 또한 지극히 배타적 정체성을 가졌다.

다른 한편, 유대교의 한 종파로 시작했다가 독립된 종교가 된 기독교 역시 공동체 구성원들의 새로운 정체성을 확립함에 있어서 신명기에 큰 빚을 지고 있는데, 기독교인들은 예수 그리스도를 구약성서가 대망한 메시아로 받아들이는 자신들이야말로 영적 이스라엘, 오히려 혈통적 유대인보다 더욱 진정한 이스라엘이라는 자부심과 정체성을 지녔다. 기독교인들은 이러한 신명기의 영적 이스라엘, 진정한 이스라엘 개념을 유대인이라는 인종적 테두리를 초월하여 적용한 최초의 집단이었다. 그들은 또한 진정한 이스라엘의 개념을 그것과 불가분의 관계에 놓여 있었던 율법 준수로부터도 분리함으로써 기독교가 그 모태라 할 수 있는 유대교와 연속성을 유지하면서도 유대교의 특수한 인종적 문화적 컨텍스트와는 단절한, 보편성을 지닌 새로운 종교가 되도록 하였다. "무릇 표면적 유대인이 유대인이 아니요 표면적 육신의 할례가 할례가 아니라 오직 이면적 유대인이 유대인이며 할례는 마음에 할지니 영에 있고 율법 조문에 있지 아니한 것이라"는 로마서 2장 28-29절의 바울의 선언은 이러한 기독교인들의 진정한 이스라엘로서의 정체성을 강력하게 대변하고 있다.

한편 신명기는 신앙공동체의 정체성의 측면 외에도 여러 방면에서 유대교와 기독교의 경건과 영성에 중요한 영향을 끼쳤다. 신명기는 제2성전기 유대교의 회당 예배에서 정착되기 시작한 토라의 낭독과 강론에 있어서 매우 중요한 텍스트로 취급되었는데, 길리기아 다소에서 디아스포라 바리새인으로 교육받고 성장한 사도 바울은 당시 그리스어를 사용하는 유대인들의 회당에서 즐겨 행해졌던 칠십인역 구약성경의 낭독과 오경의 세부 율법 조항들에 대한 토론 문화에 매우 익숙했던 것으로 보여진다. 바울은 그의 서신들에서 신명기를 이사야서 다음으로 가장 즐겨 인용하였는데, 그의 신명기 인용은 복합적인 동기에서 설명될 수 있다. 그는 한편으로는 신명기를 율법 준수의 중요성을 주장하는 유대인들과 유대 그리스도인들에 대항하여 율법의 한계와 복음의 우월성을 설명하는 논쟁적인(polemical) 용도로 사용하는가 하면, 또 다른 한편으로는 신명기의 다양한 율법 조항들을 그리스도인들의 삶에 여전히 유효한 권위 있는 윤리적 지침들로 제시하고 있다.[16]

또한 제2성전기에 신명기의 중요 구절들은 발췌된 형태로 만들어져서 대중의 경건을 함양하는 데 중요한 역할을 담당했다. 특히 이 시기 신명기 6장 4-9절의 쉐마는 가히 신경(a creed)의 지위에 올라섰는데, 경건한 유대인들은 쉐마의 구절들이 토라 전체의 가르침을 요약하는 것으로, 따라서 쉐마를 부지런히 암송하는 것은 곧 모세의 가르침 전체에 대한 그들의 헌신을 표현하는 수단으로 이해하였다. 쉐마의 이와 같은 중요성은 예수 그리스도께서 율법에서 가장 크고 첫째 되는 계명이 무엇이냐는 율법사의 질문에 대해 신명기 6장 5절을 인용하여 답하셨다는 공관복음서의 일화들(마 22: 37-38; 막 12:28-31; cf. 눅 10:27)에 잘 나타나 있다. 앞서 언급한 것처럼 주전 2세기경부터 쉐마는 신명기 11장 13-21절과 민수기 15장 37-41절과 함께 양피지에 기록되어 메주자와 테필린 등의 관습을 통해 유대인들의 예전과 일상적인 기도생활에서 즐겨 사용되었다. 또한 당시 유대인들은 쉐마 외에도 신명기의 다양한 구절들을 즐겨 암송하였던 것으로 보이는데 그렇게 볼 수 있는 한 가지 증거는 누가복음 4장 1-13절의 예수 그리스도의 광야 시험 이야기에서 사탄의 유혹에 대한 예수 그리스도의 세 가지 응답이 모두 신명기의 말씀(신 6:13; 9:11-12; 6:16)을 인용한 것으로 되어 있다는 사실이다. 이러한 예들을 통해 우리는 신명기의 경건과 영성이 예수 그리스도는 물론 신약성서 저자들의 삶에 얼마나 깊게 뿌리내리고 있었는지 확인할 수 있다.

이상에서 검토한 것처럼 신명기가 창안한 새로운 형태의 경건과 영성은 오늘날까지 유대교와 기독교의 경건과 영성에 심대한 영향을 끼치고 있다. 그러므로 신명기는 성서적 이스라엘뿐만 아니라 유대교인들과 기독교인들 모두의 영적 지침서로 읽힐 수 있다. 이와 같은 맥락에서 왕대일은 신명기를 구약성서의 복음서라고 일컬은 바 있다.[17] 신명기가 가르치는 온 맘을 다해 야훼 하나님을 사랑하고 경외하는 삶, 하나님께서 과거 이스라엘에 행하신 일들 속에서 하나님의 현존과 공동체의 정체성을 발견하는 신앙은 진정한

이스라엘이라 자부하는 오늘날 기독교회의 삶 속에서도 면면히 이어지고
있다. 성만찬과 교회력을 통해 예수 그리스도의 삶과 죽음, 부활을
신자들의 삶 속에서 상징적인 형태로 체험하는 것, 성경 말씀을 공부하고,
통독하고, 암송하고, 필사하는 노력들, 이 모두가 그 기원이 신명기의
가르침에 그 뿌리를 두고 있다는 사실은 신명기의 경건과 영성이 시대를
초월하여 얼마나 깊고 강한 생명력을 지니고 있는지를 우리에게 증언한다.

참고 문헌

왕대일. 『다시 듣는 토라: 설교자를 위한 신명기 연구』 서울: 한국성서학연구소, 1998.

왕대일. "신명기." 『구약성서개론: 한국인을 위한 최신 연구』 서울: 대한기독교서회, 2004.

Assmann, Jan. *Cultural Memory and Early Civilization: Writing, Remembrance, and Political Imagination.* Cambridge: Cambridge University Press, 2011.

Assmann, Jan. *Religion and Cultural Memory: Ten Studies.* Translated by Rodney Livingstone. Stanford: Stanford University Press, 2006.

Biddle, Mark E. *Deuteronomy.* Smyth & Helwys Bible Commentary. Macon: Smyth & Helwys Publishing, 2003.

Birch, Bruce C. Walter Brueggemann, Terence E. Fretheim, and David L. Petersen. *A Theological Introduction to the Old Testament.* Second edition. Nashville: Abingdon Press, 2005.

Coogan, Michael D. *The Old Testament: A Historical and Literary Introduction to the Hebrew Scriptures.* Second edition. New York: Oxford: Oxford University Press, 2011.

Christensen, Duane L. *Deuteronomy 1:1-21:9.* WBC Vol. 6a. Thomas Nelson, 2001.

Levinson, Bernard M. *Deuteronomy and the Hermeneutics of Legal Innovation.* New York and Oxford: Oxford University Press, 1997.

Lincicum, David. *Paul and the Early Jewish Encounter with Deuteronomy.* Grand Rapids: Baker Academic, 2013.

Miller, Patrick D. *Deuteronomy.* IBC. Louisville: Westminster John Knox, 1990.

Olson, Dennis. *Deuteronomy and the Death of Moses: A Theological Reading.* OBT. Minneapolis: Fortress, 1994.

Watts, James W. *Reading Law: The Rhetorical Shaping of the Pentateuch.* Sheffield: Sheffield University Press, 1999.

주

1) 신명기와 여호수아부터 열왕기하에 이르는 역사서들의 관계에 대해 최초로 비평적인 이론을 제시한 것은 마틴 노트(Martin Noth)이다. 노트는 왕국 시대 이전 지파동맹체를 이끌던 지침서에 기원한 신명기를 포로기의 신명기 역사가(Deuteronomistic Historian)가 편집하고 확장하였다고 보았다. 노트는 또한 신명기에 뒤이어 나오는 역사서들을 신명기의 신학적 관점을 가지고 기록된 역사라는 의미에서 "신명기 역사서"(Deuteronomistic History, 약자로 DtrH)라고 명명하고 신명기가, 특히 1-3(4)장과 31-34장이, 신명기 역사서에 대한 서론 구실을 한다고 주장하였다. 노트의 이러한 견해는 신명기 이해에 획기적인 전환을 가져왔다. Martin Noth, *Überlieferungsgeschichtliche Studien* (3rd ed; Tübingen: Niemeyer, 1943). 신명기의 형성에 관한 이론들과 쟁점들에 관한 개괄적인 소개는 왕대일, "신명기," 『구약성서개론: 한국인을 위한 최신 연구』 (서울: 대한기독교서회, 2004), 305-310, 316-320을 참조하라.

2) 신명기의 제목의 유래에 대해서는 Mark E. Biddle, *Deuteronomy* (Smyth & Helwys Bible Commentary; Macon:Smyth & Helwys Publishing, 2003), 1쪽과 왕대일, "신명기," 297-298쪽을 참조하였다.

3) Dennis Olson, *Deuteronomy and the Death of Moses: A Theological Reading* (OBT; Minneapolis: Fortress, 1994), 6-7.

4) Bruce C. Birch, Walter Brueggemann, Terence E. Fretheim, and David L. Petersen, *A Theological Introduction to the Old Testament* (Second edition; Nashville: Abingdon Press, 2005), 146.

5) 신명기 6장 4b절은 일반적으로 유일신 사상(monotheism)의 표현으로 받아들여지지만, 히브리어 구문상의 모호성 때문에 저자들이 본문을 통해 의도했던 정확한 의미가 무엇이었는지는 다소 불확실하다. 학자들은 신 6:4b의 의 יהוה אלהינו יהוה אחד는 대략 두 가지로 번역될 수 있다고 보는데, 하나는 "야훼 우리 하나님은 한 분이시다"(YHWH our God is one)이고 다른 하나는 "야훼만이 우리 하나님이시다"(YHWH only is our God)이다. 전자는 야훼 하나님의 단일성을 강조하는 번역이고 후자는 야훼 하나님에 대한 이스라엘의 헌신의 배타성을 강조하는 번역이다. Mark Biddle은 이러한 신 6:4b의 중의성을 의도적인 것으로 보며, 따라서 두 가지 번역 중 어느 하나를 취하는 것보다는 두 가지를 동시에 고려하는 것이 원저자들의 의도를 보다 존중하는 것이라고 말한다.

Biddle, *Deuteronomy*, 124-125.

6) Rainer Albertz, 『포로시대의 이스라엘』 [Die Exilszeit vor 6, Jahrhundert v. Chr]. 배희숙 역 (고양: 크리스챤 다이제스트, 2006), 149-153.

7) 알박스의 공동체적 기억의 개념에 대한 설명은 Jeffrey K. Olick, "Collective Memory," in *International Encyclopedia of the Social Sciences* (second edition; Macmillan Reference USA, 2007), 7-8쪽과 Jan Assmann, *Religion and Cultural Memory: Ten Studies* (trans. Rodney Livingstone: Stanford University Press, 2006),1-9쪽을 참조하였다.

8) Gerhard von Rad, "The Form-Critical Problem of the Hexateuch," in *The Problem of the Hexateuch and Other Essays* (New York: McGraw-Hill, 1966), 1-78; idem, *Deuteronomy : A Commentary* (OTL; Philadelphia: Westminster Press, 1966), 157-161.

9) Assmann, *Cultural Memory and Early Civilization: Writing, Remembrance, and Political Imagination* (Cambridge: Cambridge University Press, 2011), 192쪽에서 재인용.

10) 공동체적/집단적 기억술(collective mnemotechnics)이라는 용어는 Assmann, *Cultural Memory and Early Civilization*, 196쪽에서 차용하였다. 이 섹션은 부분적으로 Assmann이 위의 책 196-200쪽과 *Religion and Cultural Memory: Ten Studies*의 17-19쪽에서 행한 분석에서 아이디어를 얻어 작성되었음을 밝힌다.

11) Assmann, *Religion and Cultural Memory: Ten Studies*, 3.

12) 메주자는 본래 히브리어로 문설주 자체를 의미했으나 시간이 흐르면서 쉐마가 담긴 상자와 이 상자를 문설주에 붙이는 풍습도 메주자라 불리게 되었다. Biddle, *Deuteronomy*, 128.

13) James W. Watts, *Reading Law: The Rhetorical Shaping of the Pentateuch* (Sheffield: Sheffield University Press, 1999), 16-31.

14) Bernard M. Levinson, *Deuteronomy and the Hermeneutics of Legal Innovation* (New York: Oxford: Oxford University Press, 1997), 3-22.

15) 모압 계약의 신학적 성격에 대해서는 Olson, *Deuteronomy and the Death of Moses: A Theological Reading*, 126-133쪽을 참조하라.

16) 제2성전기 유대교에서 신명기의 중요성과 바울의 신명기 사용 방식에 대해서는 David Lincicum, *Paul and the Early Jewish Encounter with Deuteronomy* (Grand

Rapids: Baker Academic, 2013), 21-58쪽을 참조하라.

17) 왕대일, "신명기"『구약성서개론: 한국인을 위한 최신 연구』(서울: 대한기독교
서회, 2004), 324.

THESIS
06
거룩한 전쟁(Holy War)으로 읽는 여호수아서

김 덕 중

▼

영국 에버딘대학교 철학박사(Ph.D.)
에스라성경대학원대학교 교수
제일교회 소속목사

들어가는 말

구약성경에는 평화에 대한 말씀뿐만 아니라 많은 전쟁 이야기들이 등장하며, 그 가운데 야훼는 때로 전투하시는 분으로 소개되기도 한다. 이는 때때로 구약의 하나님에 대한 잘못된 이해를 초래하는 요인으로 작용하기도 한다. 특히 신명기적 역사자료로 알려진 여호수아서는 수많은 전쟁 이야기들로 채워져 있다. 그중 상당수의 전쟁 기사는 우리가 알고 있는 일반적인 전쟁 이야기와 사뭇 다른 모습으로 그려지고 있는데, 이는 고대 이스라엘의 거룩한 전쟁에 대한 저자의 신학이 반영되어 있기 때문이다. 모든 역사에는 그것을 기록한 역사가의 관점이 반영되어 있기 마련이다. 이스라엘의 역사에 대한 기록도 마찬가지이다. 여호수아서는 가나안 정복과 정착이라는 이스라엘의 초기 역사를 단순한 역사적인 관점이 아니라 '거룩한 전쟁'이라는 신학적인 관점에서 해석하고 돌아본다. 그렇다면 여호수아서가 이스라엘의 초기 역사를 거룩한 전쟁의 개념으로 서술하는 이유는 무엇인가? 그리고 여호수아서의 거룩한 전쟁 사상이 현대 그리스도인들에게 주는 신학적인 함의는 무엇인가? 이 글은 여호수아서를 고대 이스라엘의 '거룩한 전쟁'의 관점에서 읽어나가는 것을 목적으로 하며, 거룩한 전쟁과 관련한 실천적인 교훈을 찾아보고자 한다. 여호수아서의 거룩한 전쟁 개념은 예언과 묵시 전승을 거쳐 신약으로 연결된다. 지면 관계상 예언과 묵시 전승의 거룩한 전쟁은 생략하고 실천적으로 중요한 의미를 지닌 신약성경의 거룩한 전쟁(영적 전쟁)에 대한 사상만 부록과 같은 성격으로 간략하게 정리하고자 한다.

Ⅰ. 고대 서아시아(고대 근동)의 거룩한 전쟁 개념

거룩한 전쟁(聖戰)은 구약성경의 다른 개념들과 유사하게 고대 근동에서 보편적으로 알려진 개념으로 고대 서아시아(고대 근동)의 문화(특히 전쟁)와 밀접하게 관련되어 있다. 고대 서아시아에서 전쟁은 신들이 주관하는 것으로 이해되었다. 그런 의미에서 고대 서아시아의 전쟁 개념은 신들의 전쟁이요, 종교적인 성격의 전쟁, 즉 '신성한 전쟁'이었다. 고대 전쟁의 종교적 성격은 전투를 준비하는 과정에서부터 전투를 벌이는 과정에 잘 나타나 있다. 전투를 치르기 전에 왕은 자신이 치르게 될 전쟁이 신들로부터 받은 신탁에 근거한다는 확신이 필요했다(ANET, pp. 285, 292, 294). 그래서 성전을 방문하여 신탁을 묻고 신들의 임재와 도움을 구했으며,[1] 신들로부터 '우리가 너와 함께 행진하리라'는 약속을 받기도 했다.[2]

전투에 참여하는 군사들은 신상이나 신들이 새겨진 문장(紋章)을 들고 나갔는데, 이것은 신들이 함께한다는 믿음의 표현이었다(ANET, 270). 전투가 진행되는 도중에는 신들이 전투에 직접 참여하여 자신들을 위해 싸운다고 생각했다(ANET, 289; 투클티-니우르타 1세[주전 1144-1208]의 서사시 col. V: A 33'-40'). 그렇지만 신들이 전투에 참여한다는 확신에도 불구하고 군사들은 승리하기 위해 전투에서 맹렬히 싸워야만 했다. 병사들은 신들이 전투를 돕는다고 생각했지만, 신들의 역할만이 승패에 결정적 요소로 작용한다고 보지는 않았던 것 같다.[3]

왕과 병사들은 일단 전쟁이 끝나면 승리의 공로를 신들에게 돌렸다(ANET pp. 248, 285). 왕은 신에게 승리를 주신 것에 대한 감사의 표시로 제사를 드렸다. 탈취한 물건이나 사로잡은 사람을 죽이는 것(헤렘)도 일종의 신에 대한 감사의 의미로 해석되었다.[4] 때로 기념비를 세워 왕으로 하여금 승리를 거두게 한 신의 힘을 찬양하기도 했다. 특히 점령지의 신전에 신상을 안치시키는 것은 자신들의 신이 점령지의 신들보다 더 강한 신임을 선포하는 의미를 지녔다(ANET, p. 291; 왕하 18:17-36). 이처럼 고대 서아시아에서 전쟁 개념은 신들이 참여하는 전쟁이요, 종교적 차원에서 진행되었던 전쟁이었다.

II. 고대 이스라엘과 구약성경의 거룩한 전쟁

거룩한 전쟁은 구약성경에도 익숙한 개념이다. 실제로 '거룩한 전쟁' 혹은 '성전(聖戰)'이라는 용어는 구약성경에 등장하지 않고, 대신 '야훼 전쟁'(밀하모트 야훼)이란 용어로 표현된다(민 21:14; 삼상 18:17; 25:28). 야훼 전쟁은 거룩하신 야훼께서 직접 참여하신다는 의미에서 거룩한 전쟁이다. 거룩한 전쟁에 대한 전승은 고대 이스라엘 역사 초기로 거슬러 올라간다.

1. 전사로서의 야훼

구약성경에 소개되는 거룩한 전쟁의 기본적인 개념은 거룩하신 야훼가 전사(divine warrior)로 당신의 군대(백성)와 함께 직접 싸우신다는 것이다.[5] 전사로서의 야훼 전승은 출애굽 사건에 기원을 둔다. 야훼께서 이스라엘 백성 앞에서 홍해를 가르시고 애굽의 군대를 수장시킨 사건은 야웨께서 전사로 싸우신 대표적인 사건이다(출 15:3-5).

> 여호와는 용사시니 여호와는 그의 이름이시로다 그가 바로의 병거와 그의 군대를 바다에 던지시니 최고의 지휘관들이 홍해에 잠겼고 깊은 물이 그들을 덮으니 그들이 돌처럼 깊음 속에 가라앉았도다(출 15:3-5)

본문은 야훼를 용사(전사)로 소개한다(3절). 이스라엘 역사 초기부터 이스라엘의 신 야훼는 전쟁과 관련된 신으로 인식되었던 것으로 보인다. 광야 전승의 법궤 이해는 전사로서의 야훼의 모습을 잘 반영하고 있다(민 10:35-36). 광야 시대 이스라엘 백성들은 야훼 임재의 상징물인 법궤를 앞세우고 행진했다. 이스라엘 백성들이 광야를 행진할 때, 그리고 전쟁에 나갈 때 모세는 다음과 같이 외쳤다. "여호와여 일어나사 주의 대적들을 흩으시고 주를 미워하는 자로 주의 앞에서 도망하게 하소서"(민 10:35).[6] 여기에서 야훼는 마치 마차 위에 올라타고 진격을 명령하는 왕처럼 묘사된다. 야훼를 거룩한 전쟁을 치르는 전사로 소개하는 또 다른 고대 전승은 모세의 노래(혹은 축복문)로 알려진 신명기 33장이다.

> 여호와께서 시내 산에서 오시고 세일 산에서 일어나시고 바란 산에서 비추시고 일만 성도 가운데에 강림하셨고 그의 오른 손에는 그들을 위해 번쩍이는 불이 있도다(신 33:2)
> 여수룬이여 하나님 같은 이가 없도다 그가 너를 도우시려고 하늘을 타고 궁창에서 위엄을 나타내시는도다 … 그는 너를 돕는 방패시요 네 영광의 칼이시로다 네 대적이 네게 복종하리니 네가 그들의 높은 곳을 밟으리로다(신 33:26-29)

본문이 기억하는 하나님의 현현은 마치 군사들의 호위를 받으며 전쟁터로 임하시는 모습이다. 그리고 그 이유는 이스라엘을 도와 전쟁을 치르기 위함이다(33:26-29). 신명기는 이스라엘이 앞으로 가나안 땅에서 치르게 될 전투가 야훼께서 앞장서서 싸우시는 거룩한 전쟁이 될 것을 예고한다. 앞으로 이스라엘은 야훼의 군대의 자격으로 싸우게 될 것이고, 야훼의 심판을 수행하는 심판의 대행자로서의 역할을 하게 될 것이다.

2. 거룩한 전쟁의 전개 과정과 특징

고대 이스라엘에서의 거룩한 전쟁은 대개 세 단계 — (1) 전투의 준비, (2)

전투의 진행, (3) 전투의 마무리 - 로 전개되었다.[7] 구약성경의 자료에 의하면, 고대 이스라엘의 거룩한 전쟁은 다음과 같은 특징을 보인다.[8]

먼저 거룩한 전쟁은 야훼의 주도로 시작된다. 전쟁시작 전 야훼의 신탁을 받는 것(삿 7:9-14; 삼상 28:6; 삼하 5:19; 왕상 22:5)이나 거룩한 전쟁에서 나팔을 불어 군대를 소집하는 것(삿 6:34-35; 삼상 13:3)은 야훼의 주도하에 전쟁이 시작됨을 의미한다.

전투의 준비 단계에서는 야훼의 임재를 기원하는 다양한 제의(의식적인 준비)를 행한다. 이스라엘 백성들은 야훼께 먼저 제사를 드리고(삼상 7:9; 삼상 13:9-10, 12) 야훼로부터 승리에 대한 확신을 받았다('야훼께서 적들을 우리 손에 붙이셨다'; 수 2:24; 수 6:2; 삿 4:7, 14; 7:9, 15; 왕상 20:28 등). 소집된 군대는 철저히 제의적인 성결을 유지해야 했다(신 23:9-14; 수 3:5). 이 단계에서 이스라엘 백성들은 야훼께서 거하시는 진영뿐만 아니라 스스로를 정결케하는 것이 요청되었다(삼상 21:5; 삼하 11:11-12). 제의적인 성결의식은 거룩하신 야훼께서 이스라엘 군대와 함께하신다는 이해에 근거하고 있다.

다음으로 전투의 진행은 야훼의 기적적인 개입으로 이루어진다. 거룩한 전쟁은 전적으로 야훼 하나님에 의해 수행된다. 야훼께서 직접 전쟁을 주관하시기 때문에 거룩한 전쟁에서는 자주 군사적이거나 물리적 힘이 배제되는 양상을 보인다. 이런 배경에서 야훼의 개입은 주로 자연현상을 동반하는 것이나, 적들에게 두려움을 안겨주는 방식으로 나타난다(출 23:27-28; 신 2:25; 11:25; 수 2:9 등). 반면 이스라엘 백성들에게 요청되는 것은 두려워하지 않는 것이다(신 20:1-4). 왜냐하면 야훼께서 함께하시기 때문이다. 이런 이유로 거룩한 전쟁의 문맥에서 '두려워하지 말라'는 말씀이 자주 등장한다.

전투의 마무리는 전리품을 야훼께 바치는 것(헤렘)으로 끝난다. 야훼께서 승리를 주셨기 때문에 모든 전리품은 야훼께 돌려야 했는데, 그 대표적인 방법은 '진멸'(헤렘)이었다. 진멸(헤렘)은 구약성경에서 거룩한 전쟁과 관련하여 등장하는 용어로 거룩한 전쟁을 치르는 과정에서 빼앗은 물건 또는 포로를 금기(taboo)로 여기는 것을 가리킨다.[9] 대개 금이나, 은 같은 귀금속은 하나님의 성전 곳간에 귀속되었지만, 적들은 진멸의 대상이 되었다. 진멸의 규정을 어길 경우에는 그 사람이나 공동체 전체가 진멸의 대상이 되었다(신 7:26; 수 7장). 헤렘에 대한 규정은 특히 신명기에서 매우 강조된다. 신명기에 따르면 가나안의 일곱 족속들은 모두 헤렘의 대상이다(신 7장; 20:16-18). 그리고 헤렘의 목적은 이스라엘 백성들이 가나안의 제의와 타락한 문화를 본받지 않도록 하기 위함이다(신 20:18). 이것은 신명기의 헤렘 명령이 이스라엘의 종교적인 순수성을 지키기 위한 의도에서 주어진 것임을 의미한다.[10] 신명기는 또한 가나안의 족속들뿐만 아니라 이스라엘 백성들도 진멸의 대상이 될 수 있음을 경고한다(신 7장; 신 13장). 즉 이스라엘 백성이라 할지라도 이방 신을 섬기게 되면 그 사람과 성읍이 진멸의 대상이 될 수 있고(신 13장), 헤렘의 규정을 어기고 전리품을 취했을 경우에는 그것을 취한 사람 혹은 공동체가 헤렘의 대상이 될 수 있다(신 7:25-26).[11]

이렇듯이 구약성경의 거룩한 전쟁 개념은 고대 근동의 그것과 유사한 면을 보인다. 그럼에도 불구하고 구약성경의 거룩한 전쟁 기사는 고대 근동의 거룩한 전쟁 기사와 비교해서 다음의 차이를 보인다. 먼저 구약성경의 거룩한 전쟁은 야훼 외에 다른 신들의 역할을 전적으로 배제한다. 이것은 구약성경이 거룩한 전쟁의 개념을 야훼 신학의 틀 안에서 재해석하고 있음을 의미한다. 즉 거룩한 전쟁 개념을 신학화한 것이다. 다음으로 구약성경의 거룩한 전쟁 기사는 인간의 역할을 매우 축소시킨다. 신들의 참여와 더불어 인간의 노력이 승패를 좌우하는 고대 서아시아의 성전(聖戰) 개념과 달리 구약성경의 경우는 승패가 전적으로 야훼의 직접적인 개입에 의존한다. 따라서 당연한 귀결로 인간의 역할은 거의 배제된다.[12]

Ⅲ. 여호수아서의 거룩한 전쟁

여호수아서는 이스라엘의 가나안 땅 정착 과정을 소개한다. 일반적으로 학자들은 가나안 땅의 이스라엘화 되는 과정은 복잡하고 점진적이었을 것으로 생각한다.[13] 그렇지만 여호수아서가 증언하는 가나안 땅의 점령은 여호수아를 중심으로 한 단기적인 정복이다. 여호수아서는 가나안의 정착이라는 이스라엘의 초기 역사를 거룩한 전쟁의 관점에서 해석하고 있는 것이다. 이런 배경에서 여호수아서에 등장하는 많은 전쟁 기사에는 거룩한 전쟁의 모티브들이 반복적으로 등장한다.[14]

1. 여호수아서의 거룩한 전쟁 모티브

우리는 여호수아서에 등장하는 거룩한 전쟁에 대한 주제들을 다음과 같이 정리해 볼 수 있다.

1) 전사이신 야훼

여호수아에서 이스라엘의 구원자 야훼는 전사의 모습으로 소개된다. 여호수아서에서 전사이신 야훼의 모습은 법궤에 잘 나타난다. 여호수아서에서 법궤의 역할은 특히 강조된다. 이스라엘 백성들은 법궤를 앞세우고 요단 강을 건넜다. 이것은 야훼께서 친히 이스라엘을 가나안으로 인도하심을 의미한다. 여호수아서는 법궤가 요단을 갈랐다고 증언하므로(4:7; 참고. 수 4:23) 야훼와 법궤를 동일시한다. 여리고 성을 점령하는 과정에서도 법궤는 야훼 임재의 상징물로 등장하는데, 이것은 야훼께서 전사로서 전투에 임하셨음을 의미한다.

전사로서의 야훼의 모습을 증언하는 또 다른 본문은 야훼 군대장관의 현현을 보도하는 장면(수 5장)이다. 여호수아에게 나타난 야훼의 군대장관이 누구인지에 대해 본문은 명시하지 않는다. 그렇지만 여호수아가 그에게 경배하는 모습(14절)이나 여호수아에게 한 군대장관의 명령("네 발에서 신을 벗으라 네가 선 곳은 거룩하니라")으로 보건대 그분은 다름 아닌 야훼 자신인 것 같다. 모세에게 나타나 "네가 선 곳은 거룩한 땅이니 신을 벗으라" 명령하셨던 야훼께서 여호수아에게 나타나신 것이다. 가나안에서 본격적인 전투를 치르는 시점에 야훼께서 군대장관의 모습으로 나타나시는 것(5:13)은 야훼 하나님이 앞으로 싸우게 될 전투의 지휘관이심을 의미한다. 이것은 앞으로 여호수아와 이스라엘 백성들이 싸우게 될 전투가 야훼께서 앞장서서 싸우시는 거룩한 전쟁이 될 것을 보여 준다.

2) 성별의식

여호수아서는 전쟁에 대한 기사와 더불어 이스라엘의 성별의식을 중요한 위치에서 다룬다. 여호수아는 요단 강을 건너기 전 이스라엘 백성들을 성결케 할 것을 명령한다(수 3:5). 여리고 전투를 앞두고 할례와 유월절을 행하고(5장) 모든 백성들을 세겜으로 불러 모아 언약갱신 의식을 행한다(8장). 이러한 의식들은 이스라엘을 성결케 하는 의식들이다. 이러한 의식들은 이스라엘이 앞으로 전쟁을 치르기 위한 준비 과정이다. 야훼께서 이스라엘 백성들과 함께하시기 위해서는 제의적인 성결이 수반되어야 하기 때문이다(참조. 신 23:9-14).

3) 승리에 대한 확신

여호수아서의 땅 정복 단락에 반복적으로 등장하는 구절은 '두려워하지 말라/야훼께서 붙이셨다'는 말씀이다. 여호수아서의 전투는 많은 경우 '두려워 말라'는 명령(1:6, 7, 9; 8:1; 10:8; 11:6), 그리고 '대적들을 여호수아의 손에 붙이셨다'는 말로 시작한다(6:2). 이 구절은 거룩한 전쟁에 등장하는 전형적인 승리[혹은 승리확신] 공식으로, 야훼의 군사로 전투에 참여하는 사람은 두려워하지 않아야 한다(참조. 신 23장). 야훼께서 함께 싸우시기 때문이다.

4) 진멸(헤렘)

진멸(헤렘)이라는 말은 구약성경 안에서 여호수아서에서 가장 많이 등장한다(6:17, 18, 21; 7:1, 11, 12, 13, 15; 8:26; 10:1, 28, 35, 37, 39, 40; 11:11, 12, 20, 21; 22:20). 여호수아서는 전쟁 이후 전리품 처리와 관련하여 가나안의 정복 전쟁을 진멸(헤렘) 전쟁으로 소개한다. 여리고 성은 라합과 그 가족들 외에 왕과 백성들은 남녀노유 심지어 우양과 나귀까지도 진멸 당한다(6:21). 아이 성의 경우도 마찬가지로 가축을 제외하고 진멸의 대상이 되었다(8:2). 가나안 남부 연합군을 점령할 때도 동일하게 진멸했다는 용어가 반복된다10:28; (10:30, 32, 33, 35, 37, 39, 40). 북쪽 전투의 경우도 역시 하솔과 그 인접 여러 왕들과 여섯 족속들은 한 사람도 남기지 않고 진멸을 당한다(11:8, 10, 14).

2. 여호수아 문맥에서 본 거룩한 전쟁

여호수아서는 크게 세 단락으로 구성된다. 첫째는 가나안 정복에 대한 기사를 소개하는 단락이다. 여기에는 각각 (1) 가나안의 중부 전투: 여리고와 아이 성 전투(6-8장), (2) 가나안 남부 연합군과의 전투(9-10장), (3) 가나안 북부 연합군과의 전투(11장)를 포함한다. 두 번째 단락은 13-21장으로 이스라엘 지파들의 땅 분배 주제를 다룬다. 마지막 세 번째 단락(22-24장)은 가나안 정복 전쟁의 회고와 앞으로의 전망을 다룬다. 여기서 우리는 각각의 문맥을 살펴보면서 거룩한 전쟁의 주제가 어떤 식으로 전개되는가에 초점을 맞추고자 한다.

1) 승리의 공식(수 1장)

여호수아서 1장은 여호수아서 전체의 서론이면서 땅 정복 단락의 서론이다. 여호수아서 1장은 여호수아서 전체의 신학적 방향을 제시하며 여호수아서 전체의 핵심 주제를 도입한다는 면에서 의미를 지닌다. 바야흐로 이스라엘 역사의 새로운 전환점, 즉 모세가 죽고 여호수아가 백성들을 이끌고 가나안 땅에 들어가 전쟁을 치러야 할 시점에 야훼께서 여호수아에게 나타나신다.

야훼는 여호수아에게 먼저 승리에 대한 확신을 심어 준다(3절 "내가 모세에게 말한 바와 같이 너희 발바닥으로 밟는 곳은 모두 내가 너희에게 주었노니"). 가나안 땅은 그 소유권이 야훼께 있는 땅이요, 야훼께서 조상들에게 약속하신 땅이다. 그런 의미에서 가나안 땅은 이미 이스라엘에게 준 땅이다('주었노니'). 그럼에도 불구하고 그 땅은 앞으로 이스라엘 백성들이 싸워서 취해야만 할 땅이다. 그런 의미에서 여호수아와 이스라엘 백성들은 이미(already)와 아직(yet)의 경계에 서 있는 것이다. 이스라엘이 앞으로의 전투에서 승리하기 위한 조건은 5-8절에 제시된다.

> 네 평생에 너를 능히 대적할 자가 없으리니 내가 모세와 함께 있었던 것 같이 너와 함께 있을 것임이니라 내가 너를 떠나지 아니하며 버리지 아니하리니(1:5)
> 이 율법 책을 네 입에서 떠나지 말게 하며 주야로 그것을 묵상하여 그 안에 기록된 대로 다 지켜 행하라 그리하면 네 길이 평탄하게 될 것이며 네가 형통하리라(1:8)

전술적인 내용을 담고 있지 않은 이 말씀은 외형상 전투를 앞두고 있는 여호수아와 이스라엘 백성들과는 상관없는 말처럼 들린다. 그렇지만 여호수아서 저자에게 있어서 이 말씀은 앞으로 전투를 치를 여호수아와 이스라엘 백성들이 명심해야 할 '승리의 공식'이다. 본문은 승리에 필요한 두 가지 원칙을 제시하는데, 하나는 하나님의 임재(하나님께서 함께하심)이고 다른 하나는 율법(하나님의 명령)에 대한 순종이다. 야훼의 명령에 순종하는 것이 하나님의 임재(함께하심)의 전제조건이라는 점에서 이 둘은 서로 연결되어 있다. 여호수아와 이스라엘 백성들은 가나안 전투에서 승리하기 위해 야훼의 명령을 잘 따라야만 한다. 여호수아와 이스라엘 백성들에게 가장 필요한 것은 야훼의 명령과 토라(율법)에 대한 절대적인 충성이다. 이것이 이스라엘의 승리하는 비결이요, 약속의 땅에 축복을 누리며 살아가는 방식이다.

2) 여리고 전투(수 2-6장) : 거룩한 전쟁의 전형(典型)

여리고 성 전투는 거룩한 전쟁의 대표적인 모델로 앞으로 이스라엘이 치르게 될 가나안 정복 전쟁의 전형을 이룬다는 면에서 특별한 중요성을 지닌다. 여리고 성 정복 기사는 여호수아서 2장부터 7장에 이르는 큰 내러티브 단위를 형성하고 있으며 거룩한 전쟁이라는 모티브로 연결되어 있다. 여리고 성 전투의 내용은 크게 세 부분으로 나누어 볼 수 있다. (1) 라합의 구원(2장), (2) 전투의 준비(5장), (2) 전투(6:1-17), (3) 헤렘의 적용과 전투 이후의 처리(6:18-7:15).

(1) 라합의 구원(수 2장)

여리고 성 정복 단락은 정탐꾼과 라합의 이야기(2장)로 시작한다. 저자는 라합의 이야기를 여리고 전투의 서두에 위치시키므로 가나안 정복전쟁(거룩한 전쟁)의 성격을 신학적으로 규명하고자 한다.

정탐꾼 사건은 라합의 신앙고백에 초점을 맞추고 있다(2:8-14).[15] 라합은 야훼께서 가나안 땅을 이스라엘 백성에게 주셨다고 고백하면서(2:9a), 가나안 땅의 주권이 야훼께 있음을 인정한다. 라합은 이어서 '야훼의 두려움'이라는 모티브를 사용하여(2:9b "우리가 너희를 심히 두려워하고 이 땅 주민들이 다 너희 앞에서 간담이 녹나니"), 가나안 족속들의 반응을 알린다. 야훼의 두려움은 거룩한 전쟁에서 자주 등장하는 모티브이다(비교. 출 15:16; 23:27; 신 11:25). 라합의 고백은 진멸이라는 성전(聖戰) 용어를 포함하고 있는데(10절), 이것은 가나안 땅이 야훼의 심판의 대상임을 암시한다. 라합의 신앙고백의 클라이맥스는 "너희 하나님 여호와는 상천하지에 하나님이시니라"(2:11)로 매우 유일신론적인 표현이다. 이 고백은 가나안 주민인 라합이 어떻게 해서 진멸의 대상에서 제외되게 되었는지 신학적인 근거를 제시한다. 여호수아서 6장은 라합과 그 가족이 구원받게 되었음을 확인시킨다. 라합의 구원 사건은 우리로 하여금 진멸(헤렘)의 명령(신 7장)이 의도하는 것이 무엇인지를 돌아보게 한다. 진멸의 진정한 의도는 가나안의 우상숭배와 타락을 심판하는 데 있지, 가나안 족속들의 멸망 자체에 있는 것이 아니다. 라합의 이야기는 신명기의 헤렘 명령을 실제적으로 어떻게 적용할 것인가에 대한 원칙을 제시한다.[16)]

(2) 여리고 전투를 위한 준비(5장)

여호수아서 5장은 가나안 정복 전쟁을 시작하기 위한 두 가지 준비 장면을 소개한다: (1) 할례와 유월절 의식, (2) 야훼의 군대장관의 현현. 할례와 유월절이 이스라엘 백성들을 위한 준비라면, 야훼의 군대장관의 나타남은 여호수아를 위한 준비이다.[17)] 이것은 모두 여리고 전투를 치르기 위한 영적인 준비들이다.

1절은 당시 가나안 족속들의 상황을 보도한다("야훼께서 요단 물을 말리시고 이스라엘 백성들을 건너게 하셨다는 소식을 듣고 그들의 마음이 녹았다"). 마음이 녹았다는 표현은 야훼께서 두려움을 안겨 주셨다는 의미로 거룩한 전쟁 기사에서 자주 등장하는 표현이다. 1절은 할례와 유월절 의식에 대한 배경을 설정한다. 전투를 앞둔 상황에서 할례를 행하라는 명령(2절)은 상식적으로 이해하기 어렵다. 할례로 고통스러워하는 세겜 사람들을 몰살한 야곱의 딸 디나 사건(창 34장 참조)은 이것이 얼마나 위험한 일인가를 보여 준다. 그럼에도 불구하고 할례를 행하도록 하는 것은 앞으로 치르게 될 전투의 성격과 관계된다. 앞으로 치를 전투는 야훼께서 함께하시는 거룩한 전투로 영적인 준비가 필요한 것이다. 전투를 치르기 전에 할례와 유월절을 행하는 것은 이런 의미로 해석된다. 할례와 유월절을 지키는 것은 이스라엘 백성들이 야훼의 언약백성이라는 정체성을 확인하는 의식이며, 거룩하신 야훼께서 이스라엘 진에 임재하시도록 하는 준비이다.

여리고 전투를 치르기 위한 두 번째 준비는 야훼 군대장관이 여호수아에게 나타나신 사건이다. "너는 우리를 위하느냐 우리의 대적을 위하느냐"는 여호수아의 질문에 대해 야훼의 사자는 "아니라 나는 여호와의 군대장관으로 왔느니라"(5:14, 개역한글)로 답변한다. 여호수아의 질문에 대한 야훼의 군대장관의 대답은 동문서답처럼 들린다. 그렇지만 이 대답은 앞으로 가나안의 전쟁(거룩한 전쟁)을 치름에 있어서 여호수아가 기억해야 할 원칙이다. 군대장관의 대답은 야훼를 자신의 편으로 만들고자 하는 여호수아의 시도를 야훼께서 거부하셨음을 의미한다. 야훼는 이스라엘에게 무조건적으로 승리를 안겨 주시는 그런 민족주의적인 신이 아니라는 것이다. 거룩한 전쟁을 치르는 여호수아에게 중요한 것은 "하나님이 우리 편이신가?"가 아니라 "우리가 하나님 편에 서 있는가?"이다. 그리고 여호수아와 이스라엘은 야훼 편에 서기 위해 하나님의 말씀(명령)에 철저하게 순종해야 한다. 그렇지 못할 경우 이스라엘이 야훼의 대적이 될 수도 있다(참조. 수 7장의 아간의 사건).

(3) 전투의 진행(6:1-17)

여리고 성 전투 기사는 야훼 승리에 대한 확신으로 시작된다(6:2). "보라 내가 여리고와 그 왕과 용사들을 네 손에 붙였으니"(완료형). 이 표현은 거룩한 전쟁의 문맥에서 등장하는 전형적인 표현인데, 완료형 형태로 표현된 것은 승리에 대한 확신을 선포하는 의미이다. 그 이후 선포되는 야훼의 명령(3-5절)은 여리고 성 전투가 총지휘관이신 야훼의 지시 하에 이루어지고 있음을 의미한다. 제사장들은 양각나팔을 불어야 하는데(6:4-6, 9, 13, 20), '나팔을 부는 것은 야훼의 임재를 상징한다. 이를 통해 이 전투가 야훼께서 임재하시는 거룩한 전투임을 밝힌다.

여리고 성 전투는 군사적인 행동보다는 진영 한복판에 모신 법궤에 초점이 맞추어져 있다. 야훼의 임재의 상징물인 법궤를 앞세우고 여리고 성을 도는 행동은 야훼께서 친히 앞장서서 이 전쟁을 주관하심을 보여 준다. 이 과정에서 이스라엘 백성들은 아무것도 한 것이 없어 보인다. 단지 야훼의 명령에 따라 성을 돌며 야훼께서 이루시는 역사를 지켜볼 뿐이다. 성벽의 무너짐은 전적인 하나님의 능력에 기인한 것이다. 여리고 성 전투는 전형적인 거룩한 전쟁의 양상으로 전개된다.

(4) 헤렘의 적용과 아간의 사건(6:18-7:15)

여호수아서에서 헤렘 명령이 처음 적용된 전투는 여리고 전투이다.[18] 신명기 율법에 의하면, 거룩한 전쟁에서 전리품은 전적으로 전쟁의 승리자이신 야훼께 귀속되어야 하고, 그것들은 이스라엘이 손댈 수 없는 저주받은 물건(anathema), 즉 헤렘이 된다(신 7:25-26). 여호수아서는 여호수아와 이스라엘 백성들이 여리고의 모든 것을 진멸하므로 신명기의 헤렘 규정을 철저히 준수하고 있음을 보여 준다(6:21, 24).

그렇지만 이러한 순종의 분위기는 아간의 사건(7장)으로 인해 극적인 반전을 이룬다. 여리고 성의 승리는 곧바로 아이 성의 패배로 이어진다. 여호수아는 아이 성의 직접적인 패배의 원인을 아간의 범죄(헤렘의 명령을 어김)로 돌린다(7:1a, '아간이 온전히 바친 물건[헤렘]을 가졌음이라'). 아간 한 사람이 헤렘의 명령을 어김으로 이스라엘 전체가 야훼의 진노의 대상(헤렘)이 된 것이다(7:1b). 여호수아의 중재를 통해 결국 아간 한 사람을 진멸하는 것으로 문제는 일단락된다. 이 사건은 헤렘의 적용에 대한 실제적인 문제를 다룬다. 여호수아서는 아간의 경우를 통해서 신명기의 헤렘 규정에 대한 국수주의적인 해석을 경계한다. 즉 이스라엘도 언약을 어기면 진멸의 대상이 될 수 있다는 것이다(참조. 수 6:18). 이스라엘의 주류계층에 속한 아간이 진멸되는 이 사건은 가나안 사람으로서 구원받은 라합의 경우와 대조를 이룬다. 즉 가나안의 여인 라합은 야훼께 대한 믿음으로 인해 헤렘의 대상에서 제외되었지만, 이스라엘의 유력한 가문인 아간은 불신앙적인 행동(מעל, '마알', 7:1)으로 오히려 헤렘의 대상이 되어 있는 것이다. 이 두 사건은 여리고 성 전투 앞뒤에 위치하며 헤렘 규정의 적용에 대한 신학적인 원칙을 제시한다.[19] 여호수아서는 신명기의 헤렘에 대한 적용이 가나안의 백성들을 향해 무조건적인 살육의 방식으로 적용되지 않았음을 보여 준다. 이것은 신명기의 헤렘이 단순한 전쟁 이데올로기가 아니라 하나님의 공의로운 심판이라는 보편적인 통치 원리임을 의미한다.

3) 가나안 남부 전투(수 9-10장)

여호수아서 9-10장은 두 번째 전쟁 단락으로 가나안의 남부 연합군과의 싸움을 소개한다. 이 전투를 촉발시킨 사건은 이스라엘과 기브온 거민이 화친한 사건이다. 기브온 거민은 진멸을 피하기 위해 멀리서 온 것처럼 가장하여 조약을 체결한다. 그들은 마치 신명기 20장의 헤렘의 예외 규정을 알고 있는 것처럼 행동한다. 가나안 땅에 대한 야훼의 주권을 인정하는 기브온 거민들의 고백(9:24)은 라합의 고백(2:9-11)과 유사하다.

> 당신의 하나님 여호와께서 그의 종 모세에게 명령하사 이 땅을 다 당신들에게 주고 이 땅의 모든 주민을 당신들 앞에서 멸하라 하신 것이 당신의 종들에게 분명히 들리므로 당신들로 말미암아 우리의 목숨을 잃을까 심히 두려워하여 이같이 하였나이다(9:24).

여호수아서는 기브온의 이야기를 라합의 이야기 관점에서 다루고 있다. 기브온 거민이 이스라엘과 조약을 맺었다는 소식을 들은 가나안의 남부지역 왕들은 연합군을 형성하여 기브온을 징계하고자 한다. 이런 상황에서 기브온 거민들은 여호수아에게 도움을 요청하고 여호수아는 곧바로 반응한다(10:7). 남부 전투는 야훼께서 여호수아에게 승리의 확신을 심어주는 장면으로 시작된다(10:8). "그들을 두려워하지 말라 내가 그들을 네 손에 넘겨주었으니 그들 중에 한 사람도 너를 당할 자 없으리라." 이것은 야훼께서 이 전투에 임하실 것에 대한 약속이며 이 전투가 거룩한 전쟁이 될 것을 의미한다. 이후에 전개되는 내용은 전형적인 거룩한 전쟁의 양상으로 소개된다. 전투의 과정은 간략하게 언급된다(10:10).

> 여호와께서 그들을 이스라엘 앞에서 패하게 하시므로 여호수아가 그들을 기브온에서 크게 살육하고 벧호론에 올라가는 비탈에서 추격하여 아세가와 막게다까지 이르니라(10:10)

한마디로 말해서 야훼께서 이스라엘을 위하여 싸우셨고, 그들에게 승리를 주셨다는 것이다. 여기에서 '패하게 하셨다'로 번역한 히브리어 '하맘'은 '혼란스럽게 하다'는 의미로 야훼 전쟁 문맥에서 자주 등장한다. 원문(히브리어 성경)에 의하면, 10절 전체의 주어는 야훼로 되어 있어 "야훼께서 대적들을 패하게 하시고, 살육하고 흩으셨다"로 읽어야 한다(공동번역 참고). 야훼께서 전투에 참여하시고 기적적인 방법으로 승리를 주신 것이다. 본문은 야훼께서 개입하신 구체적인 방법을 추가적으로 밝힌다. 그것은 자연계를 통한 개입, 즉 우박을 내리시는 것과 태양을 멈추게 하는 것이다(10:11-13). 초자연적인 사건에 대한 보도 - '큰 우박이 내려 적군을 섬멸하였다' - 는 기적적인 승리가 전적인 야훼의 도우심(함께하심)으로 이루어졌음을 의미한다. 우박을 동원하여 적을 섬멸한 것은 특히 야훼께서 폭풍의 신으로 알려진 바알신을 정복하신 것을 의미한다. 이어서 야훼는 전투 중에 달과 태양을 멈추도록 함으로 이스라엘에게 완전한 승리를 허락하신다. 태양과 달은 고대 메소포타미아에서 신처럼 여겨졌던 대상들이다. 이런 배경에서 볼 때, 야훼께서 태양과 달을 멈추신 사건은 태양과 달 신에 대한 비신화화의 의미를 지닌다. 태양과 달은 단지 야훼의 명령에 따라 움직이는 한갓 피조물에 불과하며, 야훼는 태양과 달을 주관하시는 우주적인 신이다. 결국 이 사건은 야훼께서 가나안의 남부 연합군을 물리치는 차원을 넘어 고대의 신적인 대상들을 무력화시킨(정복하신) 신학적인 의미를 지닌다. 여호수아서는 이 기적의 사건이 '야살의 책'에 기록되었음을 밝히는데, 야살의 책은 고대 이스라엘의 (거룩한) 전쟁에 대한 기록을 보존하고 있는 자료이다. 가나안 남부 연합군과의 전투 이후 처리 과정을 요약하는 28-42절은 진멸로 특징지어진다(28, 37, 39, 40절; 참고. 신 7장, 20장의 진멸 규정). 이를 통해 저자는 여호수아와 이스라엘 백성들이 신명기의 진멸규정을 지켰음을 보이며 이 전쟁이 거룩한 전쟁임을 밝힌다(10:40-42).

> 이와 같이 여호수아가 그 온 땅 곧 산지와 네겝과 평지와 경사지와 그 모든 왕을 쳐서 하나도 남기지 아니하고 호흡이 있는 모든 자는 다 진멸하여 바쳤으니 이스라엘의 하나님 여호와께서 명령하신 것과 같았더라(10:40) 이스라엘의 하나님 여호와께서 이스라엘을 위하여 싸우셨으므로 여호수아가 이 모든 왕들과 그들의 땅을 단번에 빼앗으니라(10:42)

즉 이 전투는 야훼께서 싸우신 전투이며 야훼께서 이스라엘에게 승리를 선물로 허락하셨다. 그리고 여호수아와 이스라엘 백성들은 신명기의 헤렘규정에 순종하였다.

4) 가나안 북부 전투(수 11장)

이제 야훼의 구원 사건에 대해 가나안 북쪽 사람들이 반응한다. 여호수아 11장은 하솔 왕 야빈을 중심으로 한 가나안의 북부 전투를 소개한다.

하솔은 당시 팔레스타인 최대의 성읍으로 전략적 요충지였다.[20] 본문은 당시 북쪽 연합군의 군사력이 월등했음을 밝힌다(4절 "해변의 수많은 모래 같고 말과 병거도 심히 많았다"). 그렇지만 북방 연합군과의 전투도 이전의 경우처럼 야훼의 격려와 명령으로 시작된다(6a절 "두려워하지 말라 내일 이맘 때에 내가 그들을 이스라엘 앞에 넘겨주어 몰살시키리니"). 이것은 앞으로 진행될 전투가 야훼께서 싸우시는 전투가 될 것이며, 야훼께서 승리케 하심을 의미한다. 이번에는 야훼께서 전리품의 처리에 관한 구체적인 명령을 내린다(6b절). 그것은 말 뒷발의 힘줄을 끊고 병거를 완전히 불사르도록 하는 것이다. 이것은 가나안의 막강한 무기를 더 이상 활용하지 못하도록 용도 폐기시키는 것을 의미한다. 이 명령은 여호수아와 이스라엘 백성들로 하여금 오직 야훼만을 의지하도록 하기 위함이다. 여호수아와 북방 연합군과의 전투는 한마디로 요약된다(8절 "여호와께서 그들을 이스라엘의 손에 넘겨주셨기 때문에 그들을 격파하고 … 한 사람도 남기지 아니하고 쳐 죽이고"). 즉 야훼께서 싸우시고 야훼께서 이스라엘에게 승리를 주셨다는 의미이다. 전투가 끝난 후 여호수아와 이스라엘 백성들은 남부 연합군의 경우처럼 신명기의 헤렘 규정에 따라(12절 "모세의 명령한 것과 같이") 가나안 북쪽의 성읍들을 진멸한다(11:11, 12).

이처럼 여호수아서는 이스라엘 백성들이 가나안 땅에서 치른 전쟁을 전형적인 거룩한 전쟁으로 보도한다. 전투는 야훼의 명령에 의해서 시작되고, 야훼는 전투에 직접 참여하여 승리를 주신다. 여호수아를 비롯한 이스라엘 백성들은 야훼와 함께 싸우는 전사들이다. 그리고 거룩한 전쟁의 대상은 가나안의 일곱 족속들이다. 야훼께서는 거룩한 전쟁을 통해 가나안의 우상숭배와 도덕적 타락을 심판하시고 그 땅에 야훼를 섬기는 제사장 나라를 건설하고자 하신 것이다.

5) 가나안 땅 분배(수 13-21장)

여호수아서의 두 번째 단락은 가나안 땅 분배를 다룬다. 전체 단락은 하나의 통일된 문학적인 단위를 형성한다. 전체 단락은 다음과 같이 회막에서 제비를 뽑는 이야기를 중심으로 동심원 구조(concentric structure)를 이룬다.

> 틀: 땅 분배 명령(13:1-7)
>   A 요단 동편 지역의 땅 배분(13:8-33): 레위 지파에 대한 언급.
>   B 갈렙(분배의 시작): 14:6-15
>   C 유다와 요셉지파의 땅 분배(15장-17장)
>   D 회막(실로)에 대한 언급(18:1-10)
>   C' 남은 7지파의 땅 분배(18:11-19:48)
>   B' 여호수아(분배의 종결): 19:49-51.
>   A' 도피성과 레위 성읍(21:1-42): 레위 지파에 대한 언급.
> 틀: 땅 분배의 결론(21:43-45)

회막을 중심으로 한 이 구조는 땅 분배가 하나님 앞에서 이루어졌음을 보인다. 가나안 땅에서 거룩한 전쟁은 일단락되었으므로, 이제 이스라엘 백성들이 여호수아와 제사장 엘르아살을 통해서 땅을 분배받는다. 이스라엘 백성들이 가나안 땅을 유업으로 받는 사건은 약속의 성취라는 차원에서 중요한 의미를 지닌다. 가나안 땅은 야훼께서 조상 아브라함 때부터 주시겠다고 약속하신 땅이다. 여호수아서 13-21장은 그 약속의 성취를 알린다. 야훼께서 약속하셨고 야훼께서 직접 이루신 것이다. 여호수아서의 문맥에서 거룩한 전쟁은 땅에 대한 야훼의 약속을 이루는 방법이다.

여호수아서는 그 땅이 하나님의 은혜(선물)로 주어진 땅임을 강조한다. 가나안 땅의 소유주인 야훼께서 직접 이스라엘 백성들에게 하사하신 것이다. 성소에서 제비를 뽑는 방식으로 땅 분배를 하는 것은 이런 의미를 지닌다. 제비를 뽑는 것은 야훼께서 직접 분배하심을 의미하며 모든 지파에게 공평하게 분배함을 의미한다. 정복 전쟁에 참여한 모든 지파가 공평하게 가나안 땅을 선물(유업)로 받게 되었다. 이스라엘의 왕(전사)이시고 가나안 땅의 주인이신 야훼께서 이스라엘 백성들에게 공평하게 땅을 분배하신 것이다. 여호수아서는 가나안의 정복 전쟁이 야훼께서 싸우시고 승리를 주신 거룩한 전쟁으로 묘사하므로 야훼의 은혜를 부각시킨다. 여호수아에 의하면, 이 과정에서 이스라엘 백성들은 아무것도 한 것이 없어 보인다. 이스라엘 백성들이 가나안 땅을 차지한 것은 야훼의 전적인 은혜이다.

가나안 땅 분배의 이야기는 군데군데 이스라엘 백성들이 가나안의 일곱 족속들을 완전히 쫓아내지 못했음을 언급하므로 여운을 남긴다. 이스라엘 백성들에게는 아직 싸움이 남아 있으며, 여호수아 이후 사사 시대에도 이스라엘 백성들에게 거룩한 전쟁이 지속될 것을 암시한다(삿 3:1).

6) 거룩한 전쟁의 회고와 전망(23-24장)

여호수아서는 여호수아의 고별설교로 끝을 맺는다(23-24장). 여호수아는 임종을 앞둔 시점에 이스라엘의 지도자들과 백성들을 모아 놓고 마지막 유언을 남긴다. 여호수아의 고별설교는 가나안 정복에 대한 회고와 권면으로 구성된다. 여호수아는 땅 정복을 거룩한 전쟁으로 회고한다. 즉 가나안 땅 정복은 야훼께서 싸우시고 야훼께서 승리케 하신 결과, 즉 야훼의 선물이라는 것이다(23:3). 그리고 그 승리는 이스라엘 백성들의 순종을 통해서 주어진 것이다. 여호수아 24장 11-12절은 가나안의 정복전쟁을 거룩한 전쟁으로 회고하는 대표적인 본문이다.

너희가 요단을 건너 여리고에 이른즉 여리고 주민들 곧 아모리 족속과 브리스 족속과 가나안 족속과 헷 족속과 기르가스 족속과 히위 족속과 여부스 족속이 너희와 싸우기로 내가 그들을 너희의 손에 넘겨주었으며 내가 왕벌을 너희 앞에 보내어 그 아모리 족속의 두 왕을 너희 앞에서 쫓아내게 하였나니 너희의 칼이나 너희의 활로써 이같이 한 것이 아니며(24:11-12)

여기에는 거룩한 전쟁과 관련된 용어들이 등장한다. 여호수아는 가나안의 일곱 족속을 물리치게 된 것은 야훼께서 그들을 이스라엘 백성들의 손에 넘겨주었기 때문으로 해석한다(8절, 11절). 다시 말하면, 가나안의 정복은 야훼께서 싸우신 거룩한 전쟁의 결과라는 것이다. 12절은 야훼께서 싸우신 방법을 구체적으로 '왕벌'을 보내신 것으로 소개한다. 이것은 야훼께서 대적들에게 두려움을 안겨주셨음을 의미한다. 야훼께서 대적들에게 두려움을 안겨 주시는 것은 거룩한 전쟁의 대표적인 양상이다(ANET, 294; 신 7:20). 이어서 여호수아는 이스라엘 백성들이 가나안 땅을 차지하게 된 것은 전적인 하나님의 은혜 때문임을 강조한다(24:13). 전쟁에서 승리를 주신 야훼께서 그 땅을 선물로 주신 것이다.

여호수아의 설교는 경고의 말씀으로 이어진다. 앞으로 이스라엘 백성들은 가나안 땅에서 야훼께 대한 언약적 충성을 보여야 한다. 이것은 야훼의 명령(율법)에 대한 순종으로 나타나야 한다. 여호수아는 율법을 지킬 것에 대한 명령을 책의 시작(1장)과 끝(24장)에 위치시키므로 율법에의 순종을 강조한다. 여호수아서에 의하면 율법을 지키는 것은 가나안 땅에서 거룩한 전쟁을 승리로 이끈 요인이며 앞으로 가나안 땅에서 안전하게 살아가는 비결이기도 한다. 그렇게 하지 않을 경우 그들이 쫓아낸 가나안 족속들처럼 멸망하게 될 것이다(24:20). 이것은 이스라엘도 가나안 족속들처럼 야훼 전쟁의 대상이 될 수도 있음을 의미한다. 야훼 편이 될 것인가? 아니면 야훼의 대적이 될 것인가? 그 선택은 이스라엘의 몫이다.

3. 여호수아의 거룩한 전쟁 신학

거룩한 전쟁 이념은 여호수아서 저자인 신명기 역사가의 역사신학 혹은 역사관을 나타낸다. 왕정의 실패와 예루살렘의 멸망을 경험한 저자는 신명기의 거룩한 전쟁의 개념을 중심으로 과거 역사에 대한 신학적인 성찰(반성)을 시도한다. 신명기 역사가는 거룩한 전쟁이라는 주제를 통해 다음과 같은 신학적인 목표를 이루고자 한 것으로 보인다.

첫째, 야훼의 은총에 대한 강조이다. 저자는 거룩한 전쟁 개념을 통해 가나안 땅 정복이 전적으로 전사이신 야훼에 의해서 이루어진 것으로 묘사한다. 여호수아서에 의하면, 가나안 땅 정복의 과정에서 이스라엘 백성들이 한 일은 거의 없다. 야훼께서 앞장서서 싸우시고 가나안의 대적들을 물리치셨기 때문이다. 저자는 거룩한 전쟁 개념을 통해 이스라엘이 가나안 땅을 차지하게 된 것이 전적인 하나님의 은혜요 선물임을 강조하고자 한다. 이것은 앞으로 이스라엘이 약속의 땅을 회복하는 것도 전적인 하나님의 은혜로 될 것을 의미한다.

둘째, 야훼의 명령에 대한 순종의 중요성이다. 여호수아서의 저자에 의하면, 거룩한 전쟁에서 승리의 관건은 야훼의 임재이며, 그 임재를 가능하게 하는 것은 이스라엘 백성들의 순종이다. 진멸(헤렘)에 대한 명령은 이것에 대한 대표적인 예이다. 신명기 역사가는 이를 통해 이스라엘 백성들의 율법에 대한 순종을 강조하고자 한다. 그에게 있어서 거룩한 전쟁은 말씀으로 싸우는 전쟁이다. 이스라엘의 승리와 안전은 율법을 지키는 삶에 있다. 약속의 땅 가나안을 차지하고 그 땅에 안전히 거할 수 있는 관건은 바로 율법(토라)에 충실하는 삶이다.

셋째, 야훼의 우주적인 통치권에 대한 강조이다. 여호수아서의 저자는 편협한 민족주의적인 태도를 경고한다. 저자는 라합의 이야기를 통해 진멸의 대상인 가나안의 백성도 야훼의 언약공동체에 들어올 수 있음을 보이는 반면, 아간의 사건을 통해 이스라엘도 야훼의 대적이 될 수 있음을 역설한다.[21] 저자에게 있어서 거룩한 전쟁은 야훼께서 우주적인 통치를 이루는 수단이다. 이것은 우리로 하여금 거룩한 전쟁 개념을 종교 전쟁이나 민족주의적인 이데올로기로 이해하는 것에 경종을 울린다. 야훼의 우주적인 통치권은 고대 근동의 거룩한 전쟁 기사와 비교할 때, 더욱 분명해진다. 고대 근동의 전쟁 기사와 달리 여호수아서의 거룩한 전쟁은 오직 야훼 한

분에게 초점을 맞추고 있어 오직 야훼만이 참신이요 역사의 주관자이시요, 온 세상을 다스리시고 통치하시는 우주적인 신임을 선포하고자 한다. 이것은 저자가 고대 근동의 보편적인 전쟁의 개념을 유일신론적인 차원으로 발전(신학화)시킴을 의미한다.

결론적으로 야훼 전쟁 개념은 여호수아서의 저자(신명기 역사가)의 역사 이해이며 역사철학이다.[22] 즉 거룩한 전쟁은 역사의 주관자이신 야훼께서 직접 당신의 뜻을 성취해 가시는 방식이다. 이스라엘과 인류 역사를 주관하시는 역사의 주로서 야훼는 전쟁을 통하여 우상숭배와 타락한 문명을 심판하시고, 그의 백성을 구원하시는 방식으로 하나님의 뜻을 역사 속에서 구현해 나가신다. 이러한 전쟁의 신학적 동기는 야훼를 역사의 주로 고백하는 신앙에 기초하고 있다. 따라서 거룩한 전쟁 신학에는 야훼께서 역사의 주인이라는 역사관이 반영된 것이다. 거룩한 전쟁은 야훼께서 역사를 주관하시는 통치자임을 알리는 방식이다.

IV. 신약성경의 거룩한 전쟁

거룩한 전쟁 개념은 구약성경뿐만 아니라 신약성경의 주제이기도 하다. 신약성경은 예수 그리스도의 사역과 신약의 교회의 역할을 거룩한 전쟁의 관점에서 묘사한다. 신약성경의 기자들은 거룩한 전쟁에 관한 구약의 전승을 이어받은 것으로 보인다. 거룩한 전쟁에 관한 주제는 신약에 와서 새로운 차원으로 발전되며 완성된다. 따라서 거룩한 전쟁에 대한 신약적인 의미를 살펴보는 것이 필요할 것이다.

1. 용사이신 예수

신약성경은 예수를 자주 전쟁의 용사로 묘사한다. 예수님은 사역은 마귀와의 대결로 시작한다. 예수를 거룩한 용사로 묘사하는 대표적인 본문은 계시록 19장 11-16절이다. 여기에서 예수는 백마를 타고 전투를 치르는 용사로 소개된다. 그의 입에서는 예리한 검(말씀)이 나와 만국을 심판하신다. 그리고 하늘의 군대들이 세마포를 입고 그를 따른다. 본문에 의하면, 예수 그리스도는 영적인 싸움을 싸우는 군대의 장수이다. 신약에서 예수의 싸움의 대상은 마귀와 그 군사들, 즉 영적인 세력들이다. 예수께서 행하신 귀신을 쫓아내신 사역은 마귀와 그의 왕국에 대한 싸움에서의 승리를 의미한다. 복음서 전승(마 8:28-34; 눅 8:26-39; 막 5:1-20)은 예수께서 귀신들린 사람에게서 한 무리의 귀신을 쫓아내신 사건을 보도한다. 누가복음은 그 귀신의 이름을 군대(레기온)로 소개한다.[23] 복음서 저자는 예수와 귀신과의 대결을 영적인 싸움으로 묘사한다. 즉 예수 그리스도의 싸움을 영적 전쟁의 관점에서 묘사하고 있는 것이다. 예수는 자신의 싸움을 귀신의 왕 바알세불과의 싸움으로 비유한다(마 12:22-30; 막 3:20-27). 마치 야훼께서 가나안의 일곱 족속들을 진멸하고 이스라엘을 가나안 땅으로 인도하신 것처럼 예수는 사단의 세력들을 제압하고 신자들을 하나님 나라로 인도하신다. 예수는 자신이 영적 전쟁을 치르는 전사라는 자의식을 지니고 계셨음은 칼을 쓰는 베드로를 경고하면서 하신 말씀에 잘 나타나 있다(마 26:53 "너는 내가 내 아버지께 구하여 지금 열두 군단(레기온) 더 되는 천사를 보내시게 할 수 없는 줄로 아느냐"). 예수의 거룩한 전쟁은 십자가와 부활 사건에서 절정을 이룬다. 예수께서 마귀의 세력과의 싸움에서 결정적으로 승리하신 방법은 십자가에 죽으심이다. 죽음으로 죽음의 세력(마귀)을 이기신 것이다. 사도 바울의 거룩한 전쟁의 개념은 복음서의 예수 전승에 기초하고 있다.

통치자들과 권세들을 무력화하여 드러내어 구경거리로 삼으시고 십자가로

그들을 이기셨느니라(골 2:15)

우리 각 사람에게 그리스도의 선물의 분량대로 은혜를 주셨나니 그러므로 이르기를 그가 위로 올라가실 때에 사로잡혔던 자들을 사로잡으시고 사람들에게 선물을 주셨다 하였도다(엡 4:7-8)

골로새서 2장 15절의 통치자들과 권세들은 영적이고 우주적인 세력을 가리키는 바울의 용어이다.[24] '이기셨다'로 번역된 헬라어는 원래 로마군의 개선 행진을 묘사하는 단어이다. 사도 바울은 예수 그리스도의 승리를 로마의 개선 행진에 비유하고 있는 것이다. 사도 바울에 의하면 예수 그리스도의 십자가 사건은 영적인 권세들을 물리치신 결정적인 사건이다. 에베소서 4장 7-8은 거룩한 전쟁의 모티브를 사용하여 예수의 승리가 주는 의미를 설명한다. 이 말씀은 시편 68편의 인용으로 야훼 전쟁(거룩한 전쟁)을 그 사상적인 배경으로 한다. 구약 시대 전사이신 야훼께서 거룩한 전쟁을 치르시고 그의 군사들에게 전리품을 선물로 주신 것처럼, 예수께서 영적인 은사들을 신약의 성도들에게 허락하신 것이다.

2. 영적 전투와 성도

신약성경은 신약의 교회를 전투하는 교회(militant church)로 묘사한다. 신약의 성도들은 예수 그리스도를 따르는 군사들이다. 즉 전사이신 예수 그리스도와 함께 영적인 싸움을 싸우는 용사들이다(엡 6장; 딤후 3:2). 그 대상은 사탄의 세력과 어두움의 주관자들이며(엡 6:12; 골 2:15), 그들의 마음속에 있는 악한 것들이다(롬 7:7-25; 고후 10:1-6). 그들의 무기는 믿음(방패), 의(흉배), 기도와 말씀(검) 같은 영적인 무기들이다(엡 6:17-18; 계 9:13). 승리를 이루는 방식도 예수께서 보이신 순종과 희생(순교)이다(계 12:11). 이처럼 신약성경에 의하면, 성도들은 예수 그리스도와 함께 종말론적 전쟁을 치르는 사람들이다. 신약에서의 거룩한 전쟁은 구약의 전승에 기초하고 있지만, 종말론적 차원으로 재해석되고 있다. 이런 배경에서 전투의 대상과 방법은 철저하게 영적인 차원으로 제시된다.

나가는 말

거룩한 전쟁은 야훼의 명령에 의해 시작되고, 야훼께서 직접적으로 개입하시는 전쟁이다. 그리고 야훼의 전쟁에 참여하는 자는 야훼의 용사이다. 그러므로 전투에 참여하는 자는 야훼께 충성해야 하며 야훼의 명령에 순종해야 한다. 야훼의 명령에 순종함으로 싸우는 거룩한 전쟁은 모슬렘의 지하드처럼 신앙을 전파하기 위한 전쟁이나, 미국의 이라크 침공처럼 제국주의적 침략을 정당화하기 위한 전쟁을 의미하지 않는다. 야훼 전쟁은 전쟁을 통해서 하나님의 뜻을 역사에 구현하는 행위이다. 거룩한 전쟁은 역사의 주권이 야훼 하나님께 있음을 밝히고, 승리가 야훼의 명령(율법)에 대한 순종을 통해 주어지는 축복임을 강조하고자 하는 성경 저자(특히 신명기 사가)의 이념이다. 구약성경의 거룩한 전쟁의 개념은 신약성경의 거룩한 전쟁의 개념과 균형을 이루어야 한다. 신약성경은 예수 그리스도를 거룩한 전사로 묘사한다(계 19:11-16). 그리고 신약의 성도들은 예수와 함께 싸우는 용사들이다(엡 6장; 딤후 3:2). 그리고 그 대상은 사탄의 세력과 어두움의 주관자들이다(엡 6:12; 골 2:15). 신약성경에서 전투의 대상은 철저하게 영적인 의미로 바뀌어 있다. 그리고 싸우는 방식도 기도와 말씀이라는 무기이다(엡 6:17-18; 계19:13). 우리는 모두 거룩한 전쟁을 치르는 용사들이다. 그리고 우리의 싸움의 상대는 어둠의 권세들과 내 안에 있는 죄성이다.

참고 문헌

강사문.『구약의 역사 이해』서울: 한국성서학연구소, 2002.

목회와신학 편집부 편역.『여호수아 어떻게 설교할 것인가』서울: 두란노아카데미, 2009.

빅터 해밀턴.『역사서 개론』강성열 역. 고양: 크리스챤다이제스트, 2001.

라이너 알베르츠.『이스라엘 종교사』강성열 역. 고양: 크리스챤다이제스트, 1996.

왕대일.『구약신학』서울: 감신대성서학연구소, 2010.

제롬 크리치.『여호수아』서울: 한국장로교출판사, 2010.

트렘퍼 롱맨, 다니엘 레이드.『거룩한 용사』성종현 역. 서울: 솔로몬, 1996.

필립 세터트웨이트, 고든 맥콘빌.『역사서』김덕중 역. 성경이해 시리즈. 서울: 성서유니온선교회, 2007.

R. E. 클레멘츠 편저.『고대 이스라엘의 세계』서울: 은성, 1996.

W. 브루그만 외 공저.『구약신학과의 만남』용인: 프리칭아카데미, 2013.

Patrick D. Miller. *The Divine Warrior in Early Israel*. Cambridge: Harvard University Press, 1973.

Gerhard Von Rad. *Holy War in Ancient Israel*. Grand Rapids: Eerdmans, 1958; 1991 reprinted.

주

1) G. H. Jones, '성전 개념', 『고대 이스라엘의 세계』 R. E. Clements 편저, 황승일 역 (서울: 은성출판사, 1996), p. 411.

2) 때로 왕들은 가능한 한 여러 신들의 도움을 구하고자 했던 것으로 보인다 (ANET, p. 276).

3) 기동연, '거룩한 전쟁의 특징과 윤리', 『여호수아 어떻게 설교할 것인가』, 목회와 신학 편집부 편역 (서울: 두란노아카데미, 2009), p. 61.

4) '헤렘'에 대한 대표적인 성서 외 자료는 모압의 메사 왕 비문이다: "7천 명의 남 자들과 소년들, 여인들, 소녀들, 여종들을 죽이고 그들을 아스타르-그모스 신에 게 진멸하여 바쳤다.(ANET, 321)"

5) 구약성경은 야훼 하나님을 거룩하신 분으로 소개한다. 이스라엘의 제의 규정에 의하면 거룩은 부정과 접촉해서는 안 된다. 거룩하신 야훼께서 이스라엘의 진에 머무시기 위해서는 이스라엘은 진을 정결케 해야만 한다. 야훼의 전쟁을 거룩한 전쟁이라고 부르는 것은 이것과 관계되어 있다. 강사문, 『역사이해』(서울: 한국성 서학연구소, 2002), p. 106.

6) 민 10:35-36은 '전투의 노래'(battle song)로 알려져 있다.

7) 실제로 이스라엘이 치른 모든 전투가 정확하게 같은 유형을 따른 것은 아니었다. 상이성을 보이는 이유는 아마 세월이 흐르면서 전투의 관행이 달라졌기 때문이 거나, 성경의 역사 기술의 차이 때문일 것이다

8) Gerhard Von Rad, *Holy War* (Grand Rapids:Eerdmans, 1958) (1991 reprinted), pp. 41-51. Gerhard Von Rad는 고대 이스라엘의 거룩한 전쟁 사상이 지파 연합 (Amphyctyony)의 제의에 '삶의 자리'(Sitz im Leben)를 두고 있다고 주장한다. Von Rad, *Holy War*, pp. 52-73.

9) 포로들은 진멸하도록 규정하는 것은 거룩의 개념과 관계된 것으로 보인다. 참고. 레 27:28-29. 강사문은 헤렘의 적용이 거룩한 전쟁에 국한되었음을 지적한다. 강 사문, 『역사이해』, p. 119.

10) 왕대일, 『신명기 강의』 (서울: 대한기독교서회, 2011), p. 145.

11) Von Rad는 이 외에 거룩한 전쟁의 요소로 거룩한 전쟁이 종결되었음을 알리는 군대해산 명령이나 해산 보고(삿 20:8; 삼하 20:1 등)를 포함시킨다.

12) Von Rad에 의하면, 이러한 사상은 후대의 신학적인 사고(theological reflection) 를 반영하고 있다. "후대에 발전한 신학적인 사고는 이스라엘이 이 전쟁에서 어떤

공적을 세운다는 사상을 극히 배격하며 그들의 참가를 하나의 시위로만 생각했다(삿 7:16 이하)."

13) 학자들이 제시하는 가나안 땅 정착 가설은 (1) 정복가설, (2) 평화적 이주 가설, (3) 혁명설 등이 있다. 일반적으로 학자들은 이스라엘 백성들이 장기간 평화적 이주의 과정을 거쳐서 정착한 것으로 이해한다. 참고, 존 브라이트, 『이스라엘 역사』 엄성옥 역 (서울: 은성출판사, 2002), pp. 171-86.

14) 여호수아서의 거룩한 전쟁과 관련된 헤렘 용어는 이 단락에 집중적으로 나타난다(수 6:17, 18; 7:1, 11, 12, 15).

15) 2장 전체는 라합의 신앙고백을 중심으로 다음과 같은 교차대구적 구조(chiastic structure)로 되어 있다.

　　A 여호수아의 명령(2:1a)
　　　　B 정탐군들의 도착: 정탐군들을 보호함(2:1b-7)
　　　　　　C 라합의 신앙고백과 언약체결(2:8-14)
　　　　B' 정탐군들의 탈출: 라합의 가족들에 대한 보호 약속(2:15-21)
　　A' 여호수아에게 보고함(2:22-24)

16) 진멸에 대한 예외적인 적용은 여호수아 9장에 나오는 기브온 족속과의 화친하는 이야기에서 다시 강조된다. 기브온 족속은 비록 속임수를 사용하기는 했지만, 이스라엘 백성과 언약을 맺음으로 진멸의 대상에서 제외된다. 저자는 기브온 족속의 이야기를 통해서 신명기의 진멸에 대한 명령이 문자적으로 시행된 것이 아님을 암시한다.

17) Satterthwaite, McConville, 『역사서』 김덕중 역 (서울: 성서유니온선교회, 2007), p. 92.

18) 가나안 정복 전쟁에서 헤렘은 획일적으로 적용되지 않는다. 여리고 전투에서는 사람은 진멸하고, 짐승과 재물을 성소에 구별하도록 규정한다. 8장의 아이 성 전투에서는 이스라엘 백성들로 하여금 아이 성의 재물을 탈취하도록 허용한다. 그리고 11장 북부 연합군과의 전투에서는 이스라엘 백성들이 재물과 가축을 탈취하고 사람은 모두 죽인다. 거룩한 전쟁을 통한 하나님의 심판의 정도에 따라 다르게 적용한 것 같다(기동연, '거룩한 전쟁', p. 65).

19) Jerome Creach, Joshua (Louisville: John Knox Press, 2003), p. 72.

20) 당시 하솔의 크기는 약 200에이커(약 25만평)로 대략 30,000명의 인구를 가진 것으로 추정한다.

21) Carolyn Pressler, Joshua, Judges, and Ruth (London: Westminster John Knox

Press, 2002), p. 60.

22) 왕대일, 『구약신학』 (서울: 감신대성서학연구소, 2010), p. 172; 강사문, 『구약의 하나님』 (서울: 한국성서학연구소, 1999), p. 227.

23) 레기온은 로마 군대 용어로 5천-6천의 보병과 120명의 기병으로 구성되어 있다.

24) 트램퍼 롱맨 III/다니엘 레이드, 『거룩한 용사』 성종현 역 (서울: 솔로몬, 1996), p. 175.

THESIS

07
이사야,
주바라기
예언자

민 복 기

▼

감리교신학대학교대학원 신학박사(Th.D.)
감리교신학대학교 강사
영일교회 담임목사

I. 예언자 이사야

1. 개인 정보

이사야(야훼는 구원이시다)는 아모스의 아들로 유다 출신이며 예루살렘 사람이다(사 1:1). 그러나 이사야의 아버지 아모스(אָמוֹץ)는 예언자 아모스(עָמוֹס)와 다른 사람이다. 이사야는 고위직 가문 출신이나 왕족으로서(사 7:3-17; 39:1-8), 웃시야 왕의 사촌이거나 아마샤의 조카이었을 가능성이 높다. 그래서 그는 왕이나 제사장과 같은 지도자들과도 쉽게 접촉할 수 있었던 것으로 보인다(사 7:3; 8:2). 이사야는 유다 웃시야 왕(주전 783-742년)이 죽던 해에 예언자로 부름을 받아 요담, 아하스, 히스기야 시대에 이르기까지 활동하였다(대하 26:22). 이사야의 죽음에 대해서는 성경에 언급되고 있지 않다. 그러나 전설에 의하면, 유다에서 가장 악독한 왕 므낫세 때(주전 679-642년) 톱으로 켜서 순교하였다(히 11:37).

하나님께서 이사야를 부르셨을 때, 그는 예루살렘 성전에서 거룩하고 존귀하신 하나님의 모습을 보았다(사 6장). 이때 이사야는 '자신의 가치 없음'을 고백하고 죄 사함을 받은 후, 하나님의 사람으로 부르심을 받는다(사 6:8). 즉, 이사야의 소명은 "하나님의 임재 → 회개 → 죄 사함 → 소명"이라는 도식을 가능케 한다.

이사야는 '여자 예언자'(사 8:3)라고 불리는 여성과 결혼을 했으며, 그녀가 그렇게 불렸던 것은 여사사 드보라(삿 4:4), 그리고 여선지자 훌다(왕하 22:14-20)와 같이 야훼의 말씀을 전하는 '예언'(預言)을 했거나, 혹은 단순히 그녀가 예언자의 아내였기 때문에 그렇게 불렸을 것이다(사 38:1). 이사야에게는 두 명의 아들이 있었는데, 그 이름들은 모두 상징적이다(사 8:18). 한 아들은 스알야숩(남은 자들이 돌아올 것이다, 사 7:3)이고, 다른 아들은 마헬살랄하스바스(그가 잡은 먹이가 빨리 부패함 혹은 파멸이 임박했다, 사 8:1-4)이다. 이 정도가 우리가 성경을 통해 알 수 있는 이사야에 관한 개인 정보이다.

2. 주요 사건들

예언자 이사야는 세 번의 중요한 역사적 사건을 경험하였다.[1] 첫 번째 사건은 시리아-에브라임(유다-에브라임) 전쟁(주전 735년)이다(사 7-8장). 이스라엘의 베가(주전 737-732년)는 다메섹의 왕 르신과 함께 아시리아에 대항하기 위한 동맹을 결성하였다. 이 동맹에 남왕국 유다를 끌어 들이려 하였으나, 유다 왕 아하스(주전 742-735년)가 이를 거부하였다. 그래서 이들은 유다를 압박하기 위해, 유다로 쳐들어왔다(주전 735년). 이 전쟁을 '시리아-에브라임 전쟁'이라 부른다. 이 시기는 이사야 예언자의 초기 활동기이다. 이사야는 아시리아의 도움을 얻고자 했던 아하스의 계획을 반대하고 이방 국가와의 동맹을 맺지 말 것을 요구하였다. 오히려 오직 야훼를 의지하는 것이 진정한 구원이 된다고 선포한다(사 7:1-9)! 이러한 상황에서 이사야의 주요 메시지는 심판 선포이다.

두 번째 사건은 북이스라엘의 멸망(주전 721년)이다(사 9:8-21). 시리아-에브라임 전쟁으로 인해, 유다 왕 아하스는 아시리아에 도움을 청하였다. 아시리아 왕 디글랏필레셋 3세는 유다의 요청에 따라 군대를 보냈다. 그 결과 북왕국 이스라엘의 서부 지역을 점령하였다(주전 733년. 왕하 15:29, 37; 16:5-9; 사 7:1-17). 그 후, 732년 북왕국 베가는 호세아에 의해 암살당하였다(왕상 15:30). 호세아 왕은 디글랏필레셋 왕의 신하를 자처했다. 그러나 디글랏필레셋은 주전 727년 죽고 살만에셀 5세(주전 727-722년)가 왕위에 오른 후, 호세아는 아시리아에 조공 바치기를 거부하였다. 그로 말미암아 아시리아의 공격이 시작되었고, 3년 후 주전 721년 사마리아 성이 함락되었다(주전 721년, 왕하 18:9-12). 이때 아시리아의 왕은 사르곤 2세(주전 721-705년)였다. 그리고 유다는 아시리아의 정복군대를 피해 사마리아에서 남으로 피난 온 이스라엘민들을 맞이하게 된다.

세 번째 사건은 아시리아 산헤립(주전 704년-681년)이 침공하여 예루살렘을 포위한 사건이다(주전 701년, 사 36-37장). 당시 유다의 왕은 유다에서 가장 중요한 왕 중의 하나인 히스기야이다(주전 715-687년). 히스기야는 산헤립이 즉위하자마자, 아시리아의 수하에서 벗어나고자 하는 운동을 펼쳤다. 그 결과 산헤립이 유다를 침공하게 되었다. 당시 유다 침공에 대한 산헤립의 기록에 의하면, 유다는 46개 성읍을 빼앗기고, 20,015명이 포로가 되었다. 예루살렘을 포위한 산헤립은 히스기야에게 두 번에 걸쳐 항복을 권고하였으나, 히스기야는 굴복하지 않았다. 대신에 하나님 앞에 엎드린 히스기야의 기도 응답으로 하나님의 구원을 경험하게 되었다(왕하 19:8-34; 사 37:8-35). 그 밤에 야훼께서는 자신의 천사를 보내셨고, 그 천사는 산헤립의 군대 가운데 가장 뛰어난 용사 18만 5,000명, 즉 아시리아 왕의 진영에 있는 모든 군대를 멸망시켰다. 이러한 역사 사건들을 속에서 선포되는 이사야 예언자의 영성은 '두려워하지 말고 야훼 하나님만 의지하라!'의 "주바라기 영성"이다.

II. 예언서 이사야

1. 연구사

"이사야서를 누가 기록했는가?"에 대한 전통적인 교회의 입장은 주전 8세기 어간에 살았던 이사야 예언자의 저작이라는 입장이다. 물론 12세기 이븐 에즈라(Ibn Ezra)가 이사야서의 통일성에 대해 문제제기를 하였으나, 18세기 말엽에 이르기까지 오랫동안, 이사야서 전체는 통일성을 이루고 있는 한 사람의 작품이라고 인식되어 왔다(외경 집회서 48:24-25). 그러나 유럽에 불어 닥친 계몽사상의 여파로 성경을 고문헌으로 이해하는 비평적 성서읽기가 시작되면서, 이사야서를 복수의 저자들이 저작하였다는 주장이 제기되었다.

1775년 되덜라인(J. C. Doederlein)은 그의 『이사야서(Esaias)』에서 이사야서는 두 개의 다른 작품들의 합성이라 주장하였고, 아이히호른(J. G. Eichhorn)은 1780-1783년에 출판한 『구약개론(Einleitung in das Alte Testament)』에서 이사야 40-66장을 주전 8세기 이사야의 작품이 아닌 후대의 작품으로 주장하면서 '제2이사야(Deuterojesaja)'라고 불렀다.

그러나 이사야서 연구에서 가장 큰 영향력을 끼친 학자는 베른하르트 둠(B. Duhm)이다. 둠은 『이사야서 주석(Das Buch Jesaja, 1872)』에서, 이사야서를 원-이사야서(Proto-Isaiah, 1-39장), 제2이사야서(사 40-55장), 제3이사야서(Tritojesaja, 사 56-66장)로 구분하였다. 그의 주장은 제2이사야서는 주전 540년경 바벨론에서, 제3이사야서는 포로생활에서 고국으로 귀환한 이후 제2성전기에 기록되었다는 것이다. 예컨대, 이사야서 40장 이후, 이사야서의 배경은 주전 8세기가 아니라, 예루살렘 멸망 이후 포로기이다. 더욱이 바벨론을 무너뜨린 페르시아의 고레스 왕이 하나님의 도구로 쓰임 받고 있다(사 44:28, 45:1 등). 그래서 이사야서 후반부(40-66장)는 페르시아의 고레스라는 인물이 역사 무대에 등장하여 이름을 떨치던 시기에 기록되었으리라는 주장이 힘을 얻었다.

한편 이사야서의 저자를 여럿으로 보는 둠의 주장과는 달리, 이사야서가 포로기에 한 사람에 의해 기록되었다는 주장이 제기되기도 하였다. 마르티(K. Marti)는 『이사야 주석(Das Buch Jesaja)』에서 이사야서를 느헤미야 직전 445년 예루살렘 한 사람에 의해 저작되었다고 주장하였다. 또 젤린(E. Sellin)은 이사야서를 한 사람의 작품이라고 주장하였지만, 그 연대는 마르티보다 조금 이른 주전 537-520년으로 보았다. 그러나 이사야서의 역사 비평적 연구는 둠의 영향을 따라, 이사야서를 세 부분으로 나누어 연구하는 것이 주류였다.

물론 여전히 이사야서를 주전 8세기 이사야가 기록한 책으로 주장하는 보수적인 입장도 있어왔다. 이들의 주장은 하나님이 환상을 통하여 미래를 보여 줌으로 고레스 왕의 이름이 알려졌으며, 이사야 후반부의 회복 메시지도 이사야 예언자의 예언(豫言)이라고 확신한다. 이들은 '만일 둠의 주장이 맞는다면, 구약성경 예언서들 중에서 가장 크고 유명하고 영향력 있는 책이 포로기에 기록된 사후예언(vaticinia ex eventu)인데, 이것을 어떻게 진정한 예언서로 볼 수 있겠는가?'라는 질문을 제기한다.

한편, 1980년대에 들어서면서 이사야서 연구는 무엇보다도 방법론적으로 큰 선회를 하게 되었다. 그것은 이사야서를 구분하지 않고, 이사야서 1-66장 전체를 하나로 보는 공시적인 시도가 일어났다. 이런 관점의 첫 시도는 챠일즈(B. S. Childs)였다. 챠일즈는 그동안의 학자들의 이사야서 연구의 견해를 크게 두 가지로 정리한다. 첫 번째 입장은 둠의 이론에 기초한 것으로 원래 독립적인 전승들로 존재해 있다가 후에 하나의 책으로 수집되어 편집되었다는 주장이다. 두 번째 입장은 이사야서의 핵심은 원래 있었으며 그 핵심적인 부분을 중심으로 확장되어 재정리되었다는 주장이다. 이사야서가 예언자 이사야 자신의 글을 중심으로 복잡한 과정을 거쳐 주전 8세기로부터 포로기 이후 시대까지의 전승사적 발전을 반영하고 있음을 보게 된다.

그러나 챠일즈는 과거 역사 비평적 해석을 포기하고, '정경 비평'이라는 새로운 해석을 제안하였다. 여기서 그는 이사야서 전체에서 40-66장이 갖는 새로운 신학적 상황을 1-39장과 연결하여 제시하였다. 이사야 40-66장에 나타나는 약속의 메시지가 어느 한 특정 시대에 대한 언급으로 남는 것이 아니라, 이사야서 전체가 미래지향적인 종말론적인 해석의 상황에서 이해되어 질 수 있도록 한 것이다. 곧 이사야 1-39장의 심판선포가 죄인 된 이스라엘을 향한 것이라면, 이사야 40-66장의 구원선포는 회개한 이스라엘을 향한 메시지로 이해함으로써, 책 전체가 역사 안에서 하나님 말씀 성취에 관심을 갖고 있음을 보여 준다. 이처럼, 이사야서는 '이전 일'(사 1-39장)과 '나중 일'(40-66장)을 통해 모든 세대를 걸쳐 발생하는 이스라엘을 향한 하나님의 계속되는 계획을 말하고 있다. 이후, 현재까지 이사야서 연구는 최종본문형태에서 공시적으로 '한 권의 책'으로 해석하려는 경향이 이사야서 연구의 주된 연구동향이 되었다.[2] 이러한 맥락에서 이사야서를 한 권의 초장(初章, 1-39장), 중장(中章, 40-55장), 종장(終章, 56-66장) 개념으로 이해하고자 한다.[3]

2. 이사야서 초장(初章)(사 1-39장, 제1이사야, 예루살렘 이사야)

〈이사야 1-39장의 구성〉
1-12 남유다를 향한 초기 예언들 (주전 740-732)
13-23 이방 민족을 향한 중기의 예언들 (주전 724-705)
24-27 이사야 소묵시록 (주전 6세기 경)
28-33 후기의 활동들 (주전 705-700)
34-35 시온에 대한 비전 (후대 첨가)
36-39 예루살렘의 기적적 구원

이사야서 초장(사 1-39장)에는 이스라엘 신앙에서 중요시되어 왔던 '출애굽, 시내산 언약, 가나안 정착'으로 이어지는 이스라엘의 거룩한 이야기가 크게 부각되지 않는다. 오히려 초장에서 강조되는 것은 '시온과 다윗의 언약'이다. 예언자 이사야가 활동하던 주전 8세기는 유다왕국에게 참으로 힘든 시기였다. 아하스 왕 때 시리아와 북이스라엘의 동맹을 통해 이스라엘을 침공하는 사건이 있었고(시리아-에브라임 전쟁), 히스기야 왕 때에는 아시리아의 산헤립에 의해 예루살렘이 포위 공격당하여 유다왕국의 존폐가 달린 일도 있었다(주전 701년). 이 시대에 북이스라엘에는 호세아와 아모스

예언자가 활동하였다.

이사야는 국가의 위기 때마다 시온에 임하시는 거룩하신 야훼 하나님을 의지할 것을 이스라엘 백성들에게 호소하였다. 그러나 아하스는 하나님을 의지하지 않고 아시리아를 의지하는 불신앙을 보였다. 반면에 히스기야는 예루살렘이 포위된 순간에도 하나님만을 의지하여, 하나님의 구원을 경험하였다(사 37장). 이 일들을 통해 이사야는 아하스와 히스기야를 악한 왕과 선한 왕으로 대조하면서, 유다가 야훼 하나님만을 의지하면 '어떠한 일이 있어도 야훼 하나님은 예루살렘과 유다를 보호하신다'는 신앙을 강조한다.

이사야 1-39장의 주된 내용은 하나님을 떠난 유다의 여러 죄악들과 그에 대한 하나님의 심판, 그리고 심판 후에 있을 하나님의 구원과 은혜에 대해서 기록하고 있다. 특히 이사야는 유다 백성들이 하나님의 심판으로 바벨론에 포로로 끌려갈 것을 예언하였다. 하나님이 다윗왕조에 거셨던 기대는 풍요한 성전제사가 아니라 그 땅에 정의를 심고 가꾸는 일이었다(사 5:1-7). 그러나 이스라엘은 이런 하나님의 기대를 저버렸다. 그러므로 하나님의 기대를 저버린 이스라엘은 하나님의 심판을 받는다.[4]

이사야서의 첫 부분 1-12장은 유다와 예루살렘을 향한 위협적 말씀들로 임박한 심판의 문제를 다룬다. 1장은 이사야서 전체의 서론이고, 6-8장은 이사야의 회고록이다. 아울러 2-4장은 예언자의 초기 활동과 관련된 모음집이고, 5장과 9-11장은 6-8장의 회고록을 둘러싸고 있는 '화 있을진저' 신탁(Woe racle) 등을 모아 놓은 독립적인 모음집이다. 새로운 표제를 갖는 13-23장은 이방의 여러 나라들에 대한 심판에 초점을 맞춘 다음, 24-27장은 시온의 희망을 선포한다. 시온은 야훼께서 구원하실 것이다. 이어서 28-32장에서 유다와 아시리아의 관계성 속에서 '화 있을진저 신탁'이 나오고, 33-35장은 에돔에 대한 심판 선포와 함께 시온의 회복을 묵시적 성격으로 선포한다. 그리고 마지막 이사야 36-39장은 아시리아의 위기(주전 701년)에서 포로 시대(주전 587년)로 이동하는 전환점의 역할을 한다. 이를 통해, 이사야서 초장(1-39장)은 역사적 배경을 주전 8세기에 뿌리를 두고 있으면서도, 587년의 멸망과 포로민의 귀환을 예언한다. 이처럼, 이사야서 초장은 단순히 유다의 심판에만 머무르는 것이 아니라, 심판을 넘어 창조주 야훼가 통치하는 샬롬(평화)을 바라봄으로써 이사야서 중장(40-55장)으로 자연스럽게 넘어가게 한다.

3. 이사야서 중장(中章)(사40-55장, 제2이사야, 바벨론 이사야)

〈이사야 40-55장의 구성〉
40-48 전체 이스라엘의 회복을 강조
49-55 특별히 예루살렘과 시온의 회복을 강조

이사야서 중장(사 40-55장)은 바벨론에서 포로생활을 하는 이스라엘 백성에게 주는 위로와 희망에 관한 구원신탁을 말씀한다. 그 주된 내용은 '하나님께서는 반드시 언약을 성취하신다'는 것과 '하나님은 창조주이시고 역사를 주관하시는 분'이라는 것이다. 예루살렘은 다시 평온케 될 것이다(사 40:1-2). 야훼의 간섭으로 바벨론은 사라질 것이고, 이스라엘은 해방될 것이다. 아울러 이사야서 중장은 우상 숭배가 아무 쓸모없는 것임을 강조하면서, 고난받는 종을 통해 이루어질 놀라운 하나님의 구원에 대해 노래한다.

이사야서 중장의 역사적 배경은 포로기 말엽(주전 540년경)이다. 그래서 중장에서는 현재의 고통과 미래의 희망은 교차되는 위로의 말씀으로 이루어져 있다. 특히 바벨론의 몰락(사 46-47장)과 페르시아의 고레스의 부상(사 44:28; 45:1)에 집중한다. 페르시아가 바벨론을 멸망시키고, 고레스가 예루살렘 귀향을 허용할 것이다. 고레스는 주전 550년경 메대와 연합군을 이루었고, 주전 546년에 리디아를 점령하였으며, 이후로 바벨론이 급속히 약화되어 주전 539년 바벨론을 점령하였다. 그런데 이사야서 중장에 고레스가 바벨론 제국을 점령한 사건에 대해 아무런 언급이 없는 것으로 보아, 아마도 주전 540년경에 바벨론에서 유대인공동체의 해방을 출애굽 전승으로 재해석하면서 회복의 예언말씀으로 새롭게 기록한 것으로 보인다.

이사야서 중장은 서론(사 40:1-11)과 결론(사 55:5-13)을 가진 하나의 문학적 단위로 구성되어 있다. 우선 40-48장은 청중이 주로 야곱과 이스라엘로 표현되며, '기름 부음을 받은 자'(메시아)로서의 고레스의 출현과 바벨론에 대한 언급들, 우상들에 대한 적대적 표현들, 이전 예언들의 성취에 대한 호소 등이 나타난다. 반면에 49-55장에서는 청중이 일반적으로 '시온, 예루살렘'으로 표현되며, 고레스나 바벨론에 대한 언급이나 우상들에 대한 적대적 표현들이 나타나지 않는다. 오히려 임박한 시온의 회복과 하나님 백성들의 구원에 대한 선포들로 구성되어 있다.

이사야서 중장은 희망찬 말씀을 선포한다. 야훼 하나님은 이사야에게 나라를 잃은 채로 절망 상태에 빠져 있는 포로민들, 곧 그의 백성을 위로하라고 명령하신다. 위로의 내용은 그들이 하나님의 심판을 받아 포로로 복역했던 기간이 끝났다는 것이다. 유다는 그들이 범한 죄악에 대해서 충분한 징계를 받았다(사 40:1-2). 이제 하나님이 그들을 구원하신다! 하나님의 구원은 정의로운 것이요 샬롬을 지향하는 것이다. 포로민들은 기쁨으로 예루살렘으로 돌아갈 것이고, 샬롬을 누릴 것이다(사 55:12-13).

그러나 이 희망이 이루어지기 위해서는 먼저 포로민들과 함께 계시던 하나님이 승리의 왕으로 돌아오실 길을 예비해야 한다. 광야에서 야훼의 길을 예비해야 하며 사막에서 하나님이 오실 큰길을 평탄하게 만들어야 한다(사 40:3). 낮아지고 비천해진 자들(골짜기)이 높임을 받을 것이요, 존귀해진 자들(산)이 낮아질 것이다. 고르지 않은 곳이 평탄케 되고 험하고, 거친 곳이 평지가 됨으로써 모든 사람들이 똑같이 하나님 앞에서 자유와 은혜를 입을 것이다(사 40:4). 이것이 바로 아름다운 소식이요, 구원의 기쁜 소식, 곧 복음이다(사 40:9). 이것을 이사야는 모세 신앙과 다윗 신앙을 연결한 제2의 출애굽 사건으로 묘사한다. 야훼가 이스라엘을 인도하여 광야를 거쳐 거룩한 동산 시온으로 이끄신다. 그리고 시온으로 돌아간 이스라엘은 새 일을 이루는 하나님의 도구가 되어야 한다. 이제부터 이스라엘은 선민이 아니라 '종'이다(사 42:1-4; 49:5-6; 50:4-9). 이제 이스라엘의 고난은 다른 사람들을 위한 대속적인 고난이 될 것이다(사 49:6; 53:5).[5]

무엇보다도 이사야서 중장의 공헌은 '유일신론의 완성'이다. 포로기 이스라엘의 물음은 "야훼 하나님이 바벨론의 주신(主神) 마르둑에게 졌는가?"였다. 이 물음에 제2이사야서는 유일하신 하나님, 창조주 하나님에 근거한 유일신론을 선포한다. 과거 이스라엘 신앙에서 하나님은 이스라엘을 통해 세상과 관계하셨다. 그러나 이제는 하나님이 세상을 통해 이스라엘과 관계하신다. 야훼 하나님은 이스라엘만의 하나님이 아니라, 온 우주를 다스리시는 유일하신 하나님이시다! 그러므로 유다의 멸망은 야훼 하나님의 패배가 아니다. 유다의 멸망은 하나님의 심판이다. 이 세상의 주인이신 야훼 하나님께서 바벨론의 느부갓네살을 심판의 도구로 사용하신 것이다. 그리고 페르시아의 고레스를 구원의 도구로 사용하시기 위해 기름을 부으셨다(사 45:1). 그러므로 야훼의 섭리 속에서 유다의 심판은 끝이 아니다. 유다는 야훼의 계획에 따라 반드시 회복될 것이다(사 55:6-9).

4. 이사야서 종장(終章)(사56-66장, 제3이사야, 포로후기 이사야)

〈이사야 56-66장의 구성〉
56:1-8 소외된 자들을 성산에 모으심
56:9-57:21 예루살렘의 부정과 하나님의 치유약속
58:1-59:21 여호와의 의로운 파수꾼의 선포
60-62 시온의 영광
63:1-6 하나님의 보응

63:7-64:12 설교와 기도문
65:1-66:24 최후의 심판과 비전

이사야서 종장은 중장(사 40-55장)의 증보판으로, 이스라엘 민족이 예루살렘으로 포로귀환을 한 이후 시대를 반영한다(주전 520년경). 중장은 고레스를 하나님의 기름 부음 받은 자로 해석하였다. 그는 이스라엘의 하나님 야훼의 뜻을 행사한 인물이다. 이러한 흐름은 이사야서 종장에서도 계속된다. 하나님은 세상을 통해 이스라엘과 관계하신다. 주목될 만한 사항은 종장에는 다윗왕조의 회복에 대한 언급이 전혀 나타나지 않는다. 반면에 세상을 통한 야훼 하나님의 주권을 강조한다. 이러한 측면에서 이사야서 중장과 종장의 공통점은 다윗왕조의 회복이 아닌, 이스라엘의 회복에 맞추어져 있다. 야훼 하나님이 직접 그의 백성을 통치하신다!

이사야서 종장은 서론(사 56:1-8)과 결론(사 66:18-24)이 종장을 감싸고 있고, 56:9-59:22에는 주로 이스라엘 백성들 가운데서 일부가 행하고 있는 우상숭배와 간음, 그리고 잘못된 금식 등에 관한 고발을 하면서 야훼께서 그 백성을 돕지 않는 것은 야훼의 무능력 때문이 아니라, 오히려 백성들의 죄악 때문임을 선포하고 있으며, 60-62장은 예루살렘을 향한 구원선포와 시온의 영화를 선포하고, 63:1-65:16에는 과거 하나님의 구원에 대한 회상과 하나님의 심판에 대한 이스라엘 백성들의 탄원의 노래가, 그리고 65:17-66:24에는 일반적으로 경건한 자들에 대한 종말론적 구원이 선포된다.

종장은 새 하늘과 새 땅에 대한 비전이다. 이제 하나님의 말씀을 전하는 방식에서 하나님의 미래를 선포하는 비전으로 옮아간다. 회개를 촉구하는 사역에서 하나님의 미래를 가르침으로 위로와 희망을 갖게 하는 사역으로 옮아간다. 이스라엘 이야기로부터 하늘과 땅, 이스라엘과 이방인을 망라한 온 우주의 이야기로 옮아간다. 이 하나님 이야기에서 아시리아나 바벨론은 더 이상 이스라엘을 깨우치는 도구가 아니다. 이제부터 그들은 이 세상에서 하나님의 계획을 위협하는 상징적 악으로 자리 잡는다. 야훼 하나님은 이런 악을 무찌르시는 용사이시다! 하지만 이런 세력들을 무너뜨리는 하나님의 승리는 단순히 시온만을 위한 것이 아니다. 하나님의 승리는 전적으로 새 하늘과 새 땅, 곧 새로운 창조세계를 위한 것이다.

또한 이사야서 종장은 포로귀환 이후 성전 건축과 유대공동체 생활에 대한 기대감과 실망과 좌절을 다룬다. 포로귀환 이후, 이스라엘공동체에서 가장 큰 문제는 성전재건 후에도 오지 않는 샬롬, 이스라엘 예배에 대한 부정과 이방 민족과의 결혼문제였다. 이러한 상황 속에서 이사야는 말씀한다(사 66:1-5). 온 우주의 주인이신 야훼 하나님을 특정 공간에 가두지 말라, 성전이 동물의 소리가 아닌 기도의 소리가 들리게 하라, 이스라엘은 죄를 회개하고, 하나님 오심을 준비해야 한다. 더 이상 성전은 다윗왕조의 상징이 아니라 기도하는 집이다. 하나님은 이스라엘 가운데 못 오시는 게 아니라, 유다의 죄로 인해 안 오시고 있다. 그러므로 성전 재건 후 기대했던 샬롬 지연의 책임은 야훼께 있지 않다. 그 원인은 이스라엘 지도자들에게 있다. 그들의 탐욕과 방만한 나태와 타락이 백성들을 곤핍하게 하고 샬롬의 도래를 가로막았다(사 56:9-12).[6]

누가 참 이스라엘인가? 이사야는 바벨론 포로살이를 거치면서 참 이스라엘이 누구인지를 진지하게 고민했다. 예루살렘에 산다고 해서 모두가 다 하나님의 백성은 아니다. 아브라함과 이삭과 야곱의 후손이라고 해서 모두가 다 이스라엘 백성이 되는 것은 아니다. 그럼 누구인가? 하나님의 뜻대로 사는 자가 참 이스라엘이다! 하나님의 백성을 판가름하는 기준은 그 신실함에 있다. 나그네도 외국인도 장애인도 하나님의 뜻대로 살기만 하면, 모두 하나님을 예배하는 신앙공동체의 지체가 된다(사 56:3-8).

그러므로 하나님이 이스라엘에게 기대하시는 것은 정의를 그 삶의 열매로 맺는 일이다. 시온의 미래는 전적으로 하나님의 손에 달려 있다. 그렇지만 시온의 미래를 위해서는 예루살렘에 사는 자들이 해야 할 일이 있다. 바로 정의와 공의를 바로 세우는 일이다. 정의를 행한다는 것은 어둠을 미워하고 바른 것을 사랑한다는 의미이다. 공의를 이룬다는 것은 고르게 나누고, 정직하게 베풀며, 희생하며 섬긴다는 뜻이다. 이스라엘은 정치와 행정에서, 법정에서, 상거래에서, 낮은 자, 약한 자, 없는 자가 사는 세상살이에서, 신앙생활에서 하나님이 기대하시는 정의와 공의를 이루어야 한다.

Ⅲ. 이사야서의 영성과 경건 : 주바라기

이사야서의 영성과 경건은 한 마디로 주바라기이다. 이사야서는 어떠한 형편에서든지 두려워하지 말고, 야훼 하나님만을 바라보고 의지하기를 촉구한다. 이사야의 주바라기 신앙에는 몇 가지 중요한 개념들이 있다.

1. 야훼 하나님만 의지하라

이사야 신앙의 중심은 "두려워 말고 야훼 하나님을 의지하라"이다. 이사야는 만군의 주, 야훼가 우주의 통치자라고 하는 장엄한 비전을 제시한다(사 3:1; 10:16, 33 등). 이사야는 모든 피조물을 향한 야훼의 계획이 있다는 사실을 최초로 지적한 예언자이다. 이 주장은 이사야의 소명 기사(사 6장)에서 비롯된다. 이사야는 지극히 거룩하신 하나님의 현현을 경험한 후, 이스라엘만이 아니라 여러 민족들의 운명이 결정되는 천상회의에 참여하게 된다. 하나님의 영광은 단지 예루살렘 성전뿐 아니라 하늘조차도 창조의 영광을 드러낸다.

이사야가 경험한 하나님은 초월적이면서도 세상 역사 안에서 완전하게 거하시는 분이시다. 바벨론에 포로로 잡혀가 있는 사람들에게 가장 절망적이었던 것은 그들이 모여 예배드릴 수 있는 성전이 없다는 것이다.

나중에 성전을 대신하는 회당이 생겨나긴 했지만, 예배드릴 성전이 없음으로 인하여 바벨론의 다신교가 그들에게 큰 위협으로 다가오게 되었다. 이러한 이유로 예언자는 그들이 이제까지 믿어온 하나님이 누구신지를 종합적으로 설명할 필요를 크게 느꼈다(사 40-55장).

포로상황에서 우상숭배는 이스라엘에게 가장 위협적이었던 유혹이었다. 이를 막기 위해 이사야는 이스라엘을 향해 '야훼만이 참 하나님이시요 유일하신 구주이시다'라는 신학적 처방을 내렸다. 다른 신들은 인간의 조형물이며 결코 창조적인 힘이 없다. 야훼만이 처음이요 마지막이고, 야훼 하나님 이외에 다른 신은 없다(사 45:5-6, 21-22; 46:9). 그러므로 창조주 하나님과 사람이 만든 우상들을 비교한다는 것은 있을 수 없는 일이다. 인간이 만든 우상은 허탄한 것이요, 무익한 것이다(사 41:29). 그러므로 우상을 만드는 자나, 우상을 숭배하는 자는 모두 큰 수치와 심판을 당할 것이다(사 42:17; 44:9-11). 창조주이신 하나님은 자신이 만드신 세상을 구경만 하시는 분이 아니라 피곤한 자에게는 능력을 주시며 무능한 자에게는 힘을 더하시는 분이시다(사 40:29-30). 특히 이사야는 창조주 하나님과 출애굽 구원의 하나님을 연결하여, 세상을 창조하신 하나님이 동시에 역사의 주관자이심을 선포한다(사 43:1-7). 그러므로 이사야에게 있어서 유일신 신앙은 창조 신앙과 구속 신앙의 결합물이다.[7]

이러한 이사야서의 영성은 시리아와 북이스라엘의 동맹으로 인한 남유다 침공, 아시리아의 예루살렘 포위, 그리고 공격 등의 이스라엘의 존폐 위기에서도 변함없이 하나님만을 신뢰할 것을 강조하였다(사 7:9). 이사야는 시리아-에브라임 전쟁으로 국가 위기의 상황에서, 하나님이 아닌 강대국 아시리아를 의지한 아하스 왕을 악한 왕으로 규정하였다. 아하스는 유다의 유일한 소망은 아시리아의 지원이라 생각하였다. 그러나 이사야는 이스라엘과 아람의 위협이 곧 끝날 것임을 확언하였다(사 7:7-9). 하나님의 계획이 그러했기 때문이다. 그러나 아하스는 하나님의 계획을 믿지 못하고 아시리아를 의지함으로 아시리아의 위협과 간섭으로 고통을 당하였다. 반면에 산헤립의 침공(주전 701년)으로 예루살렘만 남은 상태에서도 야훼 하나님만을 의지한 히스기야 왕은 우리가 따라야 할 모범적인 선한 왕이다. 어떤 신앙을 가질 것인가? 야훼 하나님만 의지하라! 야훼께서 반드시 구원해주실 것이다! 유다가 야훼 하나님만을 신뢰하고 말씀에 순종한다면, 야훼가 손수 대적자들로부터 유다를 구원해 주신다.[8]

반대로, 유다의 고난과 멸망은 유다가 저지른 불의에 대한 하나님의 응답이다. 유다의 멸망은 야훼 하나님의 심판이다. 물론 야훼의 목적은 이스라엘의 심판이 아니라 예루살렘, 시온의 샬롬(평강)이다. 그럼에도 불구하고 유다가 하나님의 심판을 받게 된 이유는 '교만' 때문이다. 교만이란 하나님과 인간 사이의 차이를 거부하면서, 하나님의 뜻을 고려하지 않는 인간적인 계획이다(사 2:6-22; 5:21; 7장; 9:8-10 등). 유다는 교만하였다. 왕은 법과 정의로 나라를 다스리지 못하였고, 지도자들은 하나님의 공의를 잃어버리고 탐욕과 억압으로 가난한 자들의 소유를 착취하였다(사 1:21-23; 3:14-15). 사치와 향락에 빠졌다(사 3:16-26; 5:8, 11-15; 32:9-14). 더욱이 우상숭배와 헛된 예배만을 행하면서(사 1:10-17), 하나님이 가장 원하시는 임마누엘 신앙을 거부하였다(사 7:14). 그러므로 유다가 심판받는 이유는 하나님의 공의를 잃어버린 교만 때문이다(사 5장). 그래서 하나님은 심판 도구로 아시리아와 바벨론을 사용하셨다(사 10:5). 그러나 아시리아와 바벨론도 교만하여 야훼의 계획 아래서 멸망하게 된다. 그러므로 유다가 의지할 것은 '야훼 하나님'뿐이다! 유다는 주바라기가 되어야 한다.

2. 시온에 임하시는 하나님

이사야의 주바라기 신앙의 근간에는 시온 신앙이 있다. 유다와 예루살렘이 구원을 받은 것은 백성들이 자격이 있어서가 아니다. 그 이유는 시온에 대한 하나님의 약속 때문이다. 존귀와 영광을 받을 시온(exalted Zion! 사 2:2-

4; 9:2-7; 10:20-22; 11:1-9; 37:32-35)! 시온 신앙은 '야훼 하나님은 어떠한 일이 있어도 예루살렘, 시온을 보호하신다'는 믿음에 기초한다. 야훼 하나님은 위대한 왕이시다. 그리고 시온은 야훼가 세운 곳이며(사 14:32), 야훼가 거하는 곳이고(사 8:18; 31:9), 자신을 계시하는 곳이다(사 2:3). 시온은 적들이 감히 점령할 수 없는 곳이며, 야훼 백성들의 거주지이다. 그러므로 시온은 안전하다. 그리고 시온은 이스라엘뿐 아니라, 모든 백성들의 질서와 안녕과 평화를 실현하는 중심이 된다. 이 신앙이 이사야 예언의 원동력이다. 그래서 이사야는 다윗의 언약과 존귀와 영광을 받을 시온의 거룩함을 주장한다. 더욱이 주전 701년 산헤립의 침공 때 이러한 야훼의 구원을 경험하였다(사 36-37장). 어떠한 대적도 예루살렘을 함락시킬 수 없다! 야훼 하나님만이 구원이시다! 두려워하지 말고 야훼 하나님을 의지하라! 야훼는 시온에 계시고, 시온은 안전하다!

그러나 시온이 이방 민족 바벨론에 의해 무너졌다! 그렇다고 시온의 야훼가 느부갓네살의 신 마르둑과의 힘겨루기에서 져서 예루살렘이 망한 것이 아니다. 야훼가 느부갓네살을 자신의 일꾼으로 부리시기에, 예루살렘의 비극이 닥친 것이다. 예루살렘의 패망은 하나님의 징계이다. 시온이 유다의 죄악으로 인하여 부정해졌기에, 부정해진 시온을 정결케 하기 위하여 야훼가 시온을 공격한 것이다(사 3:8; 5:14, 17; 32:14). 부정해진 시온은 새롭게 정결하게 되어야 한다. 그러므로 시온 신앙은 단순히 야훼가 시온을 선택했고 적들로부터 보호하신다는 신앙에 머무르는 것이 아니라, 야훼에 대한 신앙회복이 시온의 구원을 도래하게 한다(사 7:1-9). 시온이 범죄하여 이스라엘이 심판받았고, 시온이 정결하여 이스라엘이 회복된다! 그리고 정결하게 회복된 시온은 하나님이 통치하는 세계의 중심지가 될 것이다.[9]

3. 메시아

메시아 신앙의 요지는 야훼 하나님이 그의 백성들을 축복하기 위하여 다윗의 아들을 왕위에 두었다는 것이다(사 7장; 9:1-7; 11:1-10; 29:1-8; 32:1-8). 이사야는 아시리아와 이집트, 그리고 바벨론 등의 강대국이 약소국들을 무자비하게 짓밟고 무력으로 정복하는 암흑 시대에, 이스라엘의 남은 자를 구원하시는 하나님의 은총을 깨달았다. 하나님의 구원의 은총은 다윗 가문에서 나올 것이고, 하나님이 원하시는 평화를 이룰 것이다. 그가 바로 '메시아'이다. 메시아는 '기름 부음을 받은 자'(the anointed one)라는 뜻을 가진 낱말로서, 헬라말로는 '그리스도'를 가리킨다. 메시아는 하나님의 대리자가 되어 직권으로 다스린다. 이 왕은 시적인 표현으로 하나님 우편에 좌정한 하나님의 아들이다(시 2:7; 100편). 이스라엘 전통에서 왕과 제사장들이 기름부음을 받았다. 또한 페르시아의 고레스가 하나님에 의해 기름부음을 받은 사람으로 평가받았다(사 45:1).

이사야가 기대한 메시아는 어깨에 주권을 멘 탁월한 지도자, 모사, 전능하신 하나님, 영원한 아버지, 평강의 왕이 될 것이며(사 9:6), 이상적인 다윗으로서 나라를 굳게 세우고 영원토록 공평과 정의로 나라를 보존할 것이다(사 9:7). 또한 그는 무겁게 멘 멍에와 그 어깨의 채찍과 압제자의 막대기를 꺾음으로써, 어둠 속에 빠져 있는 백성들에게 하나님의 평강을 이룩할 것이고, 큰 즐거움을 가져다줄 것이다(사 9:2-4; 11:2). 메시아가 줄 평강은 전쟁이 없는 상태를 넘어서서 세상의 모든 것이 완전한 조화를 이루어 부족함이 없는 상태를 의미한다. 이사야는 무엇보다도 메시아가 오면 민족들 사이에 화해가 이루어지고 싸움과 전쟁을 포기하는 일이 생겨날 것이라고 보았다(사 2:4). 메시아는 다윗 시대 이상으로 이스라엘에 안정과 번영을 가져다줄 것이며, 모든 사람이 골고루 잘사는 공평한 나라를 이룰 것이다(사 11:3-5). 그러므로 메시아가 올 때에는 과거의 잘못된 왕들이 권력을 남용했던 것과 같은 불의가 사라지고 하나님이 우리와 함께 계시는 임마누엘의 약속이 이루어질 것이다(사 7:14). 뿐만 아니라, 메시아의 공평한 판단과 통치로 인해 억울한 일을 당하는 사람이 없을 것이다. 악한 자들이 공의로 심판당하고 가난한 자와 겸손한 자가 정직과 공의로 판단 받을 것이기 때문이다(사 11:4-5).

메시아의 공의로운 통치는 나라와 나라 사이에 분쟁이 그치게 할 뿐만 아니라 개인과 개인 사이의 평화를 가로막는 모든 불의와 악이 사라지게 할 것이다. 더 나아가 메시아가 세울 나라는 나라와 사람들 사이의 평화로만 끝나지 않고, 거친 들짐승들과 사람 사이에도 평화가 이루어질 것이다. 잡아먹고 먹히는 약육강식의 세계가 이제는 상호 공존의 우주적인 평화를 향해 나아갈 것이다(사 11:6-8). 한마디로 말해서 메시아가 세운 나라에는 해됨도 상함도 없다. 이는 물이 바다를 덮음 같이 야훼를 아는 지식이 세상에 충만할 것이기 때문이다(사 11:9). 그러므로 하나님의 이러한 구원은 마침내 공의와 평화가 지배하는 메시아왕국, 곧 새 하늘과 새 땅의 창조를 통해서 완성될 것이다(사 65:17-25).

4. 야훼의 종

이사야서 40장 이후에서 이사야는 자신이 선포한 회복된 이스라엘의 영광은 고난받는 야훼의 종을 통해서 성취될 것이라고 예언한다. 역사를 주관하는 신이요 유일한 참 신이신 야훼 하나님은 충분한 징계를 받은 이스라엘을 위로하시고 그들을 다시금 가나안 땅으로 돌이키겠다고 약속하셨다. 그 약속을 이루시기 위해 하나님은 한 종을 선택하기로 작정하신다. 그 종은 태에서 나옴으로부터 부름을 받은 사람으로서(사 49:1), 야훼 보시기에 존귀한 자(사 49:5)요, 야훼가 붙들고 그 마음에 기뻐하시는 종으로 묘사된다(사 42:1; 49:1, 5). 야훼는 그 종을 통하여 야곱의 지파들을 일으키시며 이스라엘 중에 보전된 자를 돌아오게 하실 것이다. 그러나 야훼가 그에게 맡기신 일은 그것으로 끝나지 않는다. 야훼는 그로 이방의 빛을 삼아 야훼의 구원이 땅끝까지 이르게 하실 것이다(사 49:6).

그러므로 야훼의 종(Yahweh's servant)은 야훼의 일을 대리하는 인물이다(사 42:1-4; 49:1-6; 50:4-9; 52:13-53:12) 야훼의 종은 역사를 향한 야훼의 거대한 목적을 이루기 위해 선택된 대리자이다. 과연 이 종은 누구인가? 아직 정확히 알 도리가 없다. 유대교 해석가들은 오랫동안 유대공동체가 야훼의 종이라 생각하였다. 그러나 이사야서를 세 부분으로 나눈 둠은 야훼의 종을 율법을 가르치는 예언 교사로 주장하였다. 반면에 젤린은 1898년에는 스룹바벨을, 1901년에는 여호야긴을, 1922년에는 모세를 지칭한 것이라고 입장을 몇 번이나 바꾸어 주장했다. 1921년 모빙켈은 야훼의 종은 다름 아닌 이사야 자신과 이스라엘공동체를 가리킨다고 주장하였다. 배타주의적 선민사상이 예루살렘의 멸망과 함께 무너지면서, 이제 이스라엘은 '종'이 되어야 한다. 이스라엘을 이스라엘 되게 하는 것은 온 우주를 샬롬으로 다스리시는 야훼의 종이 되는 것이다.[10]

그리고 기독교 신앙에서 야훼의 종을 통해, 하늘의 영광을 버리고 종의 모양으로 세상에 오셔서 모든 인류의 죄를 지고 가신 예수 그리스도를 발견하게 된다(빌 2:5-11). 야훼의 종이 받은 고난과 죽음을 통해서 영광을 얻으며 하나님의 뜻을 성취하는 것과 마찬가지로(사 53:10-12), 예수께서도 자신의 대속적인 고난과 죽음을 통해 부활의 영광을 얻으시고 온 인류에게 미칠 복된 구원의 소식을 선물하셨다.

5. 거룩

이사야의 주바라기 영성을 이해하는 데 중요한 또 다른 주제는 "거룩"이다. 이사야는 예루살렘 성전에서 예배를 드리는 중에 보좌에 앉아 계신 거룩하신 하나님의 모습을 보았다(사 6장). 이 환상 경험을 통해 이사야는 예언자로 소명을 받았다. '거룩'이란 본래 '갈라놓는다', '구분한다', '구별한다'는 뜻을 가진 말로서, 하나님의 다른 모든 피조물로부터 구별되는 분임을 의미한다. 그리고 거룩은 '하나님의 하나님 되심'을 나타내는 표징이 된다. 그래서 야훼를 '이스라엘의 거룩한 자'로 부르는 호칭이 이사야서 초장(1-39장)에서 13번,

중장(40-55장)에서 11번 나타난다. 거룩한 자 야훼는 시온의 범죄를 심판하는 심판자이다. 그리고 이 세상을 창조한 창조주이고, 이스라엘의 구원을 이루실 구원자이다. 이방의 다른 신들이 이스라엘을 구원하는 것이 아니라, 거룩한 자이신 야훼만이 이스라엘을 구원하신다. 그러므로 야훼 하나님이 임재하신 곳은 거룩하다. 그러기에 이스라엘도 거룩해야 한다.[11]

이사야에게 거룩은 세상을 의지하지 않고 야훼 하나님을 의지하는 것이다. 주바라기 신앙이다! 이스라엘은 아시리아나 이집트를 의지하는 것이 아니라, 거룩하신 하나님을 의지해야 한다. 이 길이 이스라엘이 거룩하게 되는 길이다. 그러면 거룩하신 하나님께서 거룩한 이스라엘을 구원하실 것이다. 그러므로 거룩은 가장 좋은 것을 선택하고 따르는 것이다. 온 우주를 주관하시는 거룩하신 하나님이 거룩한 이스라엘과 함께하시고 통치하신다.

6. 남은 자

이사야는 두 아들의 이름을 상징적으로 지었다. 두 아들의 이름은 스알야숩(사 7:3)과 마헬살랄하스바스(사 8:1)이다. 큰아들 스알야숩의 뜻은 '남은 자가 돌아오리라'로서, 포로로 잡혀간 유다 자손들 중에 일부가 돌아올 것임을 예표한다. 하나님의 심판은 우연히 이루어진 것이 아니라, 철저한 하나님의 계획과 섭리 속에서 이루어졌다(사 10:22-23). 그러나 야훼는 유다를 다시 살릴 희망을 남겨두신다. 이것이 '남은 자'이다(사 1:8-9; 30:17). 하나님의 심판은 심판 자체로서 끝나지 않고, 이스라엘의 새로운 미래를 가능케 하는 구원의 은총으로 연결된다. 포로로 잡혀가 있던 남은 자들이 돌아오는 것은 어디까지나 하나님의 일방적인 은혜로 이루어지는 것이지 이스라엘이 스스로 원해서 되는 것이 아니다(사 11:11-12). 그러기에 남은 자들이 고국으로 돌아오는 사건은 과거에 이스라엘이 이집트에서 해방되던 출애굽 사건과도 같은 영광스러운 새 시작을 의미한다(사 6:13; 11:16; 28:5). 남은 자들은 더 이상 과거 유다와 같이 하나님이 아닌 다른 것들을 의지하는 잘못을 범하지 않을 것이다. 이제는 야훼 하나님만을 진실하게 의지할 것이다(사 10:20-21). 이런 점에서 남은 자는 지난날의 잘못들로부터 돌아서고 회개한 주바라기이다.

IV. 마치는 말

이사야서는 우리들에게 어떠한 형편이든지 하나님만을 의지하는 '주바라기'가 되기를 말씀한다. 비록 세상에 살지만, 세상 가치체계에 물들지 않고, 하나님 나라의 가치로 세상을 살아가는 성도가 되기를 종용한다. 이사야를 통해 '우리는 야훼의 종입니다'라는 고백이 드러나야 한다. 종은 자신의 의지와 생각을 고집하지 않는다. 주인의 뜻만을 집중한다. 그러므로 하나님의 사람들은 내 생각으로 사는 것이 아니라, 말씀으로 살아야 한다. 두려움이 아닌 믿음으로, 흔들리고 요동함이 아니라 하나님 바라봄과 견고한 신뢰로 나아가야 한다. 주변의 형편과 상황보다는 말씀 앞에 무릎 꿇고 기도하는 삶 속에 시온에 임하는 거룩하신 하나님의 보호하심과 다스리심이 오늘의 역사가 된다. 이사야의 하나님이 여전히 나를 통해 일하시고 구원사역을 확장해 가심을 경험할 것이다.

더 읽을 책

도날드 E. 고엔.『구약예언서신학』차준희 역. 서울: 대한기독교서회, 2009.

버나드 W. 앤더슨.『구약신학』최종진 역. 서울: 한들출판사, 2002.

월터 부르그만.『구약개론』김은호, 권대영 역. 서울: 기독교문서선교회(CLC), 2007.

W. 브루지만 外 공저.『구약신학과의 만남』차준희 역. 서울: 프리칭아카데미, 2008.

오토 카이저.『이사야 1』번역실 역. 서울: 한국신학원구소. 1991.

오토 카이저.『이사야 2』번역실 역. 서울: 한국신학원구소. 1991.

존 와츠.『이사야 1-33(Isaiah 1-33)』강철성 역. 서울: 솔로몬. 2002.

존 와츠.『이사야 34-66』강철성 역. 서울: 솔로몬. 2001.

클라우스 베스터만.『이사야 3』번역실 역. 서울: 한국신학원구소. 1990.

김영진 외.『구약성서개론 - 한국인을 위한 최신 연구』서울: 대한기독교서회. 2004.

왕대일.『구약성서 이해 열 마당』서울: 도서출판 새길. 2003.

왕대일.『구약신학』서울: 감신대성서학연구소. 2003.

이희권.『이사야 1』(성서주석21) 서울: 대한기독교서회. 1991.

장세훈.『한 권으로 읽는 이사야서』서울: 이레서원. 2004.

차준희.『최근 예언서 이해』서울: 프리칭아카데미. 2009.

주

1) W. 브루지만 外 공저,『구약신학과의 만남』차준희 역 (서울: 프리칭아카데미, 2008), 451-455.

2) 노세영, "제22장 이사야", 김영진 외『구약성서개론-한국인을 위한 최신 연구』 (서울: 대한기독교서회, 2004), 567-572.

3) 왕대일,『구약성서 이해 열 마당』(서울: 도서출판 새길, 2003), 200-210.

4) 월터 부르그만,『구약개론』김은호, 권대영 역 (서울: 기독교문서선교회, 2007), 243-254.

5) W. 브루지만 外 공저,『구약신학과의 만남』, 509-515.

6) 왕대일,『구약성서 이해 열 마당』, 205-210.

7) W. 브루지만 外 공저,『구약신학과의 만남』, 511-515.

8) 월터 부르그만,『구약개론』, 252.

9) 노세영, "제22장 이사야", 579-580.

10) W. 브루지만 外 공저,『구약신학과의 만남』, 515-517.

11) 노세영, "제22장 이사야", 580-581.

하 시 용

▼

미국 인디아나대학교 철학박사(Ph.D.)
샌프란시스코 참빛교회 담임목사

들어가는 말

예언자 예레미야는 그의 이름 뜻 그대로 '하나님께서 높이 세우신 자'였다. 예루살렘이 멸망하고 유다 왕 시드기야와 예루살렘의 귀족들이 바벨론에 포로로 잡혀가는 역사의 암흑기에 하나님 말씀을 선포했으니 하나님께서 그를 높이 세우지 않으셨다면 불가능했을 것이다.

하지만 예레미야서가 전해주는 예언자 예레미야의 삶은 웅덩이에 빠진 사건을 통해서 보여 주듯이 한없이 밑으로 내려가서 거의 파산지경에 이른다. 하나님의 말씀을 담지하고 선포한 죄로 인해서 인생이 웅덩이에 빠진 것이다. 예레미야라는 이름의 뜻과 반대의 삶을 산 것이다. 하지만 선지자로서 그의 인생은 하나님 앞에서 높이 들리어졌고, 지금까지 하나님의 교회 앞에 진정한 예언자의 모습으로 우뚝 서 있다.

예레미야는 탄생과 성장 과정부터 녹록하지 않았다. 그는 예루살렘에서 북쪽으로 약 5킬로미터 떨어진 아나돗 출신이었다. 아나돗은 베냐민 지파의 제사장들에게 할당되었던 네 지역 가운데 하나였다. 솔로몬이 사독 계열의 제사장을 편애하면서 변방으로 밀려난 아비아달 계열의 제사장들이 모여 살던 집성촌이었다(왕상 2:26-27). 예레미야는 왕의 권력으로부터 버림받은 제사장 가문에서 태어난 셈이다. 하지만 비교적 이른 십 대에 예언자로 부름을 받았다.

예레미야를 부르신 하나님은 그에게 열국 가운데서 "뽑고 파괴하며 파멸하고 넘어뜨리며 건설하고 심게" 하는 임무를 부여하셨다(1:10). 예언자로서 예레미야의 임무(prophetic commission)를 가리키는 여섯 개의 히브리어 동사 가운데 앞의 네 동사는 상황이 점점 악화되어 파멸에 이르는 부정적인 의미를, 마지막 두 개의 동사는 회복과 새로운 시작을 알리는 긍정적인 의미를 갖고 있다. 예레미야는 여섯 개의 히브리어 동사가 말해주듯이 이스라엘 민족이 뽑히고, 파괴되고, 파멸하고 넘어지는 역사의 현장에서 이미 기울어진 역사의 축을 다시 세워보려고 애를 썼다. 예레미야는 '눈물의 선지자'라고 불린다. 하나님의 파토스, 즉 하나님의 마음을 그의 예언과 삶을 통해서 보여 주었기 때문이다.

예언자 예레미야 - 그가 선포한 하나님 말씀은 물론 그의 말씀을 만들어낸 예언자의 마음과 삶을 살펴보고자 한다.

I. 시대적 배경

예레미야가 활동했던 시대적 배경은 여타 구약의 예언자들과 달리 길고 복잡하다. 그는 종교개혁이 한창 진행 중이던 요시야 왕 13년에 예언자로 부름받았다. 당시 그의 나이는 19세로 추정된다. 구약 연대기에 의하면 요시야 왕이 종교개혁을 시작하고 4년이 지난 주전 626년이었을 것이다. 그로부터 유다의 마지막 왕 시드기야가 바벨론에 포로로 잡혀가고 바벨론 왕이 세운 그달리야가 암살되고 예루살렘에 남아 있던 주민들이 이집트로 피난 가는 시기까지 예언활동을 했으니 40여 년 이상을 예언자로 산 것이다. 이처럼 예레미야의 예언은 진공 속에서 선포된 메시지가 아니라 소용돌이치는 역사의 현장, 민족이 겪는 백척간두의 위기 속에서 몸으로 입으로 선포된 하나님 말씀이었다. 그의 메시지를 이해하기 위해서는 예레미야가 활동하던 기간의 역사적 흐름을 살펴볼 필요가 있다.

1. 요시야의 종교개혁

솔로몬 왕 이후에 남과 북으로 갈라진 이스라엘의 통일왕국은 고대 근동의 맹주가 누가 되는가에 따른 정치적 역학관계 속에서 생존을 위한 줄서기에 온갖 노력을 기울여야 했다. 남쪽의 이집트가 강해지면 이집트에, 북쪽의 아시리아나 바벨론 등이 팔레스타인을 제패하면 북쪽의 열강에 조공을 바치면서 나라를 유지했다.

아시리아가 고대 근동을 제패하기 전까지 북이스라엘과 남유다는 나름대로의 삶을 유지할 수 있었지만, 아시리아의 티그랏필레셀 왕이 남침 전략을 세우면서 아시리아의 침공에 시달려야 했다. 결국 북이스라엘은 주전 722년 아시리아의 사르곤 2세에게 함락당하고 북이스라엘의 수도였던 사마리아는 아시리아의 혼합정책에 따라 외부에서 이주한 사람들과 섞여 사는 비운을 맞게 된다.

북이스라엘이 멸망하는 것을 목도한 남유다 역시 불안하기는 마찬가지였다. 강성해진 아시리아가 이집트를 공격하기 위해서 남하할 때마다 고래 싸움에 새우 등이 터지듯이 자신들의 의사와 상관없이 싸움에 휘말렸다. 히스기야 왕은 종교개혁을 단행함과 동시에 아시리아의 공격을 현명하게 대처하면서 살아남을 수 있었고, 그의 아들 므낫세 역시 55년의 재위기간 동안 아시리아의 속국으로 왕위를 유지할 수 있었다. 하지만 므낫세는 이스라엘 종교를 유지하고 개혁하는 데 실패했다. 훗날 성서를 기록한 역사가들은 므낫세가 하나님을 떠난 것에서 예루살렘 멸망의 원인을 찾을 정도였다. 므낫세의 아들 아몬이 왕이 되지만 2년 만에 왕실에 있던 정적들에 살해되고, 여덟 살밖에 되지 않았던 요시야가 왕위에 오르게 된다 (주전 641년).

어린 나이에 왕에 등극한 요시야는 정치를 익히고 내부적으로 그의 권력을 공고히 할 수 있는 여유가 생겼다. 북쪽의 강국 아시리아가 내란으로 인해서 세력이 약화되었고, 남쪽의 이집트 역시 북침을 위한 준비를 하느라 숨 고르기를 하고 있었기 때문이다. 요시야 왕은 그 틈을 타서 예루살렘 중심의 종교개혁을 단행하였다. 왕위에 오른 지 18년 되던 해에 예루살렘 성전의 보수를 명령했고, 보수하는 과정에서 발견된 "율법책"(the book of the law)을 대제사장 힐기야가 왕에게 가져왔다.

요시야 왕은 율법책의 내용에 따라서 종교개혁을 단행한다. 그가 마음에 그린 종교개혁의 큰 틀은 첫째로 각 지역에 흩어져 있던 산당을 정리하고 예루살렘 중심의 제의체제를 확립하는 것과 둘째로 므낫세 이후로 중단되었던 야훼 하나님을 예배하는 절기와 민족의 축제를 부활하면서 야훼 신앙을 중심으로 민족의 동질감을 회복하고, 마지막으로 우상들을 무너뜨리고 야훼 하나님을 유일한 신으로 고백하는 신앙을 확립하려는 것이었다. 요시야의 개혁은 성공적이었다. 그는 이스라엘 역사에서 다윗에 버금가는 위대한 왕으로 등극할 수 있었다. 하지만 요시야는 아시리아가 약화된 틈을 타서 북진정책을 단행한 이집트 왕 느고를 대항해서 싸운 므깃도 전투에서 전사한다(주전 609년). 요시야 왕 13년에 예언자로 부름받은 예레미야는 요시야의 개혁에 참여했다는 기록은 없지만 개혁의 현장을 눈으로 목도했을 것이다. 실제로 예레미야서의 대부분의 예언들은 요시야 개혁과 맥을 같이 하고 있다.

2. 이집트와 바벨론 사이에서의 좌충우돌

요시야 왕 이후에 남유다는 말 그대로 혼란의 시대를 경험한다. 당시는 이집트의 세력과 아시리아를 뒤이은 신바벨론의 세력이 첨예하게 대립하던 때였기에 중간에 낀 팔레스타인의 남유다는 두 강국 사이에서 갈팡질팡하며 실리외교를 펼쳐야 했다. 하지만 그들의 외교적 시도는 실패를 거듭한다.

주전 605년 이집트의 바로 느고는 신흥 강국 바벨론을 정복하기 위해서 유프라테스강까지 진격한다. 바벨론 제국의 설립자 나보폴라사르 왕은 그의 아들 느브갓네살을 파견해서 느고의 군대와 싸워서 대승을 거둔다. 그 후로부터 이집트 세력이 주춤하고 바벨론의 진격이 시작된다. 예레미야는 바벨론이 이집트를 물리쳤다는 소식을 들었을 것이고 혹자는 당시에 유다의 죄를 꾸짖고 바벨론에 순응하라는 성전설교(렘 7장)를 기록했을 것이라고 주장한다. 당시 유다 왕 여호야김은 예레미야의 두루마리를 불에 태우면서 바벨론에 속국이 될 것을 거부하였다.

여호야김에 이어서 왕위에 오른 그의 아들 여호야긴은 석 달 만에 바벨론에 포로로 잡혀가고, 바벨론의 느부갓네살 왕은 시드기야를 왕으로 세운다. 바벨론에 의해서 왕이 되었건만 시드기야는 바벨론을 거부하고 이집트에 원조를 구하다가 주전 586년 느부갓네살 왕에 의해서 완전히 패망하는 비극을 초래한다. 이때까지 예레미야 선지자는 한결같이 이집트가 아니라 바벨론에 속해야 안전할 수 있다고 예언했지만 왕을 비롯한 예루살렘의 권력층들은 예레미야의 메시지를 철저히 외면했다.

3. 예루살렘 멸망과 포로기의 시작

예루살렘이 멸망한 후에 시드기야 왕은 아들이 죽고, 자신은 눈이 뽑혀서 앞을 보지 못한 채로 바벨론에 포로로 잡혀갔다. 예루살렘의 고관대작들도 대부분 포로로 잡혀가고 예루살렘은 폐허가 되었다. 바벨론 왕은 그달리야를 군대장관으로 세워서 예루살렘을 통치하도록 위임한다. 예루살렘이 바벨론의 식민지가 된 것이다. 그달리야마저 시기하는 반대파에 의해 살해당하고, 예루살렘에 남아 있던 거민들은 목숨을 부지하기 위해 이집트로 피신한다. 예레미야는 바벨론으로 갈 수 있었음에도 불구하고 이집트로 피신해서 그곳에서 생을 마감하였다.

요시야 개혁을 통해서 민족의 기운이 되살아나던 시대에 예언자로 부름 받은 예레미야는 요시야 왕이 비운에 가고 열강들의 침략과 예루살렘 내부의 정치적 혼란기를 거치면서 나라를 잃는 비극의 순간을 살았다. 그가 외친 하나님의 말씀에 귀를 기울인 사람들은 거의 없었다. 그럼에도 불구하고 예레미야는 하나님의 마음을 품고 백성들이 죄를 뉘우치고 하나님께로 돌아오기를 눈물로, 입으로, 몸으로 외쳤다.

Ⅱ. 예레미야서의 틀과 메시지

1. 예레미야서의 틀

예레미야서는 분량으로 말하면 성경에서 시편 다음으로 긴 책이다. 단지 길이만 길 뿐 아니라 예레미야서의 구조와 내용도 복잡해서 처음부터 읽다 보면 중간에 길을 잃기 쉽고 나중에는 지루함마저 느끼게 된다. 그것은 예레미야서 속에 여러 가지 편집층들이 들어 있기 때문이다. 비평적인 학자들은 예레미야서를 형성한 편집층을 알아내는 데 많은 힘을 쏟았다.

물론 전통적으로 예레미야서는 선지자 요시야 시대부터 포로기 이후까지 격변의 시대를 살았던 선지자 예레미야의 예언으로 본다. 설령 선지자가 직접 기록하지 않았더라도 그의 비서격인 바룩이 예레미야의 예언을 받아서 기록했을 것이니 선지자 예레미야의 저작설에 추호의 의심을 하지 않았다.

반면에 성경에 대한 비평적인 연구가 시작되면서 예레미야서의 복잡하고 다양한 문학적 양식과 내용을 연구하게 되었고 예레미야 선지자의 육성 또는 바룩의 기록물이라기보다 오랜 전승을 거친 편집물 내지 극단적인 경우 예언 선집(anthology)으로 보기도 했다. 예레미야서의 편집 가능성을 놓고 가장 설득력 있는 의견을 제시한 학자는 독일의 구약학자 둠(Duhm)이다. 그는 예레미야서의 시적 본문(poetic texts)과 산문체 본문(prose texts)에 주목하면서 예레미야서에는 적어도 다음과 같이 세 가지 전승들이 포함되어 있다고 주장했다: 시적 본문을 중심으로 한 예언자의 예언, 산문체 본문을 중심으로 한 예언자의 전기(autobiography, 傳記), 기타 시와 산문이 섞여 있는 본문들. 둠의 주장을 조금 더 세밀하게 구별한 학자는 노르웨이의 구약학자 모빙클(Movinckle)이었다. 모빙클은 예레미야서가 네 가지 전승으로 구성되어있다고 영문 알파벳의 첫 글자를

사용해서 구분했다: A. 예레미야의 시적 예언들(1-25장), B. 예레미야의 개인 전기(26-45장), C. 설교를 비롯한 예레미야서의 산문체 본문들, D. 기타 시적 예언들.

이상의 둠과 모빙클의 주장을 토대로 예레미야의 전승들을 크게 세 가지로 요약할 수 있다: 예레미야의 예언을 담고 있는 시적 본문(1-25장), 예언자 예레미야의 개인 전기(26-45장), 설교 및 이방 민족에 대한 심판 예언과 기타 본문들. 물론 예레미야서가 위의 세 가지 또는 모빙클의 네 가지 전승으로 명확하게 구분되는 것은 아니다. 각 전승들 안에도 특이하게 구별되는 예언이나 네러티브가 들어 있고 겹치는 부분도 있다. 그럼에도 불구하고 위의 구분들은 예레미야서를 이해하는 데 도움을 준다.

예레미야서 전반부의 시적 예언이 예레미야의 육성 또는 구전 전승을 예언의 형식으로 기록한 것이라면, 예레미야의 전기는 바룩이 옮겨 적었거나 제삼자에 의해서 훗날 기록된 것으로 볼 수 있다. 특히 예레미야서의 산문체 본문을 두고 대부분의 학자들은 신명기학파의 최종 편집설을 주장한다. 이것은 성전설교를 비롯한 예레미야의 기타 산문체 또는 시적 본문에 구약성경의 신명기가 주장하는 신학적 이론이나 어휘들이 중복해서 나오기 때문이다. 예를 들면, 예레미야서에서는 성전에 대해서 회의적이다. 성전에서 선포되는 메시지는 평화를 주장하지만 하나님의 말씀이 아닌 체제를 유지하기 위한 거짓 예언자들의 위장된 선전일 뿐이다. 하나님은 성전에 구름 또는 스랍과 같이 영광 중에 임하시는 것 대신에 이름을 두셨다고 말한다. 하나님의 이름을 둔 성전을 이스라엘 백성이 훼손했고 우상을 숭배하였기에 심판이 임하게 될 것이라고 했다. 하나님의 심판은 하나님과 이스라엘 백성 사이의 언약파기임을 예레미야는 분명히 한다.

너희가 도둑질하며 살인하며 간음하며 거짓 맹세하며 바알에게 분향하며

너희가 알지 못하는 다른 신들을 따르면서 내 이름으로 일컬음을 받는 이
집에 들어와서 내 앞에 서서 말하기를 우리가 구원을 얻었나이다 하느냐
이는 이 모든 가증한 일을 행하려 함이로다 내 이름으로 일컬음을 받는 이
집이 너희 눈에는 도둑의 소굴로 보이느냐 보라 나 곧 내가 그것을 보았노라
여호와의 말씀이니라(7:9-11).

이것은 예루살렘 성전을 강조하는 다윗 또는 시온 전통과 대조를 이루는
모세 또는 시내 산 전통을 예레미야서가 계승하고 있음을 뜻한다. 예레미야
7장 9절에서 명시한 이스라엘의 죄악상은 십계명(출 20장; 신 5장)에 대한
철저한 불순종이다.

거기에 그치지 않는다. 예레미야는 이스라엘 백성들의 죄를 지적하면서
하나님께 돌아오라고 부탁한다. 예레미야에서 가장 빈번히 나오는 표현이
이스라엘 백성들의 회개를 촉구하는 히브리어 "슈브"(돌아오다)이다.
하나님께 돌아오면 하나님께서 용서해 주시고 하나님과의 언약이 회복될
것이라는 메시지 역시 신명기학파의 편집설을 뒷받침하고 있다.

하지만 예레미야서의 편집을 두고 학자들의 주장이 엇갈린다. 본문을
형성한 편집자의 손길을 비롯해서 전승자료들의 역사적 배경을 명확히
규명하기 어렵기 때문이다. 따라서 현대에 들어오면서 예레미야서의
자료(sources) 또는 편집 과정(redactional process)에 주목하기보다
예레미야서 자체 즉 구약성경에 존재하는 최종본문(final text)을 있는
그대로 받아들이고 그곳에 나타난 예언자의 목소리와 하나님의 메시지를
들으려는 시도가 주목을 받게 되었다.

차일즈(B.S. Childs)가 주장한 정경비평(canonical criticism)을 필두로
텍스트 자체를 강조하고 그것을 세심하게 읽으려는(close reading)
문예비평이 예레미야서를 최종본문 그대로 읽으려는 시도에 힘을 더해
주었다. 예레미야서는 그 자료들이나 편집과정의 다양함에도 불구하고
우리 앞에 있는 최종본문 자체가 중요하다는 것이다. 그것이 신앙공동체가

예레미야서를 하나님 말씀으로 받아들인 과정이자 목적이라는 것이다. 모호한 역사적 사실을 놓고 시간과 힘을 쏟기보다 최종 본문의 문학적 양식과 구조, 그 안에 담긴 메시지를 포착하는 것이 정경으로서의 하나님 말씀을 읽는 바람직한 태도라는 것이다.

이처럼 예레미야서를 최종본문, 있는 그대로(final text as it stands) 읽기 위해서 예레미야서의 구조를 파악하는 것이 도움이 된다. 예레미야서의 전반적인 구조는 다음과 같다.

A.	프롤로그: 예언자로의 부르심	1:1-19
B.	유다를 향한 심판 예언	2:1-25:38
C.	예언자 예레미야의 삶과 예언 (1)	26:1-29:32
X.	하나님 백성 이스라엘의 회복	30:1-33:26
C'.	예언자 예레미야의 삶과 예언 (2)	34:1-45:5
B'.	이방 민족에 대한 심판예언	46:1-51:64
A'.	에필로그: 예루살렘의 멸망	52:1-34

예레미야서를 위와 같이 좌우대칭구조(chiasmus)로 정리할 수 있다. 예레미야서가 하나님의 심판을 예언하고 있음을 부인할 수 없다. 하지만 예레미야서의 한가운데에는 회복의 말씀, 이스라엘의 행위와 상관없이 하나님께서 무조건적으로 이스라엘과의 언약을 회복하실 것을 선포하고 있다. 그러고 보면 예레미야 역시 여느 예언서들과 마찬가지로 심판을 넘어서 궁극적으로 희망을 노래한다. 이것은 예레미야 1장 10절에서 예레미야의 예언을 한 구절로 요약한 것과 맥을 같이한다: "보라 내가 오늘 너를 여러 나라와 여러 왕국 위에 세워 네가 그것들을 뽑고 파괴하며 파멸하고 넘어뜨리며 건설하고 심게 하였느니라 하시니라." 예레미야의 예언이 파멸하고 넘어뜨리는 것을 넘어서 건설하고 심으려는 것임을 예레미야서의 전반적인 구조를 통해서 알아낼 수 있다.

위의 구조를 자세히 살펴보면 다음과 같다. 처음 장과 마지막 장은 예레미야서를 이루고 있는 서두와 결론이다. 하지만 예레미야의 예언은 51장 64절 후반 절에서 끝나고 52장은 역사적 상황을 전하는 부록처럼 따라붙었다. 마지막 52장은 신명기 역사서에 해당하는 열왕기하 24장 18절 이하의 본문과 거의 일치한다. 예레미야서의 최종편집자가 선지자의 예언이 역사 속에서 성취되었음을 보여 주기 위해 첨가한 것으로 생각된다.

예레미야서의 실제 본문이라고 할 수 있는 1장 1절("베냐민 땅 아나돗의 제사장들 중 힐기야의 아들 예레미야의 말이라")부터 51장 64절("말하기를 바벨론이 나의 재난 때문에 이같이 몰락하여 다시 일어서지 못하리니 그들이 피폐하리라 하라 하니라 예레미야의 말이 이에 끝나니라")은 "예레미야의 말"(the word of Jeremiah, דברי ירמיהו)이라는 표현을 중심으로 수미쌍관구조(inclusio)를 이룬다. 예레미야에게 주신 말씀이 시작되고 끝이 났음을 알리는 문학적 표지(literary marker)인 셈이다.

두 번째 단락 B(2-25장)는 예언자 자신의 직접적인 예언이라고 전통적으로 알려진 시적 본문(poetic texts)이다. 특별히 조상 대대로 내려온 유다 백성들의 죄를 적시하고 그것을 조목조목 고발한다. 이들은 하나님을 떠나서 다른 신을 섬겼다. 자의로 하나님을 떠난 것이다. 신을 섬기지 않겠다고 선언하고 언덕 위와 푸른 나무 밑에서 음행을 하면서 다른 신을 섬기는 죄를 범했다(2:20-21). 예레미야는 예루살렘과 유다의 죄를 고발하면서 탄식하고, 호소하고, 그의 몸과 삶으로 하나님 말씀을 선포한다. 거짓 예언자들의 위협 속에서도 하나님께서 그의 입에 주신 말씀을 담대하게 전한다. 그리고 마지막으로 북쪽에서 오는 적군들에 의해서 예루살렘이 함락될 것임을 예언한다: "그가 젊은 사자 같이 그 굴에서 나오셨으니 그 호통 치시는 분의 분노와 그의 극렬한 진노로 말미암아 그들의 땅이 폐허가 되리로다 하시니라"(렘 25:38).

두 번째 단락에 상응하는 B'(46-51장)에서는 유다 민족의 심판에 대한 대조로서 이방 민족의 심판을 선포한다. 이방 민족들의 심판예언은 여느 예언서들처럼 하나님께서 역사의 통치자이심을 보여 준다. 우리가 읽은 개역성경은 맛소라 본문을 따른 것이다. 희랍어 본문인 칠십인역에는 이방 민족에 대한 심판 예언이 25장 이후에 나온다. 맛소라 본문은 이방 민족의 심판을 뒤로 돌려놓음으로 하나님께서 주도하시는 역사의 종말을 강조하고, 예레미야의 말씀의 핵심이 이방 민족이 아닌 이스라엘의 심판과 회복임을 드러내고 있다.

세 번째 단락 C(26-29장)는 7장에서 한 번 등장했던 예레미야의 성전설교에 이은 두 번째 성전설교로 시작된다. 여기서부터 거짓 예언자들과의 본격적인 싸움이 시작된다. 예레미야는 나무 멍에를 메는 상징적 행위를 통해서 이스라엘의 마지막 왕 시드기야 역시 이집트가 아니라 바벨론의 멍에를 메어야 살 수 있다고 말한다. 하지만 그 결과는 거짓 예언자들의 거센 공격이었다. 특히 예레미야의 적대자 하나냐는 바벨론의 멍에가 꺾였다고 선포한다. 하지만 예루살렘이 훗날 바벨론에 멸망할 것을 미리 보여 주기라도 하듯이 하나냐는 그해 일곱째 달에 죽는다(렘 28:17). 거짓 예언자임이 드러난 셈이다. 예레미야는 바벨론에 포로로 잡혀간 백성들에게 그곳에서 터를 잡고 살 것을 부탁한다. 예레미야에 대항해서 바벨론을 대적하라던 스마야 역시 거짓 예언자임이 판명 난다.

세 번째 단락은 C와 짝을 이루는 다섯 번째 단락 C'(34-45장)는 예레미야의 삶을 보도한다. 예레미야의 서기관 바룩이 기록했다고 여겨지는 예레미야의 전기이다. 시드기야는 예레미야의 예언을 불에 태워 버린다. 예레미야는 바룩을 시켜서 예언을 다시 복구하지만, 그의 예언은 민족의 심판이 임할 것을 예고하는 비극적 선언이다. 예레미야는 감옥에 갇혔다가 간신히 목숨을 건진다. 그가 감옥에 갇힌 것이 아니라 그를 통해서 선포된 하나님 말씀이 깊은 웅덩이에 빠졌던 것이다. 동시에 그가 살던 시대와 민족도 그와 더불어 깊은 웅덩이에 빠지는 절망으로 치닫고 있다.

급기야 예루살렘이 멸망한다. 다윗의 후손 그달리야가 근위대장으로 세워졌지만 그마저 암살당하고 예레미야는 자신이 그토록 증오하던 땅 이집트로 내려가서 그의 생을 다한다. 그는 죽었지만 예레미야의 말씀은 바룩에게 위임되고 하나님께서 바룩을 살려주실 것을 약속하신다(렘 45장). 예언자 예레미야의 전기는 그가 45년간의 예언활동을 죽음으로 마치게 되었음을 전한다.

위에서 제시한 구조에 따르면 예레미야의 예언은 심판을 넘어서 회복을 지향한다. 예레미야 예언의 한 가운데 회복의 말씀이 생명의 씨앗처럼 들어있다(X 문단). 예레미야 30-33장을 "위로의 책" 또는 "소망의 책"이라고 부르는 이유가 여기에 있다. 예레미야는 민족의 멸망을 예고했지만 그의 메시지의 중심은 궁극적인 회복이다. 하나님께서 포로의 귀환을 예비하시고, 이스라엘과 새로운 언약을 맺으시고 하나님께서 원하시는 공동체를 예비하고 계시다는 것이다.

회복의 책에 나오는 하나님 말씀 속에는 앞 단락에서 유다의 죄를 지적하면서 회개를 촉구한 것과 달리 백성들이 해야 할 의무가 사라졌다. 회개를 담보로 한 조건부 회복이 아니라, 하나님께서 주도하시는 무조건적인 회복이다. 창세기의 아브라함과 맺은 언약(창 15장)처럼 하나님께서 자신의 백성들과 무조건적으로 언약을 갱신하신다. 이것은 구약의 예언자들이 선포했던 이상향의 세계이자 하나님의 통치가 완성된 새 하늘과 새 땅의 모습이다. 전적인 은혜라는 것이다. 유다에 대한 심판 예언이 "뽑고 파괴하며 파멸하고 넘어뜨리는" 말씀이었다면 회복의 말씀은 "건설하고 심게 하는" 말씀이다(1:10). 그때가 되면 모든 사람들이 이스라엘의 하나님이 역사를 주관하심을 알게 될 것이다.

예레미야는 땅의 회복을 예언하면서 자기 고향인 아나돗에 내려가서 땅을 산다. 하나님의 나라가 이 땅에 이루어질 것을 보이기 위함이다. 그때가 되면 온 백성이 여호와의 날이 임한 것을 보고 하나님께 찬양을

드릴 것이다:

> 그 날 그 때에 내가 다윗에게서 한 공의로운 가지가 나게 하리니 그가
> 이 땅에 정의와 공의를 실행할 것이라 그 날에 유다가 구원을 받겠고
> 예루살렘이 안전히 살 것이며 이 성은 여호와는 우리의 의라는 이름을
> 얻으리라(33:15-16).

예레미야서의 구조는 이처럼 잘 짜인 좌우대칭구조, 또는 30-33장의
회복의 말씀을 지향하는 동심원 구조를 이루고 있다. 둠이나 모빙클이
주장한 세 가지 전승들이 여기저기 흩어져서 삽입된 경우도 있지만,
유다와 이방의 심판을 선포하는 시적 본문들(B와 B')이 예레미야의 삶과
이스라엘의 회복을 보도하는 산문체 본문들(C-X-C')을 둘러싸고 있다.

예레미야서의 문학적 통일성을 다음과 같이 요약할 수 있다. 첫째로,
예레미야서는 하나님께서 예레미야에게 주신 하나님의 말씀임을 1장 1절과
5장 64절의 수미쌍관(inclusio)을 통해서 밝히고 있다. 둘째로, 52장은
에필로그라고 하지만 1장에서 예언자로 부르심을 받은 예레미야가 51장까지
그의 생애를 통해서 선포했던 예언이 실제로 이루어졌음을 확증하는
역사적 보도이다. 셋째로 예레미야를 관통하는 핵심 주제와 모티브들은
예레미야서가 각기 다른 전승들의 조각 모음이 아니라 어떤 편집자의
세밀한 손길로 최종 편집된 본문임을 보여 준다.

2. 예레미야서의 메시지

위에서 살펴본 예레미야서의 문체적 또는 구조적 일관성과 더불어
예레미야서에 일관성을 부여하는 요소는 책 전반에 걸쳐서 나타나는
신학적 메시지이다. 차일즈는 예레미야서 본문을 부분적으로 읽기보다
전체적인 신학적 주제를 따라서 읽기를 제안한다. 브뤼기만은 포로기 이전
시대의 심판 예언과 포로시대 또는 그 후기의 신명기학파에 의한 소망의

말씀이 예레미야서에 조화를 부여했다고 말하면서 차일즈와 마찬가지로 예레미야서를 단숨에 일치된 말씀으로 읽기를 제안한다. 여기서 브뤼기만이 제안하는 예레미야서의 신학적 읽기를 요약해서 소개하면 다음과 같다.[1]

예레미야서를 열강의 다툼 가운데서 팔레스타인에 위치한 약소민족 이스라엘의 멸망이라는 국제정치적인 관점에서 읽는다면 정경으로서의 예레미야서의 진정한 메시지를 놓치기 쉽다. 예레미야가 바벨론을 의지하라는 예언을 선포했지만, 그 이면에는 하나님께서 바벨론을 주관하신다는 하나님의 손길이 숨겨 있다. 또한 포로 전의 심판예언과 달리 포로 이후의 구원의 메시지에는 언약공동체인 이스라엘이 하나님의 수중에 있음을 강조한다. 주전 586년에 이스라엘이 멸망하지만 그 모든 역사의 흐름 속에서 하나님은 이스라엘을 기억하시고 그 능력으로 그들을 회복시킬 것이다.

여기서 예레미야서에 면면히 흐르는 메시지는 하나님께서 이스라엘과 맺은 언약, 특별히 시내 산에서 모세를 통해서 주신 시내 산 전승에 의지하고 있음을 알 수 있다. 모세의 언약에는 이스라엘이 하나님의 말씀에 순종하고 언약을 지키면 하나님께서 그들의 하나님이 되고, 하나님 말씀에 불순종할 때는 벌을 내리시겠다는 조건이 붙어있는데 예루살렘의 멸망은 이스라엘 민족의 불순종의 결과라는 것이 예레미야서 전반에 나타난다.

하지만 예레미야서는 단순히 인과응보에 그치지 않고 "야훼의 파토스"(the pathos of Yahweh)를 보여 준다. 이스라엘 민족이 죄를 범해서 벌을 받게 되었지만 야훼 하나님은 그들을 버릴 수 없었다. 이처럼 야훼의 파토스는 예언자 예레미야의 파토스로 고스란히 본문에 드러나 있고, 앞에서 소개한 인과응보의 언약신학과 부딪치면서 본문 안의 긴장과 그를 극복하려는 제3의 돌파구를 모색하려는 것이 예레미야서의 묘미이다.

세 번째로 예레미야서에 흐르는 신학적 주제는 왕궁과 성전 중심의 신학(royal-temple theology)에 대한 견제와 비판이다. 다윗 이래, 예루살렘 성전 중심의 신학이 왕조시대의 정통이었지만, 왕궁에 있는 왕들이 하나님 말씀에 순종하지 않고 성전의 예언자들이 거짓된 예언을 하는 것을 본 예레미야는 다윗보다 이전의 시내 산 전통 속에서 새 역사의 가능성을 찾고자 했다. 성전 중심의 정적인 언약에서 시내 산에서 비롯된 장막 중심의 동적인 언약과 모세 언약의 갱신을 돌파구로 여겼다. 예레미야에게 있어서 예루살렘의 멸망은 바벨론 세력에 의한 것이 아니라 하나님의 손에 의한 심판이었고, 구체제의 멸망과 동시에 하나님의 은혜 가운데 새로운 공동체 탄생의 시작이었다는 것이 예레미야서의 초점이다.

예레미야서의 메시지는 구약의 전통 가운데 신명기학파에 가깝다. 이것은 그의 출신 성분과 고향과 관련이 깊다. 우선 그의 고향 아나돗은 솔로몬 시대에 아비아달 계열의 제사장들이 사독 계열의 제사장들에게 밀려서 피난 갔던 곳이다. 이처럼 예레미야는 예루살렘 성전 중심의 남유다 계열 제사장들과 대비되는 북왕국에 속한 지역에서 태어났고 교육을 받았다. 요시야 왕 집권 때 성전에서 발견된 두루마리 역시 북왕국의 제사장들이 북왕국이 아시리아에 멸망하면서 가져온 것이고 그것이 원신명기라는 주장이 있듯이[2] 예레미야는 철저하게 북왕국 계열의 신학을 견지하고 있다. 이것은 북왕국에서 예언활동을 했던 호세아 선지자와 맥을 같이 하고, 멀게는 엘리야 그리고 신명기를 비롯한 모세의 시내 산 전통과 맥이 닿아 있다.

시내 산 전통의 특징은 다윗보다 모세의 가르침을 따른다는 점에서 신명기에 가깝다. 왕정과 성전신학에 비판적이다. 야훼 하나님을 성전에 묶어두기보다 성막과 함께 자유롭게 움직이는 신적 이미지(divine image)로 그린다.[3] 모세로부터 엘리야와 호세아에 이르면서 야훼의 유일신 이미지가 강조되었다. 다른 신들 특히 우상을 섬기는 것을 단호히 배격하고 오직 한 분이신 야훼 하나님을 섬기기를 강조한다. 이것은 출애굽기와 신명기의 십계명에 잘 반영되어 있다. 예레미야의 메시지도 우상숭배를 음란한 일로 치부한다. 유다가 멸망한 대표적인 이유가 하늘의 신들에게 음식을 만들어 바치고 하나님을 버렸기 때문이다(44:19). 하나님의 백성은 오직 하나님만을 섬겨야 한다.

신명기신학의 특징 가운데 하나는 유일 성소 개념이다. 예루살렘 이외에 다른 성소를 허용하지 않는다. 예레미야 역시 예루살렘 성전을 인정한다. 하지만 유일한 성소인 성전이 제사장들과 거짓 예언자들에 의해서 훼손되는 것은 용납하지 않는다. 신명기신학에서는 성소에 야훼의 이름이 있음을 강조한다(신 14:23). 하나님께서 성전에 자신의 이름을 두신다. 하나님의 이름이 있는 곳이 성소가 될 수 있다. 그런 점에서 예레미야는 바벨론에 포로로 잡혀간 이스라엘 백성들에게 그곳에서 야훼 하나님의 이름을 섬기면서 적응하며 살 것을 부탁했다(29장).

다윗의 전통보다 모세의 전통에 가까운 예레미야는 왕권에 대해서 회의적이다. 요시야의 아들 여호야김에 대한 예레미야의 비판이 대표적이다 (22:13-17). 물론 그가 비판하는 것은 우상을 숭배하고 자신의 사리사욕을 채우는 그릇된 왕에 대한 비판이다. 여호야김 왕을 비판하면서 아버지 요시야와 비교한다. 여호야김은 궁전을 짓고 자신만 호의호식했다. 그것은 가난한 사람과 억압받는 사람들의 사정을 들어주고 그들을 위한 정치를 폈던 아버지 요시야와 뚜렷하게 대조되었다(22:16). 하나님의 심판이 요시야의 아들 야호야김 왕에게 임한 이유이다. 예레미야는 예루살렘이 멸망하는데 왕들의 그릇된 정치가 중요한 원인이 되었음을 분명히 밝히고 있다.

이처럼 예레미야는 유일신 하나님을 섬길 것과, 그릇된 신앙에서 돌아올 것을 강력하게 주장하면서 하나님의 약속은 결국 이루어질 것이라는 언약의 귀중함을 말과 행동으로 선포하였다.

Ⅲ. 진정한 설교가 예언자 예레미야

예언자 예레미야는 이스라엘의 국운이 쇠하고 성전과 나라가 무너지는 격변기에 활동했다. 그의 예언은 단지 말로만 선포된 것이 아니라 몸으로 삶으로 전해졌으며 무엇보다 하나님께서 그에게 맡겨주신 말씀을 담대하게 목숨을 걸고 선포했다. 그런 점에서 예레미야는 하나님의 마음을 세상에 전하는 설교자의 전형(proto-type)이라고 봐도 과언이 아닐 것이다.

1. 올바른 앎

구약의 예언서들에는 대부분 예언자로 부름을 받은 사건을 기록(calling narrative)해 놓았다. 예레미야의 경우 모태에서 조성되기도 전에 예언자로 부름을 받았다고 야훼께서 말씀하신다. 태어나기도 전에 거룩하게 구별해서 모든 민족들에게 보낼 예언자로 부르셨다는 것이다(1:5). 예레미야는 하나님의 부름에 자신은 아이(child)라고 손사래를 친다. 게다가 자신은 말할 줄 모른다는 것이다. 예언자가 말할 수 없다면 예언자의 사명을 감당하는 데 가장 커다란 결격사유가 된다. 그때 하나님께서 예레미야에게 어리다고 말하지 말고, 누구에게 보내든지 그곳으로 가고, 무슨 명령을 내리든지 그대로 말할 것을 부탁하신다(1:7). 하나님께서 명령하신 것을 가감 없이 그대로 말하는 것이 예언자(預言者)의 사명이다. 사람들을 두려워할 필요가 없음은 하나님께서 예언자와 함께하시기 때문이다(1:8).

이와 같이 하나님은 예레미야를 모태에서부터 예언자로 부르셨음을 확증하고 그에게 하나님의 말씀을 맡긴다: "여호와께서 그의 손을 내밀어 내 입에 대시며 여호와께서 내게 이르시되 보라 내가 내 말을 네 입에 두었노라"(1:9). 손을 내밀어서 예언자의 입술에 대셨다. 하나님의 말을 예레미야의 입에 두셨다. 예레미야가 예언자로 기름부음을 받은 순간이다.

이처럼 예레미야는 하나님께서 자신의 입에 두신 말을 선포하도록 부름 받았다. 자신은 말할 자격이 없는 아이라는 예레미야의 인간적인 고백이 그를 하나님의 말씀을 전하는 하나님의 사람으로 만든 것이다. 예레미야는 이처럼 하나님 말씀을 담지한 예언자였다. 그가 전할 메시지는 하나님께 받은 것이다. 자신의 메시지가 당시 세태의 흐름에 반(反)할지라도 담대하게 선포해야 한다. 하나님의 예언자로 부름 받았기 때문이다.

예레미야가 예언자로서 자신의 정체성을 분명히 자각했음에 틀림없다. 민족의 멸망이란 엄청난 역사적 위기 속에 당황하지 않고 자신이 전할 메시지를 분명히 인식했다. 자신이 전해야 할 메시지를 분명히 이해했고, 그것을 자기 것으로 만들었으며, 왕을 비롯해서 성전의 제사장들과 동료 예언자를 향해서 담대히 선포했다. 그의 자의식 속에 하나님의 메시지가 살아 있었고 그는 하나님께서 거룩하게 만드신 입술로 하나님께서 자기 입에 두신 말씀을 담대하게 선포했다.

설교자는 하나님의 말씀을 전하기 위해서 부름받은 사람이다. 모든 설교자는 주님의 부르심 앞에서 자신은 아이라고 낮출 수밖에 없다. 인간적인 언변이 아니라 하나님의 말씀을 옳게 전할 능력이 자기 안에 없음을 알기에 예레미야처럼 "저는 말을 잘 할 줄 모릅니다"(새번역)라고 고백해야 한다. 하지만 하나님의 메시지를 전하라는 명령에 순종해야 한다. 하나님께서 그와 함께하시고 무엇보다 하나님께서 맡겨주신 말씀을 단지 전파하면 되기 때문이다.

여기서 부름 받았다는 소명의식과 더불어 자신의 입술에 하나님의 말씀이 담지되어 있다는 설교자의 자기 인식이 필요하다. 예레미야의 예언이 평화를 외치는 거짓 예언자들의 선포와 구별되었듯이, 설교자도 세태의 흐름이나 백성들의 귀를 즐겁게 하려는 말씀을 선포할 것이 아니라 하나님께서 맡겨주신 말씀을 옳게 전해야 한다. 그런 점에서 사도바울이 그의 아들 같은 후계자 디모데에게 준 말씀은 모든 설교자들이 명심할 사항이다: "너는 진리의 말씀을 옳게 분별하며 부끄러울 것이 없는 일꾼으로 인정된 자로 자신을 하나님 앞에 드리기를 힘쓰라"(딤전 2:15).

2. 올바른 삶

예레미야는 그의 삶으로 하나님 말씀을 선포했다. 앞에서 예레미야를 북왕국에서 활동했던 호세아 선지자와 같은 계열로 소개했는데, 호세아가 몸을 파는 여인이었던 고멜을 맞아서 결혼함으로 하나님께서 다른 신을 섬기면서 음행을 저지른 이스라엘 백성들을 사랑하심을 삶으로 보여 주었듯이 예레미야도 그의 삶이 곧 메시지였다.

무엇보다 예레미야를 눈물의 선지라고 부른다. 그는 앞으로 펼쳐질 역사의 비극 앞에서, 동족들이 고집스럽게 저지르는 죄악 앞에서 애통했다. 예레미야의 애가는 하나님을 향해서뿐만 아니라 하나님의 창조세계를 향해서 울려 퍼진다. 9장 10절에서 예레미야는 산들을 보고 울면서 탄식한다. 광야의 초원을 바라보면서 애가를 부른다. 땅들이 황무지로 변했고, 사람은 물론 가축 떼마저 사라진 황량한 광야가 되었기 때문이다. 예루살렘을 돌무더기로 만들고 여우들의 소굴이 되고 아무도 살 수 없는 황무지로 만들겠다는 하나님의 심판 메시지 앞에서 예언자는 탄식하면서 슬피 운다.

예레미야는 결혼할 수 없었다. 결혼은 동서고금을 막론하고 축제요 잔치이다. 결혼을 통해서 생육하고 번성할 수 있다. 그런데 하나님은 예레미야에게 결혼을 금하고 아들이나 딸을 낳는 것을 금하신다. 호세아가 몸을 파는 여인과 결혼함으로 하나님의 사랑을 보여 준 것은 그래도 여유가 있었다. 하지만 결혼마저 하지 못하는 예레미야의 상황은 그 어떤 예언자들보다 혹독했고 급박했다. 하나님의 심판이 임할 때는 축제가 사라진다. 생명이 사라지고 죽음이 지배할 뿐이다. 죽음 앞에서 결혼은 아무런 의미가 없다. 민족의 멸망이 다가오는데 결혼이라는 달콤한 꿈에 젖을 수 없다. 예레미야가 결혼을 하지 않음으로 이스라엘 위에 임할 심판의 가혹함을 보여 주었다. 예레미야뿐만 아니라 마지막, 즉 종말을 앞둔 하나님의 백성들은 결혼할 수 없다. 결혼은 세상이 지속됨을 전제로 한 의식인데 마지막 때가 되면 가족도 파괴되고 가족이 서로 원수가 될 것이기 때문이다(막 13:12).

예레미야는 말뿐만 아니라 그의 행위로 예언했다. 13장에서는 하나님께서 예레미야에게 베로 만든 허리띠를 사서 물에 적시지 말 것을 명령하신다. 그 띠를 유프라테스 강가에 있는 바위틈에 숨겨 놓으라고 말씀하신다. 예레미야는 주님께서 명령하시는 대로 모두 행하였다. 여러 날이 지난 후에 숨겨진 허리띠를 보니 모두 썩어서 쓸모가 없게 되었다. 그것은 하나님께서 유다의 교만을 썩게 만드시겠다는 표시였다. 하나님 아닌 다른 신들을 섬기는 유다 백성들은 하나님 앞에서 썩어버린 허리띠처럼 전혀 쓸모없게 변할 것이다.

예레미야가 하나님의 명령을 따라서 토기장이의 집으로 내려간다(18장). 토기장이가 임의로 물레에 진흙을 이겨서 그릇을 만들듯이 이스라엘의 운명은 하나님 손에 달렸다. 어떤 민족이 죄를 범해서 하나님으로부터 멀어졌어도 다시 하나님께 돌아오면 하나님께서 계획하신 재앙을 거두신다. 반면에 토기장이가 좋은 그릇을 만들듯이 어떤 민족을 잘 심고 세우려고 하지만 그들이 하나님 보시기에 악한 일을 행하면 약속을 거두어 가신다. 토기장이의 집을 견학하는 것을 통해서 이스라엘의 미래가 하나님의 손에 달려 있음을 깨닫게 된다. 예레미야에게 토기장이와 그가 만든 질그릇은 살아 있는 교육 자료이다. 예레미야는 토기장이에게서 항아리를 사서 장로들과 제사장들에게 가져가고 그들이 보는 앞에서 깨부순다. 이 사건은 부모들이 자식들을 이방 신들에게 바쳤던 힌놈의 골짜기에서 있었던 일이다. 깨진 항아리가 다시 복구될 수 없듯이 이스라엘이 다시 회복될 수 없음을 보여 주는 상징적 행위였다(19장).

그렇지만 예레미야의 예언이 심판에만 머물지 않는다. 예레미야 30-

33장은 앞에서 말했듯이 회복의 책이다. 하나님께서 이스라엘 백성들을 아무런 조건 없이 회복시킬 것이다. 그의 조상들과 맺은 언약을 지키기 위함이다. 모세를 통해서 이집트에서 구원했듯이 바벨론에서도 구원하실 것이다. 모세 시대에는 율법을 돌 판에 새겼지만 이제는 백성들의 마음에 새겨서 하나님의 언약백성임을 확인하게 될 것이다(31:33). 뽑히고 허물어져서 황무지가 된 땅이 거룩한 땅이 되어서 심겨지고 세워질 것이다. 예레미야는 땅에 대한 회복의 메시지도 행동으로 전한다. 그는 고향인 아나돗에 가서 은 17세겔로 밭을 산다. 밭을 산 매매계약서를 항아리에 넣어서 계약이 이루어지는 것을 보라고 바룩에게 위임한다(32장). 이처럼 하나님 안에서 새로운 시대가 열릴 것이다. 황무지가 아니라 포도원을 사고 새로운 터전을 삼게 될 것이다(32:15).

시드기야 앞에서 나라가 망할 것과 바벨론을 의지하라는 예언을 한 예레미야가 거짓 예언자들의 모함에 걸려서 물이 없는 웅덩이에 빠진다. 죽음의 위기에 처했지만 사람들이 밧줄을 내려서 예레미야를 구해준다(38:13). 예루살렘이 멸망한 후에 예레미야는 바벨론이 아닌 이집트로 내려가서 그곳에서 생을 마감한다. 하나님의 뜻을 좇는 예언자로 그의 삶이 곧 설교였던 것이다.

예레미야가 그의 삶을 통해서 하나님 말씀을 전한 것은 그의 메시지의 진정성을 높여 준다. 그의 예언이 성취되었기에 그의 기록이 하나님 말씀인 정경(canon)이 되었다(33:14). 설교가는 입술로 말씀을 전할 뿐 아니라 그의 삶이 곧 메시지가 되어야 한다. 그가 선포하는 말씀이 하나님의 말씀을 대언하는 것이듯이, 그의 삶도 곧 하나님의 마음을 표현할 수 있어야 한다. 하나님과의 공감이 삶 속에 드러나야 한다. 하나님뿐만 아니라 세상과의 공감이 삶을 통해서 나타나야 한다. 세상을 향해서 눈물을 흘릴 수 있어야 하고, 세상의 아픔을 놓고 탄식할 수 있어야 하며, 세상이 겪게 될 아픔을 그의 삶으로 몸소 보여 줄 수 있어야 한다.

예언자의 파토스는 곧 하나님의 마음을 대신한다. 예레미야의 눈물과 울음은 하나님 백성들이 하나님을 떠나서 그릇 행하고 다른 신들을 섬기는 것을 목격한 하나님의 눈물이었다. 예언자의 파토스는 곧 하나님의 파토스이다.

3. 올바른 선포

예레미야는 올바로 알았고 그것을 삶을 통해서 표출함으로 그의 앎과 삶을 통해서 하나님 말씀을 전했다. 그런 점에서 예레미야는 전인적인 설교가였다. 하지만 예레미야의 위대함은 그의 메시지에 있다. 예레미야 당시에 대부분의 예언자들은 성전에서 활동했다. 기득권층에 기생하면서 권력에 아부했고, 백성들이 듣고 싶어 하는 것을 예언하면서 인기를 얻었다. 이에 비하면 예레미야는 거리의 예언자였다. 그는 성전 안에 들어가지 못한 채 성전문(temple gate)에 서서 하나님 말씀을 선포했다(7:2). 그의 메시지는 평안과 형통을 외치는 다른 예언자들과 대척점을 이루었다. 성전과 왕궁의 예언자들이 올바른 말씀을 전하는 예레미야를 죽일 음모를 꾸미지만 예레미야는 아랑곳하지 않고 꿋꿋하게 하나님께서 주신 말씀을 선포했다.

예레미야는 심판의 메시지를 전했다. 바벨론 편에 서지 않으면 나라가 망할 것이라는 절박한 예언이었다. 죄에서 돌이키지 않으면 하나님의 심판이 임할 것이라는 뽑히고 무너짐의 예언이었다. 심판에 대한 예언을 듣고 싶은 사람은 아무도 없다. 게다가 예레미야가 예언을 시작하던 때는 아시리아가 멸망하고 바벨론이 부상하기 직전이어서 팔레스타인에 권력 공백이 생기고 있었다. 야망을 갖고 민족의 발전을 꾀할 절호의 순간에 나라가 멸망할 것을 예언하는 것은 쉬운 일이 아니다. 하지만 예레미야는 하나님께서 그의 입술에 담아주신 말씀을 그대로 전했다.

예레미야 메시지의 진수(眞髓)는 성전설교에 잘 나타난다. 예레미야의 성전설교는 7장과 26장에 두 번 등장한다. 설교의 메시지는 유사하다.

회개하는 마음으로 하나님께 돌아와서 말씀에 순종하면 하나님께서 나라와 민족을 구해주실 것이라는 예언이다. 26장의 성전설교는 "유다의 왕 요시야의 아들 여호야김이 다스리기 시작한 때에"라는 첫 구절이 보여 주듯이 설교의 역사적 배경과 설교를 들은 왕과 백성들의 반응에 초점을 맞춘다. 반면에 7장의 성전설교는 예레미야가 전하려는 메시지가 핵심이다.

성전설교가 예레미야 전체에서 차지하는 위치도 주목할 필요가 있다. 앞에서 언급했듯이 예레미야서는 선지자 자신의 예언으로 여겨지는 2-25장까지의 시적 본문과 선지자의 삶과 예언활동을 보여 주는 26-45장까지의 산문체 본문으로 크게 구분된다. 26장의 성전설교는 산문체 본문이 시작되는 26장 즉 산문체 본문의 서두이다. 예레미야의 예언을 기록한 시적 본문 한가운데 위치한 7장의 성전설교는 1-6장에서 선포된 심판 예언의 요약이자, 8:4-25:38에 이르는 두 번째 예언의 서두로서 요시야 시대의 초기 예언(1-6장)과 여호야김 시대의 후기 예언(8-25장)을 잇는 다리 역할을 한다.

예레미야의 1-6장에 걸친 초기 예언에는 하나님께로 돌아오라는 회개의 메시지가 조건부로 붙어 있다. 하나님께 돌아오면 하나님께서 이스라엘 민족을 구원해주실 것이라는 예언이다. 반면에 8-25장에 이르는 후기 예언은 죄를 지은 이스라엘 백성에게 임할 심판 메시지이다. 더 이상 구원의 여지를 남겨두지 않는다. 따라서 중간 중간에 예레미야가 겪는 고초와 백성들의 항의가 등장한다. 예레미야는 눈물로 기도할 뿐이다. 자신의 백성을 이방 민족에게 내주어야 하는 하나님께서도 슬퍼하신다(12:7-13).

초기 예언과 후기 예언의 가교 역할을 하는 첫 번째 성전설교는 앞에서 선포된 회개의 메시지와 후에 선포될 심판 메시지를 모두 담고 있다. 우선 예레미야는 백성들의 회개를 촉구한다. 회개가 구원의 조건이다: "너희 길과 행위를 바르게 하라 그리하면 내가 너희로 이곳에 살게 하리라"(7:3). 회개와 구원이라는 인과관계는 예레미야 3장과 4장에 두루 등장했었다. 하나님께 돌아오면 살길이 열린다. 구원의 가능성이 열려 있다. 물론 돌아오라는 하나님의 초청에 응하지 않으면 심판이 임할 것이다. 하나님의 경고를 무시한 결과이다. 실로가 무너진 것처럼 예루살렘도 무너질 것이다(7:13-15). 이처럼 성전설교는 8-25장에 나타날 심판 예언을 예고한다.

예레미야의 성전설교에서 강조하는 메시지들과 이스라엘의 죄목은 예레미야서 전체의 메시지를 잘 요약하고 있다. 첫째로 우상숭배이다. 바알에게 분향하고 알지도 못하는 신들을 섬긴 것 때문에 벌을 받게 될 것이다. 온 가족이 동원되어서 하늘여신에게 바칠 빵을 만드는 백성들의 모습은 하나님을 격동케 했다(7:18). 둘째로 백성들의 그릇된 삶이다. 하나님은 모든 생활과 행실이 진실 되고 바르기를 원하신다. 정직한 인간관계를 원하셨는데 백성들은 자기 좋을 대로 행하면서 서로에게 해를 입혔다(7:5). 셋째는 그릇된 사회의 모습이다. 나그네와 과부와 고아를 억압하고 죄 없는 사람을 살해했다. 사회적 공의와 공평이 무너진 것이다 (7:6).

성전설교에서 7장 5절이 하나님 백성으로서의 긍정적인 모습이라면 이어지는 6절은 하나님 백성이 해서는 안 되는 금기사항이다. 5절이 개인적인 죄라면 6절은 사회에 만연된 구조적인 죄이다. "나그네와 과부와 고아"는 구약 율법에 두루 등장하는 보호대상이다(출 22:21). "죄 없는 사람"도 신명기 19장 10절("네 하나님 여호와께서 네게 기업으로 주시는 땅에서 무죄한 피를 흘리지 말라 이같이 하면 그의 피가 네게로 돌아가지 아니하리라")을 연상케 한다. 이처럼 예레미야는 개인적인 죄는 물론 사회에 만연한 구조적인 죄까지 지적한다. 하지만 백성들이 자신의 죄를 회개하고 하나님께서 제시한 바른길을 걷는다면 조상에게 주신 땅에서 영원토록 살게 될 것이다(7:7).

이스라엘 백성들은 예레미야 선지자의 말보다 거짓 예언자의 달콤한 유혹에 빠졌다. "이것이 여호와의 성전이라"(7:4), "우리가 구원을 얻었나이다"(7:10)라는 달콤한 예언에 귀를 기울였다. 그 결과 하나님이 거하시는 성전이 "도둑의 소굴"(7:11)로 변했다. 도둑에 해당하는 히브리어 "파리츠"(ץירפ)는 도둑보다 뉘앙스가 강한 부랑배 또는 강도라는 뜻을 갖고 있다. 백성들은 참과 거짓을 구별하지 못하고 민족의 미래를 가늠하지 못했다. 상황을 꿰뚫어 알고 있는 예레미야만이 정확한 메시지를 전했다. 결국 예루살렘 성전이 무너질 것이다. 하나님의 말씀을 듣지 않았기 때문이다. 실로가 무너진 것처럼 성전이 무너지고, 그곳의 백성들이 쫓겨났듯이 성전에 오는 백성들도 쫓겨날 것이다.

앞에서 여러 번 언급했듯이 예레미야의 초기 예언은 조건부 구원이었다. 하나님께 돌아와서 그동안의 죄를 청산하면 하나님께서 예루살렘과 이스라엘 민족을 영원히 보호하실 것이라는 메시지였다. 하지만 회복의 말씀에는 조건이 사라졌다. 하나님께서 아무런 조건 없이 구원해 주실 것을 약속하신다.

> 너희가 만일 길과 행위를 참으로 바르게 하여 이웃들 사이에 정의를 행하며 이방인과 고아와 과부를 압제하지 아니하며 무죄한 자의 피를 이곳에서 흘리지 아니하며 다른 신들 뒤를 따라 화를 자초하지 아니하면 내가 너희를 이곳에 살게 하리니 곧 너희 조상에게 영원무궁토록 준 땅에니라(7:5-7).
> 여호와의 말씀이니라 보라 내가 내 백성 이스라엘과 유다의 포로를 돌아가게 할 날이 오리니 내가 그들을 그 조상들에게 준 땅으로 돌아오게 할 것이니 그들이 그 땅을 차지하리라 여호와께서 말씀하시니라(30:3).

위의 본문이 나타내듯이 30장 3절에 나타난 회복의 말씀은 이스라엘 백성들의 행위와 상관없이 하나님의 때에 하나님의 구원을 이루실 것을 약속한다. 하나님의 무조건적인 사랑과 은혜로 하나님의 때에 구원이 성취될 것이다. 뽑고 파괴하며 파멸하고 넘어뜨리는 하나님의 심판이 지나가면 건설하고 심게 하는 새로운 역사가 펼쳐질 것이다.

이처럼 예레미야의 메시지는 심판을 경고한다. 유다의 심판에 이어서 이방인의 심판이 등장한다(45-51장). 하지만 위로와 회복이 한가운데 위치한다.

눈물의 선지자 예레미야가 외친 예언은 밤으로 끝나는 것이 아니라 아침의 여명을 한가운데 품고 있다. 심판을 넘어서 구원으로, 조건적인 구원이 아니라 무조건적인 회복이다.

4. 예레미야 속의 예수님

예레미야를 읽고 있으면 그의 모습에서 600여 년 후 인간의 몸을 입고 오신 예수님이 떠오른다. 예수님도 예루살렘 성전을 정화하시면서 예레미야의 성전설교를 인용하셨다.

> 내 이름으로 일컬음을 받는 이 집이 너희 눈에는 도둑의 소굴로 보이느냐
> 보라 나 곧 내가 그것을 보았노라 여호와의 말씀이니라(렘 7:11).
> 그들에게 이르시되 기록된 바 내 집은 기도하는 집이라 일컬음을 받으리라
> 하였거늘 너희는 강도의 소굴을 만드는도다 하시니라(마 21:13).

예수님의 말씀은 내 집은 기도하는 집이라는 이사야 선지자의 선포(사 56:7)와 예레미야의 성전설교를 동시에 인용한 것이다. 예레미야 당시의 성전은 그릇된 선지자들의 활동으로 인해서 도둑의 소굴이 되었다. 성전이 올바른 역할을 하지 못하고 성전에 오는 백성들마저 분별력이 없으니 도둑의 소굴로 타락한 것은 당연한 결과였다. 예레미야는 성전의 타락을 안타깝게 비판한다. 예수님도 성전에서 장사꾼들이 판을 치는 것을 보고 그들의 상을 들러 엎으셨다. 그것을 허용하고 조장했을 예루살렘의 종교지도자들에 대한 비판이다. 성전에서의 예배 회복이 곧 신앙의 회복이다. 성전이 기도하는 집, 하나님을 예배하는 집으로서 본연의 의무를 다할 때 공동체 신앙이 회복될 것이다.

예레미야가 고향인 아나돗 사람들로부터 죽임을 당할 위기에 처한다. 나라가 멸망할 것을 예언하고, 백성들의 죄를 고발하는 예레미야의 모습을 보고 아나돗 사람들이 예레미야를 죽일 계획을 세운다: "나는 끌려서

도살당하러 가는 순한 어린 양과 같으므로 그들이 나를 해하려고 꾀하기를 우리가 그 나무와 열매를 함께 박멸하자 그를 살아 있는 자의 땅에서 끊어서 그의 이름이 다시 기억되지 못하게 하자 함을 내가 알지 못하였나이다"(렘 11:19). 나무와 열매를 찍어서 없애자는 말은 참되고 올바른 선지자 예레미야를 죽여 없애자는 무서운 말이다. 예레미야의 흔적을 지우려는 고향 사람들의 음모였다. 예레미야와 마찬가지로 예수님도 고향에서 배척당하셨다. 예수님께서 선지자가 고향에서 높임을 받지 못한다고 말씀하실 때(마 13:5; 막 6:4; 눅 4:24; 요 4:44), 우리는 당연히 선지자 예레미야를 떠올릴 수밖에 없다.

예레미야가 힘겨운 삶을 살게 된 것은 그의 메시지로 인해서 예루살렘의 종교지도자들과 부딪쳤기 때문이다. 예레미야의 메시지는 왕을 비롯한 기득권 세력 특히 성전의 거짓 선지자들의 성미를 건드렸다. 예레미야는 이들에게 눈엣가시였고 증오의 대상이었다. 전쟁이 일어나지 않고, 기근도 오지 않을 것이며 하나님께서 평화를 주실 것이라는 거짓 예언자들의 예언과 달리 하나님의 심판이 임할 것을 선포했으니 그의 예언을 듣는 백성들의 마음이 편치 않았을 것이다. 또한 기존의 질서를 유지하고 싶었던 당시의 지도자들은 예레미야를 세상을 불안하게 만드는 요주의 인물로 취급했을 것이다. 예레미야는 이들의 핍박에 굴하지 않고 담대하게 하나님 말씀을 선포했다. 이러한 예레미야의 모습은 예루살렘의 종교지도자들을 향해서 도전하였던 예수님의 모습과 중첩된다. 예수님께서 마태복음 23장 13-36절에서 예루살렘의 지도자들을 향해서 세 번에 걸쳐서 "화 있을진저"라고 저주했듯이, 예레미야 역시 23장 1절에서 예루살렘의 지도자들을 향해서 저주의 메시지를 전한다: "여호와의 말씀이니라 내 목장의 양 떼를 멸하며 흩어지게 하는 목자에게 화 있으리라."

예레미야가 도살장에 끌려가는 양과 같이 핍박을 당했듯이 예수님도 어린 양처럼 죽임을 당하셨다. 예레미야가 멍에를 메고 예루살렘 거리를 걸어 다녔듯이 예수님은 십자가를 지고 예루살렘 시내를 지나서 골고다 언덕을 오르셨다. 예레미야는 멍에를 메고 시드기야 왕을 만나러 갔다. 이스라엘이 매어야 할 멍에는 이집트가 아니라 바벨론임을 알려주려는 의도였다. 하지만 그는 배척당했다. 예수님 역시 자기 민족에게 배척당하셨다. 왕이신 예수님께서 멍에와 같은 십자가를 지셨다. 멍에를 멘 예레미야는 십자가를 메고 골고다 언덕을 오르신 예수님의 모습이다. 예수님은 왕을 만나러 가신 것이 아니라 자신이 왕임을 십자가의 죽음을 통해서 선포하셨다.

예레미야는 예루살렘에서 눈물을 흘리면서 예언했다. 예루살렘을 보면서 탄식하면서 울었다. 그의 탄식과 울음은 예루살렘에 입성하기 직전 예루살렘을 보고 우신 예수님의 모습을 미리 보여 주는 듯하다. 예레미야는 예루살렘과 거기 거하는 백성들을 마음에 품고 기도했다. 자신의 삶을 두고 하나님 앞에서 기도하면서 예언자의 소명을 감당했다. 습관대로 한적한 곳에 가서 기도하시던 예수님의 모습과 무척 닮았다.

예수님께서 죽음을 이기고 부활하셨듯이, 예레미야의 예언도 심판과 멸망을 넘어서 새로운 시대를 약속한다. 예레미야는 백성들을 그릇된 길로 인도하는 거짓 선지자들과 그릇된 지도자들을 향해서 저주를 선포하지만, 하나님께서 친히 이스라엘의 목자가 되실 것을 약속한다. 하나님께서 흩어진 백성들을 다시 모으시고, 그들이 거할 푸른 초장을 마련해 주실 것이다. 그리고 백성들을 인도할 참된 목자를 세우실 것이다. 참된 목자는 예수님께서 말씀하셨듯이 하나의 양도 잃어버리지 않을 것이다. 그 참된 목자가 곧 다윗의 의로운 가지라는 예언에서 예레미야의 예언이 다윗의 후손 메시아를 지향하고 있음을 알 수 있다(23:5).

Ⅳ. 나오는 말

'눈물의 선지자'라는 별칭에 어울리듯이 예레미야는 민족의 위기 앞에서 삶으로 슬퍼했고 쓰러져가는 나라를 온몸으로 지탱하려고 안간힘을 썼다. 예레미야의 마음은 곧 하나님의 마음이었다. 그의 예언은 하나님의 말씀이었고, 그의 기도는 하나님의 한탄이었으며, 그의 삶은 이 세상에 임하신 하나님의 발자취였다. 그는 야훼 하나님의 마음을 꿰뚫어 알고 있었고, 그것을 올바른 삶과 메시지로 담대하게 선포했다. 그의 메시지의 끝은 심판이 아닌 하나님께서 주도하시는 새로운 인간, 새로운 시대의 회복이었다.

예레미야는 예루살렘이 지은 두 가지 죄를 지적했다(2:13). 하나는 생수의 근원인 하나님을 버린 것과 물이 고이지 않는 새는 웅덩이를 파서 그것을 샘으로 삼은 것이다. 예루살렘의 모습이 어쩌면 오늘날 현대인들의 실존일 수 있다. 현대인들은 생명에 대한 갈증을 느낀다. 그러면서도 하나님을 쫓지 않는다. 물이 고이지 않는 웅덩이를 파는 헛수고를 반복한다. 예레미야 당시의 백성들이 자신들의 행동이 죄인 줄 몰랐듯이 오늘날 현대인들도 죄인 줄 모르고 달콤한 예언의 말을 쫓아 헤매고 있다. 그런 점에서 기독교가 서서히 잊혀져 가는 이 시대(post-Christianity era)에 하나님의 마음을 갖고 입술은 물론 몸과 삶으로 말씀을 전하는 진정한 설교가가 절실히 요구된다.

예레미야가 선포하는 하나님의 공의가 요즘 세상에서도 사라지고 있다. 1%의 부자가 전 세계 부의 절반을 소유하고 있다는 사실은 이제 공공연한 상식이 되었다. 세계 최고의 부자 85명이 갖고 있는 재산이 지구 상의 가난한 사람들 절반이 갖고 있는 부에 맞먹는다. 이러한 빈부의 격차는 2009년 월가에서 시작된 경제위기 이후에 더욱 극심해지고 있다. 어디 가난뿐인가? 지구 상에서 자행되는 불의와 인권유린도 극에 달하고 있다. 하나님은 죄 없는 백성을 무시하고 핍박한 예루살렘의 지도자들을 심판하셨다. 하나님의 공의가 무너진 곳에 하나님은 거하지 않으신다. 그런 점에서 예레미야의 메시지는 곧 오늘날 우리를 향한 하나님의 음성이다.

하지만 절망할 필요는 없다. 하나님은 뽑고 무너뜨리는 분이시지만 거기에 그치지 않고 결국에는 건설하고 새로 심으신다. 심판은 하나님께서 여전히 자신의 백성을 사랑하시고 주목하신다는 증표이다. 이스라엘 백성들이 회개하지 않고 하나님께 돌아오지 않았을 때, 그들을 심판하셨지만 종국에는 하나님께서 직접 나서서 무조건적으로 그들을 끌어안으셨다. 하나님의 계획은 결국에는 구원이요 회복으로 끝맺는다. 예레미야는 이러한 하나님의 사랑을 깨우쳐 준다. 그 사랑의 절정에 십자가를 지시고 골고다 언덕을 오르신 예수 그리스도께서 계신다. 예레미야가 예언한 참된 목자는 곧 예레미야 자신이자 6세기 후에 메시아로 세상에 오신 예수 그리스도임에 틀림없다.

예레미야의 모습 속에서 헨리 나우웬이 그의 책에서 말한 "상처 입은 치유자" (the wounded healer)의 모습이 보인다. 예레미야의 삶은 상처투성이었다. 하지만 그의 상처는 곧 하나님 나라 백성들을 치유하고 회복시키는 능력이었다. 그는 죄 없이 고통을 받았고 그의 고통은 십자가를 지시고 골고다 언덕을 오르신 예수님의 고통을 미리 보여 준 전조(前兆)가 되었다. 예레미야의 고난이야말로 의로운 고통(righteous suffering)이다.

예레미야가 하나님의 마음을 설교했듯이, 예레미야의 삶이 예수님의 삶을 보여 주듯이, 이 시대의 올바른 설교자는 하나님의 마음을 품고 예수님의 길을 따라 야훼 하나님의 말씀을 선포해야 함을 다시금 깨닫는다.

참고 문헌

B.S. 차일즈.『구약 정경 개론』김갑동 역. 서울: 대한기독교서회, 2001.

로날드 크레멘츠.『예레미야: 현대성서주석』강성열 역. 서울: 한국장로교출판사, 2002.

로버트 R. 윌슨.『고대 이스라엘의 예언과 사회』최종진 역. 서울: 예찬사, 2000.

왕대일.『왕대일 교수의 신명기 강의: 신명기, 약속의 땅으로 가는 길』서울: 대한기독교서회, 2011.

왕대일, 이성민.『구약설교 패러다임: 구약학자의 설교 이해, 설교학자의 구약이해』서울: 성서학 연구소, 2002.

유진 피터슨.『주와 함께 달려가리이다』홍병룡 역. 서울: IVP, 2003.

피터 크레이기.『예레미야 1-25:WBC 성경주석시리즈-26』권대영 역. 서울: 솔로몬, 2003.

제랄드 고운.『예레미야 26-52: WBC 성경주석시리즈-27』정일오 역. 서울: 솔로몬, 2003.

차준희.『최근 한국 교회의 예언서 설교: 역사와 양식에 기초하라!』서울: 대한기독교서회, 2013.

헨리 나우웬.『상처 입은 치유자』서울: 두란노, 2009.

주

1) Walter Brueggemann, *To Pluck up to Tear down: Jeremiah 1-25* (Grand Rapids: Eerdmans, 1988) 2-7.

2) 열왕기하 22장에 따르면, 요시야 왕의 명령으로 예루살렘 성전을 수리하던 주전 622년경 성전에서 "율법책"(the book of law)이 발견되었고 그것이 요시야 개혁의 근간이 되었음을 전하고 있다. 요시야 개혁이 신명기 법전의 정신을 따랐다는 점에서 성전에서 발견된 율법책이 신명기 즉 원신명기라고 보는 것이다. 신명기의 어휘들이 주전 7세기에 갑자기 생긴 것이 아니라 그 이전부터 전해오던 것으로 추정되고 남유다보다 북이스라엘(E 문서의 본산)의 전통에 가깝다는 점에서 성전에서 발견된 율법책이 북이스라엘에서 왔을 것이라는 주장이 제기되었다.

3) 구약성경 안에는 크게 세 가지 전승이 존재한다. 하나는 시내 산에 뿌리를 둔 모세 중심의 시내 산 전승이고, 두 번째는 예루살렘 성전 즉 시온에 뿌리를 둔 다윗 중심의 시온 전승이다. 여기에 제3의 전승이 있다면 시내 산과 시온 전승을 넘나드는 지혜 전승일 것이다. 특히, 시내 전승과 시온 전승은 구약성경 전반에서 긴장관계를 형성하면서 시대상황에 따라 각각의 전승이 강조되는 것을 볼 수 있다. 예레미야는 성전 중심의 시온 전승보다 모세에서 시작된 시내 산 전승에 뿌리를 두고 있음이 그의 신명기적 언어와 신학을 통해서 알 수 있다. 이에 대해서 Jon D. Levenson, *Sinai & Zion* (New York: Harper Collins, 1985)을 참고하라.

THESIS
09
'야훼 샴마'
: 에스겔의 삶,
경건, 영성

김 동 혁

▼

미국 예일대학교 철학박사(Ph.D.)
연세대학교 박사후 연구원
안양감리교회 전도사

들어가며

'야훼 샴마(יהוה שמה)'. 에스겔서를 닫는 마지막 두 단어이다. 『개역개정』에서는 '여호와삼마'라고 음역되어 있는 이 말은 '야훼(여호와)께서 거기에 계시다'라는 뜻이다. 이 말은 또한 에스겔이 책의 마지막 아홉 장에 걸쳐 묘사한 하나님의 새 도성의 이름이기도 하다. "그 성읍의 이름을 여호와삼마라 하리라"(겔 48:35).

예루살렘 도성이 멸망하고 그 성전이 파괴된, 절망과 고뇌의 시대를 살았던 에스겔과 동료 강제 이주민들에게 가장 답하기 힘들었던 문제는 "과연 하나님이 어디에 계시는가?"였다. 그런데 48장의 긴 말씀(또는 사역)을 마무리하면서 에스겔은 '야훼께서 거기에 계시다'라고 외치는 것이다. 어떻게 그리할 수 있었을까? 이 글에서는 에스겔서가 전하는 예언자의 삶, 사역, 메시지를 통해 에스겔의 질문들, 그가 받은(또는 얻은) 답들을 읽어내고자 한다. 그리함으로써 고난의 심장에 서 있던 에스겔이 어떻게 '야훼 샴마'라고 외칠 수 있었는지를 함께 생각하려 한다.

그러나 에스겔의 삶, 사역, 메시지를 만나기 위해 본문에 뛰어들기 전에 먼저 해야 할 일이 있다. 바로 본문이 탄생한 배경과 본문의 구조를 살피는 일이다. 본문의 상황을 살피는 일의 중요성은 길게 설명할 필요가 없을 것이다. 현실에 뿌리박고 있는 에스겔의 삶, 사역, 메시지를 그 시대와 함께 읽지 않는다면 본문 읽기는 공중에 떠 버리게 된다. 남는 것은 글자의 추상적 의미일 뿐이다. 어떤 때는 자식을 잃은 암곰 같은 에스겔의 울부짖음, 어떤 때는 먹이를 움킨 사자의 포효 같은 에스겔의 외침은 생기 없는 문자가 돼 버리는 것이다. 성경의 많은 장르들이 그렇지만 예언서 역시 상황을 이해하려는 노력 없이 본문에 뛰어드는 것은 본문을 자유롭게 하지 않는다. 본문을 왜곡하게 된다.

본문의 형태와 구조를 살피는 일 역시 중요하다. 우선, 의미의 전달은 문장의 문법적 의미에만 의존하지 않는다. 본문의 구조, 틀, 장르도 의미 전달의 중요한 매개체이기 때문이다. 또한, 똑같은 의미를 지닌 문장이라도 그 문장이 속한 장르에 따라 전혀 다른 의미를 표현할 수 있다. 문법 단위의 의미를 이해하는 데에 본문의 형태, 구조, 장르가 모체가 되기 때문이다.

I. 에스겔서의 상황, 에스겔서의 구조

1. 에스겔서의 상황

에스겔서의 첫 부분(1:1-3)은 독자에게 때와 장소를 정확히 알려 준다. 장소는 "그발 강 가 사로잡힌 자 중"이고, 때는 "여호야긴 왕이 사로잡힌 지 오 년" 된 해이다(1절). 여호야긴 왕은 유다의 다른 지도자들과 함께 예루살렘에서 바벨론으로 사로잡혀 갔는데 열왕기하 24장에서 그 기록이 있다.

그[바벨론의 느부갓네살 왕]가 또 예루살렘의 모든 백성과 모든 지도자와 모든 용사 만 명과 모든 장인과 대장장이를 사로잡아 가매 비천한 자 외에는 그 땅에 남은 자가 없었더라 그가 여호야긴을 바벨론으로 사로잡아 가고 왕의 어머니와 왕의 아내들과 내시들과 나라에 권세 있는 지도 예루살렘에서 바벨론으로 사로잡아 가고 또 용사 칠천 명과 장인과 대장장이 천 명 곧 용감하여 싸움을 할 만한 모든 자들을 바벨론 왕이 바벨론으로 사로잡아 가고(왕하 24:14-16)

주전 7세기에서 6세기로 넘어가는 시기에 유다의 백성이 사로잡혀 간 사건이 몇 번 있었는데 위 본문은 그중 첫 번째 것을 기술한 것이다. 이때가 주전 597년이었으므로 "여호야긴 왕이 사로잡힌 지 오 년" 된 해는 주전

593년이다. 에스겔이 이 첫 강제 이주민 가운데 있었던 것이다.

에스겔서의 배경이자 예레미야의 시대이기도 한 주전 7세기 말과 6세기 초는 혼란과 와해의 시대였다. 주전 640년 여덟 살의 어린 나이에 왕위에 오른 요시야는 왕이 된 지 18년 되는 해 국가의 중흥을 이끈다. 그는 성전을 보수하였고(왕하 22:3-6) 그 과정 중 발견된 야훼의 율법책에 근거하여(22:8) 백성들과 함께 하나님과의 언약을 갱신했다(23:3). 요시야는 이스라엘 종교에서 이교적, 가나안적 요소를 제거했다. 야훼의 성전에서 "바알과 아세라와 하늘의 일월성신을 위하여 만든 모든 그릇들"을 제거했고, "유다 모든 성읍과 예루살렘 주위의 산당들"의 제사장들과 "바알과 해와 달과 별 떼와 하늘의 모든 별에게 분향하는 자들"을 폐했고, 야훼의 성전에서 아세라 기둥을 제거했다(23:4-6). 종교뿐만이 아니었다. 정치적으로도 요시야의 유다왕국은 오랜 아시리아의 멍에를 벗어버릴 수 있었다. 한 세기 반 동안 고대 근동의 패자로 유다를 비롯한 지중해 동부를 지배하고 억압한 아시리아는 국가 내외적 문제로 더 이상 속국 유다에 신경 쓸 여력이 없었다. 국제 정세의 균형 속에서 반독립 국가였던 요시야의 유다가 온전한 독립을 얻어 낸 것이다.[1] 그러나 유다의 푸른 꿈은 오래가지 못했다. 신흥 강국 바벨론이 아시리아를 제압하는 것을 원치 않았던 이집트의 파라오 느고는 아시리아를 돕기 위해 군대를 출정시킨다. 이에 아시리아가 다시 일어서는 것을 원치 않았던 요시야는 길을 막아선다. 요시야는 느고와의 므깃도 전투에서 목숨을 잃는다(주전 609년).

요시야의 황망한 죽음 이후 다윗왕조는 와해되고 유다는 혼란에 빠진다. 요시야 사후 유다라는 나라가 없어지기까지는 20년 남짓이 걸렸을 뿐이다. 이 기간 유다를 다스린 왕은 넷이었는데 그중 셋은 강대국의 볼모로 사로잡혀 갔고, 나머지 한 명도 적국에 포위된 채 죽음을 맞이했다. 요시야 다음에 왕이 된 요시야의 아들 여호아하스는 왕이 된 지 석 달 만에 이집트에 볼모로 잡혀갔고, 여호아하스의 뒤를 이은 요시야의 또 다른 아들 여호야김은 바벨론에 대항하다가 성이 포위되어 있을 때 죽었다. 여호야김의 아들 여호야긴이 그다음 왕이 되었으나 예루살렘은 그가 왕이 된 직후 정복되었고, 바벨론의 느부갓네살 왕은 그를 볼모로 잡아갔다(주전 597년). 느부갓네살은 여호야긴의 삼촌, 즉 요시야의 또 다른 아들 시드기야를 왕으로 세웠는데 그 역시 10여 년이 지난 후 바벨론에 반역했고 이에 느부갓네살은 예루살렘을 파괴하고, 성전을 무너뜨리고, 다윗왕조를 끝장냈다(주전 586년).

그러니 이 시기는 폭력과 파괴의 시대이자, 아픔과 슬픔의 시대이자, 분노와 질문의 시대였다. 폭력과 파괴의 시대라고 한 것은 400년 넘게 이어지던 다윗왕조가 끊어지고, 하나님의 도성 예루살렘이 폐허가 되고, 솔로몬 이래 시온 산 위에 우뚝 서 있던 '하나님의 이름이 거주하시는 성전이 파괴되었기 때문이다. 이로 인한 시대의 아픔과 슬픔이 예레미야서, 애가서, 시편의 시들(대표적인 경우가 137편이다), 그리고 에스겔서 등 성경 여러 곳에 사무치게 표현되어 있다. 강력한 바벨론 제국과 그 왕 느부갓네살의 폭압을 경험한 하나님의 백성들이 할 수 있는 일이라곤 분노하고 절망하고 질문하는 일뿐이었다. 어떻게 하나님이 거주하시던 시온 산과 그 성전이 무너질 수 있는가? 어떻게 "나는 너희의 하나님이 되고 너희는 내 백성이 되리라"라고 약속을 받은 하나님의 백성이 망할 수 있는가? 이에 대한 답은 결국 셋 중 하나였다. 하나님이 바벨론의 신 마르둑보다 약하셔서 이스라엘을 지키실 힘이 없으셨거나, 아니면 힘이 있으셨음에도 이스라엘을 지키실 마음이 없으셨거나, 그것도 아니면 하나님이 안 계셨던 것이다. 흠잡을 데 없는 이 추론은 논리적으로 완벽하게 보인다. 그리고 논리적으로 완벽하기 때문에 하나님의 이름(즉 명예)을 훼손한다. 바로 이 질문, "과연 하나님이 계시는가? 계시다면 어디에 계시는가?"가 에스겔 사역의 중심에 자리 잡고 있었다.

2. 에스겔서의 구조

다른 예언서들과 비교할 때 에스겔서는 구조가 정연하다. 책은 세 부분으로 나눌 수 있다. 1-24장은 유다와 예루살렘을 향한 심판 예언이 주를 이루고, 25-32장은 외국 민족들과 왕들을 향한 심판 예언이고, 33-48장은 미래에 있을 이스라엘의 회복을 기대한다. 책 전체는 하나님의 백성에 대한 심판 ― 열방(列邦)에 대한 심판 ― 회복의 도식을 따르는 것이다. 이러한 구조는 하나님의 주권을 강조한다. 즉 당신이 택하신 백성을 다스리시는 하나님, 열방까지도 다스리시는 하나님, 미래를 재창조하시는 하나님을 순서대로 보여 줌으로써 역사를 이끄시는 분이 다름 아닌 이스라엘의 하나님(야훼)이심을 강조하는 것이다.

에스겔서에는 신탁이나 사건에 날짜가 함께 기록된 경우가 많다(1:1-3; 3:16; 8:1; 20:1; 24:1; 26:1; 29:1, 17; 30:20; 31:1; 32:1, 17; 33:21; 40:1). 이 날짜들은 여호야긴 왕이 사로잡힌 해를 기준으로 셌는데(아래를 보라) 주전 593년에서 585년 사이에 집중되어 있다(예외는 29:17의 571년과 40:1의 573년뿐이다). 에스겔이 이렇게 날짜에 관심을 가진 것은 제사장 가문 출신이라는 점이 어느 정도 작용했을 것이다. 대표적인 제사장 문학 전통인 오경의 제사장 자료(P)에서도 날짜와 숫자가 자세하게 기록돼 있는 것을 볼 수 있다.

에스겔서의 형태와 관련하여 덧붙일 말은 이 책이 다른 예언서들과는 달리 처음부터 글로 기록되었을 가능성이 높다는 점이다. 대부분의 예언서들은 상당 기간 구전 단계를 거친 후에야 글로 기록되었다. 하나님의 급박한 말씀을 받은 예언자들은 임박한 심판을 최대한 빨리, 널리 전해야 했기 때문에 아마도 예언의 말씀들을 글로 적을 여유가 별로 없었을 것이다. 예언이 실제로 이루어진 후에야 예언자의 제자들이 스승의 예언의 말씀을 기록하기 시작한 경우가 많았으므로 대부분의 예언서는 구전 문학의 특징을 많이 보인다(운문체, 문학적 기법의 단순성 등이 그러한 예이다). 반면 에스겔서에는 구전 문학 특유의 단순성, 반복 등이 많지 않은 것을 볼 수 있다. 그 구조와 표현 양식 역시 상당히 복잡하면서도 정교하다.

이런 점에서 에스겔은 자기가 받은 하나님의 말씀을 처음부터 글로 적어 가면서 예언활동을 했을 것이라고 학자들은 생각한다. 그가 제사장 출신이라는 점, 그가 소명을 받은 후 한동안 말을 할 수 없었다는 점(아래를 보라) 역시 이를 뒷받침한다.

II. 에스겔과 그의 메시지

1. 에스겔을 파수꾼으로 부르심 : 첫 번째 환상

에스겔서의 문을 연 독자는 가장 먼저 장엄한 환상을 만난다. 1-3장에 걸친 이 환상은 예언자로서 부름 받은 에스겔의 소명과 연결된다. 대부분의 예언서의 첫머리는 소명 보도로 이루어지므로 에스겔 1-3장이 소명에 관한 것임은 그리 특별하지 않다. 그러나 에스겔 1-3장은 다른 예언서들의 소명 기사와는 많이 다르다. 대부분의 소명은 청각적이다. 반면 에스겔의 소명 환상에서 하나님은 1장이 끝날 때까지 아무 말씀도 안 하신다. 에스겔의 사역의 시작은 '들음'이 아니라 '봄'이었다. 그리고 이 '봄'이 그의 사역 전체를 또한 규정할 것이다.

에스겔이 환상을 본 것은 단 네 번이지만 이들은 그의 메시지의 핵심을 이룬다. 1-3장의 하나님의 영광에 관한 환상, 8-11장의 죄로 가득 찬 예루살렘 성전의 환상, 37장의 골짜기의 마른 뼈 환상, 40-48장의 새 예루살렘 환상 — 이 넷은 차례로 (하나님의) 영광, (예루살렘을 향한) 절망, (소생의) 희망, (예루살렘의) 회복을 보여 준다. 에스겔의 전 설교가 네 환상에 압축되어 있다고 말할 수 있다. 여기서는 그중 첫째 환상을 이야기할 것이다.

앞에서 말했듯 제사장 에스겔은 사로잡힌 자들 중에 거주하는 강제 이주민이었다. 어느 날 그가 이국땅 그발 강가에서 환상을 본다. 성경은 이날이 "서른째 해 넷째 달 초닷새"라고 말한다(1절). '서른째 해'가 언제부터 서른째 해인지는 나와 있지 않지만, 저자는 이 해가 "여호야긴 왕이 사로잡힌 지 오 년" 되는 해라고 일러 준다(2절). 그래서 이 해가 주전 593년이라는 계산이 나오는 것이다(위를 보라). 그날 "하늘이 열리며 하나님의 모습이 내게" 보였다. 여기서 '모습'이라고 번역된 히브리어는 본래 복수형이고, 뜻도 '모습'뿐만 아니라 '환상'을 의미할 수도 있다. 그러므로 뒤따르는 내용까지 고려한다면 이날 "하늘이 열리며 하나님의 **환상들**이 내게" 보였다고 번역하는 것이 더 나을 수 있다. 실제로 본문이 보여 주는 환상은 매우 다채로워서 '하나님의 환상들'이라는 번역은 본문의 내용을 잘 담을 수 있다.

동시에, 에스겔이 "하나님의 모습"을 보았다고 말한 것은 틀린 말은 아니다. 환상 속에서 에스겔은 실제로 하나님의 모습을 보았기 때문이다. 하늘이 열리자 에스겔은 눈을 들어 하늘을 본다. 북쪽에서 폭풍과 큰 구름이 오는데 그 속에서 불이 번쩍번쩍하여 빛이 그 사방에 비치고, 그 불 가운데에서 단 쇠 같은 것이 보이는데(4절), 그 속에서 생물 넷의 형상이 나타난다(5절). 날개가 넷이고 얼굴이 넷(사람, 사자, 소, 독수리의 얼굴, 10절)인 것은 이 생물들이 피안적 존재임을 알려 준다. 더욱 특이한 것은 생물들의 하반신이었다. 그들에게 다리가 없지 않았지만(7절), 다리 옆에는 바퀴들도 있었다(15절). 에스겔에 따르면 바퀴들은 "바퀴 안에 바퀴가" 있는 것 같았는데(16절), 이것은 큰 바퀴 안에 작은 바퀴가 들어 있는 동심원 형태는 아니었을 것이다. 네 얼굴 생물들은 이 바퀴를 사용해 몸을 돌리지 않고 전후좌우 아무 곳이나 갈 수 있었는데(18절), 그렇다면 바퀴와 바퀴가 서로 90도로 교차되었을 가능성이 크다. 3차원 공간에 사는 우리는 제작할 수 없는 신비한 바퀴이다.

에스겔서를 읽는 독자는 지금까지 묘사된 모습만으로도 이미 압도되었을 것이다. 그러나 이것은 더 놀랍고 두려운 나머지 환상에 대한 서곡일 뿐이다. 에스겔이 그랬듯 우리도 네 생물의 위쪽을 쳐다보아야 한다. "그 생물(들)의 머리 위에는 수정 같은 궁창의 형상이 있어 보기에 두려웠다"(22절). '수정 같은 궁창'이 실제 어떤 모습이었는지 우리가 알 수는 없지만 수정 반구 정도로 이해하면 크게 틀리진 않을 것이다. 그렇다면 앞의 네 생물이 "보기에 두려운" 수정 반구를 받치고 있는 것이다(22절). 수정 반구 위에 무엇이, 아니, 누가 있을까? 그에 대해 에스겔은 25절 이후에서 두려운 마음으로, 그러나 분명하게, 답한다. "그 머리 위에 있는 궁창 위에서 음성이 나더라 … 그 머리 위에 있는 궁창 위에 보좌의 형상이 있는데 그 모양이 남보석 같고 그 보좌의 형상 위에 한 형상이 있어 사람의 모양 같더라 내가 보니 그 허리 위의 모양은 단 쇠 같아서 그 속과 주위가 불같고 내가 보니 그 허리 아래의 모양도 불같아서 사방으로 광채가 나며 그 사방 광채의 모양은 비 오는 날 구름에 있는 무지개 같으니 이는 여호와의 영광의 형상의 모양이라"(25-28절). 네 생물 위에 있는 수정 반구 위에는 '보좌의 형상'이 있었는데, 그 보좌 위에 '사람의 모양' 같은 한 형상이 있었다. 그리고 이 형상은 '여호와의 영광의 형상의 모양'이었다!

'여호와의 영광의 형상의 모양'이라고 에둘러 말하긴 했지만 에스겔은 지금 하나님을 본 것이다. 단서는 많다. 에스겔이 본 존재는 '보좌'를 닮은 어떤 것 위에 (아마도) 앉아 계셨다. '허리'가 있는 그분은 '사람의 모양' 같았다. 에스겔이 사용한 표현 '여호와의 영광의 형상의 모양' 역시 이분이 하나님이라는 점을 일러 준다. 제사장 전통에서 하나님의 현존을 가리킬 때 '여호와의 영광'이라는 표현을 자주 사용한다는 점(출 16:7, 10; 24:16; 레 9:6, 20 등 오경의 여러 곳), 에스겔이 제사장 출신이라는 점을 기억하면 이는 명백해진다. 실제로 28절 마지막에서 이분은 에스겔에게 '말씀'하시기까지 한다. 혹 사람이 하나님을 대면하면 그 즉시 죽는 것이 아닌가 생각하는 독자가 있을지 모르겠다(출 33:20 참조). 그러나 구약의 몇 곳을 보면 예외도 있는 듯하다. 모세와 이스라엘의 장로들이 하나님과 함께 먹고 마신 이야기(출 24:10-11), 이사야가 성전에서 하나님과 스랍들을 뵌 이야기(사 6장)와 같이 하나님이 인간에게 당신을 보여 주신 예들이 성경에 없지 않다.

28절에 걸친 웅장한 환상이 있은 후 하나님이 말씀하신다. "인자야 내가 너를 … 보내노라"(2:3).[2] 에스겔이 하나님의 부르심을 받은 것이다. 그런데 보내지는 대상이 문제이다. 에스겔이 보내지는 대상은 "이스라엘 자손 곧 패역한 백성 나를 배반하는 자들"이다(2:3). 하나님은 에스겔을 보내시면서 냉소적인 말씀을 하신다. "그들은 패역한 족속이라 그들이 듣든지 아니 듣든지 그들 가운데에 선지자가 있음을 알지니라 … 그들은 심히 패역한 자라 그들이 듣든지 아니 듣든지 너는 내 말로 고할지어다"(2:5,7). 이 말 후에 에스겔은 하나님이 주신 두루마리 책을 받아서 먹는데, 그 두루마리는 앞뒤로 "애가와 애곡과 재앙의 말"이 쓰여 있었다(2:8-3:3). 두루마리의 내용이 "애가와 애곡과 재앙"인 것은 하나님이 이스라엘을 심판하실 것이라는 의미이고, 두루마리가 앞뒤로 쓰셨다는 것은 그 심판이 많을 것이라는 의미이다. 그러나 두루마리는 에스겔의 입에서 꿀처럼 달았다(3:2).

이 단락의 마지막 부분인 3장 16-27절에 흥미 있는 내용이 두 가지 나온다. 첫째, 하나님이 에스겔을 이스라엘의 '파수꾼'으로 세우셨다는 것이다(3:16-21). 이 부분을 요약하면 이렇다. 그들이 듣든 말든 너는 내 말을 전해야 한다. 내 경고의 말을 네가 전하지 않아서 그들이 죽게 되면 그들의 죽음은 자기 죄 때문이지만, 그 책임은 내가 네게 묻겠다. 내 경고의 말을 네가 전했음에도 그들이 돌이키지 않아서 죽게 되면 그들의 죽음은 자기 죄 때문이고 네게는 내가 책임을 묻지 않겠다. 에스겔이 맡은 역할은 파수꾼의 역할이다. 전하는 것뿐이다. 행동을 이끌어내는 것은 파수꾼의 책임이 아니다.

두 번째 이야기(3:22-27)는 이해하기가 쉽지 않다. 소명 기사의 마지막에서 하나님은, "네 혀를 네 입천장에 붙게 하여 네가 말 못하는 자가 되어 그들을 꾸짖는 자가 되지 못하게" 하신다. 그 이유는 "그들은 패역한 족속"이기 때문이다(26절). 예언자로 불러 놓으시고 에스겔의 입을 닫으신 것이다. 뒤따르는 절에서 이 조치가 조금 완화되는 듯하긴 하다. "그러나 내가 너와 말할 때에 네 입을 열리니 너는 그들에게 이르기를 주 여호와의 말씀이 이러하시다 하라 들을 자는 들을 것이요 듣기 싫은 자는 듣지 아니하리니 그들은 반역하는 족속임이니라"(27절). 26절과 27절을 함께 보면 아마도 에스겔은 하나님이 허락하실 때에만은 말을 할 수 있었던 듯하다. 그 근거로 하나님이 에스겔에게 예언하여 말하라는 명령을 여러 번 내리신 것을 들 수 있다(예를 들어 13:2). 말하지 못하는 ― 혹은 말이 자유롭지 못한 ― 상태는 33장까지 지속된다. 33장에서 에스겔은 예루살렘 성이 함락되었다는 소식을 듣게 되는데 이 비통한 소식이 에스겔에게 전해지기 "전날 저녁에 여호와의 손이 내게 임하여 내 입을 여시더니 다음 아침 그 사람이 내게 나아올 그 때에 내 입이 열리기로 내가 다시는 잠잠하지 아니하였노라"(33:22).[3] 소명을 받은 후 7년 반이 지난 후에야 에스겔이 자유롭게 말할 수 있게 된 것이다.

2. 상징 예언들

이스라엘의 파수꾼으로 부름 받은 에스겔이 가장 먼저 한 일은 다가오는 심판을 예언하는 일이었다. 흥미로운 것은 그가 예언할 때 언어만 사용하질 않았다는 점이다. 에스겔은 행동을 통해서도 예언했다. 행동이 메시지 전달의 매개가 된 것이다. 이러한 행동을 '상징 예언' 혹은 '상징 행위'라고 부른다. 요즘 말을 차용하면 일종의 예언적 '퍼포먼스'인 것이다. 예언적 퍼포먼스, 즉 상징 행위는 4장에서 특히 많이 만날 수 있다.

4장이 전해 주는 첫 번째 상징 예언은 예루살렘의 포위 공격에 관한 것이다(4:1-3). 예언자는 마치 소꿉장난이나 흙장난을 하듯 토판(또는 흙벽돌)에 예루살렘을 그리고 그 주변을 에워싼다. 토판 주변에는 사다리를 놓고 흙 언덕을 쌓고 공성 망치[4]를 둘러 세우고 철판(아마도 프라이팬)을 자신과 토판 사이에 세워 성을 포위하는 것처럼 에워싼다. 이것이 이스라엘 족속에게 '징조'가 된다. 여기서 '징조'라고 번역된 히브리어 단어는 '표징'(sign)이라고 번역하는 것이 낫다. 이 퍼포먼스가 앞으로 일어날 일을 예표하기 때문이다.

두 번째 상징 예언은 육체적인 과제였다. 예언자는 왼쪽으로 390일, 오른쪽으로 40일을 누워 지내야 하는데 각각 이스라엘과 유다의 죄악을 짊어진다는 의미이다(4-8절). 하루는 한 해를 상징한다고 하나님이 말씀하시지만(6절), 이스라엘의 390년, 유다의 40년이 정확히 무엇을 의미하는지는 알 수 없다. 에스겔이 민족의 죄를 '짊어진다'는 것이 '대속', 즉 죗값을 대신 치른다는 의미로 보기는 어렵다. 이스라엘과 유다의 죄가 매우 심각하다는 것을 보여 주는 퍼포먼스라고 보는 것이 타당할 것이다.

4장의 마지막 단락은 (이스라엘의 죄를 위해) 왼쪽으로 눕는 기간 중에 에스겔이 해야 할 일 하나를 더 말해 준다. 예언자는 390일 동안 밀, 보리, 콩, 팥, 조, 귀리를 한데 섞어 빵을 만들어 먹어야 한다. 이때 빵과 물을 계량해야 하는데, 하루에 빵 약 230그램, 물 약 0.6리터를 먹을 수 있다. 하루 식량으로는 턱없이 부족한 양이다. 이 행위는 예루살렘 주민이 바벨론의 포위 공격을 당하는 동안 겪게 될 곤궁을 예표한다. 식량이 부족하여 남은 곡물을 다 긁어모아야만 겨우 작은 빵 하나를 만들 수 있을 것인데, 그것마저도 무게를 달아서 아껴 먹어야 한다. 포위 공격은 강한 나라가 약한 나라를 공격할 때 쓰는 전술이다. 수적으로 우세한 침입자는 성을 둘러싸고 그저 기다린다. 1년이 걸릴 수도 있고 10년이 걸릴 수도 있다. 성 안에 식량이 떨어지면 성 주민은 항복해야 한다. 성 안의 상황은 매우 비참해질 수 있다. 열왕기하 6장을 보면 사마리아가 아람 군대에게 포위됐을 때 성의 주민들이 서로 약속을 하고 차례로 자식을 잡아먹으려 했던 이야기가 나온다.

그런데 에스겔이 예표해야 할 예루살렘의 비극적 상황은 식량 문제만이 아니었다. 12절 이하에서 에스겔은 하나님과 실랑이를 벌인다. 하나님은 이 맛없는 잡곡빵을 구울 때 인분으로 불을 피우라고 명령하신다. 하나님이 약속의 땅에서 쫓아내어 여러 곳에 흩으실 "이스라엘 자손이 거기서 이같이 부정한 떡[빵]을 먹을 것"이기 때문이다(13절). 에스겔이 "아하 주 여호와여 나는 영혼을 더럽힌 일이 없었나이다"라고 항의하자 하나님은 "쇠똥으로 인분을 대신하기를 허락"하신다. 예언자는 이 역겹고 비참한 상징 행위를 통하여 예루살렘과 유다의 영혼과 육체가 피폐해질 것을 예언해야 한다.

4장 이후에도 에스겔의 상징 예언은 몇 번 더 나온다. 면도칼로 자기 머리털을 깎아 처리하는 행위(5:1-4), 강제 이주민의 짐을 꾸려 짊어진 채 끌려가는 퍼포먼스(12:1-16), 떨면서 음식을 먹고 물을 마시는 행동(12:17-20), 바벨론 왕이 공격해 올 길을 그리고 표현하는 행위(21:18-27), 아내의 죽음에 대해 슬픔을 표현하지 않는 행위(24:15-27), 이스라엘을 상징하는 막대기와 유다를 상징하는 막대기를 붙이는 행위(37:15-28) 등이 그러한 예이다. 이 중 24장의 상징 행위를 마지막으로 살펴보자.

하나님이 말씀하신다. "인자야 내가 네 눈에 기뻐하는 것을 한 번 쳐서 빼앗으리니 너는 슬퍼하거나 울거나 눈물을 흘리거나 하지 말아라"(24:16). 하나님은 이 말씀을 아침에 하신 듯한데, 이때 "네 눈에 기뻐하는 것"이 무엇인지, 아니 누구인지 알려 주시지 않는다. 두 절 뒤 그날 저녁 에스겔의 아내가 죽었다는 이야기를 우리는 듣는다. 하나님의 명령을 따라 예언자는 슬퍼하거나 울거나 눈물 흘리지 못하고 죽은 자를 위한 예를 갖추지도 못한다. 예언자가 이렇게 하는 것은 표징이다. 이스라엘이 '그 눈에 기뻐하는 것'을 잃을 것인데 그 슬픔을 표현하지 못할 것이다. 이스라엘의 "세력의 영광"이자 "눈의 기쁨"이자 "마음에 아낌"이 되는 것은 다름 아닌 하나님의 성소이다.

에스겔서의 상징 예언은 동료 강제 이주민들에게 확실히 효과를 발휘했다. 때로 주변 사람들이 다가와 지금 그 행동이 무슨 뜻이냐고 묻기도 한 것이다(예컨대 24:19). 이스라엘의 예언 전통에서 상징 예언은 에스겔서에서만 만날 수 있는 것은 아니다. 이사야와 예레미야 등에서도 상징 예언을 볼 수 있다. 그러나 에스겔서가 가장 다채로운 예들을 보여 주기 때문에 상징 예언은 에스겔서의 두드러진 특징이라고 말할 수 있을 것이다. 상징 예언은 아래에서 다룰 다양한 언어 수사(修辭)와 함께 에스겔의 메시지를 효과적으로 전하는 중요한 장치였다.

3. 성전에서 벌어지는 죄악들 : 두 번째 환상

"여섯째 해 여섯째 달 초닷새", 즉 주전 592년 8-9월의 어느 날 에스겔에게 두 번째 환상이 허락된다(8:1). "내가 보니 불같은 형상이 있더라 그 허리 아래의 모양은 불 같고 허리 위에는 광채가 나서 단 쇠 같은데 그가 손 같은 것을 펴서 내 머리털 한 모숨을 잡으며 주의 영이 나를 들어 천지 사이로 올리시고 하나님의 환상 가운데에 나를 이끌어 예루살렘으로 가서"(8:2-3). 여기서 "불같은 형상"은 그리스어 역본에서는 "사람 같은 형상"으로 표현돼 있다. 실제로 '불'을 뜻하는 히브리어와 '사람'을 뜻하는 히브리어는 비슷하다. '사람 같은 형상'이라는 표현은 1장 26절에서 나온 것인데, 그렇다면 에스겔은 1장에서 뵌 하나님을 여기서 다시 뵙는 것이다. 실제로 4절에서 에스겔은 "이스라엘 하나님의 영광"이라는 표현을 사용하고 그분이 "내가 들에서 본 모습과 같더라"라고 한다. 물론 '불같은 형상'이라고 번역을 하더라도 의미가 크게 달라지지는 않는다. 하나님이 불 속에서(또는 불로서) 에스겔에게 오셨기 때문이다. 이제 하나님이 손(같은 것)을 펴서서 에스겔의 머리털을 잡아 예루살렘으로 데려가신다(3절). 에스겔은 환상 중에서 예루살렘의 여러 모습을 보게 된다.

8장이 묘사하는 예루살렘의 모습에서 독자가 가장 많이 듣게 되는 단어는 '가증(可憎)한 일'이다(이 말은 히브리어로는 한 단어이다). 에스겔이 환상 중에 예루살렘 성전에 이르니 제단문 어귀 북쪽에는 "질투의 우상"이 있었다(5절). 이것은 "크게 가증한 일"이다. 그러나 예언자는 "다시 다른 큰 가증한 일"을 볼 것이다(6절). 그는 성전 안의 한 방에 들어갔는데 "각양 곤충과 가증한 짐승과 이스라엘 족속의 모든 우상"이 사방 벽에 그려져 있었고 이스라엘 족속의 장로 칠십 명이 기도하고 있었다(10-11절). 이것은 "가증하고 악한 일"이다(9절). 그러나 예언자는 "다른 큰 가증한 일"을 볼 것이다(13절). 에스겔이 야훼의 전으로 들어가는 북문에 이르니 이곳에서는 여자들이 담무스를 위해 애곡하고 있었다(14절). 두무지(Dumuzi)라고도 불린 담무스는 매해 일정한 시기에 죽어서 지하 세계에 내려갔다가 다시 살아난다고 믿어진 메소포타미아의 신이다. 담무스는 땅의 생명력과 연결되었으므로 그가 지상에 있는 동안에는 자연이 풍요롭고 그가 죽은 후에는 자연이 시든다고 생각되었다. 담무스를 위한 애곡은 그의 죽음을 슬퍼하는 의식이었다. 이것은 "가증한 일"이었다(13절). 그러나 에스겔은 "더 큰 가증한 일"을 볼 것이다(15절). 에스겔이 성전 안뜰에 들어가니 성전 현관과 제단 사이에서 약 25명이 동쪽 태양에게 예배하고 있었다(16절). 하나님이 말씀하신다. "인자야 네가 보았느냐 유다 족속이 여기에서 행한 가증한 일을 적다 하겠느냐 그들이 그 땅을 폭행으로 채우고 또 다시 내 노여움을 일으키며 심지어 나뭇가지를 그 코에 두었느니라 그러므로 나도 분노로 갚아 불쌍히 여기지 아니하며 긍휼을 베풀지도 아니하리니 그들이 큰 소리로 내 귀에 부르짖을지라도 내가 듣지 아니하리라"(8:17-18). 여기서 "나뭇가지를 그 코에 두었느니라"라는 표현이 정확히 무슨 의미인지 알기는 어렵다. 학자들은 두 가지 가능성을 말한다. 하나는 이교 제사 의식이라는 의견이고, 또 하나는 하나님에 대한 모욕을 표현하는 모습이라는 것이다. 어느 경우건 예루살렘과 그 성전의 가증함이 하나님을 진노하시게 만들었다는 점은 분명하다. 설혹 그들이 이집트에서처럼 "큰 소리로 부르짖을지라도" 하나님은 듣지 않으실 것이다(18절).

이제 9장에서 하나님은 심판의 칼을 휘두르신다. 하나님의 부르심에 여섯 사람이 오는데 그들의 손에는 살인 무기가 있다. 그중 한 사람은 먹통을 들고 있다. 하나님은 먹통을 든 사람에게 "너는 예루살렘 성읍 중에 순행하여 그 가운데에서 행하는 모든 가증한 일로 말미암아 탄식하며 우는 자의 이마에 표를 그리라"라고 말씀하시고(9:4), 나머지 사람들에게는 "너희는 그를 따라 성읍 중에 다니며 불쌍히 여기지 말며 긍휼을 베풀지 말고 쳐서 늙은 자와 젊은 자와 처녀와 어린이와 여자를 다 죽이되 이마에 표 있는 자에게는 가까이 하지 말라 내 성소에서 시작할지니라"라고 말씀하신다(5-6절). 우리말로 '표'라고 번역된 히브리어는 히브리어 알파벳 '타우'('t'에 해당한다)이다. 지금은 '타우'를 תּ로 쓰지만 에스겔이 기록될 당시는 x자처럼 썼었다. 예루살렘의 죄 때문에 탄식하는 사람들의 이마에는 x자 표시를 하고 그 외 나머지 사람들을 다 처형하라는 명령이다. 죽음의 사자들은 성전 뜰에서 시작해서 온 성읍을 시체로 채운다(7절). 6절에서 하나님은 이마에 표 있는 자는 건드리지 말라고 말씀하셨지만 그 표를 받은 이들은 거의 없었던 것 같다. 8절에서 예언자가 "아하 주 여호와여 예루살렘을 향하여 분노를 쏟으시오니 이스라엘의 남은 자를 모두 멸하려 하시나이까"라고 절규하기 때문이다.

어떻게 이런 엄청난 살육이 다른 곳 아닌 성전에서 시작될 수 있었을까? 어떻게 하나님은 당신의 이름이 거하시는 성전을 더럽히라고 명령하신 것일까? 그 근거는 8장 3절에 있다. 하나님(의 영광)이 이미 성전 뜰을 떠나 문지방에 이르셨기 때문이다. 하나님(의 영광)이 떠난 성전은 이제 더럽혀질 수 있다. 실제로 8-11장에서 여호와의 영광(또는 이스라엘의 하나님의 영광)은 성전을 떠나 동쪽으로 이동하신다. 하나님의 위치와 이동을 보여 주는 구절들은 8장 4절; 9장 3절; 10장 4, 18-19절; 11장 22-23절이다. 10장에서 하나님의 움직이는 보좌 역할을 하는 그룹들(네 생물)이 1장에 이어 다시 상세히 설명된 이유가 그 때문이다. 10장은 말하자면 하나님의 '이사'를 준비하는 장인 것이다. 하나님은 성전 안뜰에서 성전 문지방으로,

성전 문지방에서 성전 동문으로, 예루살렘 성읍으로, 성읍에서 예루살렘 동쪽의 산(아마 시온 산일 것이다)으로 이동하신다.

그러나 8-11장의 두 번째 환상이 암울하기만 한 것은 아니다. 아직 여호와의 영광이 예루살렘을 완전히 떠나기 전, 11장에서 하나님은 예언자에게 몇 가지 희망의 메시지를 주신다. 하나님이 강제 이주민들에게 성소가 되시리라는 것, 그들을 다시 모아 이스라엘 땅을 찾아 주시리라는 것, 그들이 돌아간 후 모든 미운 물건과 가증한 것을 제할 것이라는 것, 하나님이 "그들에게 한 마음을 주고 그 속에 새 영을 주며 그 몸에서 돌 같은 마음을 제거하고 살처럼 부드러운 마음을 주어 내 율례를 따르며 내 규례를 지켜" 행하도록 하실 것이라는 것,[5] 그리하여 출애굽 때의 약속처럼 다시 한 번 그들은 하나님의 백성이 되고 야훼는 그들의 하나님이 되실 것이라는 것이 약속된다(16-20절). 이러한 희망은 책의 후반부에서 더욱 발전한다.

하나님의 영은 에스겔을 다시 갈대아로 데려왔고, 에스겔은 강제 이주민들에게 환상의 모든 것을 말했다(11:24-25).

4. 속담, 우화, 비유

지금까지 살핀 내용 속에서 에스겔이 사용한 메시지 전달 방법은 두 가지였다. 환상 보도와 상징 예언이다. 둘 모두 시각과 관련된다고 말할 수 있다. 여기서는 청각과 관련된 예언 전달 방식을 살펴보고자 한다. 속담, 우화, 비유, 애가 등 다양한 문학 장르가 사용된 예들이다. 에스겔은 이런 문학적 기법도 애용하였는데 그래서인지 사람들은 그를 "고운 음성으로 사랑의 노래를 하며 음악을 잘하는 자"라고 조롱했던 것 같다(33:32).

하나님의 말씀을 받은 에스겔은 당시 사람들이 유행어처럼 하는 말들(『개역개정』에서 '속담'이라고 번역되었다)이 잘못됐다고 역설했다. 한 가지 예가 사람들이 이스라엘 땅에서 "날이 더디고 모든 묵시가 사라지리라"라고 말한 것이다(12:22). 이 말은 (에스겔 같은) 예언자들의 예언이 결국은 이뤄지지 않을 것이라는 의미였다. 이 말에 하나님이 직접 답하신다. "내가 하는 말이 다시는 더디지 아니하고 응하리라"(12:25).

하나님에게서 온 메시지는 비유 형태를 띠기도 했다. 15장에서 하나님은 예루살렘 주민을 그을린 포도나무 가지에 비유하신다. 예루살렘 주민은 그을린 포도나무 가지 같아서 그걸 가지고 어떤 물건도 만들 수 없다. 오직 땔감으로만 쓰일 수 있을 뿐이다. 포도나무가 나오는 비유는 17장에도 있다. 17장의 예언은 힘없는 유다의 왕들을 상징하는 포도나무 가지와 당대의 강대국 이집트와 바벨론을 상징하는 독수리 두 마리가 등장하는 우화로 표현된다.

에스겔서에서 가장 긴 16장은 여러 생각 거리를 주는 본문이다. 이 장에서 예루살렘은 갓 난 여자 아기로 의인화된다. 아기의 근본과 난 땅은 가나안이고, 아빠는 아모리 사람이고 엄마는 헷 사람이다(3절). 아기가 갓 태어났을 때 아무도 돌봐 주지 않았기에 아기는 배꼽 줄을 자르지도, 몸을 물로 씻지도, 강보로 덮지도 못한 채 들에 버려졌다(4-5절). 그때 하나님이 그를 발견하고 데려다가 돌보신다. 그리하여 그가 크게 자라서 들의 풀같이 풍성하게 되고, 심히 아름다우며 유방이 뚜렷하고 털이 자랐다(7절). 하나님은 당신의 옷으로 여인 예루살렘을 덮어 벌거벗은 것을 가리고, 그에게 맹세하고 언약하여 결혼하신 후 왕후로 삼으시고 그에게 온갖 좋은 것을 주셨다(8-13절). 그러나 이렇게 영화롭게 된 후 여자는 "지나가는 모든 자와 더불어 음란을 많이 행했다"(15절). 그는 하나님이 주신 금, 은 장식품으로 남자 우상을 만들어 행음하였는데, 하나님과의 사이에 낳은 자녀들을 불살라 바치기까지 했다(20절). 그는 "모든 지나가는 자에게 다리를 벌려 심히 음행하고 하체가 큰 네 이웃 나라 애굽 사람과도 음행하되 심히 음란히 했다"(25-26절). 그리고도 "음욕이 차지 아니하여 또 앗수르 사람과 행음하고," 그래도 부족하여 "장사하는 땅 갈대아에까지 심히 행음"했는데 아직도 족한 줄을 알지 못했다(28-29절). 그런데도 그는 보통 성매매 여성과는 전혀 달랐다. 성매매 여성은 돈을 받고 행음하는데, 예루살렘은 남자를 쫓아다니고 돈을 주면서 행음을 했기 때문이다(33-34절). 그러므로 하나님이 "너의 즐거워하는 정든 자와 사랑하던 모든 자와 미워하던 모든 자를 모으되 사방에서 모아 너를 대적하게 할 것이요 또 네 벗은 몸을 그 앞에 드러내 그들이 그것을 다 보게 할 것이며 … 내가 또 너를 그들의 손에 넘기리니 그들이 네 누각을 헐며 네 높은 대를 부수며 네 의복을 벗기고 네 장식품을 빼앗고 네 몸을 벌거벗겨 버려두며 무리를 데리고 와서 너를 돌로 치며 칼로 찌르며 불로 네 집들을 사르고 여러 여인의 목전에서 너를 벌할지라 내가 너에게 곧 음행을 그치게 하리니 네가 다시는 값을 주지 아니하리라 그리한즉 나는 네게 대한 내 분노가 그치며 내 질투가 네게서 떠나고 마음이 평안하여 다시는 노하지 아니하리라"(37-42절).

이 장이 무엇을 말하는지 이해하기는 어렵지 않다. 하나님이 볼품없고 의지할 데 없는 갓난아기를 데려다가 아름다운 여인으로 키워 주시고 그와 결혼까지 하셨건만, 그가 종교적, 외교적 간통을 저질렀으므로 하나님이 그를 심판하실 것이라는 것이다. 예루살렘과 이스라엘을 향한 하나님의 사랑과 정성, 그리고 그것을 배신한 데서 오는 실망과 슬픔과 분노를 표현하는 데에 이러한 결혼의 비유만큼 강한 수단은 없을 것이다. 에스겔 16장은 분명 하나님과 이스라엘의 관계를 정확히, 강력하게 표현한다.

그런데 문제가 있다. 이 문제는 에스겔 16장이 경전에 속한다는 사실, 그리고 경전이 경전을 믿는 이들에게 모본이 된다는 사실에서 온다. 성경이 보여 주는 하나님의 모습을 우리가 ― 예외 없이 ― 모방해도 될까? 즉, 하나님이 말씀하신 행동들(예컨대 37-41절)을 남편이 간통한 아내에게 그대로 해도 되는가? 반대로 남자가 간통을 저지른 경우라면 여자도 하나님이 말씀하신 일들을 남자에게 해도 되는가?

이 질문들에 대한 답은 공히 '아니다'여야 할 것이다. 요한복음 8장에서 예수님은 간음하다 현장에서 잡힌 여자를 돌려보내시면서 "나도 너를 정죄하지 않는다"라고 말씀하셨다(요 8:11). 성경의 한 본문을 모본으로 삼을 것인가, 그 행동을 그대로 따를 수 있는가를 생각할 때 성경의 한 부분(단어, 구절, 단락)만을 잘라서 떼어 놓고 보는 것은 매우 위험하다. 성경은 한 문장 한 문장씩 준수하면 되는 법전이 아니기 때문이다. 성경은 다양한 신학과 사상과 이해가 어우러진 다성적 합창이기 때문이다. 또한 성경은 성경이 쓰이고 탄생하게 된 시대와 상황으로부터 분리해서 생각할 수도 없다. 그러므로 성경 속에서 어떤 모본을 찾으려고 하는 신앙인은 성경의 시대적 상황과 배경을 반드시 이해해야 하며, 또 성경의 다양한 목소리들을 양심과 이성과 영감을 사용해서 겸손히 묵상하고 살펴야 한다. 에스겔 16장을 들여다볼 때 우리가 결코 잊지 말아야 할 점은, 첫째, 에스겔이 쓰인 시대가 가부장적 세계관이 전제된 시대였다는 점이다. 구약성경 전체에서 간통죄가 대개 여자에만 적용되고 남자와는 별 상관이 없는 것이 바로 그것 때문이다. 둘째, 우리가 생각해야 할 것은 하나님과 인간의 차이이다. 하나님은 완전하시지만 인간(남자)은 그렇지 않다. 하나님의 심판의 목적은 회복이시지만(이것은 16장 마지막 단락에서도 분명하게 드러난다), 인간이 사적으로 형벌을 실행하면 그 마지막은 파괴와 공멸이 될 가능성이 높다. 원수조차 사랑해야 하는 그리스도인이 에스겔 16장을 그대로 따라 하려 한다는 것은 말이 되질 않는다. 구약성경에는 하나님을 배신한 이스라엘을 부정한 아내로 표현한 경우가 몇 번 있다. 그리고 대부분의 경우 배신당한 남편으로 표현되는 하나님은 부정한 아내를 매우 잔인하게 벌준다(예를 들어, 겔 23장; 호 2장). 이러한 본문들 — 여성혐오를 뒷받침하는 데 악용될 수 있는 본문들 — 을 오늘날 문자 그대로 받아들이는 것은 매우 위험한 일이다.[6]

18장은 에스겔서의 신학을 이야기할 때 매우 중요하게 다루어진다. 이 장은 사람들의 '속담'(ל ָ ש ָ מ 마샬)으로 시작한다. "너희가 이스라엘 땅에 관한 속담에 이르기를 아버지가 신 포도를 먹었으므로 그의 아들의 이가 시다고 함은 어찌 됨이냐 주 여호와의 말씀이니라 내가 나의 삶을 두고 맹세하노니 너희가 이스라엘 가운데에서 다시는 이 속담을 쓰지 못하게 되리라"(18:2-3). 하나님은 에스겔에게 심판과 구원의 원리를 3대(할아버지, 아버지, 손자)의 예를 들어 설명하신다. "사람이 만일 의로워서 정의와 공의를 따라 행하며 … 내 율례를 따르며 내 규례를 지켜 진실하게 행할진대 그는 의인이니 반드시 살리라"(5,9절). 그런데 만약 그의 아들은 선은 하나도 행하지 아니하고 죄악을 범하면 그는 반드시 죽을 것이다(10-13절). 이 악인에게 아들이 또 있어서 그가 하나님의 규례를 지키고 율례를 행하면 그는 아버지의 죄악으로 죽지 않고 반드시 살 것이다(17절). 요컨대, "아들은 아버지의 죄악을 담당하지 아니할 것이요 아버지는 아들의 죄악을 담당하지 아니하리니 의인의 공의도 자기에게로 돌아가고 악인의 악도 자기에게로 돌아가리라"(20절). 이 원리를 당대의 사람들이 말하던 속담과 나란히 두고 생각한다면 그 의미는 이렇다. 에스겔 당대의 유다 백성들이 고통당하는 것은 결국 자기 자신의 죄 때문이라는 것이다.

현대 사회에서는 개인이 자신의 공과에 따라 보상을 받거나 책임을 지는 것은 지극히 상식적인 일이다. 과거에는 그렇지 않았다. 한 사람의 잘못으로 그의 가족이나 공동체가 해를 입는 경우가 허다했고, 한 사람이 잘해서 공동체 전체가 득을 보는 경우도 많았다. 사실 출애굽기 20장 5-6절의 원리도, 신명기역사서가 유다의 멸망을 므낫세 왕에게 돌리는 것도 같은 맥락이다. 그런데 에스겔 18장 1-20절은 이제는 그렇지 않다고 말하는 것이다. 위와 같은 속담을 다시는 쓰지 못할 것이라고 하나님이 선언하시는 것이다.[7]

18장 21-32절에서는 이 원리가 확대된다. 세대 간에 그러했듯 한 개인의 생애에서도 죄나 의가 전가되지 않는다는 것이다. 악인이 자기가 저지른 죄에서 돌이키면 그는 살 것이고, 의인으로 살던 사람이 자기 의를 버리고 죄를 범하면 죽을 것이다. 하나님이 하시려는 말씀은 결국 이것이다. "너희는 돌이켜 회개하고 모든 죄에서 떠날지어다 그리한즉 그것이 너희에게 죄악의 걸림돌이 되지 아니하리라 너희는 너희가 범한 모든 죄악을 버리고 마음과 영을 새롭게 할지어다 이스라엘 족속아 너희가 어찌하여 죽고자 하느냐 주 여호와의 말씀이니라 죽을 자가 죽는 것도 내가 기뻐하지 아니하노니 너희는 스스로 돌이키고 살지니라"(30-32절).

속담, 우화, 비유 등의 문학적 기법은 이외에도 19장(이스라엘 지도자들을 위한 애가), 23장(사마리아와 예루살렘을 여자로 의인화한 알레고리)에서 볼 수 있고, 열방을 향한 심판(25-32장, 아래를 보라) 중 두로와 두로 왕에 대한 애가(각각 27장과 28장)에서도 만날 수 있다.

5. 열방을 향한 심판

25-32장은 유다의 주변 나라들에 대한 예언이다. '열방을 향한 심판 예언'은 히브리 예언자들에게서 자주 볼 수 있는 예언 양식으로 이사야 13-23장, 예레미야 46-51장, 아모스 1-2장을 예로 들 수 있다. 에스겔서의 열방을 향한 심판 예언은 암몬(25:1-7), 모압(25:8-11), 에돔(25:12-14), 블레셋(25:15-17), 두로(26-28장), 시돈(28:20-23), 이집트(29-32장)를 다룬다. 두 가지 특징이 눈에 띄는데, 하나는 28장 24-26절에 이스라엘이 회복되고 복을 받을 것이라는 희망의 메시지가 나온다는 점이고, 다른 하나는 당대에 가장 중요한 나라라고 할 수 있는 바벨론이 빠진 점이다(이사야서와 예레미야서에는 바벨론을 향한 심판 예언이 들어 있다). 바벨론이 심판 목록에서 빠진 것은 바벨론이 하나님의 도구로 이해되었기 때문일 것이고, 이스라엘 회복의 예언이 중간에 삽입된 것은 열방을 향한 심판 예언이 이스라엘의 회복에의 기대로 자연스럽게 연결되기 때문일 것이다(아래를 보라).

에스겔서에서 열방을 향한 심판이 25장에서 시작되는 것은 자연스럽다.

24장까지 예언자는 예루살렘에 대한 심판을 예언했다. 그 마지막 단락(24:15-27)은 예루살렘 성소가 더럽혀질 것을 예언하므로 심판의 절정이라 부를 수 있을 것이다. 예루살렘 심판 예언을 다 말한 후, 어쩌면 하나님의 백성들이 가장 절망스러울 때에, 이제 하나님의 심판의 칼이 당신의 백성뿐만 아니라 주변 나라들도 향한다는 것을 알게 하시는 것이다. 이것은 하나님의 주권이 당신의 백성(이스라엘)뿐만 아니라 주변 나라에도 미친다는 것을 강조하는 것이기도 하지만, 정서적으로는 유다의 유민들에게 약간의 위로를 주었을 수도 있다. 나만 벌 받는 것이 아님을 알게 되면 기분이 조금 나아지는 것이 우리의 자연스러운 감정 아니던가? 어쨌거나 열방을 향한 심판 예언 다음에는 회복의 메시지가 이어진다.

예언자가 이웃 나라/민족들을 향한 심판 예언을 기록할 때 특정한 순서를 염두에 두고 했는지는 알 수 없다. 다만 본문의 최종 형태 속에서 유다에 이웃한 나라들의 순서는 시계 방향을 따른다는 점은 알 수 있다. 유다를 기준으로 요단 강 건너 동쪽에 위치한 암몬에서 시작하여 암몬의 남쪽이자 유다의 남동쪽에 위치한 모압으로, 그다음 모압 남서쪽이자 유다 남쪽에 있는 에돔으로, 그다음 유다의 (남)서쪽에 있는 블레셋, 그다음 유다의 북서쪽에 있는 두로와 시돈이 다루어진다. 마지막으로 유다에서 조금 떨어져 있는 이집트가 언급된다.

이 부분의 한 본문과 관련하여 중요하게 대두되는 문제가 있다. 바로 참 예언자, 거짓 예언자의 문제이다. 신명기 18장에는 참 예언자와 거짓 예언자를 구별하는 기준이 분명하게 제시된다. 예언자의 예언이 야훼께서 하신 말씀인지 우리가 어떻게 알 수 있을까? "만일 선지자가 있어 여호와의 이름으로 말한 일에 증험도 없고 성취함도 없으면 이는 여호와께서 말씀하신 것이 아니요 그 선지자가 제 마음대로 한 말이니 너는 그를 두려워하지 말지니라"(18:22). 즉 예언자의 말이 이루어지면 그 예언자는 하나님의 예언자이고 그렇지 않으면 그 예언자는 스스로 일어난 예언자인

것이다.[8]

이 점에서 29장 17-20절의 배경이 되는 상황은 매우 흥미롭다. 에스겔서에서 가장 늦은 날짜가 붙여진 이 신탁에서 예언자는 바벨론의 느부갓네살 왕이 두로 대신 이집트를 얻을 것이라고 말한다. 예언자는 오래전(주전 587/586년, 26:1) 두로가 느부갓네살에 의해 파괴되고 약탈될 것이라고 예언했었다(26:7-14). 그러나 이 예언은 이루어지지 않았다(29:18). 느부갓네살이 두로를 13년간 포위했지만 항복만 받아 내고 파괴하거나 약탈하진 못했기 때문이다. 이에 예언자는 "스물일곱째 해"(곧 571년, 29:17)에 원래 예언을 수정하여 다시 예언하게 된 것이다. 이 사례는 참 예언자와 거짓 예언자를 구별할 때 신명기 18장의 단순한 기준이 기계적으로 적용되지 않음을 일러 준다. 에스겔은 틀린 예언이 없지 않음에도 참 예언자로 인정받았다. 실로 그렇다. 예언 사역의 목적은 앞일을 맞추고자 하는 것이 아니다. 지금, 여기 있는 이들로 하여금 하나님을 알게 하고 그분께 돌아가도록 하는 것이다. 열방을 향한 심판의 목적도 결국은 하나이다. 곧 하나님이 주 야훼이심을 알게 하려는 것이다(25:5,7 등 여러 곳).

6. 회복의 희망 : 골짜기의 마른 뼈들

예루살렘 함락 소식이 전해진 후(33장) 예언자의 선포는 이제 희망에 집중한다. 물론 33장 이전에도 희망의 메시지가 군데군데 있긴 하지만, 그때까지의 주된 내용은 예루살렘과 열방에 대한 심판이었다. 책의 마지막 부분인 새 예루살렘의 환상(40-48장)은 다음 부분에서 따로 다룰 것이고, 이 부분에서는 34-39장 중 골짜기의 마른 뼈 환상 보도(37:1-14)를 좀 더 살펴보려 한다.

에스겔서의 유명한 본문들의 등수를 매긴다면 골짜기의 마른 뼈 환상 보도(37:1-14)가 최소한 2등은 할 것이다. 야훼께서 권능으로 예언자에게 임하셔서 영(혹은 바람)으로 그를 골짜기 가운데로 데리고 가셨다. 거기에

뼈가 가득했는데 죽은 지 오래되어 아주 말라 있었다. 하나님이 예언자에게 "뼈들이 능히 살 수 있겠냐"고 물으신다. 예언자는 대답을 피한다. "주 여호와여 주께서 아시나이다"(3절). 하나님은 예언자에게 대언할 것을 명하신다. "너희 마른 뼈들아 여호와의 말씀을 들을지어다 주 여호와께서 이 뼈들에게 이같이 말씀하시기를 내가 생기를 너희에게 들어가게 하리니 너희가 살아나리라 너희 위에 힘줄을 두고 살을 입히고 가죽으로 덮고 너희 속에 생기를 넣으리니 너희가 살아나리라 또 내가 여호와인 줄 너희가 알리라"(4-6절). 아무리 환상 속이라 해도 예언자가 마른 뼈들에게 말을 거는 모습은 어색하고 엉뚱할 것이다. 그러나 에스겔은 어색하고 엉뚱한 명령에 순종한다. 뼈들이 짝을 찾고 힘줄로 연결되고 살과 가죽이 덮인다. 그러나 아직 생명은 아니다. 생기가 없기 때문이다. 하나님은 다시 한 번 예언자에게 말할 것을 명하신다. "인자야 너는 생기를 향하여 대언하라 생기에게 대언하여 이르기를 주 여호와께서 이같이 말씀하시기를 생기야 사방에서부터 와서 이 죽음을 당한 자에게 불어서 살아나게 하라 하셨다 하라"(9절). 이제 생기가 시체 같았던 몸들에 들어가니 "그들이 곧 살아나서 일어나 서는데 극히 큰 군대"였다(10절).

환상 속에서 하나님은 그 의미를 친히 설명해 주신다. "이 뼈들은 이스라엘 온 족속이라 그들이 이르기를 우리의 뼈들이 말랐고 우리의 소망이 없어졌으니 우리는 다 멸절되었다 하느니라"(11절). 그러나 "내가 너희 무덤을 열고 너희로 거기에서 나오게 하고 이스라엘 땅으로 들어가게 하리라 내 백성들아 내가 너희 무덤을 열고 너희로 거기에서 나오게 한즉 너희는 내가 여호와인 줄을 알리라 내가 또 내 영을 너희 속에 두어 너희가 살아나게 하고 내가 또 너희를 너희 고국 땅에 두리니 나 여호와가 이 일을 말하고 이룬 줄을 너희가 알리라"(12-14절). 그러므로 환상의 의미는 자명하다. 이스라엘은, 예루살렘이 파괴되고 성전이 무너진 이 나라는, 지금 마른 뼈와 같다. 죽은 지 오래되어 도저히 소생할 꿈조차 꿀 수 없는 마른 뼈와 같다. 그런데 이런 그들을 하나님이 친히 소생시키실 것이라는 것이다. 하나님이 뼈를 맞추시고 생기를 불어넣으셔서 군대와 같이 소생시키실 것이라는 것이다. 주의할 것은 이 본문이 부활 신앙을 표현한 것은 아니라는 점이다. 이스라엘공동체의 회복에 관한 것이지 신약에서 만날 수 있는 죽은 자의 부활에 관한 것은 아니다. 부활 신앙은 신구약 중간기에야 구체화된다.[9]

여기에서 지금까지 미룬 이야기를 하나 해야 한다. 바로 에스겔서가 제시하는 하나님의 구속사이다. 에스겔의 구속사를 요약하면 이렇다. (1) 이스라엘은 처음부터 악하여 죄로 가득 차 있다. 그들은 '패역한 족속'이다(예컨대, 2:5, 6, 7, 8; 3:9, 26, 27; 12:2, 3, 9, 25; 17:12; 24:3; 44:6을 보라). (2) 그러기에 그들은 하나님께도, 예언자에게도 귀를 기울이지 않는다. 하나님이 에스겔은 부르신 것은 "그들이 듣든지 아니 듣든지 그들 가운데에 선지자가 있음을" 알게 하시기 위함이었다(2:5). 그들이 회개할 것이라는 희망이나 기대는 없다. (3) 그들이 악하고 회개하지도 않으므로 하나님은 그들에게 벌을 주신다. 성전이 파괴되고 예루살렘이 망하고 백성들은 외국 땅으로 끌려간다. (4) 하나님 당신의 이름을 위하여 — 이스라엘이 회개해서가 아니다 — 하나님이 이스라엘을 은혜로, 강제로 회복시키신다(36:22-24; 또한 20:9, 14, 22를 참조하라). (5) 이제야 비로소 이스라엘은 회개하고 야훼께서 그들의 하나님이신 줄 알게 된다(20:41-44; 또한 11:17-21; 16:59-63; 28:24-26; 34:25-30을 보라). 즉, 하나님이 이스라엘에게 새 영과 새 마음[10]을 주시면, 그제야 그들이 하나님의 율례와 규례를 따르고 지킬 것이다. 그러면 그들은 하나님의 백성이 되고 하나님은 그들의 하나님이 되실 것이다(11:19-20; 또한 36:26-31을 보라).

에스겔서에 의하면 이스라엘은 철저하게 악한 족속이다. 그들에게는 회개할 능력이 없다. 예언자가 일어나 외칠 때에도 그들은 회개하지 않는다[위의 (2)]. 벌을 받은 후에도 그들은 회개하지 않는다[(3)과 (4) 사이].

회복된 후에도 그들은 자기 힘으로 회개하지 못한다. 하나님이 새 영과 새 마음을 주셔야만 그들은 회개할 수 있다(5). 마른 뼈 같은 이스라엘을 일으키셔서 다시 살아나게 하시는 모든 과정은 전적으로 하나님의 것이다. 이스라엘에게 회개할 수 있는 힘이 없었다는 것이 혹 슬프게 들릴지도 모르겠다. 그러나 이것은 하나님을 믿는 이들에게 위로가 될 수도 있다. 과연 우리 중 선을 실천하겠다고 결심한 후 그 결심을 지킬 수 있는 사람이 몇이나 될까? 그러나 에스겔은 내가 내 의지로 행동을 변화시키는 것이 아니라고 말한다. 하늘로부터 온 새 영('성령'이라고 이해해도 좋다)이 주어지면 내 행동이 열매로 나타날 것이라고 한다. 이것이 위로 아닐까?

7. 새 도성 '야훼 샴마' : 세 번째 환상

에스겔 40-48장의 환상은 단일 단락으로는 에스겔서에서 가장 길다. 이 환상은 사로잡힌 지 스물다섯째 해, 곧 성이 함락된 후 열넷째 해 (히브리 달력으로) 1월 10일에 에스겔이 본 것이다. 우리가 쓰는 달력으로는 주전 573년 4월경이다. "여호와의 권능이 내게 임하여 나를 데리고 이스라엘 땅으로 가시되 하나님의 이상 중에 나를 데리고 이스라엘 땅에 이르러 나를 매우 높은 산 위에 내려놓으시는데 거기에서 남으로 향하여 성읍 형상 같은 것"이 있었다. 40-48장 사이에 '예루살렘'이란 말은 한 번도 나오지 않지만 이 성읍은 분명 예루살렘일 것이다. 그러나 그냥 예루살렘이 아니다. 하나님이 회복시키실 예루살렘이다. 그 청사진을 하나님이 에스겔로 하여금 엿보게 하신 것이다. 이 환상 보도에서는 새 도성에 세워질 새 성전의 구조가 자세하게 묘사되고 성전을 다스릴 율법들도 설명된다. 에스겔은 이 설계도와 율법을 실제로 재건될 예루살렘 도성과 성전에 관한 것으로 이해했을지 모른다. 그러나 실제 귀환과 재건 이후 에스겔서가 그린 성전과 도성이 현실화되지는 않았다. 그럼에도 불구하고 에스겔 40-48장은 에스겔 이후 세대에게 여전히 '종말론적 희망'으로 의미를 가진다.

이 부분의 내용은 다음과 같이 요약될 수 있다. 첫째, 40장 1절-43장 12절은 한 '사람'(천상의 존재다)이 에스겔을 데리고 다니면서 성전 경내를 바깥뜰에서부터 안쪽으로 들어가면서 보여 준다. 이 과정에서 구체적인 수치들이 제시됨으로 거룩한 구역과 그렇지 않은 곳이 구별된다. 이 구별은 매우 중요하다. 성전이 다시 거룩해지자 8-11장의 환상에서 성전을 떠나셨던 하나님이 드디어 돌아오시기 때문이다(43:1-12). 성전에는 여호와의 영광이 다시 가득하다(43:5). 이제 이스라엘이 "그 음란과 그 왕들의 시체를 내게서 멀리 제거하여" 버리면 하나님이 "그들 가운데에 영원히 살 것"이다(43:9).

둘째, 하나님이 돌아오신 성전은 이제 성전으로서 기능할 수 있게 되었으므로, 뒤따르는 43장 13절-46장 24절에서는 성전의 여러 활동에 관한 규정들이 제시돼야 한다. 이곳의 규정들은 번제단의 규격, 성전 출입(외국인은 성전에 들어갈 수 없다), 제사장 직(레위인은 제사장이 될 수 없고 오직 사독의 후손만이 제사장이 될 수 있다), 통치자들, 절기 등을 다룬다.

셋째, 47장 1-12절은 에스겔의 마지막 환상에서 가장 유명한 장면이다. 예언자는 안내자의 인도를 받아 성전 문에 도착한다. 문지방 밑에서 물이 흘러나오는데, 하류로 갈수록 물이 많아지고 깊어져 나중에는 강을 이룬다. 그리고 이 강은 죽음의 땅인 아라바와 죽음의 호수인 사해에 생명을 충만하게 만든다. 40-48장의 환상의 다른 내용과 마찬가지로 이 일은 실제로 일어나지는 않았다. 그러나 성전에서 흘러나오는 물은 에스겔과 그의 시대가 꿈꾼 '종말론적 희망'이었다. 600여 년 후 또 다른 위기의 시대를 살던 계시록의 저자는 자신이 본 환상 속에서 에스겔의 생명수를 다시 한 번 만난다(계 22:1-2). 이 생명수는 "하나님과 및 어린 양의 보좌로부터 나서 길 가운데로" 흐르는데, 강 좌우에는 열두 과일을 맺는 생명나무가 있었다.

마지막 47장 13절-48장 35절은 새 도성의 땅을 분배하기 위한 규정이다.

새 도성에서 열두 지파는 똑같은 크기의 땅을 받게 될 것이다. 이것은 잃어버린 열 지파가 회복될 것이라는 희망을 표현한다. 또 도성의 중심 구역은 하나님의 것인데, 이곳에 성전이 세워지고 일부 구획들이 사독의 후손 제사장들과 레위인들과 군주에게 주어진다. 마지막 부분은 지파마다 성문이 하나씩 할당될 것임을 말해 준다. 이 도성의 이름은 다름 아닌 '야훼 샴마'(여호와삼마)이다. 하나님의 당신의 이름을 위하여 도성을 깨끗하게 하시고 거룩하게 하시고 그곳에 거주하시는 것이다. 이 이름은 하나님의 명예의 회복을 상징한다.

나가며 : 에스겔의 삶, 경건, 영성

에스겔의 삶과 사역은 결코 쉽지 않았다. 또 에스겔이 전해야 할 심판과 파괴의 메시지는 그보다 더 어려웠다. 그럼에도 불구하고 그는 자신에게 주어진 파수꾼의 사역을 완수했고 더하여 귀중한 책까지 우리에게 남겨 주었다. 어떻게 에스겔은 그 힘든 사역을 완수할 수 있었을까? 어떻게 '야훼 샴마!'라고 외칠 수 있었을까? 아마도 그가 끊임없이 하나님을 만났기 때문일 것이다. 움직이는 보좌의 장엄한 환상 속에서, 눈뜨고 보기 힘든 예루살렘의 가증한 모습 속에서, 골짜기의 마른 뼈 가운데서, 회복된 새 예루살렘 성에서, 여러 차례의 메시지를 들으면서 에스겔은 하나님과 교제하였다. 한 가지 의문이 생긴다. 에스겔이 하나님을 처음으로 만났을 때(1장에서), 그는 그 광경이 하나님의 환상이라는 것을 어떻게 알았을까? 그냥 신비한 자연 현상이라고 생각해 버릴 수 있지 않았을까? 북쪽에서 폭풍과 큰 구름이 오고 그 속에서 불이 번쩍번쩍하여 빛이 그 사방에

비치고 그 불 가운데에서 단 쇠 같은 것이 보였을 때(1:4) 이것이 천상의
환상이라는 것을 어떻게 알았을까? 그가 하나님을 기대했기 때문일
것이다. 우리는 사람이기에 하나님의 환상을 오게 할 수도 없고, 하나님이
말씀하시도록 할 수도 없다. 보여 주시는 것, 말씀하시는 것, 은혜 주시는
것은 우리의 영역이 아니다. 이런 일들은 하나님의 절대적 주권 아래 있다.
우리가 할 수 있는 것은 다만 하나님을 기대하고 기다리는 일이다. 항상
하나님을 기대하는 사람이라면 하나님이 환상을 보여 주실 때, 하나님이
친히 말씀하실 때, 그것이 천상의 것임을 금세 알아챌 수 있을 것이다.
영성이 하나님과의 관계이고, 경건이 죄를 멀리하고 거룩함을 사모하는
과정이라면, 에스겔은 우리의 영성과 경건에 또 하나의 모델이 된다.

더 읽을 책

박철우.『에스겔』서울: 대한기독교서회, 2010.

라이트, 크리스토퍼.『에스겔 강해: 새 마음과 새 영』정옥배 옮김. 서울: IVP, 2004. 원제 Wright, Christopher J. H. *The Message of Ezekiel: A New Heart and a New Spirit Leicester*. England: InterVarsity, 2001.

블렌킨솝, 조셉.『에스겔』서울: 한국장로교출판사, 2002. 원제 Blenkinsopp, Joseph, *Ezekiel*. Interpretation; Louisville, Ky.: John Knox, 1990.

알렌, 레슬리 C.『에스겔 1-19』김경열 역. 서울: 솔로몬, 2008. 원제 Brownlee, William Hugh, *Ezekiel 1-19*. WBC 28; Waco, Tex.: Word, 1986.

알렌, 레슬리 C.『에스겔 20-48』. 정일오 역. 서울: 솔로몬, 2008. 원제 Allen, Leslie C., *Ezekiel 20-48* WBC 29; Waco, Tex.: Word, 1990.

클라인, R. W.『에스겔: 예언자와 그의 메시지』박호용 역. 서울: 성지, 1999. 원제 Klein, Ralph W. *Ezekiel: The Prophet and His Message*. University of South Carolina Press, 1988.

Block, Daniel I. *The Book of Ezekiel* 2 vols. NICOT; Grand Rapids, Mich.: Eerdmans, 1997-1998.

Greenberg, Moshe. *Ezekiel 1-20*. AB 22. New York: Doubleday, 1983.

Greenberg, Moshe. *Ezekiel 21-37*. AB 22A; New York: Doubleday, 1997.

주

1) 요시야 시대는 문화적으로도 매우 중요한 시기였다고 생각된다. 많은 학자들은 신명기 역사서(여호수아, 사사기, 사무엘기, 열왕기)의 초판이 이때 편찬되었다고 생각한다. 예컨대, 존 콜린스, 『히브리성서개론』 유연희 역 (고양: 한국기독교연구소, 2011), 150를 보라.

2) '인자(人子)'는 히브리어 표현 בן אדם (벤 아담, '사람의 아들')을 그대로 번역한 것이다. 히브리어에서 '아들'(벤)은 '종류', '부류'를 의미하므로, '벤 아담'은 그냥 '사람'으로 번역해도 괜찮다. 특히 1-3장의 맥락에서 이 표현은 에스겔을 천상의 존재들(하나님과 그 찬란한 영광과 피안적 생물들)과 대비한다. 그는 단지 한 '사람'일 뿐이다.

3) 『개역개정』의 번역을 보면 입이 열린 시점이 언제인지 조금 헷갈린다. '열리기로'는 '(이미) 열려 있었기로'로 번역을 해야 한다.

4) 『개역개정』에 '공성퇴(攻城堆)'라고 번역된 히브리어(כרים [카림])는 '공성(攻城) 망치'로 이해하는 것이 더 낫다. 바로 앞에 나오는 흙으로 쌓는 언덕이 다름 아닌 '공성퇴'이기 때문이다. '공성 망치'(battering ram)는 서양 중세를 다룬 영화에서 자주 볼 수 있는 성문을 부수는 나무 수레이다.

5) '한 마음'은 '새 마음'으로 번역할 수도 있다. 아래 주 10)을 보라.

6) 성경 읽기의 어려움과 그에 관한 안내를 제공해 주는 유익한 입문서로는 크리스틴 스웬슨, 『가장 오래된 교양』 김동혁 역 (고양: 사월의책, 2013)을 참조하라.

7) 예레미야도 비슷한 주제를 이야기한다. 예레미야 31장 29-30절을 보라.

8) 예레미야 28장을 보라.

9) 예컨대, 가톨릭 구약성경에 들어 있는 마카베오하서를 보라.

10) 『개역개정』은 '한 마음'이라고 번역한다. 사본 전통에 따라 '다른(즉 새로운) 마음' 또는 '새 마음'으로 읽힐 수도 있다.

열두 예언서, 야훼의 심판과 회복

정 기 성

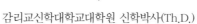

감리교신학대학교대학원 신학박사(Th.D.)
감리교신학대학교 강사
제일교회 담임목사

들어가면서

예언자(預言者, prophet)는 헬라어 '프로페테스'(prophetes)에서 왔다. '프로'(pro)라는 접두어에 '말하는 자'(phetes)라는 말이 합성되어 이루어진 단어이다. 히브리어로는 '나비'(nabi)이다. '나비'는 아카드어의 '나부'에서 유래되었다. 능동적인 해석은 '부르는 자 또는 선포하는 자'이고, 수동적인 해석은 '부름을 받은 자'이다. 이것들을 조합해 보면, 예언자라는 말은 백성 앞에서, 하나님의 이름으로, 하나님을 대신하여, 하나님의 말씀을 전달하는 '말씀의 심부름꾼'(Missio Verbi)이다(암 7:10-17; 렘 7:1-15 참조).[1]

예언자의 메시지는 '내일의 일을 미리 말하기'(foretelling)라기보다는 '앞장서서 말하기'(forthtelling)이다. 그의 관심사는 미래가 아니다. '오늘'이라는 현재이다. '오늘, 지금, 여기'에서 '돌아서라'(회심하라)라는 것이다. '타락한 현존을 버리고, 새 현존을 선택하라!'는 것이다. 그들은 하나님의 말씀의 심부름꾼으로서 적극적으로 하나님의 말씀을 선포했다. 그들에게 화와 고난이 놓여 있음을 알면서도 하나님의 입장에서 당대의 체제와 모순을 비판하였다.[2]

'열두 예언서, 야훼의 심판과 회복'은 바로 이런 예언자들이 외친 메시지이다. 각자의 시대 상황에서 그들에게 임한 야훼 하나님의 말씀을 충직하게 전달하는 '말씀의 심부름꾼'(Missio Verbi) 메시지이다. 이제 각각의 인물과 시대 상황, 그리고 메시지의 구성과 그 주제를 살펴보려고 한다.

I. 호세아

1. 인물과 시대적 배경

호세아는 북왕국 이스라엘에서 활동한 주전 8세기의 예언자이다. 여로보암 2세 때 활동했고, 고멜이라는 여인과의 결혼생활을 통해 야훼의 사랑을 저버린 이스라엘의 부정한 신앙생활을 상징적으로 표현했다. 여로보암 2세가 이룩한 경제적 안정과 번영은 그의 죽음 후 깨지게 되었으며 십오 년 만에 네 명의 왕이 바뀌는 정치적인 쿠데타와 사회 지도층의 타락은 호세아로 하여금 왕, 왕족, 제사장, 예언자들이 결국은 백성들을 곁길로 가게 했다고 비난하게 했다. 백성들은 유일신 야훼 사상을 지키기 힘들었고, 자연히 다신제인 혼합종교로 발전할 수밖에 없었다.[3]

호세아서는 여로보암 2세 말기부터 주전 722년에 사마리아가 멸망하기 직전까지 약 30년의 국내 정치상황을 반영한다. 이스라엘의 말년은 네 차례의 쿠데타로 정변이 끊이지 않았는데(호 8:4), 그 이유는 강대국과의 외교정책의 혼선(호 7:11) 때문인 것 같다. 또한 주전 734-732년 사이에 벌어진 시리아-에브라임 전쟁을 도모하기도 하였는데(호 5:8-14; 7:8-16), 결국 아시리아의 속주로 전락하였다(호 13:15-16). 호세아서의 최종 본문은 북쪽에서 활동한 호세아의 예언을 남유다의 왕실 서기관들이 역사적 교훈으로 삼기 위하여 손질하였기 때문에 유다적 관심사, 특히 신명기 역사적 관점이 반영되어 있다(호 1:7; 4:15; 5:5,14; 6:11; 8:14; 11:12; 12:2). 또한 포로기의 경험을 반영하는 구절로서 다윗왕조의 회복을 기다리는 희망의 메시지도 포함되어 있다(호 1:11; 2:15; 3:5).[4]

2. 호세아서의 구성

호세아 1장부터 3장까지는 호세아의 결혼생활과 초기 신탁을 모은 것이고,

호세아 4장부터 11장까지는 여로보암 2세 말기와 그 후 시리아-에브라임 전쟁 시대의 신탁을 담고 있다. 그 내용은 이스라엘의 우상숭배, 위선, 불의 등을 신랄하게 비판하는 것이다. 호세아 12장부터 14장까지는 이스라엘의 마지막 왕 때에 발표된 신탁이다. 유다와 이스라엘에 대한 심판을 내포하고 있으나, 동시에 하나님의 사랑을 보여 주고 있다.

  1-3장 호세아의 결혼의 실패와 깨어진 언약관계
  4-11장 실제적인 신탁들
  12-14장 호세아의 예언과 심판 후에 임할 소망

3. 사랑의 하나님

호세아는 심판의 메시지로 시작한다. 그 심판은 이스라엘이 야훼를 거절했기 때문이었다.[5] 호세아는 이스라엘이 하나님의 사랑을 저버리고 계약관계를 파기했으므로 멸망할 수밖에 없다고 선포한다. 호세아는 어떤 예언자들보다도 풍부하게 고대 전승을 활용하면서 하나님이 이스라엘을 어떻게 보살피셨는가를 말씀으로 선포했다.[6] 호세아의 애끓는 권유에도 이스라엘은 하나님께 돌아가기를 거부했다.[7]

호세아서는 선지자 호세아와 고멜의 이야기를 통해 이스라엘이 행한 정치적, 사회적, 종교적 타락을 강하게 비판한다. 고멜은 호세아와 이미 혼인을 했음에도 불구하고 이 남자 저 남자에게 순결을 파는 모습을 보인다. 그럼에도 불구하고 호세아는 고멜에 대한 부부의 의를 저버리지 않을 것을 명령받으며, 심지어 호세아 본인의 자녀 이름마저 매우 불길한 이름을 부여받는다.

호세아의 자녀들의 이름은 하나같이 이스라엘의 멸망을 의미하는 이름들이다. 호세아와 고멜 사이의 자녀의 이름은 이스르엘(씨를 뿌림:심판의 씨앗), 로루하마(긍휼히 여김을 받지 못함), 로암미(내 백성이 아님)이었다. 이는 곧 북이스라엘의 멸망이 임박했다는 일종의 선언이었다. 그러나 2장에서 다시 로루하마와 로암미는 반대의미인 루하마와 암미로 바뀌어 불린다. 이는 곧 여전히 하나님의 사랑이 이스라엘을 향한다는 암시와도 같은 것이었다.

당시 상황으로 유추해 보건대, 이스라엘의 외교적 상황과 사회적인 구조면에서 서민과 부유층의 격차는 심각할 정도로 벌어졌으며, 동시에 종교적으로도 하나님과 아시리아의 종교 사이의 혼재를 허용할 수밖에 없는 상황이었음을 알 수 있다. 따라서 하나님의 부름받은 선지자들은 공통적으로 하나님께 돌아올 것, 옛 다윗과 솔로몬 시대의 정신을 회복할 것을 호소한다. 호세아는 야훼와 이스라엘 간에 주고받은 결혼 선물로서 여섯 가지 신학적 주제를 말한다. 그것은 의, 공변됨, 은총, 긍휼, 진실, 하나님을 아는 지식(호 2:19-20)이다. 이 여섯 가지의 요약은 호세아 6장 6절의 "나는 인애를 원하고 제사를 원치 아니하며, 번제보다 하나님을 아는 것을 원하노라"에 잘 나타나 있다.[8]

호세아서의 결론은 이스라엘은 패망할 수밖에 없다는 것이었지만 하나님은 징계를 하시면서 동시에 치료하여 회복시키시는 사랑의 하나님임을 확신했다. 하나님을 배신한 이스라엘이 우상숭배로 인해 파멸할 것이긴 하지만 이스라엘에 대한 회개의 권고와 장차 있을 구원의 약속으로 마무리 짓는다.

Ⅱ. 요엘

1. 인물과 시대적 배경

예언자 요엘은 브두엘의 아들이며 포로기 후기에 활동한 예언자이다. 예언서의 두 번째 책인 요엘서는 메뚜기 재앙, 희망의 말씀 등을 전하고 있다. 요엘은 메뚜기 떼로 인한 재난을 하나님의 심판으로 보았고, 여호와의 날이 임박했음을 선포하며, 하나님의 섭리와 뜻이 있음을 보아 하나님 앞에 겸손한 마음으로 회개하고 나갈 것을 촉구하였다.[9]

2. 요엘서의 구성

요엘서 1장 1절부터 2장 27절까지는 메뚜기 재앙과 한발에 대한 신탁이고, 2장 28절부터 3장 21절까지는 야훼의 날에 대한 신탁이다. 뉴섬(J.D. Newsome)은 요엘이 자연적 피해를 하나님의 진노로 보았으며, 백성에게 회개할 것을 촉구했다고 보고 있다. 요엘은 메뚜기 떼가 새까맣게 하늘을 뒤덮은 것을 보고 다가올 야훼의 날을 생각하게 된 것이다.[10]

1) 1:1-2:17 하나님의 징벌로서의 메뚜기 재앙
 (1) 1:1 서언
 (2) 1:2-20 민족적 애곡의 날 선포
 (3) 2:1-17 심판 앞에서의 회개
2) 2:18-3:21 민족에게 축복의 날 도래
 (1) 2:18-27 풍작의 회복
 (2) 2:28-32 주님의 날
 (3) 3:1-15 열방들이 재판 받기 위해 소환됨
 (4) 3:16-21 시온에서 드러나는 하나님의 영광

3. 야훼의 날 - 구원의 날

요엘의 메시지는 좌절감에 빠지고 재난과 불의의 멍에 밑에서 신음하면서도 신실하게 살아보고자 하는 이들의 모습을 잘 보여 주고 있다.

요엘서의 내용은 2장 18절에서 급변한다. 1장 2절부터 2장 17절까지는 메뚜기 떼의 습격과 자기 백성들에 대해 심판하실 야훼의 날의 도래, 그리고 백성들의 회개 촉구를 다루지만 2장 18절부터는 야훼 하나님이 일인칭

주어로 등장하고 자기 백성을 구원하신다는 약속을 선언한다.

또한 요엘서의 2장 28-29절 "그 후에 내가 내 영을 만민에게 부어 주리니 너희 자녀들이 장래 일을 말할 것이며 너희 늙은이는 꿈을 꾸며 너희 젊은이는 이상을 볼 것이며 그 때에 내가 또 내 영을 남종과 여종에게 부어 줄 것이며"라는 말씀을 통해 어느 예언서보다 은사의 보편적 수혜를 강조하고 있다. 요엘서에 나타나는 자연세계는 하나님 야훼와 더불어 사는 이상적인 세계의 모습이며 하나님의 영이 풍성히 임하는 세계이다. 요엘서는 묵시적인 요소를 많이 내포하고 있으며, 묵시적인 요소는 초자연적인 요소를 많이 내포하고 있다. 요엘의 자연 세계는 야훼와 더불어 화평하게 사는 이상적인 상태이다. 요엘의 묵시적인 요소는 종말의 시대에 살고 있다고 느낀 초대교회 그리스도인들에게 많은 영향을 끼쳤다(행 2:17). 성령의 임재는 환상적인 예언의 복귀로 이해되었고 이것은 곧 야훼의 날이 임박했다는 증거로 간주되었다. 요엘의 우주적 전투의 생생한 모습은 요한계시록에서 그대로 재연되고 있다. 크레기(Craigie)는 요엘의 메시지가 죄악이 흉흉한 그 어느 시대에도 '야훼의 날이 다가와 악의 세력을 깨치며 신실한 자에게는 희망의 날이 될 것임을 보여 준다고 했다. 스튜어트는 요엘이 구약성서 중 가장 강하게 야훼가 지상의 모든 민족들 위에 절대적 권위를 가진 분이심을 강조하고 있다고 주장한다.

요엘서는 야훼의 날에 관한 예언자들의 오랜 전승을 종합적으로 정리한다. 그날은 과거에는 심판의 날이었지만 미래에는 구원의 날이다. 심판의 이미지는 메뚜기 떼의 습격이라는 자연재해와 외국 군대의 침입이라는 상징적 재난의 결합으로 표현되고 있다. 또한 요엘서는 이 재해를 금식을 병행하는 참된 회개를 심판의 해법으로 제시하는데, 진심으로 통회하며 하나님께로 돌아가는 이 회개는 하나님의 긍휼하심을 불러일으켜 이스라엘 백성과의 계약 관계를 회복시킨다. 이스라엘의 편에 서신 야훼는 동시에 만국을 심판하시는 역사의 주님이시다. 하나님이 심판하시는 이 무서운 날에 살아남을 이가 아무도 없을 것이지만, 요엘은 2:32에서 "누구든지 여호와의 이름을 부르는 자는 구원을 얻으리니 이는 나 여호와의 말대로 시온 산과 예루살렘에서 피할 자가 있을 것임이요, 남은 자 중에 나 여호와의 부름을 받을 자가 있을 것임이니라"고 선포한다.[11]

요엘서 2장 27-32절에서 유다를 향한 하나님의 활동 목적은 1) 하나님 자신을 나타내시는 것이고, 2) 야훼는 유다의 하나님이심을 보여 주자는 것이며, 3) 야훼 이외에는 다른 신이 없다는 것을 보여 주는 것이다.[12]

III. 아모스

1. 인물과 시대적 배경

아모스는 역시 호세아처럼 북왕국 이스라엘에서 활동한 8세기 예언자이다. 아모스는 주변의 세계정세에 통달하며, 법률적인 용어 사용에 능통하고, 사자 문체를 잘 구사하며, 시적인 운율을 작성하는 능력의 소유자였다.

아모스서가 비록 우리말 성서에서는 세 번째로 등장하는 소예언서이지만, 아모스는 모든 문서 예언자 중에서 가장 먼저 활동을 시작한 예언자이다. 아모스는 남왕국 드고아 출신이지만, 그가 활동하던 장소는 북왕국이다. 그가 활동하던 시대는 주전 750년경 북이스라엘의 여로보암 2세 때로 북왕국의 성전이 있는 벧엘을 중심으로 1년 정도 활동했다. 당시 북왕국의 왕이었던 여로보암 2세는 요아스의 아들로 41년 동안이나 치리했지만 여호와 보시기에 악한 왕이었다(왕하 14:23-29). 아모스가 활동하던 이 시기는 정치, 경제, 군사적인 면에서 북이스라엘이 가장 번성하던 시기였으나, 종교, 도덕적인 면에서는 부패와 타락이 극심하던 때였다.[13] 여로보암 2세 때

경제적 풍요와 지배계급의 착취와 포악성, 도덕적 타락이 사회정의 문제로 이어졌다.[14]

2. 아모스서의 구성

아모스 1장 1절부터 2장 16절까지는 열방신탁, 3장 1절부터 6장 14절까지는 이스라엘에 관한 심판신탁, 7장 1절부터 9절까지는 세 개의 환상, 7장 10절부터 17절까지는 아마샤와의 대결, 8장 1절부터 3절까지는 네 번째 환상, 8장 4절부터 9장 10절까지는 기타신탁, 9장 11절부터 15절까지는 유다에 관한 희망으로 구성되어 있다. 블렌킨소프(Blenkinsopp)는 메뚜기 재앙, 가뭄을 불로 표시한 것, 의식적인 탄식, 야훼의 날, 우주적인 대혼란, 기적적 풍요의 약속 등의 용어가 아모스와 요엘에 공통적으로 나온다고 했다. 또한 제목(암 1:1), 유다신탁(암 2:4-5), 이스라엘 고대 전승(암 2:9-12), 이스라엘 선택사상(암 3:1-2), 예언자에 관한 관심 등이 모두 신명기 사학파의 영향이라고 본다.[15]

1:1-2:16   열방신탁
3:1-6:14   이스라엘에 관한 심판신탁
7:1-9   세 개의 환상
7:10-17   아마샤와의 대결
8:1-3   네 번째 환상
8:4-9:10 기타신탁
9:11-15   유다에 관한 희망

3. 공법과 정의

아모스의 전반에 흐르는 한 가지 중요사항은 이스라엘의 하나님 야훼는 이스라엘과 특별한 관계를 맺었으나, 이스라엘이 그 관계를 깨뜨렸기 때문에 하나님은 이스라엘을 벌할 수밖에 없게 되었다는 것이다. 핸슨(Hanson)은 이스라엘의 역사는 이스라엘이 하나님의 끊임없는 사랑을 계속 거역하는 것을 보여 준다고 했고, 크레기는 아모스가 사회에 대해 하나님의 심판을 쏟아 부을 수밖에 없었던 이유는 소수의 권력자가 그들의 권력을 남용해 무고한 대중을 농락하여 착취를 일삼는 엄청난 부정부패와 사회기강의 타락 때문이라고 했다. 게리 스미스(Gary Smith)는 백성들이 하나님께서 그들의 절기와 제사와 찬미를 받으심으로 국가에 복을 주시리라고 믿고 있었으나, 아모스는 하나님께서 그것들을 모두 거절하시고 그 대신 '공법과 정의'를 요구하셨다고 주장한다.

메이스는 '공법'(미쉬파트)을 성문 앞에 놓여 있는 장로들의 법정과 같은 것으로, 약한 자와 가난한 자를 보호하며 사회구성원 간의 관계를 올바로 유지하는 것이라고 본다.[16] '정의'(체데카)를 다른 사람에게 베풀어야 할 의무를 이행하는 사람들의 올바른 행동을 뜻하는 것이라고 보았다. 워드(Ward)는 아모스가 지적한 거짓 예배는 우리들 예배에서도 찾아볼 수 있는 자아 중심적 생각, 자기만족, 감상주의, 물질주의, 미신 및 마술적인 요소들이라고 지적한다.[17]

아모스서는 먼저 이스라엘에게 그다음에 유다에게 내려진 재앙을 설명했다. 그 재앙은 우연도 아니고, 외국의 왕이나 다른 신들의 뜻도 아니라, 야훼께서 내리신 것이었다. 그것은 이스라엘 백성이 야훼의 백성답게 살지 못했기 때문이라는 것이었다.[18] 재앙의 심판은 이스라엘을 중심으로 유다를 포함한 주변의 여덟 민족들을 지리적 위치상 시계 반대 방향의 순서로 예언되고 있다. 남유다에 대한 심판과 그 이유는 야훼의 율법을 멸시하는 등 서너 가지 죄로 인함이고, 북왕국 이스라엘은 사회정의의 부재 때문이었다. 아모스 7:1-9:10의 메뚜기 재앙, 불, 다림줄, 아모스와 아마샤의 대결, 여름 과일 한 광주리, 제단 위에 계신 하나님의 다섯 가지 환상들은 모두 이스라엘의 죄 때문에 하나님의 심판이 곧 닥칠 것을 의미한다.

그러나, 아모스 9장 11-15절에서의 이스라엘의 회복에 대한 희망의 말씀 예언은 부패한 이스라엘 속에서 한 줄기의 소망을 준다.

Ⅳ. 오바댜

1. 인물과 시대적 배경

활동 시기는 포로기이고, 예루살렘 성전 파괴 이후 바벨론에 잡혀가지 않고, 고국에 남아 있던 사람들을 위해 탄식하며, 하나님의 말씀을 선포한 제의예언자라고 추측한다. 오바댜서에는 에돔의 멸망에 대한 신탁이 모아져 있다.[19]

2. 오바댜서의 구성

오바댜 1장 1절부터 15절 상반 절까지는 에돔이 587년 예루살렘 공격에 가담한 것을 회상시키며, 에돔에 심판이 임하는 신탁을 선포한다. 1장 15절 하반절부터 21절까지는 에돔을 포함한 모든 유대인의 원수들이 야훼의 날에 그 땅을 잃게 되는 신탁을 말하고 있다.[20]

1절	표제
2-9절	에돔 심판
10-15상절	에돔의 죄상
15하-21절	야훼의 날과 이스라엘의 회복

3. 에돔의 멸망과 유다의 회복

오바댜는 에돔의 멸망을 선포하고 유다의 회복을 예언하기 위해 쓰여졌다. 오바댜 선지자는 하나님의 공의로운 심판의 확실성을 강조하는 동시에 아브라함에게 준 땅을 회복시키시는 하나님의 신실성과 유다 배척주의의 위험성을 선언한다. 또한 하나님의 백성을 멸시하고 인간적인 힘만을 의지하는 교만한 행동은 반드시 멸망으로 인도된다는 점을 부각시키고

있다.[21]

"너의 행한 대로 너도 받을 것인즉"이라는 공의의 응보사상이 오바댜 전편에 흐르고 있다. 서인석은 오바댜가 하나님의 정의, 교만한 자의 굴욕, 시온에 대한 정열적인 사랑, 하나님이 당신의 날에 펼 절대적인 왕권 등을 잘 드러내고 있다고 보았다. 크레기는 오바댜서가 인간 역사에 개입하시는 하나님의 심판주 모습을 보여 준다고 하였다. 고난 중의 백성들과 함께 고통을 겪으며 참아온 예언자들은 종말의 날에 야훼 하나님이 그 원수들을 무찌르시고 당신의 백성에게 구원을 베푸신다는 희망의 메시지를 전한다.[22]

V. 요나

1. 인물과 시대적 배경

아밋대의 아들이고, 북왕국 이스라엘의 갈릴리 근처 가드헤벨 출신이다. 포로기 후기의 예언자이고 낙관론자이며 민족주의자이다. 소이어(Sawyer)는 요나가 하나님의 명을 거역한 것은 아시리아가 회개하고 구원받으면 자기 나라 유다를 쳐들어올 것이기 때문에 민족에 대한 충성심이 자기의 개인적 소명보다 앞선 것이라고 해석했다. 코흐(Koch)는 포로기 이후 공동체에 만연되어 있던 유대인의 불관용성을 질책하기 위한 교훈서라고 보았다.[23]

2. 요나서의 구성

요나서 1장 1절부터 17절까지는 야훼의 명령과 예언자의 도주이고, 2장 1절부터 10절까지는 감사의 시이며, 3장 1절부터 10절까지는 야훼의 두 번째 명령이고, 4장 1절부터 11절까지는 요나의 변론이다.

3. 야훼 사랑의 보편성

요나가 야훼의 명령을 거역한 것은 포로기 이전 시절 이스라엘이 야훼의 명을 거역한 것이고, 태풍은 아시리아와 바벨론의 팔레스타인 침공이고, 요나가 고깃배 안에 들어간 것은 바벨론 포로생활이라고 해석한다.[24] 요나서의 기록목적과 동기는 첫째, 변증적 목적으로 기록되었다. 즉 심판의 예언이 악에서 돌이키는 '회개'를 조건으로 하고 있다는 사실을 설명하기 위해서이다(렘 18:11). 둘째, 교훈적 목적으로 기록되었다. 즉 하나님의 용서하심은 당신께 대한 경외심과 회개를 기초로 하여 모든 사람들에게 적용된다는 사실을 가르치기 위함이다. 셋째, 하나님의 자비가 이스라엘에게만 제한되어 있지 않고, 모든 민족에게 미친다는 구원의 보편성을 가르치기 위함이다. 넷째, 이방에 대한 선교의 사명을 감당치 못한 이스라엘에게 국가적 죄를 깨닫게 하기 위함이다. 다섯째, 하나님을 거역하는 불신자들에게 회개치 않으면 반드시 하나님의 심판을 받게 될 것이라는 사실을 경고하기 위함이다.

요나서의 기본적인 신학적 메시지는 야훼의 사랑이 지상에 있는 모든 민족에게 적용되며 이스라엘은 그 사랑의 도구가 되어야 한다는 점이다. 요나서의 니느웨는 지상의 모든 이방 민족을 대표하는 것이며, 요나서는 이스라엘뿐 아니라 이 땅 모든 백성에게 자비를 베푸시는 하나님의 사랑을 보여 주고 있다. 블렌킨소프(Blenkinsopp)는 요나서가 하나님의 자유를 강조함으로써 예언적 결정론의 굴레를 벗어나게 되었다고 말한다. 맥가우언(McGowan)은 요나서의 마지막 구절은 하나님과 계약을 맺은 그의 백성이 하나님의 자유를 제한하며 하나님의 사랑을 자기네들에게만 국한시키려는 요나 당시 사람들의 편협한 생각을 폭로하고 있다고 했다.[25]

VI. 미가

1. 인물과 시대적 배경

본서의 저자는 이사야(주전 758-698년)와 같은 시대에 활동한 미가이다. 이는 본서 1장 1절에 미가가 요담(주전 739-735년)과 아하스(주전 735-725년), 그리고 히스기야(주전 725-697년)의 통치 시대에 야훼의 말씀을 받았다는 사실이 기록되어 있는 것에서도 명백히 드러난다. 모레셋 사람으로 예루살렘에 거주하며 그곳에서 활동했다. 뉴섬은 미가 1장 9절에 "상처가 예루살렘 성문까지 미쳤다"는 언급이 바로 히스기야 시대 아시리아의 산헤립 침공을 뜻하는 것이라고 보았다.[26]

2. 미가서의 구성

미가 1장부터 3장까지는 예루살렘 위기에 앞서 미가가 예루살렘 청중에게 전한 심판 메시지이고, 4장부터 5장까지는 구속과 회복의 주제를 담고 있으며, 6장부터 7장까지는 심판과 구원이 한꺼번에 결합되어 있다.

> 1-3장 심판 메시지
> 4-5장 구속과 회복
> 6-7장 심판과 구원

3. 야훼의 심판과 회복

예루살렘 지도자들이 권력을 남용하여 일반대중을 압제하는 것을 신랄하게 비판한다. 미가가 안타까워하는 것은 사회 전반에 만연된 탐욕의 정치가 사법 관리뿐 아니라 종교지도자들까지 감염시켰다는 것이다. 미가는 이와 같은 상황하에서 하나님의 심판이 불가피함을 선포한 것이다.

첫째(미 1:1-3:12) 단락에서 미가는 사마리아의 멸망을 예언하면서도 라기스 지역에 닥친 어떤 군사적 위협을 묘사하고 있다. 군사적 재난이 일어난 이유로서 미가는 미가서 2장과 3장에 걸쳐 남왕국의 변두리인 촌락 사회에서 벌어지는 엘리트 지주계층의 소농 착취와 법정 부패, 그리고 수도 성읍에서 공공연히 자행되는 조직적 범죄를 고발한다.

둘째 단락(미 4:1-5:15)은 분위기가 반전되어 포로 시대와 회복 시대에 친숙한 주제들을 다룬다. 마지막 단락(미 6:1-7:20)은 출처와 양식이 분명치 않은 다양한 장르들이 모여 있다. 미가 6장은 아모스와 호세아를 연상시키는 고발과 질책을 담고 있지만, 설교 스타일(미 6:1-2)과 북왕국 멸망을 역사적 교훈으로 삼는 태도(미 6:16)는 신명기적 편집자들의 자취를 보여 준다.

미가 7장 1-7절은 불의한 현실에 대한 탄식에 이어, 일종의 '예배 의식문' 형식을 통해 하나님에 대한 신뢰를 중심으로(미 7:7-10, 18-20), 예루살렘의 회복과 민족의 재건(미 7:11-17)을 노래한다. 아울러 하나님의 용서하시는 은혜(미 7:18)와 언약에 대한 신실하심(미 7:20)을 전달해 준다. 특별히 미가는 야훼의 신앙이 반드시 사회 정의와 개인적 거룩으로 표출되어야 함을 교훈한다. 왜냐하면 하나님은 정의로운 주권자로서 참된 거룩을 원하시기 때문이다.

이런 내용을 담고 있는 본서는 이스라엘 및 유다에 대한 하나님의 공의의 심판과 장차 도래할 영광스러운 메시아왕국에 대해 알려줌으로써 백성들로 하여금 하나님 앞에서 경성케 할 뿐 아니라 암담한 현실 속에서도 결코 소망을 잃어버리지 않도록 인도하기 위해 기록되었다.

미가는 하나님께서 이스라엘에게 요구하시는 것은 물질적인 예물에 있는 것이 아니고, 공의를 행하며 인자를 사랑하며 겸손히 하나님과 함께 행하는 것임을 보여 준다.[27]

Ⅶ. 나훔

1. 인물과 시대적 배경

나훔은 엘고스 사람으로 포로기 직전 유다 사회의 문제를 다룬 예언자이다. 성전의 제의 의식과 활동에 정통한 제의 예언자로 본다. 활동연대는 앗슈르바니팔 (Asshurbanipal, 주전 668-627년)이 테베를 점령하던 주전 636년에서 니느웨가 멸망한 주전 612년까지로 본다.[28]

2. 나훔서의 구성

나훔서는 기원전 621년에 멸망한 아시리아의 수도 니느웨와 관련된 내용을 담고 있는 예언서이다. 오바댜와 함께 '민족들을 향한 심판 신탁'으로서 예언이 지니고 있는 국제적 측면을 보여 준다. 나훔서 1장의 시는 나훔이 예견한 니느웨의 역사적인 패망을 종말론적인 예언으로 변형시키는 것이라고 보고 있다. 나훔서 1장 1절부터 3장 19절까지는 야훼가 아시리아의 수도 니느웨에게 진노를 내리시는 것을 묘사하고 있다. 장일선은 나훔서는 예언서 중 어느 곳에서도 찾기 힘든 전쟁의 여실한 장면을 보여 준다고 한다.[29]

> 1:1-8   용사이신 하나님께 드리는 찬미
> 1:9-2:2 니느웨의 심판과 유다의 구원
> 2:3-3:19 니느웨의 멸망과 조롱의 노래

3. 야훼의 심판과 유다의 구원

머피(Murphy)는 나훔서가 인간의 기본적인 권한과 본성 보존의 법칙을 모조리 포악스럽게 파괴시킨 아시리아인들에 대한 불붙는 듯한 증오심과 적개심을 여실히 반영시키고 있다고 본다. 나훔의 메시지를 이해하려면 당시 아시리아의 잔인한 제국주의의 팽창정책이 주변 약소국가들에게 어떤 희생을 강요했는지 이해해야 한다. 나훔의 중요한 메시지는 의로우신 하나님께서 인간의 악행을 벌주신다는 것이다. 크레기는 나훔서가 인간의 죄악성과 잔인성 앞에서 하나님의 섭리가 어떻게 작용하고 있는가 하는 문제를 제시하고 있다고 본다. 여기에 대해 나훔은 악을 추구하는 자는 정녕 멸망할 것을 강조하고 있다. 유다에게 주는 하나님의 메시지는 첫째, 유다의 원수 아시리아는 끝내 멸망하여 인간 역사에서 사라질 것이다. 둘째, 하나님께서는 과거에 아시리아를 도구로 삼아 유다 선민을 심판하였으나 이제는 그 심판이 끝나게 된다. 셋째, 하나님이 아시리아를 멸망시키시는 날 유다는 해방을 받게 된다는 것이다.[30]

이것은 하나님께서 모든 민족과 국가의 주가 되실 뿐 아니라, 불의한 국가와 백성은 반드시 패망케 된다는 사실을 보여 주기 위한 것이었다. 아울러 나훔은 니느웨를 심판하시는 하나님의 공의를 묘사함으로써 유다에 있는 신실한 자를 위로하기를 원했다.

VIII. 하박국

1. 인물과 시대적 배경

본서는 레위 지파의 배경을 가진 유다 선지자인 하박국에 의해 기록되었다(합 1:1; 3:1). 하박국은 제의 예언자이고, 활동연대는 요시야 왕 말기나 그의 죽음 직후로 본다. 요시야 왕이 므깃도의 전투에서 죽고 유다는 이집트의 속국이 된다. 바벨론의 느브갓네살 왕은 이집트의 대군을 갈그미스에서 대파시킴으로 유다의 여호야김은 바벨론을 섬기게 되었다. 하박국의 관심은 이같이 급격히

변화된 사회 속에서 의로운 사람이 어떻게 살아가야 하느냐에 있었다.[31]

2. 하박국서의 구성

하박국서는 하박국 1장 1절에서 2장 5절까지는 예언자의 질문과 하나님의 답변으로 구성되어 있다. 첫째 질문은 왜 의로우신 하나님께서 불의한 이방 민족이 하나님의 의로운 백성을 핍박하는 것을 그냥 허락하시냐는 것이다. 이에 대한 답변은 이스라엘의 하나님이 여전히 인간사를 주장하고 계신다는 것이다. 두 번째 질문은 불의를 감당치 못하시는 하나님이 어찌 악을 자행하는 바벨론인을 하나님의 도구로 쓰실 수 있겠냐는 것이다. 이에 대한 답변은 의인은 믿음으로 살리라는 것이다. 2장 6절부터 20절까지는 바벨론을 향한 다섯 가지 재앙[32]으로 구성되어 있다. 3장 1절부터 19절까지는 인간사가 아무리 힘들어도 야훼 신앙을 굳게 지키며, 야훼를 찬양하라는 찬양의 시이다.[33]

1:1-2:5	예언자의 질문과 하나님의 답변
2:6-20	바벨론을 향한 다섯 가지 재앙
3:1-19	야훼 신앙을 굳게 지키며, 야훼를 찬양하라

3. 야훼의 바벨론 심판과 야훼의 백성 구원

하박국서는 하나님께서 포악한 갈대아인들을 심판하심으로 의로움을 나타내시고, 유다의 신실한 자들을 위로하심을 보여 준다. 즉 의인에게 하나님의 거룩하심과 의로우심 및 믿음의 필요성을 가르쳐줌으로써 믿음으로 살도록 권고하기 위한 것이다. 하박국은 비록 불의가 선보다 득세하는 것 같은 세상에서도 하나님은 여전히 모든 역사를 주관하고 계심을 증거함으로써, 하나님을 의지하는 삶의 중요성을 부각시키고 있다.

크레기는 왜 선하신 하나님은 악한 백성들을 들어 선한 백성들을 징계하시는가 하는 것이 하박국의 딜레마라고 보았다. 하박국은 하나님이 세상만사를 지배하신다고 보고 있다. 인간사가 아무리 제멋대로이고 무의미한 것처럼 보이지만 하나님께서 역사를 주관하시고 자신의 뜻을 펴나가시기 때문에 하나님의 백성은 실망하지 말아야 하며, 초월하신 하나님을 찬양하고, 거룩하시고 존귀하신 하나님을 모든 예배자가 정중하게 예배드려야 할 것을 보여 준다. 또한, 비록 하나님의 백성이 핍박을 받는 상황에 처해 있더라도 종국에는 하나님의 구원으로 인해 즐거워할 때가 오리라는 것을 우리에게 보여 준다.[34]

IX. 스바냐

1. 인물과 시대적 배경

스바냐는 요시야 시대에 활동했고, 히스기야 왕의 현손이자(습 1:1) 왕가 출신으로 예루살렘에 거주하며 성전 직원이었기에 상류 사회의 타락상에 대해 자세히 지적할 수 있었다(습 1:8,9; 3:3). 뉴섬은 스바냐의 활동은 주전 7세기 요시야의 종교개혁(주전 621년) 이전으로 보았다.[35]

2. 스바냐서의 구성

스바냐 1장 1절부터 2장 3절까지는 유다 파멸에 대한 신탁이고, 2장 4절부터 3장 8절까지는 열방 파멸에 대한 신탁이며, 3장 9절부터 20절까지는 유다 구원에 관한 신탁으로 구성되었다. 폴 하우스(Paul R. House)는 스바냐서를 하나의 '예언적 드라마'로 보았다. 스바냐서의 갈등은 모든 민족의 심판주 야훼 하나님이 계약의 백성을 심판하는 것이고, 이같은 갈등이 해소되는 때는 바로

'야훼의 날'이라고 설명한다.[36]

> 1:1-2:3 유다 파멸
> 2:4-3:8 열방 파멸
> 3:9-20 유다 구원

3. 야훼의 심판과 회복

스바냐서는 사회 불의와 종교적 배교를 동시에 다루고 있어서 아모스서와 호세아서를 종합하고, 미가서 6장 8절의 내용을 반영하는 '땅의 겸손한 자들'을 축으로 하는 역사 이해를 보여 주고 있어서, 주전 8세기 예언서들의 종합체 같은 인상을 준다. 그는 바알 제의의 잔재, 아시리아의 일월성신, 그리고 암몬 신 말감(=밀곰)을 추종하는 왕궁 내의 종교 혼합주의적 집단을 맹렬히 공격한다. 또한, 당시대 지도층의 타락과 탐욕을 신랄하게 비판한다. 블렌킨소프는 스바냐가 요시야 왕 초기에 궁중에 있던 친아시리아 당파를 공격하는 것이라고 보았다. 이들은 외국의 의상을 착용하며, 외국의 관습에 젖어 일월성신을 섬기고, 말감에게 맹세하는 혼합주의자들이라고 보았다. 소이어는 스바냐가 자기 백성의 우상숭배와 교만을 공격했다고 보고 있다. 스바냐는 야훼께서 벌주시는 심판의 날을 '야훼의 날'이라고 보았다. 이 날에는 지상에 있는 생명체가 다 멸망할 것이라고 보았다. 스바냐는 무서운 야훼의 심판을 선포하지만 그래도 남은 자는 그 땅을 차지하며 회복된 공동체의 삶을 누리게 될 것이라고 말한다. 폴 하우스는 '야훼의 날'에 야훼가 내리는 심판이 스바냐 예언의 핵심을 이룬다고 보고 있다.[57]

X. 학개

1. 인물과 시대적 배경

학개서는 스가랴 선지자 및 정치가 스룹바벨과 동시대에 살았던 선지자 학개에 의해 기록되었다(학 1:12,13; 2:1,20). 학개는 포로기 이후에 활동하였다. 그는 스룹바벨 성전 건축에 박차를 가하도록 중요한 계기를 마련해 주었고, 그의 메시지는 성전 제의와 관련되었다.[38]

2. 학개서의 구성

학개 1장 1절부터 15절까지는 성전을 재건하라는 명령이고, 2장 1절부터 9절까지는 미래의 영광과 번영에 대한 약속이고, 2장 10절부터 19절까지는 제의적 성결과 불결에 관한 말씀이며, 2장 20절부터 23절까지는 메시아적인 약속으로 구성되어 있다.

학개의 첫 번째 신탁은 스룹바벨과 그의 제사장 동료인 여호수아에게 주어진 것으로 예루살렘 성전을 다시 지으라는 것이다. 두 번째 신탁은 학개가 성전 건축공사를 시작한 지 한 달 후에 다시 격려의 메시지를 선포하고 있다. 세 번째 신탁은 학개가 제의의 정결과 부정에 대해서 제사장에게 물어보는 것으로 되어 있다. 그 대답은 정결한 것은 접촉하는 물건이나 사람에게 옮겨지지 않으나, 부정한 것은 감염된다는 것이다. 네 번째 신탁은 스룹바벨에게 주어진 것이다.[39]

    1:1-15 성전을 재건하라는 명령
    2:1-9 미래의 영광과 번영에 대한 약속
    2:10-19 제의적 성결과 불결에 관한 말씀
    2:20-23 메시아적인 약속

3. 성전 재건과 메시아 약속

학개서는 사자 문체를 많이 사용하고 있어서, 자신이 야훼 심부름꾼임을 천명하고 있다.

주요 메시지는 백성들의 죄와 하나님의 심판이다. 그는 다른 예언자들과 달리 제의의 상황 안에서 백성들의 죄와 하나님의 심판을 말하고 있다. 학개는 백성들이 야훼의 성전을 짓지 않는 것을 죄로 규정하며, 하나님은 거기에 대한 벌로서 자연적인 재해와 경제적인 곤핍을 주었다는 것이다. 뉴섬은 학개가 '제도권 종교'의 예언자였으며, 그의 촉구가 아니었으면 스룹바벨 성전이 지어지지 않았을지도 모른다고 생각한다. 쉬툴밀러(Stuhlmueller)는 학개의 주요 관심이 성전 재건과 다윗왕조의 회복에 있었다고 본다. 학개가 히브리 성서 중 두 번째로 짧은 책이긴 하지만 성전 제의에 대한 강조, 사독 제사장 계열의 우월성 인정, 예언자 에스겔의 전승, 다윗왕조 복귀에 대한 희망, 지혜 문학 전승의 결여 등은 포로기 이후 신학의 대표적인 성격을 이룰 만큼 그 영향이 큰 것이라 평가한다.[40]

학개서는 포로 후기 예루살렘으로 돌아온 귀환공동체에게 성전 재건을 촉구했다. 또한 성전 재건을 방해하는 정신적 해이함, 경제적 곤궁함, 그리고 신학적 혼선을 해소하고 과거, 현재, 미래의 주권자이신 하나님에 대한 강한 신뢰감을 심어주기 위해서 편찬되었다. 학개서의 하나님은 식민지 유다에 국한되지 않는 우주의 하나님이요, 과거부터 미래까지 중단 없이 동일한 역사의 주인이심을 강조한다. 또 성전 재건으로 경제적 풍요가 도래할 것이고, 세계의 중요 중심지로서 역할을 할 것이며, 하나님은 이 일을 스룹바벨이라는 인물을 통해 일하신다는 점을 교훈한다. 학개는 야훼가 시온과 다윗왕조를 선택하며, 스룹바벨이 이스라엘을 다스릴 대망의 다윗의 후손이라고 보았다. 학개는 이러한 메시아 운동을 통하여 성전 재건을 독려하였다.[41]

XI. 스가랴

1. 인물과 시대적 배경

스가랴서의 저자는 베레갸의 아들이고, 레위인을 이끄는 제사장 잇도의 손자이며(느 12:4), 선지자 학개와 동시대 사람인 스가랴이다(슥 6:14). 활동 연대는 다리오 왕 2년이다. 제의 예언자로 포로기 이후 이스라엘의 제의 회복에 큰 공헌을 하였다. 스가랴의 예언은 학개와 같이 성전 재건의 필요성을 강조했지만, 학개와는 달리 종말론적인 시대의 도래를 예고하며 여기에 맞추어 묵시적 형태의 메시지를 선포한 것이 특색이다.[42]

2. 스가랴서의 구성

스가랴서 1장 1절부터 6절까지는 다리오 왕 2년 8월(주전 520년)에 스가랴에게 임한 말씀이고, 1장 7절부터 6장 15절까지는 다리오 왕 2년 11월에 스가랴에게 임한 여덟 개의 환상 말씀이며, 7장 1절부터 8장 23절은 다리오 왕 4년 9월(주전 518년)에 스가랴에게 임한 잘못된 금식과 메시아 시대 약속으로 구성되어 있다. 첫 번째 신탁은 백성들에게 회개를 촉구하고, 두 번째 신탁은 신탁과 여덟 개의 환상을 보여 주며, 세 번째 신탁은 새 예루살렘의 영화를 그리고 있다. 스가랴서는 제1, 제2, 제3 스가랴서로 구분한다.[43] 9장 1절부터 8절까지는 이방 나라에 대한 심판이고, 9장 9절부터 11장 17절까지는 메시아의 도래와 하나님 백성의 회복이며, 12장 1절부터 14장 21절까지는 예루살렘의 고난과 회복에 관한 말씀으로 구성되어 있다.

1:1-6   스가랴에게 임한 말씀
1:7-6:15 스가랴에게 임한 여덟 개의 환상 말씀
7:1-8:23 잘못된 금식과 메시아 시대 약속

3. 야훼의 이방 나라 심판과 야훼의 백성 회복

　　포로귀환공동체는 스룹바벨을 중심으로 성전을 다시 짓고 또 다윗왕조를 복원해야 하리라는 확신을 피력하고 있다. 스가랴는 이스라엘 백성들로 하여금 성전을 성공적으로 재건하며(슥 4:8-10), 영적 부흥을 도모하도록 격려하기 위해 본서를 기술했다. 이는 학개의 저작 동기와 거의 유사한 것이다. 당시 거의 5만 명이나 되는 포로들이 예루살렘과 인근 성읍으로 귀환했었다. 이들은 자기 고향에 정착하며, 성전을 재건하고자 하는 큰 소망을 갖고서 귀환했다. 그래서 그들은 곧바로 번제단을 만들었고(스 3:1-7), 바벨론 포로생활 70년 동안 중단했던 예배를 다시 드리게 되었다. 또한 귀환한 지 2년 2월에 성전의 기초를 놓았다(스 3:8-13). 그러나 얼마 가지 못해 여러 가지 방해를 받게 되었고(스 4:1-6; 학 1:6-11), 성전 건축은 중단되었다(스 4:24). 이런 상황에서 스가랴는 본서를 통해 백성들을 고무시켜 성전 재건을 완수토록 하려는 의도를 드러내고 있다.

　　스가랴서의 하나님은 더 이상 예언자에게 직접 말씀하시지 않고 천사가 하나님과 인간 사이를 왕래하면서 신의 뜻을 설명해주게 된다. 뉴섬은 스가랴가 포로기 이전 예언자처럼 도덕적 순결을 강조하지 않는다고 비판할 것이 아니라, 그는 오히려 미래의 메시아공동체의 진실과 평화의 시대가 올 것을 예견함으로써 온 인류에게 희망을 주었다는 점을 높이 평가해야 한다고 보았다. 스가랴는 하나님의 복이 실현될 것은 확실하지만, 그 성취의 시기와 장소는 백성들의 반응에 달려 있음을 강조한다. 그것은 사회정의와 성실한 마음, 그리고 야훼 말씀에 대한 순종이다.

　　스가랴는 예루살렘의 영광에 대한 예언 약속이 실현되지 않음으로 인해

오는 공동체의 회의와 좌절에 대해, '야훼는 여전히 세상을 주관하시며 원수들을 물리치시고 그의 백성을 보호하실 것'을 강조하고 있다. 스가랴는 슬픔의 날을 기쁨의 날로 바꿀 것을 주장한다. 그렇게 할 수 있는 근거로서 진실과 화평을 제시한다.[44]

XII 말라기

1. 인물과 시대적 배경

연대는 왕 대신 '총독'(말 1:8)을 언급하면서도 성전 재건의 필요나 무너진 성전을 언급하고 있고, 또 에돔의 멸망(말 1:2-5)과 제사장들이 책무에 소홀한 일(말 1:6-2:9)이나 백성들이 이방 여인과 결혼하거나 이혼하는 문제를 통렬히 비난하고 있어서(말 2:10-16), 에스라와 느헤미야 시대의 사회적 상황들과 유사하므로(느 5:1-13; 말 3:5; 느 10:32-39; 말 1:6-14; 느 10:37,39; 말 3:8-12), 일반적으로 주전 515년 두 번째 스룹바벨 성전봉헌(학 1:14)[45] 이후 주전 5세기 중반의 시대로 본다. 포로기 후기의 귀환공동체가 당면한 커다란 시련은 이방 문화의 위협이었다. 정치적 색채를 띤 외세의 압력은 결국 전통적인 토라와 제의에 대한 신앙을 약화시킬 수밖에 없었던 것이었다. 이 같은 정세하에서 말라기는 유다인의 정신적 위기를 극복하고 야훼에 대한 열정을 다시금 불러일으키기 위해 그의 메시지를 선포하였다.[46]

2. 말라기서의 구성

말라기 1장 2절부터 5절까지는 이스라엘을 향한 야훼 사랑의 신탁이고, 1장 6절부터 2장 9절까지는 거짓 제사장들을 책망하는 신탁이며, 2장

10절부터 16절까지는 이방인과의 결혼을 금하는 신탁이다. 2장 17절부터 3장 5절까지는 야훼 정의에 관한 신탁이고, 3장 6절부터 12절까지는 십일조에 관한 신탁이고, 3장 13절부터 4장 3절까지는 야훼 정의에 관한 또 하나의 신탁이며, 4장 4절부터 6절까지는 편집 후기이다.[47]

1:2-5	이스라엘을 향한 야훼의 사랑
1:6-2:9	거짓 제사장들을 책망
2:10-16	이방인과의 결혼을 금지
2:17-3:5	야훼 정의
3:6-12	온전한 십일조
3:13-4:3	야훼의 정의
4:4-6	편집 후기

3. 이스라엘을 향한 야훼 사랑

말라기는 포로 귀환 이후 다시 사회적, 도덕적, 영적 부패에 빠진 이스라엘의 잘못을 꾸짖으며 경고한다. 말라기는 만일 하나님의 백성들에게 순결함이 없게 되면, 하나님으로부터 징계를 받을 수밖에 없다고 말한다. 말라기는 신앙공동체 내에서 발생한 제사장과 일반 백성 사이의 협력 문제를 다룬다. 또한 고통스러운 생활 속에서 하나님의 사랑(말 1:2)과 공의로운 통치(말 2:17) 및 말씀 순종(말 3:14)이 무의미하다고 생각하는 자들에게, 주께서 얼마나 이스라엘을 사랑하였으며(말 1:2), 이스라엘이 얼마나 주님을 멸시하고(말 1:6), 더럽히고(말 1:7), 괴롭혔는지를(말 2:17) 밝히면서 이제라도 제사장을 포함하여 일반 백성들에게 회개를 촉구하고, 야훼 하나님에 대한 돈독한 신앙심을 가질 것을 당부한다(말 3:7). 도이취(Deutsch)는 말라기의 신학적 주요 관심이 올바른 제의이며, 그 제의의 토대는 '토라'에 있다고 보았다.

말라기는 극도의 유다 중심적인 국수주의 사상을 강하게 담고 있다. 야훼의 구원이 야곱의 후손인 유다에게만 임하는 것이고, 같은 형제인 에서의 후손 에돔에게는 적용이 되지 않는다고 단언하고 있다. 말라기는 에돔의 멸망을 유다에 대한 사랑의 표시로 삼고 있다. 말라기는 야훼를 창조주 하나님으로 인식하고 있으며, 우주 역사를 주관하시기 때문에 악한 자는 종국에는 패망할 수밖에 없으며 선한 이들은 깨끗하게 될 것이며, 구속을 받게 될 것이다. 그래서 말라기는 도덕적인 순결보다는 제의적인 순결을 강조하지만, 결국 올바른 예물을 바치는 깨끗한 마음이 전제되어야 한다는 것이다.[48]

나오면서

'열두 예언서, 야훼의 심판과 회복'은 예언자들이 각자의 시대 상황에서 그들에게 임한 야훼 하나님의 말씀을 충직하게 전달하는 '말씀의 심부름꾼' 메시지이다. 야훼께서는 예언자들에게 타락한 이스라엘을 향해서는 가차 없이 심판을 선포하시라고 하신다.

아모스, 호세아, 미가 등 포로기 이전 예언자들은 이스라엘 백성들에게 왕국이 멸망하고, 백성들은 흩어질 것(사로잡혀감)을 선포했다.

포로기 후기에 활동했던 예언자들은 이스라엘 백성들에게 심판과 회복을 번갈아 선포했다. 여기에는 이스라엘 주변국까지도 야훼의 심판 대상이라는 것이다. 앗수르(니느웨), 바벨론(갈대아 사람), 애굽, 다메섹, 하맛, 두로, 시돈, 아스글론, 가사, 에그론, 아스돗, 블레셋, 그렛, 에돔, 암몬, 모압, 구스까지 망라한다. 이방 나라들은 자신들의 죄와 이스라엘을 괴롭힌 죄로 심판받는다. 야훼께서 심판의 주님이시라는 것이다.

야훼께서 단순한 부족의 신, 민족의 신, 지역의 신이 아니라, 앗수르,

바벨론까지 심판하시는 우주의 신, 보편적인 신이시라는 선포인 것이다. 야훼 하나님은 이스라엘 백성을 지극히 사랑하시므로 예언자를 통하여 죄와 부정과 교만과 우상에서 돌아오라고 먼저 말씀하시고, 그래도 돌아오지 않으면 심판 하신다는 것이다. 야훼 하나님은 심판받은 이스라엘 백성들이 회개하고 하나님께 돌아올 때, 예언자들에게 '사랑하는 백성들을 위하여 회복의 길을 준비하고 계신다'고 선포하라고 하신다.

하나님 아버지의 마음은 이스라엘의 멸망이 아니라 이스라엘에게 징계를 내려서 회개하도록 이끄시고 회개하면 회복의 은혜를 부어 주셔서, 하나님의 백성으로서 풍요로운 복을 내리신다는 것이다. 물론 그때에는 이방인은 어느 누구도 다시는 예루살렘을 넘보지 못할 것이다(욜 2:28-3:21). 하나님 아버지의 마음은 다음 성경 구절에 잘 나타나 있다.

> 하나님이 세상을 이처럼 사랑하사 독생자를 주셨으니 이는 그를 믿는 자마다 멸망하지 않고 영생을 얻게 하려 하심이라(요 3:16).
> 영접하는 자 곧 그 이름을 믿는 자들에게는 하나님의 자녀가 되는 권세를 주셨으니(요 1:12)
> 죄의 삯은 사망이요 하나님의 은사는 그리스도 예수 우리 주안에 있는 영생이니라(롬 6:23)
> 여호와는 네게 복을 주시고 너를 지키시기를 원하며 여호와는 그의 얼굴을 네게 비추사 은혜 베푸시기를 원하며 여호와는 그 얼굴을 네게로 향하여 드사 평강 주시기를 원하노라(민 6:24-26)
> 이스라엘이여 너는 행복한 사람이로다 여호와의 구원을 너 같이 얻은 백성이 누구냐 그는 너를 돕는 방패시요 네 영광의 칼이시로다 네 대적이 네게 복종하리니 네가 그들의 높은 곳을 밟으리로다(신 33:29)
> 내가 온 것은 양으로 생명을 얻게 하고 더 풍성히 얻게 하려는 것이라(요 10:10하)

참고 문헌

강병도 편저.『호크마 종합주석 20 호세아-말라기』서울: 기독지혜사, 2004

김래용. "에스라 9-10장과 느헤미야 13장의 특징과 역할".『구약논단』제38집(2010
　년 12월), 33-36쪽

김필회. "호 12장의 야곱 전승".『구약논단』, 제37집(2010년 9월). 218-220쪽.

도널드 E. Gowan.『구약 예언서 신학』차준희 역. 서울: 대한기독교서회. 2011

왕대일.『구약성서 이해 열마당』서울: 도서출판 새길. 2010

왕대일.『구약성서 이해』서울: 성서연구사. 1993

우택주.『구약성서개론』서울: 대한기독교서회. 2005

이사야.『간추려 읽는 구약성서』서울: 북코리아. 2010

장일선.『히브리 예언서 연구』서울: 대한기독교서회. 2011

천사무엘 외 15명 공저.『구약성서개론』서울: 대한기독교서회. 2004

한동구.『고대 이스라엘의 사회사』서울: 대한기독교서회. 2001

주

1) 왕대일, 『구약성서 이해』 (서울: 성서연구사, 1993), 129-131.

2) 왕대일, 『구약성서 이해』, 132-134.

3) 장일선, 『히브리 예언서 연구』 (서울:대한기독교서회, 2011), 220-238.

4) 천사무엘 외 15명 공저, 『구약성서개론』 (서울: 대한기독교서회, 2004), 649.

5) 도널드 E. Gowan, 『구약 예언서 신학』 차준희 역 (서울:대한기독교서회, 2011), 103.

6) 김필회, "호 12장의 야곱 전승,"『구약논단』 제37집(2010년 9월), 218-220.

7) 장일선, 『히브리 예언서 연구』, 220-238.

8) 장일선, 『히브리 예언서 연구』, 220-238.

9) 이사야, 『간추려 읽는 구약성서』 (서울: 북코리아, 2010), 135.

10) 장일선, 『히브리 예언서 연구』, 239.

11) 천사무엘 외 15명 공저, 『구약성서개론』 (서울: 대한기독교서회, 2004), 676-677.

12) 장일선, 『히브리 예언서 연구』, 250-251.

13) 이사야, 『간추려 읽는 구약성서』, 137-140.

14) 장일선, 『히브리 예언서 연구』, 252.

15) 장일선, 『히브리 예언서 연구』, 252-271.

16) 장일선, 『히브리 예언서 연구』, 255-270.

17) 장일선, 『히브리 예언서 연구』, 255-270.

18) 도널드 E. Gowan, 『구약 예언서 신학』 차준희 역 (서울: 대한기독교서회,2011), 97.

19) 장일선, 『히브리 예언서 연구』, 272쪽.

20) 장일선, 『히브리 예언서 연구』, 273-274.

21) 천사무엘 외 15명 공저, 『구약성서개론』 (서울 대한기독교서회, 2004), 678-679.

22) 장일선, 『히브리 예언서 연구』, 275-279.

23) 장일선, 『히브리 예언서 연구』, 280.

24) 장일선, 『히브리 예언서 연구』, 281-283.

25) 장일선, 『히브리 예언서 연구』, 283-287.

26) 장일선, 『히브리 예언서 연구』, 288.

27) 장일선, 『히브리 예언서 연구』, 289-303.

28) 장일선, 『히브리 예언서 연구』, 304.

29) 장일선, 『히브리 예언서 연구』, 305-307.

30) 장일선, 『히브리 예언서 연구』, 307-314.

31) 장일선, 『히브리 예언서 연구』, 316.

32) 하박국 2장 6-20절의 바벨론을 향한 다섯 가지 재앙은 1. 바벨론이 남의 것을 침략했으니 그들은 노략을 당할 것이며 2. 성벽을 쌓는 나무와 돌도 정복자를 저주할 것이며 3. 바벨론의 잔인성을 고발하며 4. 바벨론은 술 취한 자 같이 되어 야훼의 진노의 잔을 마시게 될 것이며 5. 바벨론의 우상숭배를 저주하는 것이다.

33) 장일선, 『히브리 예언서 연구』, 317-318.

34) 장일선, 『히브리 예언서 연구』, 319-327.

35) 장일선, 『히브리 예언서 연구』, 328.

36) 장일선, 『히브리 예언서 연구』, 329-330.

37) 장일선, 『히브리 예언서 연구』, 331-337.

38) 장일선, 『히브리 예언서 연구』, 338.

39) 장일선, 『히브리 예언서 연구』, 339-341.

40) 장일선, 『히브리 예언서 연구』, 341-347.

41) 한동구, 『고대 이스라엘의 사회사』 (서울: 대한기독교서회, 2001), 115.

42) 장일선, 『히브리 예언서 연구』, 348.

43) 장일선, 『히브리 예언서 연구』, 349-350.

44) 장일선, 『히브리 예언서 연구』, 351-359.

45) 왕대일, 『구약성서 이해 열 마당』, 210.

46) 장일선, 『히브리 예언서 연구』, 360.

47) 장일선, 『히브리 예언서 연구』, 361-362.

48) 장일선, 『히브리 예언서 연구』, 362-369.

T H E S I S
11
욥, 하나님의
지혜를
깨닫다

조 미 형

▼

감리교신학대학교대학원 신학박사(Th.D.)
감리교신학대학교 강사
변화산교회 부담임목사

들어가는 말

욥기는 구약성경에서 잠언, 전도서와 같이 지혜문학 부류에 속한다. 지혜문학의 특징 중 하나는 이스라엘의 원리인 신정론적 체제(theodic settlement)가 기본 바탕이 된다. 이 체제는 세상의 모든 행동들은 창조의 구조 속에서 창조주가 보증하는 결과를 가져온다고 말한다. 즉 뿌린 대로 거둔다는 말이다. 의로움과 지혜는 생명으로, 악함과 어리석음은 죽음으로 이어진다. 지혜자들은 말하기를, "우리의 삶도 바로 그런 인과응보의 실례들"이라고 한다. 이스라엘공동체를 비롯한 모든 공동체들은 사회적 일상을 유지하기 위해 이 신정론적 체제를 옹호한다. 그러나 문제는 실재 삶의 경험들이 신정론의 설명에 딱 들어맞지 않는 데 있다.[1] 욥기는 이를 긍정하는 본문과 부정하는 본문 모두를 포함하는 듯하다. 전통적인 인과응보 교리에 근거해서 욥을 바라볼 때, 흠 없고 순전한 믿음의 소유자인 그에게 닥친 고난은 해석하기 어려운 문제이다. 하나님을 잘 섬기는 욥, 경건과 온전함 속에서 신앙을 지킨 욥에게 닥친 이 고난을 우리는 어떻게 이해해야 할까? 이런 고난에도 욥은 하나님을 원망하거나 불평하지 않고 하나님을 찬양한다(1:21; 2:10). 고통 가운데 인내하며 하나님을 경외하는 모습은 설화체 형식의 서론(1:1-2:13)과 결론(42:7-17)에서 볼 수 있다. 다른 한편으로, 욥 자신이 당한 어려움을 하나님께 토로하고, 하나님의 정의에 대해 의심을 품으며 자신의 정당함을 밝히려고 울부짖는 욥의 모습은 운문체의 본론(3:1-42:6)[2]에서 묘사된다. 설화체의 글에서 묘사되고 있는 욥은 인내와 겸허 속에 고난의 상황을 받아들이는 욥이다. 이와 대조적으로 운문체의 욥은 하나님을 향해 자신의 상황을 불평하고 항변하는 욥이다. 욥기는 이렇게 욥의 다른 두 모습을 보여 주고 있다.

욥기에는 욥을 위로하기 위해 찾아온 세 친구들이 등장한다. 그들은 욥의 고난을 인과응보교리에 근거하여 비난한다. 즉 욥은 죄가 있어서 고난을 당한다는 것이다. 욥은 친구들의 충고와 비난에 대해 강하게 항변한다. 이들의 대화와 논쟁은 세 번에 걸친 토론과 논쟁으로 욥기의 상당 부분을 차지하고 있다(3-27장). 이 논쟁은 무엇을 말해주고 있는 것일까? 세 친구들의 말대로 욥의 잘못으로 인해 욥이 고난을 받고 있는 것일까? 욥은 이 논쟁을 통해서 자신의 무죄를 증명할 수 있을까? 욥과 세 친구들과의 열띤 토론이 욥의 무죄를 온전히 증명하지 못한 채 지혜시(28장)가 나온다. 이 지혜시는 인간이 발견할 수도 없고 살 수도 없는 지혜에 대해서 말한다. 오로지 하나님만이 그 지혜를 아시며 이제 그 지혜를 우리에게 알려 주신다. 욥의 고난을 인과응보적으로 보려는 세 친구들과 이를 부정하는 욥의 상반된 주장 후에 선포되는 지혜시는 무엇을 말하고 있는 것일까? 고통 가운데 홀로 울부짖는 욥은 지혜시를 통해 무엇을 해결 받았을까? 자신이 당하고 있는 고난에 대한 답을 얻었을까? 하나님의 지혜를 말하고 있는 지혜시(28장)는 고통당하는 욥과 우리들에게 무엇을 말하고 싶은 것일까? 이제 욥기의 서론 부분을 담당하고 있는 설화체(1-2:13; 42:7-17) 본문을 살펴보며 욥의 고난이 세 친구들의 견해처럼 인과응보적 교리에 근거해서 평가될 수 있는지 그리고 욥과 세 친구들과의 논쟁에 이어지는 지혜시는 고난받고 있는 욥에게 새로운 방향과 해답을 제시해 줄 수 있는지 살펴보고자 한다.

I. 설화체 틀 안의 경건한 욥 이야기(1-2:13; 42:7-17)

우스 땅에 살고 있는 욥은 온전하고 정직하여 하나님을 경외하며 악에서 떠난 자로 자녀의 축복과 물질의 축복 가운데 풍족하게 살아가고 있었다(1:1-5). "온전과 정직"은 "화평과 평안"을 낳는다(시 37:37)는 말씀대로 욥의 이야기는 실제로 그렇게 시작된다. 욥은 마치 신정론적 원리의 살아있는 표본과 같지 않은가! 그러나 이러한 표본은 무너지기 시작한다.[3] 하루는 하늘에서 하나님의 아들들의 회의가 열리고 대적자(사탄)도 참석한다(1:6-12). 하나님은 세상을 이리저리 돌아다니는 사탄에게 내 종 욥을 살펴보았는지를 물으시며, 이 세상에서 욥만큼 하나님을 경외하고 악을 떠나 사는 사람은 없다고 확신하신다. 사탄은 욥이 아무것도 바라는 것 없이 하나님을 경외할 리가 없다고 반문하며 하나님이 그를 치시면 욥이 하나님을 저주할 것이라고 말한다. 여기서 "욥이 어찌 까닭 없이 하나님을 경외하리이까?"라는 사탄의 물음은 "아무런 보상도 바라지 않는 하나님 경외가 과연 가능한가?" 하는 문제를 우리에게 제기한다. 그리고 사탄은 주장한다. 욥이 까닭 없이 하나님을 섬기지 않으며 보상도 없이 악을 멀리하는 삶을 살려고 하지 않는다는 것이다. 사람들이 아무런 대가나 보상을 바라지 않으면서 하나님을 경외하거나 악을 멀리하거나 감사와 찬양을 돌리는 것이 과연 가능한 것인지, 본질적으로 "왜 믿는가?"에 대한 물음이 우리가 욥기를 읽으면서 풀어야 할 과제이고, 그것을 시험해 보기 위한 필요에서 설정된 것이 욥의 고난이라고 본다. 그렇다면 이 애매한 고난은 대가를 바라지 않는 경건 안에서 문제해결을 볼 수 있는 것일까? 욥의 순전함은 하나님의 측량할 수 없는 섭리를 어떻게 견뎌낼 수 있을까?

이제 욥의 신앙심은 최종적인 심사를 거쳐야 할 단계에 이른다. 하나님은 욥의 모든 재산을 가져가는 것을 허용하셨지만 욥의 몸에는 손대지 말 것을 말씀하신다(1:12). 이에 사탄은 욥의 소유물과 자녀들을 친다. 이 충격적인 소식을 들은 욥은 슬픔 가운데에서도 "내가 모태에서 알몸으로 나왔사온즉 또한 알몸이 그리로 돌아가올지라 주신 이도 여호와시요 거두신 이도 여호와시오니 여호와의 이름이 찬송을 받으실지니이다"(1:21)라고 고백한다. 사탄은 자신이 욥에 대해 잘못 판단했음을 인정하기를 거부하며 "가죽으로 가죽을 바꾸오니 사람이 그의 모든 소유물로 자기의 생명을 바꾸올지라"(2:4)라고 말하며 하나님이 욥의 뼈와 살을 치시면 욥이 당장 주님을 욕할 것이라고 주장한다. 이러한 주장에도 하나님은 욥이 변하지 않을 것이라고 확신하시며 욥의 생명만은 건드리지 말 것을 명령하신다. 사탄은 욥을 쳐서 악창이 나게 한다. 욥의 아내가 욥에게 "당신이 그래도 자기의 온전함을 굳게 지키느냐? 하나님을 욕하고 죽으라"(2:9)라고 비난할 때에도 욥은 "우리가 하나님께 복을 받았은즉 화도 받지 아니하겠느냐"(2:10)라고 말하며 고난 가운데에도 죄를 범하지 않는다.

지금까지 욥을 평안하고 풍성하게 지지해 주고 있던 삶의 경계들이 하나둘씩 허물어지기 시작한다. 물질의 경계가 깨어지고, 가정의 울타리가 무너지고, 결국 건강마저 치명적인 타격을 입는다. 욥의 고통은 바로 기존의 울타리가 무너지는 경험이다. 그러나 욥은 자신의 도덕적 위치를 확고히 지키고 있다. 그는 윤리적으로 올바를 뿐만 아니라, 신학적으로도 진지한 사람이다(1:21-22). 그의 자신감은 자신의 미덕뿐만이 아니라 하나님에 대한 신뢰에 놓여있다.[4] 결국 욥의 정체성을 지지하는 신앙의 울타리, 다시 말하면 경건의 울타리는 아직도 무너지지 않고 건재하다.

설화체의 결론 부분(42:7-17)은 하나님이 욥의 친구 엘리바스와 두 친구들에게 하나님에 대한 그들의 말이 욥처럼 옳지 못하였음을 책망하시며, 그들이 용서받을 수 있게 욥에게 가서 번제를 드리라고 하신다. 욥은 그의 친구들을 위해 중재기도를 드린다. 이 기도 후에 하나님은 욥의 재산을 회복시켜 주시는데, 이전에 가졌던 모든 것보다 배나 더 돌려주신다. 그는 전과 똑같이 열 명의 자녀를 두게 되고 그의 딸들은 다른 모든 여자들보다 뛰어나고, 풍성한 유업도 물려받는다.

욥기의 설화체(1-2:13; 42:7-17) 본문은 욥에 대한 하나님의 평가를 분명히 두 번 기록하고 있다. 하나님은 이 세상에서 욥만큼 하나님을 경외하고 악을 떠나 사는 사람은 없다고 말씀하신다. 욥이 죄로 인해 고난을 받는다는 세 친구들의 견해와는 달리, 고난은 천상회의에서 사탄이 제기한 회의적인 질문에서 비롯된 것이다. 본문 1, 2장은 분명히 죄에 대한 벌로 욥이 고난을 당하는 것이 아니며, 욥의 경건은 대가를 바라지 않는 참 믿음이라는 것을 확증하고, 그리고 대가를 바라지 않는 의가 아직도 건재함을 보여 주고 있다.

그렇다면 욥기 1, 2장에 이어지는 욥과 세 친구들과의 긴 논쟁은 무엇을 말하고 있으며 이렇게 긴 토론이 왜 이어져야만 했을까? 하나님의 입을 통해 보증된 욥의 신앙과 믿음이 왜 친구들에 의해 비난받고 평가받게 되었을까? 이제 운문체로 구성된 세 친구들과의 대화(3-27장)와 지혜시(28장), 욥의 독백(29-31장)과 엘리후의 연설(32-37장), 그리고 하나님의 폭풍우 연설(38-42:6)까지 전체의 구조와 내용을 통해서 무죄한 자인 욥의 문제(1, 2장)가 어떻게 진행되고 평가되는지, 특히 폭풍우 속에서 말씀하시는 하나님과의 대면에 앞서 등장하는 지혜시(28장)가 갖는 의미를 주목해 보고자 한다.

II. 욥기 전체 보기

욥기의 문학적 구성은 설화체의 서론으로 시작되어(1-2장) 운문체 대화(3:1-42:6)로 이어지다가 설화체 결론(42:7-17)으로 끝을 맺는다. 설화체 글은 고난 가운데 순종하며 참고 견뎌내는 욥의 모습을, 운문체의 글은 하나님께 탄원하며 울부짖고 항변하는 욥의 모습을 보여 주고 있다. 왜 한 권의 책에서 서로 다른 욥의 모습들을 보여 주고 있을까? 그 의도와 메시지는 무엇일까? 설화체와 운문체에서 보여 주는 욥의 상반된 모습에 대해 어떤 학자들은 설화체의 글이 본래적인 것이고 운문체의 글이 나중에 삽입된 것이라고 주장하고, 달리는 운문체의 글이 본래의 글이며 이후에 설화체의 글이 삽입되었다고 주장하기도 한다. 어떤 주장이 옳든지 간에 우리는 상반된 욥의 모습을 한 권의 책으로 묶어 내놓은 시대에 대해, 역사에 대해 질문해 보아야 한다. 이제 욥기의 내용과 전체 구조 속에서 설화체로 둘러싸인 운문체의 글이 어떻게 구성되어 있고 무엇을 말하는지 살펴보자.

1. 설화체 서론(1:1-2:13)
  1) 욥의 시험(1:1-22)
  2) 더 철저한 평가(2:1-13)

2. 운문체 대화(3:1-42:6)
  1) 욥의 항변(3:1-26)
  2) 제1차 대화의 순환(4:1-14:22)
    (1) 엘리바스의 첫 번째 이의제기와 발언(4-5장)
    (2) 욥의 엘리바스에 대한 답변(6-7장)
    (3) 빌닷의 첫 번째 발언(8장)
    (4) 욥의 빌닷에 대한 답변(9-10장)
    (5) 소발의 첫 번째 발언(11장)
    (6) 욥의 소발에 대한 답변(12-14장)
  3) 제2차 대화의 순환(15:1-21:34)
    (1) 엘리바스의 두 번째 발언(15장)
    (2) 욥의 엘리바스에 대한 답변(16-17장)
    (3) 빌닷의 두 번째 발언(18장)
    (4) 욥의 빌닷에 대한 답변(19장)
    (5) 소발의 두 번째 발언(20장)
    (6) 욥의 소발에 대한 답변(21장)
  4) 제3차 대화의 순환(22-27장)
    (1) 엘리바스의 세 번째 발언(22장)
    (2) 욥의 엘리바스에 대한 답변(23장-24장)

(3) 빌닷의 세 번째 발언(25장)

(4) 욥의 빌닷에 대한 답변(26-27장)

5) 지혜시(28장)

6) 욥의 독백과 마지막 탄식(29-31장)

7) 엘리후의 연설(32:1-37:24)

8) 여호와의 말씀과 욥의 대답(38:1-42:6)

3. 설화체 결론: 욥의 회복과 축복(42:7-17)

운문체 대화 부분은 욥의 항변과 세 번에 걸친 욥과 세 친구들과의 대화로 진행된다. 3장에 이르러 욥의 고통은 더욱 고조된다. 욥이 입을 열어 하나님 앞에 경건의 언어가 아닌 탄식의 언어를 발했을 때, 그리고 생일을 저주하며, 감히 하나님의 창조세계까지 부정하는 순간, 이제 욥에게 마지막 남은 경건의 모습조차 혼돈의 폭풍우에 완전히 휩쓸리게 된다. 길고 지루한 논쟁의 출발점은 그의 최후의 보루인 신앙의 울타리가 열리는 현장이 되고 있다.[5]

이런 욥에게 엘리바스는 더 이상 참지 못하고 입을 열어 욥을 책망한다. 그는 죄 없는 사람이 망한 적이 없으며, 정직한 사람이 멸망한 적이 없음을 주장한다. 빌닷은 하나님이 심판을 잘못하시겠느냐고 물으며, 욥의 자식들이 죄를 지어 벌을 받는 것이라고 주장한다. 덧붙여 욥이 깨끗하기만 하면 하나님께서 그의 가정을 회복시켜 주실 것이라고 조언한다. 소발은 하나님이 욥에게 내리시는 벌이 욥이 지은 죄보다 가볍다고 확언하고, 죄를 지었기에 받는 벌이니 욥은 악에서 손을 떼고 집안에 불의가 깃들지 못하게 하라고 권고한다. 욥은 전통적인 교리에 얽매여 자신을 책망하는 세 친구들에게 자신이 받는 고통에는 정당한 근거가 없다고 말한다. 그들은 전통적 지혜 안에서 남을 비판하고 권고하고 있지만, 욥은 실존적 고통을 겪으며 자신의 이야기를 하고 있다. 친구들의 주장은 거짓이며 대신 하나님께서 자신의 잘못을 지적해 주실 것을 욥은 갈망한다. 욥의 예전의 경건이 수치스러운 죄를 가릴 뿐이라고 여기는 친구들은 결국 3차에 걸친 긴 토론에서 욥을 수긍시키지 못한다. 그렇지만 욥은 고통 속에서 긴 논쟁의 과정을 통해 변해가고 있다. 자신에게 닥친 고난에 대해 하나님을 찾으며 답을 구하려고 애쓴다. 사상이 끊임없이 발전하고 신앙의 지식이 성숙해져 가고 있다. 이제 욥은 서서히 하나님 앞에 나아간다.

욥과 그의 세 친구들 간의 논쟁의 핵심에는 누가 지혜로우냐 하는 질문이 놓여 있다. 누가 욥의 고난에 대한 바른 시각을 갖고 있는가? 욥과 친구들은 서로 자신의 지혜가 옳다고 주장하고, 다른 사람의 지혜를 비웃는다(11:12; 12:1-3,12; 13:12; 15:1-3). 우리가 앞으로 보게 될 것처럼 누가 지혜로우냐 하는 질문이 이 책 전체를 지배한다.[6]

세 친구들과의 논쟁에 이어지는 지혜시 28장은 한 줄기의 통찰력을 보여 준다. 오직 하나님! 이거야말로 지혜를 말하고자 하는 모든 사람들에게 가장 경이로운 주장이며, 욥의 친구들의 확신과 그들이 주장하는 전통을 무너뜨릴 수 있는 첨경이다. 지혜는 야훼를 향한 삶, 그리고 책임 있는 삶으로 구성된다. 그렇다면 바로 욥이 실제로 그렇게 살지 않았던가! 이러한 이유로 욥기 28장 이후에 논쟁은 다시금 시작된다.[7] 구약에서 가장 감동적인 시들 중의 하나인 이 시는 모든 지혜가 하나님께 귀속된다고 말함으로써 이 책의 결론을 예고한다.

욥의 마지막 독백은 하나님의 무죄선언을 받아내려는 욥의 노력을 대변하고 있다(29-31장). 그의 이러한 노력은 그의 세 친구들이 그의 정당함을 도무지 인정하지 않기 때문에 생겨난 것이다.[8] 욥은 과거의 영광에 대한 간절한 열망과 현재 고난에 대한 깊은 탄식, 그리고 자신의 무죄를 강력히 주장한다. 아무리 부르짖어도 대답하지 않으시는 하나님을 향하여, 자신을 핍박하고 죽게 하시는 것 같은 하나님께 항변하는 욥은 처절하게 부르짖는다. 욥은 하나님이 자신의 정직함을 아시기를 간청한다(31:2). 욥은 하나님이 직접 나오셔서 고난의 문제에 답을 주실 것을 촉구한다.

이러한 갈망과 탄식 이면에서 욥의 온전성에 대한 의문점이 대두된다. 넓은 거리나 마을 회관에서 자신의 권위적인 태도를 당연시하는 구절과 다른 사람의 의견을 전혀 듣지 않는 모습, 그리고 그의 결정에 대한 어떤 간섭도 허용하지 않는 욥의 모습을 볼 수 있다(29:7-10, 21-25). 또한 자신을 적대시하는 젊은이들을 젊다고 하여 멸시하고, 그들의 아버지들을 사회 낙오자들로 여기는 태도를 볼 수 있다(30:2-8). 자신이 젊어서부터 다른 이를 도울 수 있었던 것도, 그들 앞에서 명예로운 자리에 앉아서 그들에게 베풀 수 있었던 것 또한 하나님의 축복이었다. 그러나 지금 욥의 말을 들어보면 자신이 돌보았던 사람들이 현재 자기를 경시하는 것에 분노하고 있다.

> 그러나 이제는 나보다 젊은 자들이 나를 비웃는구나 그들의 아비들은 내가 보기에 내 양 떼를 지키는 개 중에도 둘 만하지 못한 자들이니라(30:1)

이 시점에서 우리는 엘리바스의 말(4:3-5)을 다시 생각해 볼 필요가 있다.

> 보라 전에 네가 여러 사람을 훈계하였고 손이 늘어진 자를 강하게 하였고 넘어지는 자를 말로 붙들어 주었고 무릎이 약한 자를 강하게 하였거늘 이제 이 일이 네게 이르매 네가 힘들어 하고 이 일이 네게 닥치매 네가 놀라는구나(4:3-5)

욥이 어려움에 처한 자들과 곤경에 처한 자들을 도운 일은 참으로 의로운 자의 모습이다. 그는 항상 그랬듯이 지금도 지혜롭고, 의롭고, 온전하며, 정직한 사람이다. 하지만 '자신이 도울 수 있었던 사람의 삶에 대해 진정한 고민은 있었을까?'라는 의구심을 갖게 한다. 지금까지 자신이

다른 이를 도울 수 있었던 것에 대한 감사나 하나님의 은혜보다는 자신이 이렇게까지 열심히 다른 이들을 도우며 살아왔는데 그들이 자신을 비난하는 것에 분노를 금치 못한다. 그들과 욥이 다른 점은 무엇일까? 욥의 수고와 인내는 알지만, 그 또한 하나님의 축복이었는데 지금 그들에 대한 비난은 과연 옳은 일일까? 고통 중에 발설하는 욥의 독백은 그가 완벽한 사람이라는 설화체의 평가에 동의하기를 주저하게 만든다.

　게다가 욥의 결백에 대한 그의 주장은 충분치 못하다. 그의 삶이 '야훼를 경외하는 것'에 초점이 맞추어져 있었기 때문에, 자신을 현재의 자리에 세우신 바로 그분에 의해 변호를 받아야만 한다. 그러나 욥의 고난의 문제를 해결해 주실 수 있는 하나님은 침묵으로 일관하고 계신다. 그렇다. 욥의 경우처럼 안전지대 바깥 대부분의 삶은 도덕적으로 침묵하며, 설명이 불가능한 때가 얼마나 많은가! 오로지 그 안에서는 아무런 의미도 캐낼 수 없는 문제투성이일 뿐이다. 그래서 욥은 기다린다.

　기다리는 하나님 대신 네 번째 친구인 엘리후의 과장된 논박(32-37장)이 진행된다. 엘리후는 고통의 목적이 응보가 아니라 죄인으로 하여금 죄를 고백하게 하고, 하나님이 그를 회복시키시는 것이라고 한다. 그는 욥이 범한 큰 죄는 하나님의 정의를 부인하는 것이라고 말한다. 앞의 세 친구들은 욥이 죄를 지었기 때문에 고난을 당하는 것으로 생각한다. 반면, 엘리후는 욥이 그의 고난을 통해 하나님 앞에서 교만했던 그의 태도를 스스로 반성하면서 고통을 당하는 이유를 질문해 보는 기회가 되었다는 것이다.[9] 그는 뭔가 새로운 것을 말할 것이 있다고 주장하며(32:14), 자신을 지혜자로(33:33) 자청하지만 결국 옛 인과응보의 신학으로 돌아간다. 즉 욥이 죄 때문에 고난을 당한다는 것이다(34:11, 25-27, 37). 새로운 것은 없었다. 이제 인간의 지혜는 바닥이 났고, 욥이 간절히 하나님의 답변을 구하는 바로 그때에 하나님이 나타나신다. 이 변화는 오직 하나님이 선택하실 때 가능해진다.

드디어 욥은 하나님을 직접 대면한다(38:1-42:6). 욥의 간절한 요청에 마침내 하나님이 응답하신다(38:1). 그러나 하나님은 답변 대신 사정없이 70여 개의 질문을 욥에게 쏟아 부으신다. 이 질문들은 태초의 창조비밀, 하늘의 별들의 움직임, 맹수들의 조정, 야생짐승들의 섭생원리, 바다의 괴물인 리워야단, 육지의 신비한 동물인 브헤못의 조련사로서 여호와의 위대함으로 욥에게 도전한다. 전능하신 야훼 앞에 초라한 인간의 모습을 욥을 통해 부각시킴으로써 재앙과 복이 하나님의 전권사항임을 강조하는 것이다. 하나님의 창조와 그 섭리를 설명하는 야훼의 말씀이 결론에 이르자 욥은 지금까지의 자기 질문이 잘못되었음을 인정한다.[10] 욥 자신도 보상교리에 얽매여 하나님의 의에 도전했던 무모함을 회개한다.

폭풍우 가운데 하신 하나님의 말씀과 욥의 깨달음은 구약성경 지혜문학의 창조신학의 관점에서 살펴보아야 한다. 욥은 이제까지 자기중심적으로 자신의 고통을 토로해 왔다. 그가 베푼 선한 일, 자신이 한 일을 중심으로 한 자기변론에서 이제 욥은 하나님의 세상 섭리에 대해, 창조 질서에 대해 깨닫기 시작한다. 하나님의 세상 다스리심을 자신의 경험과 논리를 가지고 판단하려는 욥의 항변은 이제 하나님에 의해 단호히 거부되고 있다. 욥이 고난당하는 상황에서도 하나님의 세계 질서(정의)와 우주의 질서는 하나님의 운행 법칙대로 움직이고 있다. 인간의 아픔과 고난의 경험으로 하나님의 세상 다스리심을 판단하지 말 것을 말씀하신다. 욥이 자기중심의 세계로부터 해방될 때 비로소 하나님의 세상 다스리심을 이해할 수 있게 된다. 폭풍우 가운데 욥에게 던지시는 하나님의 말씀은 인간 중심적인 고난이해를 거부하신다. 자신이 고난을 당한다고 해서 하나님의 정의가 문제시되던 욥에게 하나님은 욥이 고난당하는 그 순간에도 창조세계의 모든 것들을 먹이시고 입히시는 은혜를 깨닫게 하신다. 하나님의 정의는

하나님의 은혜의 틀에서 이해되어야만 한다.[11]

욥기의 결론 부분(42:7-17)은 욥이 인내와 순전함으로 갑절의 축복을 받아 과거의 모든 영화를 회복하는 모습을 보여 준다. 이것은 서론과 결론 부분만을 읽을 때에 가능한 해석이다. 이제까지 욥의 세 친구들과의 논쟁은 인과응보적 교리를 부정하는 것이었다. 그러기에 죄 없는 욥도 고난의 자리에 내몰릴 수 있음을 보여 준 것이다. 그러나 욥기의 결론은 다시금 욥이 모든 시험을 통과하여 친구들보다도 '정당했기에'(42:7-8) 더 큰 축복을 받는 것으로 돌아가고 있다. 순전한 욥이 받은 갑절의 축복을 인과응보교리의 실제적 적용이라고 할 수 있다면 인과응보교리의 주제를 다시 원점으로 되돌리는 것은 아닐까?[12] 욥은 자신에게 닥친 고통이 어디에서 왔으며 어떻게 왔는지를 묻는 과정에서 처음에는 자신의 의로움과 정직함을 앞세워 자신을 변호한다. 그러나 욥은 세 친구들과의 논쟁에서 자신의 경건성만을 고집하는 것은 아니다. 욥은 이 고통의 문제를 해결 받고자 끈질기게 하나님을 만나기 위해 간구한다. 하나님은 그를 만나주셨고, 그에게 창조의 질서와 신비를 말씀하신다. 욥은 자신의 고통을 통한 세상이해가 아닌 하나님의 창조 신비를 통한 세상 이해에 마음을 열고 받아들인다. 결론에 나오는 욥을 향한 두 배의 축복은 경건한 자의 축복을 넘어서서 하나님의 지혜를 추구하고 삶 가운데 실현하고자 하는 욥에게 주시는 하나님의 은혜이다.

보상을 바라는 신앙생활은 때로 신앙의 근간을 흔들 위험이 있다. 하나님만을 의지하고 바라보는 신앙에 뿌리를 두어야 삶의 어려움이 있을지라도 그것을 이겨낼 수 있다. 우리의 삶 속에서 고난은 어디에서든지 발생할 수 있다. 그때 우리가 봐야 할 것은 내가 지금 고난을 당하고 있는가가 아니라 내가 바로 하나님 앞에 서 있는가이다. 내가 고통 가운데 있는 것이 사람들의 비난거리가 되어 나를 짓누를지라도 그때 우리가 봐야 될 것은 하나님이 나를 향하시고 있는가이다.

그렇다면 인간의 고통에 대해, 하나님의 신정론에 대해, 인과응보교리에 대한 긍정과 부정에 대해 고민하며 답을 찾는 욥기는 언제, 누구에 의해서 저술되었을까? 욥기의 저작 시기와 저자를 확정 짓는 것은 간단하지 않다. 욥기 본문 안에는 시대에 대한 내용도, 저자에 대해서도 밝히고 있지 않다. 학자들은 욥기의 저작 시기에 대해 대체로 포로기나 포로후기, 또는 주전 500-350년 사이로 보는 견해가 있다. 욥기의 시대는 전통적인 인과응보교리로만은 설명될 수 없는 역사적 암흑기로 추정해 볼 수 있다.[13] 욥기의 저자는 당시 그가 처한 고난의 상황을 이 책에 반영하는 듯하다. 이스라엘 역사에 있어서 이스라엘인들은 주전 587년 포로기 시대의 식민지 살이를 하면서부터 민족의 극심한 고난에 처하게 된다. 이 포로기 시대는 이스라엘인들에게 처참한 고통의 시기였다. 욥의 이야기는 이스라엘의 민족적 고난 가운데 저술되었고, 이스라엘의 포로기 시대의 고통을 반영하고 있다고 주장하는 학자들도 있다. 그러나 이 욥의 이야기는 인간의 보편적인 고통을 다루고 있다고 보는 것이 더 적절한 듯하다. 인간의 삶 속에서 고난은 어디에서든지 발생할 수 있고 생겨날 수 있다. 이런 고통의 순간에, 절망의 자리에서 하나님을 찾고 하나님께 부르짖는 욥의 모습은 자신에게서 패배의 그림자를 보는 대신 하나님의 관점에서 앞으로 나아갈 방향을 찾는다. 자신의 윤리적, 신앙적 기준에서 바라보던 세상의 움직임을 이제 하나님의 관점에서 이해할 수 있기 때문이다. 그리고 욥은 고통 속의 부르짖음을 통해 신앙이 한 단계 성장하는 계기를 얻게 된다.

III. 지혜에 이르는 길(28장)

지혜시(28장)는 욥과 친구들의 열띤 토론(3-27장)과는 달리 시인의 '지혜를 찾는 순례'를 보여 준다. 시인은 지혜를 찾기 위해 힘겨운 여정을 이어간다. 이는 마치 욥이 하나님을 간절히 찾는 모습처럼 비춰지는 듯하다.

> 내가 앞으로 가도 그가 아니 계시고 뒤로 가도 보이지 아니하며
> 그가 왼쪽에서 일하시나 내가 만날 수 없고
> 그가 오른쪽으로 돌이키시나 뵈올 수 없구나(23:8-9)

"지혜는 어디서 얻으며, 명철이 있는 곳은 어디인고?"라고 반복해서 묻고 애타게 찾는 시인의 모습은 마치 욥의 마음을 대변하는 듯하다. 욥이 자신의 온전함을 들어 자신의 정직함을 주장하며 친구들의 인과응보교리에 맞서지만, 그는 여전히 고난이 왜 왔는지, 이 고난이 어디에서 왔는지 알지 못한다. 욥기 1장 1절에서는 욥을 "완전하고 진실한 자"(공동번역)로, 하나님을 경외하며 악에서 떠난 자로 소개하고 있다. 하나님께서 "욥과 같이 순전하고 정직하여 하나님을 경외하며 악에서 떠난 자가 세상에 없다"(1:8; 개역)고 단언한 의로운 욥이라 하더라도 그가 하나님께서 하시는 모든 일과 그 뜻을 알 수도, 헤아릴 수도 없다. 그에게 몰아닥친 고난에 대한 친구들과의 긴 논쟁은 욥으로 하여금 자신의 의로움을 주장할 수는 있지만 이것으로 고난의 문제를 해결하지는 못한다. 욥 자신이 가지고 있는 모든 지식과 경험을 바탕으로 친구들과 겨룬 논쟁은 그의 마음과 육체를 더욱더 지치게 만들었다. 지혜시는 세 친구들과의 인과응보에 대한 논쟁(3-27장) 다음에, 그리고 욥의 깊은 탄식과 호소를 담고 있는 독백(29-31장) 앞에 자리하고 있다. 이런 깊은 고뇌 가운데 있는 욥에게 지혜시는 무엇을 말하고 있으며 이것은 욥에게 무슨 해결점을 제시하고 있는가? 이제 지혜시

본문의 내용과 구조를 살펴보자.

1. 지혜시의 구조와 내용

"지혜는 어디서 얻으며, 명철이 있는 곳은 어디인고?"라는 시인의 반복되는 질문(28:12, 20)을 중심으로 지혜시는 다음과 같이 나눌 수 있다.

〈28장의 구조〉

1. 값진 광물을 찾아내는 광산업자(1-11절)
   (1) 광물의 생산지(1-2절)
   (2) 인간의 광물 발견(3-4절)
   (3) 식물과 광물의 보고인 땅의 신비(5-6절)
   (4) 동물도 알지 못하는 길(7-8절)
   (5) 인간의 보물 발굴능력(9-11절)

2. 인간이 발견하거나 살 수 없는 지혜(12-19절)
   (1) 발견되지 않는 지혜(12-14절)
   (2) 비교할 수도 없고 살 수도 없는 지혜(15-19절)

3. 지혜의 장소를 아시는 하나님과 이것을 알리시는 하나님(20-28절)
   (1) 발견되지 않는 지혜(20-22절)
   (2) 하나님만이 지혜를 아신다(23-27절)
   (3) 하나님은 지혜와 슬기를 알리심(28절)

값진 광물을 찾아내는 인간의 위대함을 설명해 주는 첫 번째 단락(1-11절)은 인간이 광물과 돌에 대한 해박한 지식을 가지고 있으며, 그것들이 어디에 있는지를 알고 있다고 설명한다. 세상 어느 곳이든 갈 수 있는 새도, 큰 힘을 가진 짐승도 이러한 지식과 능력을 가지지 못한다. 인간만이 이 광물과 돌을 찾아내어 그것을 채굴하는 기술을 가지고 있다. 시인은 인간을 위대한

탐험가로 묘사하면서 세상의 숨겨진 귀중한 것을 찾는 위대함을 드러낸다. 이 광석들은 숨겨진 장소에 있다. 이 광석들을 채광하는 데에 어려움과 위험이 도사리고 있음에도 불구하고 인간은 위험을 감수하며 이 숨겨진 광석을 채굴한다.[14] 산의 뿌리를 드러내고(11절), 아무도 가 본 적 없는 미지의 땅을 정복하고(9절), 우주적 신비까지도 벗겨 버리는 능력(10절)까지도 인간은 가지고 있다.

두 번째 단락(12-19절)은 "지혜는 어디서 얻으며, 명철이 있는 곳은 어디인고?"라는 질문으로 시작한다. 이 단락은 독수리나 매도 발견하지 못하고, 야수의 왕자도, 사나운 사자도 밟아본 일 없는 깊은 산 밑 뿌리까지, 바위의 굴을 뚫고 강의 근원까지 찾아내는 인간의 위대한 능력에 대해 설명한다. 그러나 인간은 지혜를 어디서 얻으며, 명철이 있는 곳이 어디인지 몰라서 간절히 찾고 있다(12절). 13절은 지혜가 인간에게서 발견되는 것이 아니고, 인간 어느 누구도 지혜의 참 가치를 알지 못한다고 말한다(13절). 깊은 바다도, 넓은 바다도 "지혜가 내 속에 있지 아니하다"(14절)고 말한다. 이 지혜는 비싼 금으로도, 은으로도 살 수 없다. 그렇다! 인간의 능력과 기술로도, 인간의 금은보화로도 지혜를 살 수 없다(15-19절). 인간이 지혜를 찾는 것은 불가능하다. 이 사실은 인간에게 너무나 큰 좌절감을 안겨 준다.

세 번째 단락(20-28절)은 시인이 지혜를 찾을 수 없고 살 수도 없다는 것을 알면서도 "지혜는 어디서 오며, 명철이 머무는 곳은 어디인고?"라고 재차 묻는다(20절). 지혜시는 숨 쉬는 동물의 눈에도, 하늘을 나는 새에게조차도 지혜가 숨겨져 있고 감추어져 있다고 한다. 파멸과 죽음(22절; 공동번역)도 그런 것이 있다는 것을 풍문으로만 들었다고 답한다. 이제 23절에서 지혜에 대한 답이 풀려지기 시작한다. 이 지혜는 모든 생물에게 감추어져 있으며, 하나님만이 지혜가 있는 곳에 이르는 길(דֶּרֶךְ/데렉)과 지혜가 있는 곳(מָקוֹם/마콤)을 아신다. 하나님은 땅끝까지 감찰하시며, 온 천하를 살피시며, 바람의 무게를 정하시며, 물의 분량을 정하시며, 비

내리는 법칙을 정하시고, 비구름의 길과 우레의 법칙을 만드셨다. 그때에 그가 보시고 선포하시며 굳게 세우시며 탐구하시고, 또 사람에게 이 지혜를 말씀하신다.

> 보라 주를 경외함이 지혜요 악을 떠남이 명철이니라(28:28)

이 지혜는 앞서 언급된 인간의 지혜와는 다르다. 인간의 실제적인 지혜 즉, 인간이 세상에서 살아갈 때 필요한 예리한 통찰력과 결부되어 있는 상식과는 달리 28절의 지혜는 하나님께만 속해 있는 지혜이다. 인간에 의해 하나님의 지혜는 결코 발견될 수도 터득될 수도 없다.

이렇게 28장의 지혜시는 지혜를 찾을 수 없는 인간의 한계성을 설명한다. 인간은 숨겨진 보물을 채굴하는 뛰어난 능력은 있지만 지혜를 획득하는 데에는 불가능성을 고백할 수밖에 없다. 하나님만이 그 장소와 그 길을 아신다. 세상 깊은 곳까지 다 찾아봐도 찾지 못하는 한계점에서 하나님은 인간에게 지혜를 알려 주신다. 인간이 지혜를 추구하지만 결국에는 찾을 수 없다. 그 이유는 분명하다. 하나님의 지혜는 하나님의 것이고 그분 혼자만의 것이기 때문이다. 하나님은 이 지혜로 우주를 창조하셨고 그것으로 우주를 움직이신다.

인간의 지혜는 소유할 수 있고 사용할 수 있으나, 하나님의 지혜는 하나님께서 말씀하시기 전까지는 우리가 알 수 없다. 하나님은 인간에게 지혜를 선물로 주신다. 이 지혜시는 욥에게 희망의 빛을 비춰 주고 있다. 인간의 능력과 재능으로도 얻을 수 없는, 인간의 재물로도 살 수 없는, 이 지혜를 하나님께서는 우리에게 친히 알려 주신 것이다.

하지만 우리는 하나님의 선물인 지혜의 비밀을 받기까지 시인이 외치는 끝없는 부르짖음에 주목해야 한다. 욥이 자신의 지적 한계와 신앙의 한계에 부딪혀 아무것도 할 수 없을 때, 인간의 능력과 경험으로 지금의 상황을 이해할 수 없을 때, 욥은 무엇을 해야 하는가? 지혜시는 우리에게 말하고 있다. 인간의 손으로, 인간의 노력으로 하나님의 지혜에는 다다를 수도, 찾을 수도 없다. 그러나 주님을 찾고 주를 향해 부르짖는다면, 주님은 우리에게 응답하시고 우리에게 말씀해 주실 것이다. 이어지는 욥의 독백과 마지막 탄식(29-31장)은 하나님을 찾는 욥의 간절한 기도이다.

2. 지혜시의 의미와 역할

지혜시는 내용과 주제가 앞의 세 친구들과의 논쟁(3-27장)과 다르고 욥의 독백(29-31장)과는 별개의 주제를 다루고 있어서, 본문의 흐름상 일관성을 갖지 못한다. 지혜시를 주제와 내용의 연결성이 부족하다는 이유로 독립적인 시로 보려는 학자들의 주장이 있어왔다. 그럼에도 불구하고 성경은 지혜시(28장)를 27장과 29장 사이에 위치시키고 있다. 비록 앞글과 이어지는 글과의 연결성이 부족할지라도 성경은 우리에게 지혜시를 이런 맥락에서 읽기를 제안하고 있기에 이 맥락에서 지혜시가 전해 주는 메시지가 무엇인지에 대해서 생각해 보고자 한다.

지혜시는 이 자리에서 어떤 역할을 하고 있는 것일까? 지혜시의 역할에 대해 학자들의 견해를 살펴보면, 도름(E. Dhorme)은 28장이 앞선 논쟁(3-27장)에 대한 판결을 하기 위해 이후에 삽입되었다고 주장한다. 한편, 레베크(J. Leveque)는 28장이 앞선 토론(4-27장)과 욥의 마지막 독백(29-31장) 사이의 다리 역할을 한다고 주장한다. 앤더슨(F. I. Andersen)은 지혜시를 저자의 간주곡으로 생각하며 앞의 내용을 요약하고 이후에 나오는 야훼 연설을 위한 기초를 놓는 것으로 보고 있다.[15] 하틀리(J. E. Hartley)는 28장이 책 전체의 문학 전개상 새로운 상황변화를 위한 적절한 위치에 놓여 있다고 한다. 즉 앞의 세 친구들과의 대화 이후 본격적인 담화들(욥의 마지막 독백 29-31장; 엘리후의 발언 32-37장; 하나님의 연설 38-41장)이 등장하기 전 그 사이에서 준비하는 역할을 담당한다고 설명하고 있다.[16]

분명 지혜시는 욥기 전체 내용에서 새롭고 분명한 주제를 제시하며, 앞의 논쟁과는 다른 어조와 내용을 담고 있다. 고소장도, 불평도, 논쟁도 없다. 인과응보 교리를 둘러싼 논쟁 맥락에서 갑자기 전혀 다른 순응의 주제를 다루고 있다. 그럼에도 불구하고 지혜시는 욥기 전체 이야기와 연결성을 갖는다. 첫째, 지혜시(28장)의 28절에서 하나님은 사람들에게 "주를 경외함이 지혜요, 악을 떠남이 명철이니라"라고 말씀하신다. 여기에 사용된 "하나님 경외"와 "악에서 떠남"은 욥기 서론(1:1)에서 욥을 소개할 때 사용된 문구이다. "하나님 경외"라는 주제의 반복(1:1; 28:28)은 욥기 전반부를 구성하는 인클루지오(Inclusio)를 만든다(1-28장).[17] 이것은 이야기를 열기 시작한 바로 그 같은 말을 가지고 이야기를 끝마무리하는 문학적 기법이다. 그렇다면 욥기 1-28장은 이제 곧 이어질 욥기 29장 이하와는 크게 구별되는 한 묶음이 되는 것이다. 둘째, 28장에 사용된 "길", "장소", "명철"(28:23, 24, 28)은 하나님의 연설에서도 사용된다(38:12, 19, 20, 24, 36, 39:26). 또한 28장에서 언급된 "용맹스러운 짐승"(28:8)과 "비구름의 길과 우레의 법칙"(28:26)과 같이 특이한 단어가 야훼의 연설(38:25; 41:26[34])에서 유사하게 사용되고 있다. 셋째, 인간의 뛰어난 능력을 표현하는 28장의 구절, 즉 "산을 뿌리까지 뒤엎으며"(28:9), "감추어져 있던 것을 밝은 데로 끌어내느니라"(28:11)의 표현은 빌닷과 소발 그리고 욥의 대화에서 이미 쓰여진 구절들이다(9:5; 11:6, 7; 12:22; 14:5). 이외에도 욥기 28장과 욥기 전체의 연결성은 여러 곳에서 찾아볼 수 있다. 비록, 28장의 주제와 내용이 세 친구들과의 토론(27장)과 과거의 영광을 열망하는 독백(29장) 사이에서 연결성이 명확하지는 않지만, 28장에 묘사된 언어, 리듬, 스타일은 욥기와 일치를 보여 주고 있다. 지혜시는 이 자리에서 중요한 신학적 메시지를 전하고 있다.

인간은 지혜를 발견할 수 없으며 하나님만이 지혜의 장소와 그 길을 아신다는 것이 이 지혜시의 주제이다. 하나님은 지혜를 "보시고, 선포하시며,

군게 세우시며, 탐구하셨고"라고 말한다(28:27). 28장 27절은 잠언 8장 22-31절과 연관성을 가지고 있다. 잠언 8장 22-31절은 지혜의 기원을 하나님으로 나타내고 지혜가 창조 이전에 존재했었고, 하나님이 세상을 창조하실 때에도 함께 있었다고 설명한다. 하나님은 지금도 이 지혜를 통해서 질서를 유지하고 계신다. 이 지혜는 하나님께 속한 것이고 이 땅에서 발견될 수 없다.[18] 이스라엘에서 지혜는 훈련, 경험, 및 특별한 재능에 의해 획득한 기술이나 능력을 말한다. 또는 '어느 특정 상황에 대처할 재치, 통찰력, 올바른 판단력'으로서 '세상을 살아가는 능력', '기술'이라고 볼 수 있다.[19] 그러나 지혜는 이러한 능력이나 기술로만 제한되는 것은 아니다. 지혜에는 두 종류가 있다. 사람이 실제적으로 훈련하고 실천에서 얻는 지혜와 다른 하나는 태초부터 우주의 질서와 조직에서(잠 8:22ff) 하나님에게 속한 영원한 지혜이다. 그리고 이것의 출발점으로 "야훼 경외"와 함께하는 세상을 이해하는 방법이 있다(잠 1:7; 9:1).[20] 지혜를 인간에게 주시는 분은 궁극적으로 야훼이시다(28:28; 잠 2:6). 지혜시 28장 12, 20절에서 "지혜는 어디서 얻으며, 명철이 있는 곳은 어디인고?"라는 시인의 계속되는 물음은 이제 이 시의 마지막 절(28절)에서 하나님께서 알려주시는 지혜와 만나게 된다. 주님을 경외하는 것이 지혜라고 말씀하시는 하나님의 알려진 지혜는 우리에게 위로와 소망이 된다.

맺음말

지혜시를 통해 하나님의 지혜를 들은 욥은 하나님과의 직접적인 만남을 통해서 무엇을 깨달았을까? 욥은 자신이 하나님께 항변했던 이유가 잘못되었다는 것을 깨달았을 것이다. 자신의 정당함을 입증하려던 지나친 열심은 하나님과 마주할 때에 갑자기 어리석은 것으로 바뀌고 만다. 하나님은 욥을 완전히 침묵시키신다. 하나님이 다스리시는 우주가 합리성이라는 원리를 따라 운행된다는 욥의 생각이 잘못되었음을 깨우치신다. 욥이 고수하던 질서의 원리는 하나님의 자유 앞에 무너지게 되고, 끈질긴 자기변호는 자취를 감춘다. 욥은 자신의 불공평한 삶과 경험마저 하나님의 계획과 섭리 속에서 이루어지고 있다는 것을 깨닫기 시작하면서, 의문의 실마리를 풀어가기 시작한다. 하나님의 뜻, 하나님의 계획을 모르고 하나님께 감히 도전했던 것을 뉘우친다. 욥이 알지 못했던 하나님의 창조질서와 신비에 대해 마음을 열어 귀 기울이며, 하나님의 창조 역사와 섭리에 한 발짝 더 다가간다. 이제 욥은 하나님 창조의 일꾼으로서 응답하고 고백한다.

> 내가 말하겠사오니 주는 들으시고
> 내가 주께 묻겠사오니 주여 내게 알게 하옵소서(42:4)

욥의 영적 위기는 오늘을 사는 우리들에게 동일한 상황으로 다가올 때가 있다. 그의 고통은 때로 우리 자신의 고통과 유사한 점을 가지고 있기 때문이다. 하나님의 무관심으로 인해 희생되는 듯한 삶의 한가운데에서 찬양이 탄식으로 변하고, 때로 하나님을 향한 저항감이 움트기 시작할 때…… 이 경건자의 부르짖음이 우리 존재의 깊은 곳에서 생겨나며, 침묵하시는 하나님을 찾고자 하는 그의 불붙는 열심이 시공을 초월하여 우리를 부추긴다. 하나님의 응답을 이끌어낸 그의 탄식은 믿는 자가 고난을 당할 때 어떻게 반응할 수 있는가를 전해 준다. 좌절과 낙망 가운데 구하는 그 기도에 하나님은 응답하신다. 하나님! 하나님!! 하나님!!! 그 간절한 눈물의 부르짖음을 하나님은 분명 들으신다. 견딜 수 없는 고통 가운데 하나님을 찾는 그 기도에 하나님이 침묵하신다고 느끼는 그때에도 하나님은 우리를 보고 계신다. 창조주 하나님은 듣고 계신다. 우리의 조물주 하나님은 우리에게 알려주시기를 원하신다. 하나님을 찾고 하나님께 묻고 하나님을 만나기를 간절히 원할 때 분명 하나님은 우리에게 말씀하신다. 우리는 욥기를 통해 무고한 고난 속에서도 어떻게 하나님께 간구해야 할지를, 그리고 어떻게 하나님을 전적으로 신뢰할 수 있는지를 배우게 된다.

내가 주께 대하여 귀로 듣기만 하였사오나
이제 눈으로 주를 뵈옵나이다(42:5)

더 읽을 책

김흥규. 『귀로 듣다가 눈으로 뵈오니』 서울: KMC, 2007.

민영진. 『설교자와 함께 읽는 욥기』 서울: 한국성서학연구소, 2002.

안근조. "욥기 31장에 나타난 구약성서의 윤리," 「구약논단」 36집(2010년 6월), 71-91.

양명수. 『욥이 말하다: 고난의 신비와 신학 이야기』 칠곡: 분도출판사, 2003.

우상혁. "이야기로서의 욥기 읽기," 『구약논단』 39집(2011년 3월), 83-107.

Gordis Robert. *The Book of Job.* New York: The Jewish Theological Seminary of America, 1978.

Habel, Norman C. *Literary Criticism of the Old Testament.* Philadelphia: Fortress Press, 1971.

Hoffman, Yair. *A Blemished Perfection: The Book of Job in Context.* Sheffield: Sheffield Academic Press, 1996.

Laurin, Robert. "The Theological Structure of Job," *ZAW 84* (1972), 86-89.

McCurley, Foster R. *Proclamation Commentaries: The Old Testament Witnesses for Preaching,* Philadelphia:Pennsylvania: Fortress Press, 1977.

주

1) 발터 브루지만 외 공저,『구약신학과의 만남』차준희 역 (서울: 프리칭아카데미, 2007), 552-553쪽. 원제는 Walter Brueggemann et al., *Theological Introduction to the Old Testamen*, (Nashville: Abingdon Press, 1999).

2) 운문체로 구성된 본론(3:1-42:6)은 욥과 세 친구들의 대화(3:1-27:23), 지혜시 (28장), 욥의 독백과 마지막 탄식(29:1-31:40), 엘리후의 연설(32:1-37:24), 그리고 여호와의 연설(38:1-42:6)로 이루어져 있다.

3) 발터 브루지만 외 공저, 윗글, 555.

4) 발터 브루지만 외 공저, 윗글, 556.

5) 안근조,『지혜말씀으로 읽는 욥기』(서울: 한들출판사, 2007), 38.

6) 레이먼드 딜러드, 트렘퍼 롱맨,『최신구약개론』박철현 역 (서울: 크리스챤다이제스트, 1998), 301쪽. 원제는 Raymond B. Dillard and Tremper Longman III, *(An) Introduction to the Old Testament* (Grand Rapids: Zondervan, 1994).

7) 발터 브루지만 외 공저, 윗글, 564.

8) 제임스 크렌쇼,『구약 지혜문학의 이해』강성열 역 (서울: 한국장로교출판사, 1999), 143. 원제는 James L. Crenshaw, *Old Testament Wisdom: An Introduction* (Louisville: John Knox Press, 1981).

9) 데이빗 클라인즈,『욥기 (상) 1-20』한영성 역 (서울: 솔로몬, 2009), 55. 원제는 David J. A. Clines, *Job 1-20*(WBC 17), (Dallas: Word Books, 1989).

10) 이군호,『욥기』(서울: 대한기독교서회, 1998), 31, 334.

11) 왕대일,『신앙공동체를 위한 구약성서이해』(서울: 성서연구사, 2007), 229-230.

12) 참조. M. H. Pope, *Job* (AB 15), (New York: Doubleday, 1982), 352-354쪽; 이군호, 윗글, 64-65쪽; 왕대일, 윗글, 228-230

13) 참조. John E. Hartley, *The Book of Job* (Grand Rapids: William B. Eerdmans Publishing Company, 1988), 15-20.

14) 세 단락(28:1-11, 12-19, 20-28)은 모두 מקום(마콤/장소)와 דרך(데렉/길)을 가리키는 히브리어 단어를 반복하여 사용한다. 이 단어들은 마지막 단락(28:20-28)에서 하나님의 지혜의 장소와 길에 집중되어 있다.

15) Norman C. Habel, *The Book of Job* (Trowbridge: SCM Press, 1985), 391-392.

16) 안근조, 윗글, 172.

17) 참조. N. C. Habel, "The Narrative Art of Job," *JSOT 27* (1983), 107.

18) N. C. Habel, *The Book of Job* (London · New York: Cambridge University Press, 1975), 144쪽.

19) 왕대일, 윗글, 231-232.

20) N. C. Habel, 윗글 (1985), 401.

THESIS
12
다니엘서와
하나님
나라

정 성 은

▼

미국 클래어몬트대학교 철학박사과정
와우만나교회 담임전도사

들어가는 말

다니엘서는 신약성경의 요한계시록과 같이 구약성경 유일의 묵시문학이며 끝 날(종말 12:13)에 도래할 하나님 나라에 대한 묵시는 물론 여러 신학적 주제들을 담고 있는 책이다. 여기서 묵시란 말은 문학적 유형(genre)의 한 종류이며 하나님의 계시를 일정한 글 속에 담아낸 결과물을 총체적으로 일컫는 말이다.[1] 다니엘서의 묵시는 문학적 유형으로서 두 가지 특징을 갖는다. 첫째, 다니엘서는 고대의 지혜자인 다니엘의 이름을 차용하여 묵시의 권위를 세우고자 한다. 둘째, 다니엘서는 하나님이 앞으로 일어날 역사의 비밀들을 환상으로 다니엘을 통해 계시함으로써 종말이 다가옴에 따라 일어날 환란을 대비하게 하고 독자로 하여금 하나님의 구원을 기다리게 한다.[2]

이러한 관점에서 묵시문학으로서의 다니엘서는 예언서와 외형적인 차이를 보인다. 다니엘서는 예언서와 비교하여 볼 때, 환상에 대한 보다 선명한 체험을 묘사하고, 천사나 천상의 중재자들이 등장하여 그 환상을 해석해 주며, 인간 역사에 대한 진행과 세상에 대한 하나님의 계획을 이 해석을 통하여 알게 된다는 점이 다르다.[3] 또한, 다니엘서는 다니엘을 예언자라고 한 번도 칭하지 않았고, 여타 예언자들과 달리 다니엘이 하나님의 말씀을 대언하지 않았다. 대신 그가 꿈을 해몽한다든지 천사와 천상의 존재에 의존하여 환상에 대한 해석을 기록했다는 사실은 다니엘을 예언자로 이해하는데 여러 질문들을 던지게 한다.

그럼에도 불구하고 양식적으로 스가랴의 묵시(1-7장)와 다니엘의 묵시(7-12장)의 문학적 유형이 비슷하다는 점, 예언자들이 대언했던 역사 최후 단계의 계시가 다니엘을 통해 전달되었다는 점은 기독교 전통이 다니엘을 예언자의 범주에 위치시키는 데 손색이 없어 보인다.[4] 뿐만 아니라 다니엘서를 성문서로 분류하는 마소라 본문을 통해 현재 유대교는 다니엘을 지혜자로 이해하지만 칠십인역(LXX)과 주후 1세기 문서들인 마태복음(24:15), 요세푸스(Antiquities X 11), 사해사본(4Q Florilegium II, 3)에 수록된 다니엘서 주석에서 보이듯이 다니엘을 지혜자로서 뿐만 아니라 예언자로서 이해하는 다른 유대 전통이 있었음을 볼 수 있다.[5] 즉, 유대 정경 과정에서 다니엘서는 예언서가 아닌 성문서로 분류되어왔지만, 유대 전통에서 다니엘을 예언자로 이해하는 무리들이 있었고 또한 기독교와 유대교의 경쟁과 갈등의 관계 속에서 다니엘서는 유대 정경 안에 성문서로 확정되었던 것이다.[6]

또 다른 다니엘의 묵시적 특징은 '임박한 종말을 통한 하나님 나라의 도래'이다. 다니엘서는 독자들에게 임박한 끝 날(종말)에 임할 하나님의 나라를 대비하라고 말한다. 다니엘('하나님은 나의 심판자'/'God is my judge')과 그의 세 친구 하나냐('하나님은 은혜롭게 행하신다'/'Yahweh has acted graciously'), 아사랴('하나님이 도우신다'/'God has helped'), 그리고 미사엘('하나님과 같은 이가 누구인가'/'who is what God is')[7]의 이름이 의미하는 것처럼 신실한 이들을 억압하는 이교도들이 지배하는 세상에서 다니엘서는 "하나님과 같은 이가 누구신가?"라고 물으며 오직 하나님에 대한 믿음을 끝까지 지키는 이들을 "하나님이 도우시고 은혜롭게 행하시며, 옳게 심판 하신다"는 메시지를 전한다. 그렇기 때문에 다니엘서는 유대교 및 기독교 역사에서 하나님을 믿고 그의 말씀을 행하며 살아가는 신실한 자들에게 그들의 믿음을 위협하는 세력들이 지배하는 세상을 살아가는 데 필요한 희망이요 삶의 이정표가 되어왔다.

먼저 삶의 이정표라는 말을 이해하기 위해 다니엘서가 현재의 완성된 책으로 자리 잡은 주전 2세기의 유대인들의 삶의 자리를 살펴볼 필요가 있다. 마카베오상에 따르면 안티오쿠스 에피파네스 4세가 시리아(셀루커스왕조)의 세 번째 왕으로 즉위했을 무렵 이스라엘은 친 헬라파 유대인들과 유대의 종교와 전통을 지키려고 하는 사람들 사이에 큰 갈등을 빚고 있었다. 친 헬라파 유대인들은 예루살렘에 그리스식 운동장을 세우고, 할례 받은 흔적을 없앴으며, 거룩한 계약을 파기하고, 이방인들과 어울리는 등의 일들을 저질렀기 때문이었다(공동번역, 마카베오상 1:10-15). 시리아 지역을 지배하고 있었던 안티오쿠스 4세는 이집트 원정길에서 돌아오는 길에 예루살렘을 공격하여, 성전 기물들을 약탈하고 많은 사람들을 학살한다(1:20-24). 2년이 지난 후에는 조공 징수관을 예루살렘에 파견하여, 다시 약탈과 학살을 자행하고, 예루살렘을 요새화시킨다(1:29-36). 또한 안티오쿠스 왕은 이스라엘 모든 도시뿐만 아니라, 그의 왕국 전체에 칙령을 내려 각 지역의 전통관습을 버리고 그리스식의 종교와 문화를 받아들이게 하였다. 이로 인해 유대인들은 그리스의 관습을 따라야 했고, 성소에서의 제의는 물론 안식일 및 기타 절기의 준수를 할 수 없었으며, 성소와 성직자들을 모독하는 것과 이교의 제단과 성전(혹은 신당)을 세우며, 할례 금지 및 율법준수의 금지 같은 명령을 따라야했다. 안티오쿠스는 칙령의 준수 여부를 감독하기 위해 각 도시에 감독관을 파견하여 유대인들을 감독하고, 이를 어길 시 사형에 처하게 하였다(1:41-51). 안티오쿠스의 박해로 인해 많은 유대인들은 율법을 버리거나 화를 면하기 위해 피난을 떠났다. 그렇지 않은 사람은 자신의 믿음을 지키기 위해 죽음을 받아드렸다(1:52-64). 이에 모데인의 마카비 집안은 안티오쿠스 에피파네스 4세의 박해에 항거하기 위해 산으로 들어가게 되고, 하시딤들은 물론 많은 동조자들이 그들에게 모여들어 율법의 수호자로서 무력을 행사하기 시작한다(2:1-48; 참조: 마카베오하 5:11-7:42).

마카베오상 1-2장의 기록을 정리하자면, 알렉산더의 유대 정복 이후 세계의 헬라화의 추세에 따라 이스라엘도 헬라화가 진행되고 있었다. 그 때문에 헬라문화를 옹호하는 친 헬라파와 이를 거부하며 이스라엘의 야훼 신앙을 지키려는 반 헬라파 사이의 갈등이 유대 사회에 대두되었다.

이 갈등의 정점을 찍는 사건이 안티오쿠스 에피파네스 4세의 예루살렘 성전모독과 율법준수 금지의 칙령이었다. 친 헬라파는 안티오쿠스의 칙령에 복종했고, 반 헬라파는 도망가거나 순교자의 길을 선택해야만 했으며, 종국엔 새로운 저항의 형태로서 봉기하여 칼을 들고 안티오쿠스에 맞서 싸우게 된다. 다니엘서는 안티오쿠스의 종교적 박해에 죽음을 각오하고 야훼 신앙을 지킬 것을 주장한다. 하나냐, 아사엘, 그리고 미사엘이 "우리가 섬기는 하나님이 계시다면 우리를 맹렬히 타는 풀무불 가운데에서 능히 건져내시겠고 왕의 손에서도 건져내시리이다 그렇게 하지 아니하실지라도 왕이여 우리가 왕의 신들을 섬기지도 아니하고 왕이 세우신 금 신상에게 절하지도 아니할 줄을 아옵소서"(3:17-18)라고 하며 우상숭배를 거부했던 것 같이 하나님에 대한 믿음을 지키기 위해 기꺼이 목숨을 던진다면 끝 날에 죽음(티끌 가운데에서 자는 자 중에서)에서 깨어나 영생을 받을 것이고, 그렇지 않았던 친 헬라파 유대인들은 그들의 배교행위 때문에 영원히 부끄러움을 당할 것임을 분명히 말했던 것이다(단 12:2).

다시 말하면, 다니엘서에서 말하는 묵시 신앙과 종말에 임할 하나님 나라의 기대는 현재 의로운 삶을 추구하게 하고 희망적인 미래를 지향하게 한다. 다니엘이 묘사하고 있는 종말은 그 시대를 살고 있던 유대인들에게 매우 임박한 것으로 이해되었다. 다니엘서 2장과 7장에서 묘사하는 네 왕국은 차례대로 바벨론, 메대, 페르시아 그리고 마지막으로 그리스를 암시했기 때문에 안티오쿠스 에피파네스 치하에서 종말은 곧 일어날 일로 여겨졌던 것이다. 죽음을 무릅쓰고 하나님의 율법을 준수함으로 악의 무리와 동화되지 않고 끝 날까지 하나님에 대한 신의를 지킨 의인들은 하나님께서 구원하시고 친히 그들에게 상급을 내리실 것이라는 다니엘의 묵시 신앙은 유대인들의 현세의 삶을 하나님 중심으로 이끌었다. 그러므로 곧 다가올 끝 날에 일어날 부활은 현실 가능한 곧 다가올 미래이다. 다니엘서는 "지금 현재에 살고 있는 삶을 어떻게 사느냐"에 따라 다가오는 임박한 끝 날에 있을 부활 이후 하나님 나라에서의 영원한 삶이 달라질 것이라고 말한다.

이상에서 살펴본 바로 다니엘서는 여러 가지 신학적 주제들을 내포한다. 우선 하나님은 이스라엘에게 그들의 주로서 찾아오셨다. 그럼에도 불구하고 이스라엘은 하나님의 뜻을 벗어나 우상을 숭배하고, 하나님의 정의와 공의를 지키기 위해 노력하지 않았다. 하나님은 이들을 다시 하나님께로 부르기 위해 많은 예언자들을 보내셨지만, 결국 이스라엘은 나라를 잃는 비극을 겪게 된다. 하나님에 대한 믿음을 지키는 일이 더욱 어려워진 망국의 상황 속에 다니엘과 그의 세 친구들은 죽음을 불사하고 하나님에 대한 믿음을 지키겠다는 뜻을 세운다. 이들은 하나님의 찾아오심에 응답한 것이다. 그리고 이 믿음은 이들의 인생 속에서 하나님을 의지하는 행위로 나타난다. 이들의 인생 속에서 하나님은 세상의 주인이시고, 당신을 위해 순교까지 무릅쓰며 지조를 지키는 백성들에게 끝 날의 상급을 아끼지 않으실 것이다. 이 믿음은 하나님의 역사하심 속에서 행위로 나타난다. 그렇기 때문에 다니엘서 안에 등장하는 여러 환상과 난해한 표적을 어떻게 해석해야 하는지 고민하는 것보다 지금 현재의 삶이 중요하다. 하나님 나라의 삶은 현재의 삶 속에서 그 믿음의 결과대로 이루어질 것이기 때문이다. 하나님이 지금 현재에 응답하지 않고 구원하시지 않으실지라도 곧 다가오는 밝은 미래는 지금의 고통받는 지혜자들이 기쁘게 이 세상을 살아가게 하는 하나님의 선물인 것이다.

I. 구조

　　정경의 한 부분을 차지하는 다니엘서를 하나의 통일된 책으로 묶는 가장 큰 주제는 바로 네 제국의 멸망에 대한 묵시이다.[8] 바벨론 치하에서 시작해서 페르시아 시대로 끝나는 다니엘의 묵시는 유형에 따라 크게 두 부분으로 나뉜다. 첫 번째 부분인 1-6장은 각각 6개의 궁정설화들로 이루어져 있는데, 다니엘이 3인칭으로 묘사된다. 그중 제일 긴 부분을 차지하는 2장은 네 왕국에 대한 묵시를 담고 있다. 두 번째 부분인 7-12장은 네 왕국의 몰락에 대한 세 개의 묵시(7, 8, 10-12장)와 예루살렘에 대한 묵시(9장)를 포함하며, 여기에서는 다니엘이 1인칭으로 소개된다.

1-6장은 다니엘과 그의 세 친구인 하나냐, 미사엘, 아사랴가 유대인이자 이방 왕의 신하로서 느부갓네살 왕, 벨사살 왕, 그리고 다리오 왕의 궁전에서 겪게 되는 신앙적 갈등을 말하고 있다. 1장은 1-6장의 도입부 역할을 하는데, 2-6장의 주인공들인 다니엘과 세 친구들이 어떻게 바벨론의 궁전까지 오게 되었는지(1:1-5), 어떻게 이방인의 궁전에서 하나님에 대한 신앙을 지키게 되었고 어떻게 지혜를 얻게 되었는지(1:6-17), 하나님 성전의 그릇들이 어떻게 바벨론으로 옮겨지게 되었는지(1:2)에 대해 설명한다. 즉, 1장은 2-6장의 도입부로서 하나님에 대한 신앙의 수호와 하나님이 주신 지혜의 배경에 대해 설명한다. 더군다나 1장 21절에서 "다니엘은 고레스 왕 원년까지 있으니라"라고[9] 언급한 것 같이 2-6장은 고레스 왕 원년까지 궁전에서 다니엘에게 일어났던 일들을 서술하고 있다.[10] 뒤따르는 2장은 7-12장의 묵시에 중요한 동기를 제공하는 네 제국의 몰락에 대해 느부갓네살의 꿈을 통해 소개하고 있다. 3장은 "느부갓네살이 세운 금 신상에 절하라"는 왕의 칙령에 죽음으로 거부하는 하나냐, 아사랴, 미사엘의 풀무불로부터의 구원 그리고 이를 칭송하는 느부갓네살에 대해 말하고 있다. 4장은 다니엘이 해석한 꿈을 통해 느부갓네살의 왕권이 하나님의 절대주권하에 있음을 고백하는 조서로 구성되어 있다. 5장은 성전의 그릇으로 하나님을 모욕한 벨사살 왕이 하나님의 심판으로 죽임을 당하고, 그 왕권이 다리오 왕에게로 이양됨을 이야기한다. 마지막으로 6장은 하나님을 향한 기도를 멈추지 않음으로써 '왕 외에 다른 신들에게 예배를 금한 법'을 어긴 다니엘이 하나님의 도우심으로 사자 굴에서 죽을 위기를

넘기는 이야기들로 구성되어 있다.

7-12장은 다니엘이 본 네 개의 환상으로 구성되어져 있으며, 이들이 일어난 시기를 표제어(7:1 벨사살 원년; 8:1 벨사살 삼년; 9:1 다리오 원년; 10:1 고레스 삼년)로 언급함으로서 각각의 환상이 시간을 두고 다니엘에게 계시되었음을 말한다. 7장의 첫 번째 환상은 2장의 신상에 대한 환상처럼 네 짐승을 통해 각각 바벨론, 메대, 페르시아, 그리스의 몰락을 계시한다. 8장의 두 번째 숫양과 숫염소에 대한 환상은 각각 메대, 페르시아, 그리고 그리스의 몰락에 대한 역사적 사실을 암시한다. 9장은 예레미야의 예언을 해석한 다니엘이 예루살렘의 회복에 대해 기도할 때, 가브리엘이 그 기도에 대한 하나님의 응답을 자신의 입(환상을 통한 말)[11]을 통해 앞으로 예루살렘에서 일어날 역사적 사건들에 대해 설명한다. 다니엘서의 마지막 부분(10-12장)에서는 인자와 같은 이가 페르시아와 그리스의 멸망이 도래할 것이고, 하나님의 심판을 통해 하나님의 주권이 세상에 실현될 것임을 다니엘에게 환상으로 계시한다.

위의 구조 분석에서 나타난 본문 구성의 특징은 네 제국의 멸망, 하나님에 대한 신앙 견지, 하나님의 보응하심과 같은 특정한 사건들과 주제가 반복되는 것이며, 하나님의 주권이 도래할 끝 날에 대한 희망으로 그 정점을 찍는 것이다. 특히 네 제국의 멸망은 끝 날에 가까운 나라들일수록 그 환상에 대한 천사(천상의 존재)의 해석이 더 자세히 제공되는 특징을 보인다. 이것으로 볼 때, 다니엘서의 정점은 '끝 날에 대한 천상의 존재의 계시'(12장)에서 이루어진다고 볼 수 있다.

II. 궁정설화

1. 1장 : 뜻을 세우다

다니엘은 뜻을 정하여 왕의 음식과 그가 마시는 포도주로 자기를 더럽히지 아니하리라 하고 자기를 더럽히지 아니하도록 환관장에게 구하니(단 1:8)

다니엘서 1장의 가장 중요한 신학적 요소는 뜻 세우기다. 하나님은 우상을 숭배하고 하나님의 정의와 공의를 실천하지 않는 이스라엘 백성들에게 지속적으로 예언자들을 보내 회개하고 하나님께로 돌아오게 하셨다. 하지만 이스라엘을 회개시킴으로 심판을 면하게 하려던 하나님의 노력은 결국 수포로 돌아가고, 예루살렘은 멸망하게 된다. 2절에서 하나님이 예루살렘 성전의 그릇 얼마를 느부갓네살의 손에 넘기셨다는 말은 하나님의 의도로 느부갓네살 왕을 통해 예루살렘이 심판을 받았다는 말이다. 예루살렘의 멸망은 철저하게 하나님을 거부한 이스라엘 사람들의 몫일 수밖에 없었다. 이스라엘의 멸망은 하나님이 아무리 회개를 촉구하더라도 이스라엘이 그것을 받아들이지 않은 결과였다. 이와 같이 하나님의 긍휼은 개인의 능동적인 응답을 필요로 한다.

어린 다니엘은 하나님의 긍휼에 적극적으로 응답한다. 8절에서 하나님의 찾아오심에 대한 응답이 다니엘의 구체적인 행동에 나타난다. 8절을 직역하자면 "다니엘은 그 자신을 왕의 진미와 그리고 그(왕)가 마시는 포도주로 그 자신(다니엘)을 더럽히지 않을 것이라고 작정했다. 그리고는 그가 환관장에게 자신을 더럽히지 않게 해 달라고 요청했다"이다. 8절은 세 가지 동사가 이 문장을 구성한다. 첫 번째 동사 םיׂש(씸/놓다)은 전치사 לע(알/-위에)과 뒤따르는 명사 ובל(리보/그의 심장, 마음)와 함께 쓰여 '그의 마음 위에 무엇을 놓다'라는 의미를 가지는데, 보통 '작정하다'(intend)로 해석된다. 두 번째 동사는 גאל(가알/더럽히다)의 사역형(자신을 더럽히다/to defile oneself)으로서 레위기에서 오염된 부정한 음식을 나타내는 강세형 동사 טמא(티메/부정하다)나 שקץ(쉬카쯔/가증히 여기다)에 비해 그 강도는 약하다. 이 단어는 '부정하지는 않지만, 그 음식을 먹음으로 해서 유대인들을 오염시키기 충분한 음식'을 나타낼 때 쓰인다.[12] 마지막 강세형 동사 בקש(비케쉬/구하다)는 전치사 מן(민/-부터)과 함께 쓰여 '요청하다'라는 뜻을 갖게 된다.

정리하자면, 다니엘은 먼저 뜻을 세운다. 이방인의 궁전에서 자신의 신앙을 지킬 수 없는 위기가 왔을 때, 다니엘은 자신의 신앙을 지키겠다고 결심한다. 이 결심의 구체적인 행동은 왕의 음식과 포도주를 먹지 않는 것이었다. 본문에서 왕의 음식과 포도주를 대체하는 음식은 채식과 물이다(1:12, 16). 왕의 진미가 고기로 이루어졌는지의 여부는 알 수 없다. 바벨론 궁전의 고기가 이방제의에 사용되었는지, 그리고 그 고기의 피를 제거했는지에 따라 유대인인 다니엘과 그 친구들에게는 가증한 음식이 될 수 있었다. 하지만 포도주의 경우는 이와 다르다. 구약성경 자체에서 포도주를 금하는 규정이 없기 때문이다.[13] 그럼에도 불구하고 나실인의 경우 포도주가 금지된다는 점을 고려해본다면,[14] 다니엘은 음식을 통해 자신을 부정하게 만들지 못하도록 나실인처럼 철저하게 자신의 신앙을 지키려고 작정한 것이다.[15] 또한 다니엘의 결심은 용기 있게 바벨론 궁전의 환관장에게 믿음을 지키기 위한 요구를 하게 하며, 이를 위해 하나님은 움직이신다. 하나님은 다니엘이 환관장에게 은혜와 긍휼을 얻게 하시고(9절), 더 나아가 다니엘과 그의 세 친구들이 왕의 진미를 먹은 다른 소년들보다 더욱 아름답게 하시며(15절), 지혜를 주심으로 이방 궁전에서 다른 소년들보다 더욱 돋보이게 하신다(17-20절).

8절은 다니엘이 하나님께만 의지하겠다고 뜻을 세우는 장면을 묘사한다. 이는 다니엘의 영성의 시작이다. 표면상으로 왕의 진미와 왕이 마시는 포도주로 자신을 더럽히지 않겠다는 것뿐만 아니라, 그 이면에 유대인으로서의 정체성, 즉 하나님을 섬기는 민족의 일원으로서 그 믿음을 지키겠다는 의도를 내포한다.

다니엘서가 완성되었던 주전 2세기의 상황에서도 다니엘과 같은 철저한 믿음의 실천이 요구되었을 것이다. 다니엘서는 안티오쿠스 에피파네스 4세에게 억압받던 유대인들에게 하나님을 향한 자신의 뜻을 세우라고 요구한다. 친 헬라파가 되어 자신의 정체성을 버릴 것인가? 혹은 반 헬라파가 되어 하나님의 백성으로 죽음을 각오하고 나갈 것인가? 다니엘서 1장은 후자를 지지한다. 하나님을 향한 뜻을 세울 때, 하나님이 나서서 당신의 신실한 자를 도우시고 구원하신다.

2. 2장 : 하나님의 영이 충만한 자

왕께서 물으신 것은 어려운 일이라 육체와 함께 살지 아니하는 신들 외에는 왕 앞에 그것을 보일 자가 없나이다 한지라(단 2:11)

2장 1-9절에 따르면 느부갓네살은 꿈에 대한 내용도 알려주지 않은 채 바벨론의 지혜자들에게 꿈을 해몽할 것을 명령한다. 이러한 비상식적인 왕의 요구를 해결해 줄 수 있는 존재는 - 지혜자들이 왕에게 말한 것처럼 - 신들밖에 없다(11절). 갈대아의 지혜자들이 불가능한 것을 요구한다고 왕에게 불만을 토로할 때(10-11절), 다니엘은 갈대아 지혜자들과는 다른 행동을 한다. 다니엘과 세 친구들은 하나님께 엎드려 하나님의 긍휼을 구한다(18절). 여기서 중요한 것은 다니엘이 꿈 해몽을 위해 기도한 것이 아니라, 자신을 비롯한 그의 세 친구, 그리고 다른 갈대아 지혜자들의 구원을 위해 기도했다는 것이다. 자신들의 지식만을 의지하는 갈대아의 지혜자들은 느부갓네살의 꿈에 대한 실체를 밝히려는 노력을 포기한다. 그것이 인간의 상식과 학식으로는 할 수 없는 일이었기 때문에 그들은 절망했던 것이다. 하지만 죽음의 문턱에서 다니엘은 하나님께 의지한다. 다니엘의 기도로 하나님은 그에게 응답하신다. 그의 기도는 꿈 해석을 위한 기도가 아니라 불의하게 핍박받는 자신과 그의 동료들을 위한 기도였다. 하나님은 다니엘에게 은밀한 것을 보이신다(19절). 결국 다니엘의 기도는 오직 신들만 가능하다고 여기는 일을 해결하게 하며, 그로 인해 다니엘은 이방인들의 위에 높임을 받게 된다.

이 일로 인해 우리는 본문에서 말하는 하나님의 특징을 알 수 있다. 첫째, 하나님은 다니엘과 함께하셨다. 하나님만을 의지하겠다고 뜻을 세우는 것은 하나님과 언제나 함께함을 의미한다. 그렇기 때문에 하나님은 다니엘의 기도에 즉각적으로 응답하신다. 다니엘은 이방인들의 눈(느부갓네살 왕: 4:8,9,18, 태후: 5:11)에 신들과 함께 있는 자로 여겨진다. 하나님과 함께 있기 때문에, 이방인들이 생각하기에, 신들만이 알 수 있는 꿈의 내용을 깨닫는 기적을 행할 수 있었던 것이다. 둘째, 하나님은 정의와 공의를 행하신다. 이를 위해 21절에 나타난 다니엘의 찬송을 눈여겨볼 필요가 있다; "그는 때와 계절을 바꾸시며 왕들을 폐하시고 왕들을 세우시며 지혜자에게 지혜를 주시고 총명한 자에게 지식을 주시는도다.(21절)" 세상의 모든 이치는 하나님으로부터 나온다. 특히 "왕국의 주권도 하나님으로부터 나온다"는 주장은 4장과 연관된다. 4장은 느부갓네살의 교서로 구성되며, 그 핵심은 "느부갓네살의 주권이 하나님으로부터 왔기 때문에, 이를 깨닫고 겸손하라는 것"이다.

흥미로운 점은 '왕권신수'의 교육을 위한 계획이 세워져 있다는 것이다. 그리고 동시에 느부갓네살이 그 계획의 일부인 7년 동안 왕궁을 떠나 짐승처럼 사는 것을 피하는 방법, 즉, "공의를 행함으로 죄를 사하고 가난한 자를 긍휼히 여김으로 죄악을 사하는 것," 또한 다니엘에 의해 고지되었다는 것이다(4:27). 하나님의 정의와 공의를 행하는 일은 하나님 앞에 겸손함을 의미한다. 왕을 세우는 이유는 그가 하나님의 대리자로서 하나님의 정의와 공의를 실현하는 자이기 때문이다. 이 관점에서 모든 세상의 주권은 하나님께 있고 하나님으로부터 나온다. 그렇기 때문에 비록 이방인이지만 갈대아 지혜자들을 위해 기도하는 다니엘의 모습은 이해될 수 있다. 하나님을 대리할 왕으로 세운 느부갓네살이(2:38)[16] 갈대아의 지혜자들에게 비상식적인 것을 요구하는 것은 하나님의 정의에 어긋나는 일이다. 다니엘과 그의 세 친구는 물론 갈대아의 지혜자들도 교만한 느부갓네살 왕의 희생자들이다. 자신들의 구원뿐만 아니라, 이방인인 갈대아 지혜자들을 위해서 기도하는 다니엘은 하나님의 정의와 공의의 실현을 위해 노력하였고, 하나님은 이에 응답하셨다.

하나님은 다니엘을 통해 은밀한 계시를 알리신다. 은밀한 천상의 계시는 미래에 일어날 일이었다. 비록 이 계시가 느부갓네살을 통해 처음으로 전해지지만, 그 내용이 온전하게 완성되고 해석되어 후대에 전해질 수 있었던 것은 다니엘 덕분이었다. 순금(머리), 은(가슴과 두 팔), 놋(배와 넓적다리), 철(종아리), 그리고 철과 진흙(발)은 네 제국, 바벨론, 메대, 페르시아, 그리고 그리스를 의미하며, "이 나라들 위에 하나님이 세우신 나라가 영원히 설 것이다"는 것이 바로 느부갓네살이 꾼 꿈에 대한 해석이다(27-45절). 자신의 치세 동안에는 부정적 영향을 받지 않을 것이라는 다소 긍정적인 계시 때문이었는지 모르지만, 느부갓네살은 하나님을 찬양한다. 다니엘의 꿈 해석 이후 모든 이들은 어떠한 해도 당하지 않고 목숨을 보전하게 되며, 혁혁한 공을 세운 다니엘과 그의 친구들은 온 나라에서 높임을 받는 위치에 오르게 된다.

안티오쿠스 4세 치하의 유대인들에게는 자신들이 살고 있는 세상이 바로 철과 진흙으로(같은 그리스 태생인 톨레미와 셀루커스의 경쟁을 묘사) 이루어진 제국의 치하라고 여겼을 것이다. 이 급박한 종말의 때에 안티오쿠스 4세의 박해는 많은 유대인들이 배교하게 만들기도 하고, 삶의 터전을 버리고 오지로 들어가게 하기도 했으며, 믿음을 위해 목숨을 바치게도 만들었다. 다니엘서 2장은 이러한 어려운 때에 유대인들이 자신들의 능력과 판단에 의지할 것이 아니라, 하나님께 의지하고 기도하게 한다. 본문은 하나님이 그들에게 응답하기를 기다리며, 믿음을 가지고 자신의 신앙을 지키라고 말한다. 배교하지 마라! 도망하지 마라! 모든 것을 하나님께 의지하고 인내하라! 믿음을 지키는 자에게 하나님이 곧 보응하신다!

3. 3장 : 변치 않는 믿음

그렇게 하지 아니하실지라도 왕이여 우리가 왕의 신들을 섬기지도 아니하고
왕이 세우신 금 신상에게 절하지도 아니할 줄을 아옵소서(단 3:18)

다니엘서 3장은 우상숭배를 거부하는 다니엘과 세 친구들이 죽음의 위협 속에서 구원받는 이야기이다. 1장(음식법 준수), 2장(기도로 이루어 낸 꿈 해몽) 사건에 이어 하나냐, 아사랴, 그리고 미사엘에게 세 번째 위협인 우상숭배 강요는 이들을 죽음에 직면하게 한다. 본문은 이 과정에서 느부갓네살이 자신이 세운 신상을 그의 백성들이 숭배하게 하기 위해 칙령을 내렸고(1-5절), 이를 거부하는 자는 풀무불에 죽임을 당할 것이라고 말한다(6절). 뒤이어 어떤 갈대아인들이 절하지 않은 하나냐, 아사랴, 그리고 미사엘을 고소하고(8-12절) 이들은 왕 앞에 끌려가 배교의 마지막 선택을 강요당한다(15절).

여기서 중요한 것은 세 명의 유대 소년들이 자신의 뜻으로 분명하게 죽음을 선택했다는 것이다. 죽음으로써 자신의 신앙을 지킬 것인지, 아니면 배교함으로써 자신의 삶을 지킬 것인지 선택해야만 하는 절체절명의 순간에 하나냐, 아사랴, 그리고 미사엘은 믿음을 지키는 길을 선택한다. 느부갓네살에게 한 그들의 대답은 이 비장함을 잘 묘사한다. 하나님이 살아 계시다면 위험에 처한 우리를 구해주시겠지만, 그렇게 하지 않으셔도 우리는 믿음을 지키겠노라고 말한다. 죽음도 두렵지 않다는 것이다. 자신의 목숨을

부지하고 배교하는 것보다 하나님께 대한 절개를 지키겠다고 말한다.

하나님께서 침묵해도 그에 대한 믿음을 저버릴 수 없다는 선언은 하나님의 즉각적인 개입을 이끌어 낸다. 하나님께서 천사를[17] 보내 극심하게 타는 풀무불에서 아무런 해 없이 하나냐, 아사랴, 미사엘을 구원하신 것이다. 이들의 믿음은 느부갓네살의 교만을 꺾어버리고, 하나님을 찬양하게 하며, 자신들의 지위를 높이게 만드는 일석삼조의 결과를 만들어낸다.

본문에 의하면, 하나님의 인간사에 대한 직접적인 간섭을 통한 구원과 축복은 신실함에 대한 보답이다. 이러한 인과관계는 마카비 항쟁을 이끌었던 맛다디아가 죽기 전에 남긴 유언을 통해 이해된다. 맛다디아는 현재 안티오쿠스 4세의 시대가 '멸망의 때이고, 분노할 때'라고 말한다(마카베오상 2:49). 그리고 이러한 때일수록 율법을 지켜야 하며, 그들의 조상들이 이루어 낸 업적을 기억하라고 말한다(50절). 아브라함, 요셉, 비느하스, 여호수아, 갈렙, 다윗, 엘리야, 하나냐, 아사랴, 미사엘, 그리고 다니엘은 이 율법을 지켜 하나님으로부터 구원을 받고 높임을 받게 되었다고 한다(51-60절). 그렇기 때문에 죄인의 위협을 무서워하지 말고 율법을 끝까지 지켜라! 죄인의 영광은 머지않아 끝나지만, 하나님께 희망을 두는 자는 영원할 것이다(61-64절)!

마카베오서는 믿음의 조상들이 하나님과의 계약을 지켰기 때문에 구원을 받았다고 말한다. 이 조상들의 이름들 중에 다니엘과 세 친구들의 이름이 발견되는 것은 결코 우연이 아니다. 다니엘서가 말하는 하나님은 인간의 행위를 보응해 주시는 분이다. 다니엘서는 비록 안티오쿠스가 이교제사를 요구할지라도, 자신의 믿음을 굳건히 지키는 자는 하나님이 보호해 주신다고 말한다. 그리하지 않으실지라도, 조상들의 믿음의 행위가 기억되는 것같이, 그에게 영광과 불멸의 이름이 주어질 것이다.

4. 4-5장 : 세상의 주인이신 하나님

내가 지극히 높으신 이에게 감사하며 영생하시는 이를 찬양하고 경배하였나니 그 권세는 영원한 권세요 그 나라는 대대에 이르리로다 땅의 모든 사람들을 없는 것 같이 여기며 하늘의 군대에게든지 땅의 사람에게든지 그는 자기 뜻대로 행하시나니 그의 손을 금하든지 혹시 이르기를 네가 무엇을 하느냐고 할 자가 아무도 없도다(단 4:34b-35)

다니엘서 4-5장은 세상의 모든 주권이 하나님께 있음을 나타낸다. 4장이 느부갓네살 왕은 물론 그의 계승자들에게 왕권신수를 가르치기 위한 본문이라면, 5장은 경고에도 불구하고 하나님을 모욕한 벨사살을 보응하시는 하나님의 모습을 그리고 있다.

다니엘서 4장은 본문 중에서 유일하게 서간체의 형식을 지닌 조서이다. 발신자는 느부갓네살 왕이고, 수신자는 온 천하의 백성들이다. 조서에 따르면, 느부갓네살 왕은 자신의 꿈을 말하고, 다니엘에 의해 그 꿈의 해몽을 듣게 된다. 꿈에 의하면, 왕으로 세상을 다스리던 느부갓네살이 하나님의 뜻에 따라 왕궁에서 쫓겨나 짐승처럼 살게 된다. '일곱 때가'[18] 지나서야 그는 자신의 왕권이 하나님으로부터 왔음을 깨닫고 다시 왕으로 복권된다는 내용이다.

하나님이 '일곱 때' 동안이나 느부갓네살을 쫓아내시고, 짐승처럼 살게 했던 이유는 그로 하여금 '하나님이 세상을 다스리시는 줄 알게 하기 위함'이었다. 목적은 왕좌에서 느부갓네살을 쫓아내기 위함이 아니라, 세상에서 제일가는 권세가인 느부갓네살을 길들이기 위함이다.[19] 비록 느부갓네살이 강대국의 왕으로서 세상을 다스리고 있지만, 그 왕권은 왕에게 거저 주어진 것이 아니었다. 그것은 바로 하나님으로부터 온 것이고, 마음만 먹으시면 거두어 갈 수도 있다. 하지만 느부갓네살은 그 마음이 교만해졌다. 자신의 능력과 권세로 현재의 위엄을 이룩했다는 생각은 곧바로 하나님으로 하여금 그의 왕권을 빼앗고 그를 거리로 내쫓게 만든다.

흥미로운 점은 이 과정에서 다니엘이 느부갓네살에게 7년의 공백 없이 왕권을 유지하기 위한 방법을 간언한 것이다. 그가 정의와 공의를 행하면, 하나님이 혹시 느부갓네살의 왕권을 장구하게 할지도 모른다는 것이다(27절). 실제로 구약성경의 여러 구절들은 "하나님이 정의와 공의를 사랑하시고,"[20] "정의와 공의를 왕에게 주시고,"[21] "정의와 공의를 바로 세우기 위해 왕을 세우시고,"[22] "왕이 정의와 공의를 행할 때 하나님이 그 왕권을 형통케 했다"고 한다.[23] 그러므로 왕권의 목적은 하나님의 대리자로서 세상에서 하나님의 정의와 공의를 실현하는 데 있다. 비록 구약성경의 정의와 공의가 이스라엘과 유다의 왕들에게 국한된 것이지만, 다니엘은 혹시 정의와 공의를 행하는 것이 하나님의 시험을 모면할 수 있는 방법일지 모른다고 제안한 것이다. 그럼에도 불구하고 느부갓네살 왕은 교만하여 다니엘의 제안을 거절하고, 결국 왕궁으로부터 쫓겨나 숲을 헤매게 된다. 하지만 왕궁 밖에서 7년간의 삶은 느부갓네살에게 자신의 교만함을 깨닫는 시간이 되고, 결국 이 경험은 그로 하여금 "그[하나님]의 일이 다 진실하고 그[하나님]의 행하심이 의로우시므로 교만하게 행하는 자를 그[하나님]가 능히 낮추심이라"(37절)고 찬양하게 한다.

다니엘서 4장에서 바벨론 왕가에 대한 하나님의 '왕권신수 교육'은 느부갓네살의 찬양으로 마치게 된다. 하지만 다니엘서 5장은 느부갓네살의 계승자인 벨사살 왕이 이 교훈을 무시하고, 하나님의 기명을 사용하여 잔치를 베풀며, 우상들에게 절하는 모습을 그린다. 그의 선왕인 느부갓네살에게 꿈으로 계시하셨던 하나님이 이제는 직접 벨사살에게 임할 심판을 공개적으로 계시하신다. 왕의 연회 중에 사람의 손가락들이 나타나 왕궁 벽에 글자를 쓰고, 이를 본 왕은 공포에 질려 바벨론의 지혜자들을 불러 모은다. 왕은 그들로 하여금 그 글자를 읽고 해설할 것을 명령하지만, 아무도 선뜻 나서지 못한다. 이때 벨사살의 태후가[24] 선왕이 총애하던 '거룩한 신들의 영이 있는 다니엘'을 추천한다. 다니엘은 마치 유대와 이스라엘의 왕을 책망하던 예언자들처럼 왕 앞에 나와 부친의 선례를 잊고 하나님 성전의 그릇으로 술을 마시고 우상에게 절했던 벨사살 왕을 책망한다. 이어서 다니엘은 "메네 메네 데겔 우바르신"이라는[25] 글자를 통하여 하나님이 벨사살 왕의 부족함으로 인해(26절) 바벨론의 치세를 마감케 하시고(25절), 그 나라를 메대와 페르시아(바사)에 넘기셨다(28절)고 해석한다.

하나님은 왕을 세우시기도 하시고 왕을 폐하기도 하신다. 세상의 모든 주권은 하나님께 있기 때문이다. 이러한 믿음은 하나님을 모욕하고, 교만이 하늘을 찌르는 안티오쿠스의 치하의 유대인들에게 하나님의 구원을 기대하게 만들었을 것이다. 안티오쿠스는 하나님의 정의와 공의와는 거리가 먼 왕이었다. 그는 약자인 정복지의 유대인들을 핍박하고, 심지어 예루살렘을 공격하여 약탈과 학살을 일삼으며, 아녀자들을 포로로 잡아갔다(마카베오상 1:29-32). 다니엘서 4장은 정의와 공의를 사랑하시고 세상의 모든 것을 주관하시는 하나님께서 곧 안티오쿠스를 심판하실 것이라는 메시지를 전한다. 하나님께서 곧 안티오쿠스를 왕좌에서 쫓아내실 것이기 때문에, 핍박받는 유대인들은 인내하며 곧 도래할 하나님의 구원을 기대하라는 말이다.

5. 6장 : 믿음은 일상이다

> 그들이 왕 앞에서 말하여 이르되 왕이여 사로잡혀 온 유다 자손 중에
> 다니엘이 왕과 왕의 도장이 찍힌 금령을 존중하지 아니하고 하루 세 번씩
> 기도하나이다 하니(단 6:13)

다니엘서 6장은 왕권이 바벨론의 벨사살에서 메대 사람 다리오에게 넘어간 상황에서, 왕이 자신의 뜻대로 관리를 임명해 전국을 통치하게 했다는 말로 시작된다. 메대 사람 다리오의 정체에 대해서는 논란이 있어 왔는데, 그 이유는 다니엘서 6장 외에 다리오 왕이 바벨론을 정복했다는 기록이 발견되지 않기 때문이다.[26] 실제 역사 속에서는 벨사살이 다스리던 바벨론을

점령(주전 538)한 사람은 고레스 왕이고, 다리오 왕은 고레스 왕의 사위이자 다니엘서 9장 1절에 나오는 아하수에로 왕의 아버지로 알려져 있다.[27] 반면, 다니엘서는 고레스에서 다리오를 거쳐 아하수에로로 이어지는 페르시아 왕들의 통치순서를 역으로 말하고 있다. 메대 사람 다리오의 정체에 대해서는 대체적으로 고레스의 후계자이자 아들이었던 캠비시스,[28] 고레스,[29] 고레스의 장군으로서 바벨론의 총독으로 임명된 고브리아스라는[30] 세 가지 가능성이 제기되는데, 이중 고브리아스일 것이라는 설이 가장 유력하다.[31]

다니엘은 메대 사람 다리오 왕 치하에서 전국을 관리하는 세 명의 총리 중 한 명으로 등용된다. '하나님의 영이 함께하는'(민첩한 마음)[32] 다니엘의 능력에 감동한 왕이 다니엘로 하여금 전국을 다스리게 하려는 시도를 한다(2-3절). 이에 다니엘은 다른 총리들과 고관들로부터 견제를 받게 된다. 하지만 문제는 율법에 근거하지 않고 다니엘의 허물을 찾을 수 없었다는 데 있다(5절). 다니엘의 대적들은 왕에게 간하여 3일 동안 다리오 왕 외에 어떠한 신이나 사람에게 탄원을[33] 못 하게 하고, 이를 어길 시 사자 굴에 던지도록 왕명을 내리라고 청원한다(7절). 이에 왕은 조서를 내리고, 왕의 인장을 박아 왕명을 바꾸지 못하게 한다(8-9절). 하나님의 율법으로 다니엘을 옭아매려는 고위 관료들의 계획은 성공한 것처럼 보인다. 다니엘은 이에 굴하지 않고 자신의 기도생활을 지속하게 되고(10절), 뒤이은 고관들의 고발은 다니엘을 사자 굴에 던져지도록 한다(13, 16절). 하지만 하나님은 천사를 보내 사자들의 입을 봉하시고 다니엘을 구원하신다. 반면 다니엘을 참소한 고관들과 그들의 가족들은 사자 밥이 된다(22-24절).

위의 이야기에 따르면, 하나님에 대한 믿음은 삶(일상)이다. 하나님의 영이 그 안에 있기 때문이다(주 32번 참조). 다니엘 안에 하나님의 영이 함께하셨기 때문에 이방 땅에서도 그는 하나님을 믿는 총명하고, 흠이 없는 사람으로 인정되었다. 다니엘에게는 하나님에 대한 믿음이 일상이었기 때문에 율법에 근거하여 다니엘을 음모에 빠뜨리려는 대적들의 노력으로 그는 죽음의 위협을 직면한다. 하지만 다니엘에게 하나님에 대한 믿음은 목숨을 걸고 지켜야 할 대상이기 이전에 그의 '삶 그 자체'였다. 다니엘은 '일상의 영성'을 지닌 사람이었다. 다니엘은 그가 체험한 하나님을 결코 잊지 않았다. 하나님 체험이 그의 삶에 각인되었던 것이다. 하나님께서는 이번에도 자신에 대한 믿음의 끈을 놓지 않는 다니엘을 구원하신다. 그렇게 하지 않으셨다 해도 다니엘은 하나님에 대한 믿음을 저버리지 않았을 것이다.

사자 굴의 위협에도 굴하지 않았던 다니엘의 모습은 엘르아잘의 순교를 연상시킨다. 안티오쿠스 박해시기에 유대에 엘르아잘이라는 뛰어난 율법학자가 있었는데, 그는 돼지고기를 먹으라는 칙령을 거부하고 순교를 당했던 사람이었다(마카베오하 6:18-31). 그는 "자기의 나이에 따르는 위엄과 백발이 된 머리를 생각하고, 어렸을 적부터 나무랄 데 없이 살아온 자기 생애를 돌이켜 보고 무엇보다도 하느님께서 주신 거룩한 율법에 따라야겠다고 생각하여 고결한 결심을 꺾지 않았다"(마카베오하 6:23). 그는 자신이 율법학자로서 그리고 유대의 어른으로서 현재의 죽음의 위협에 굴한다면, 자신의 잘못된 선택으로 인해 다른 이들이 그릇된 길로 빠지게 될 것을 염려하였다(6:24). 그 결과 그는 "숭고하고 거룩한 율법을 위해 기쁜 마음으로 고상하고 훌륭한 죽음을 택하여, 젊은이들에게 좋은 표본을 남기려 한다"(6:28)는 유언과 함께 태형으로 순교를 당한다. 하나님의 율법을 평생 삶 속에 간직하고 산 이 율법학자에게 있어서 율법은 그의 삶, 일상 그 자체였다. 죽음의 문턱에서 율법을 어김으로써 그의 생명을 보존하는 것은 그가 살아왔던 삶 그 자체를 부정하는 것이었다. 비록 엘리아잘은 다니엘과 달리 죽음을 당했지만, 그는 당시 유대인들에게 다니엘처럼 죽음의 위협에도 자신의 믿음을 지킨 선각자로 각인되었고, 믿음을 생활화시켰던 사람으로 인식되었다.

III. 다니엘의 환상들

1. 7장 : 새로운 에덴동산

> 나라와 권세와 온 천하 나라들의 위세가 지극히 높으신 이의 거룩한 백성에게
> 붙인 바 되리니 그의 나라는 영원한 나라이라 모든 권세 있는 자들이 다 그를 섬기며
> 복종하리라(단 7:27)

다니엘서 7장은 크게 두 부분으로 나뉜다. 다니엘이 꿈속에서 본 환상에 대한 직접적인 묘사(7:2-14)와 천상의 존재가 그 꿈을 해석하는 부분(7:15-27)이다. 첫 번째 환상(7:2-14)의 모호함은 해석(7:15-27)에 대한 동기가 된다. 다니엘은 환상에 대해 정확히 이해하지 못한 것으로 보인다. 왜냐하면 환상에서 본 다섯 존재들 앞에 아람어 전치사 ﬤ(케/'~같은')를 위치시킴으로써 '사자와 같은'(4절), '곰과 같은'(5절), '표범과 같은'(6절), (넷째 짐승의 작은 뿔에) '사람의 눈 같은'(8절), (옛적부터 항상 계신 이의) '옷은 희기가 눈 같고 머리털은 깨끗한 양의 털 같은'(9절), '인자 같은 이'(13절)[34] ― 인간의 언어로는 표현할 수 없는 모습으로 묘사하기 때문이다(비교: 에스겔 1장). 이로 인해 다니엘은 번민하게 되고, 천상의 한 존재에게 환상에 대해 물어 해석을 이끌어 내게 된다.

천상의 존재의 해석에 따르면, 네 짐승은 세상에 일어날 네 왕이다(17절). 다니엘은 앞의 세 짐승들보다는 좀 더 포악한 모습을 하고 있는 네 번째 짐승에 대해 관심을 더 보이며, 따라서 환상에 대한 해석 또한 대부분 넷째 짐승에 초점을 맞춘다(19-26절). 특히 넷째 짐승의 머리에 있는 가장 큰 뿔[35]에 대해서는 그가 하나님을 대적하여 행한 악 때문에 하나님('옛적부터 항상 계신 이')으로부터 심판을 받아 멸망당하게 될 것을 말한다(23-26절).

다니엘서 7장은 여러 신학적 논란에 대한 단서를 제공하는 본문이다.

본문에서 사용된 '성도'나 '인자 같은 이'의 용어들은, 비록 구약성경의 다른 책에서 언급되기는 하지만, 다니엘서만의 독특한 색깔을 가지고 있으며 그 의미에 대해 다양한 해석이 가능하다. 예컨대, '인자 같은 이'를 천상의 존재로 이해할 것인지, 아니면 지상의 존재로 이해할 것인지, 혹은 '인자와 같은 이'가 집합적인 의미를 가지고 있는지, 아니면 한 개인을 의미하는지에 대한 것들이다.[36] 그럼에도 불구하고 큰 틀에서 다니엘서 7장은 네 왕국의 역사 끝자락에 있을 박해와 넷째 왕국의 마지막 왕에게 임할 하나님의 심판, 그리고 뒤이어 등장할 '영원한 하나님의 나라'에 대해 말한다.

한 가지 더 주목할 점은 창세기 1장의 천지 창조가 다니엘서 7장의 예표(typology)가 된다는 사실이다. 다니엘서 7장 2절에서 말하는 '큰 바다'(הַ תְּאֶרֶ סְ)는 창세기 1:2의 תְּהוֹם(테홈/깊음)을 뜻한다.[37] 이 네 짐승들은 혼돈의 바다에서 나와 다시 세상을 혼란하게 만든다. 이전에 하나님께서 혼돈 속에서 천지를 창조하셨듯이 창조질서를 어지럽히는 이 네 짐승들을 무찌르신다.[38] 다니엘서 7장은 최후 심판의 날까지 등장한 네 왕국이 하나님의 창조의 질서를 어지럽히는 악의 세력임을 천명하고 있다. 특히 넷째 왕국의 마지막 왕으로 여겨지는 안티오쿠스 4세의 악행은 그 정점에 서 있다. 마지막 날에 일어날 하나님의 싸움(22절)은 창세기 1장 2절처럼 세상을 재창조하는 기점이 된다. 그러므로 하나님의 나라는 하나님의 새 창조의 질서가 시작되는 새로운 에덴동산이다.

2. 8장 : 회복될 하나님의 성전 I

> 이미 말한 바 주야에 대한 환상은 확실하니 너는 그 환상을 간직하라 이는 여러 날 후의 일임이라 하더라'(단 8:26)

다니엘서 8장은 7장과 비슷한 구조로 되어 있다. 본문은 다니엘 자신이 본 환상을 보도하는 부분(2-14절)과 가브리엘이 이 환상에 대해 설명하는 부분(15-26절)으로 나뉜다. 8장 역시 역사의 여러 과정들 중에서 종말에 있을 사건, 즉 안티오쿠스 4세의 만행과 그에 대한 하나님의 보응에 그 초점을 맞춘다. 그러나 7장과 비교할 때, 8장의 환상(숫양과 숫염소의 환상)에는 바벨론에 대한 환상이 빠져 있는데, 그것은 7장이 메대-페르시아의 왕들을 암시하는 반면, 8장은 그리스의 왕들을 암시하기 때문이다(20-21절). 8장은 또한 7장과 달리 예루살렘 성전에 대한 묵시를 담고 있으며(11-14, 26절), '예루살렘의 회복'에 대한 묵시(9장)와도 연결된다.

본문에 의하면, 숫염소에게 난 '작은 뿔'의 마지막 적대 행위는 2,300주야(3년 70일) 동안 계속될 것인데, 이는 역사적으로 주전 167년에 일어난 안티오쿠스 4세의 성전모독으로부터 유다 마카비에 의해 성전 정화가 일어난 시기(주전 164년 12월)까지와 거의 일치한다.[39] 위에서 언급했듯이 안티오쿠스 4세는 성전의 모든 제의를 없앴을 뿐만 아니라, 율법 준수를 금지하였다('진리를 땅에 던졌다' 단 8:12; 비교. 마카베오상 1:41-51)[40] 그는 제우스에게 성전을 봉헌하였고, 성전 안에 다른 신들의 제단과 신당을 지었으며, 성전을 이방인들을 위한 향락의 장소로 바꾸었다(마카베오하 6:2-4). 다니엘서 8장은 9장처럼 하나님의 성전이 왜 이방인에 의해 모욕을 당해야 하는지 설명하지 않는다. 그러나 핵심은 하나님의 사자 가브리엘이 말한 것처럼, "주야에 대한 환상"(8:26)이 확실하다는 것과 하나님의 성전이 더럽혀지지만 사람에 의해서가 아니라 하나님에 의해 예루살렘이 다시 정화되어 회복될 것이라는 데 있다.

성전의 정결과 회복은 다시 하나님의 임재로 귀결되고 하나님의 나라가 시작됨을 의미한다. 그러므로 성전의 정결은 '일상으로의 회귀'이다. 하나님의 진리를 지키고 하나님께 매일 제사를 드리며 사는 그런 일상이다. 이러한 일상을 빼앗겼던 유대인들에게 한 거룩한 이가 물었던 "어느 때까지 이를꼬?"(13절)라는 물음은 당시(주전 167년부터 164년 12월까지) 어려운 시기를 살던 유대인들의 물음이었을 것이며, '2,300주야'라는 대답은 어떤 어려움에도 불구하고 자신들의 믿음을 굳게 지켜야 하는 희망의 단서를 제공한다.

3. 9장 : 회복될 하나님의 성전 II

네 백성과 네 거룩한 성을 위하여 일흔 이레를 기한으로 정하였나니 허물이 그치며 죄가 끝나며 죄악이 용서되며 영원한 의가 드러나며 환상과 예언이 응하며 또 지극히 거룩한 이가 기름 부음을 받으리라(단 9:24)

다니엘서 9장은 8장에서 언급되지 않았던 안티오쿠스의 박해에 대한 이유를 예루살렘 성전회복이라는 주제와 연관시켜 설명한다. 9장은 다니엘서 7-8장처럼 크게 두 부분으로 구성되지만, 환상과 해석이 아닌 기도(9:3-19)와 계시(9:20-27)로 이루어져 있다는 점에서 차이를 보인다. 다니엘서 9장 본론으로 들어가기 전 우리는 먼저 도입부(9:1-2)를 살펴볼 필요가 있다. 다니엘의 기도는 메대 사람 다리오 왕 원년에 이루어졌다(9:1). 실제 페르시아 역사에서는 아하수에로가 다리오의 아들로 나타나기 때문에 이 기도가 이루어진 해는 벨사살 왕이 죽어 바벨론의 국운이 다한 주전 539년경이다.[41] 이 해는 고레스가 하나님의 성전을 회복하라고 유대인들에게 조서를 내린 해(스 1:1), 즉 고레스 원년과 일치한다. 다시 말하면, 유대 민족과 성전의 회복에 대해 다니엘이 간구한 시기는 적어도 예루살렘 성전이 재건되기 시작한 때와 무척 가깝다. 다니엘은 예레미야의 예언을 깨달은 후, 예루살렘이 곧 회복될 것이라는 사실을 알았던 것으로 보인다. 그럼에도 불구하고 그는 왜 하나님의 즉각적인 구원을 위해 기도했을까? 아마도 그 해답은 '지체하지 말아 달라'는 다니엘의 기도(19절) 속에서 찾아볼 수 있다. 약속하신 때가 가까이 왔으니, 속히 그 예언을 실현해 달라는 말이다. 그런데 가브리엘을 통해 전달된 하나님의 말씀은 70년이 아니라고 말한다. 다니엘 9장 20-27절은 예레미야 25장 11-14절에 대한 새로운 해석을 제공한다. 과연 우리는 다니엘 9장 21-27절에서 언급하고 있는 하나님의 말씀을 어떻게 이해해야 하는가?

다니엘 9장 21-27절은 주전 2세기 유대인들의 삶의 자리에서 이루어진 전통신학의 재해석이자 사후예언(prophetia ex eventu)이라는 틀 안에서 이루어진 묵시이다. 먼저 다니엘 9장 21-27절은 예레미야의 70년에 대한 예언을 다니엘서 저자의 경험으로 해석한 결과이다. 성전의 회복이 임박한 시기에 이루어진 다니엘의 기도는 하나님의 응답을 이끌어 내는 것처럼 보인다. 하나님은 결국 "유대 백성과 예루살렘의 허물이 그치며, 죄가 끝나며, 죄악이 용서되며, 영원한 의가 드러나며, 환상과 예언이 응하며, 또 지극히 거룩한 이가 기름 부음을 받게 하실 것이다"(24절). 하지만 문제는 유대 민족과 예루살렘의 회복이 일어나는 시기가 70년이 아니라 490년이라는 데 있다(24절). 주전 2세기의 유대인들은 예레미야가 말한 70년이 지나도 예루살렘에 평화가 도래하지 않았고, 다윗의 후손이 왕위를 재건하지도 않았다는 것을 이미 알고 있었기 때문에 다니엘서는 이에 대한 새로운 해석을 제시한다.[42] 즉, 예레미야 25장 11-14절과 30-33장의 예언이 온전하게 이루어지지 않은 사실에 대해 의구심을 갖고 있었던 안티오쿠스 4세 치하의 유대인들을 위해 다니엘서 9장 21-27절은 이에 대한 새로운 해석을 제공하고자 한다는 것이다. 그렇기 때문에 70이레 중 마지막 한 이레에 안티오쿠스 4세가 등장하여 "한 이레의 절반 동안"(9:27), 즉 7장 25절의 "한 때와 두 때와 반 때"(3년 반)와 8장 14절의 "이천삼백 주야"같이 유대인을 핍박할 것이라고 해석한다. 그리고 이 3년 반 동안 참고 인내하여 하나님에 대한 신의를 버리지 않았던 사람들은 예루살렘의 진정한 평화를 맛볼 것이라고 말한다.

둘째, 다니엘 9장 21-27절은 전통신학에 대한 고찰의 결과물이다. 다니엘 9장 21-27절은 신명기적 응보신학에 동의하지 않는다. 다니엘 9장 24-27절은 다니엘의 기도에 대한 하나님의 응답이기보다는 신명기신학("유대인은 그들이 저지른 죄 때문에 심판받을 것이지만, 그들이 만약 진정으로 회개하면 하나님이 그 분노의 잔을 거두어 가시리라")에 대한 다니엘서 저자의 재해석이다.[43] 다니엘이 기도를 시작할 즈음에 하나님의 말씀이 내려졌다는 보도(23절)는 가브리엘이 다니엘의 기도에 대한 응답으로 하나님의 말씀을 전달한다는 추론을 불가능하게 한다.[44] 이는 아마 하나님이 종말을 위해 세워두신 계획의 일부일지도 모른다. 또한 주전 2세기에 다니엘처럼 민족과 성전의 빠른 회복을 위해 기도했던 이들에게 이미 계획은 세워져 있었기 때문에 이러한 기도보다는 하나님의 율법을 끝까지 지키며 인내하라는 설득일 수도 있다. 즉, 이미 역사는 하나님의 계획 속에서 흘러가고 있으며, 그 계획을 바꿀 수 없다. 우리가 할 수 있는 것은 하나님이 개입하실 때까지 참고 기다리는 것이라고 말한다. 그러나 중요한 것은 다니엘서가 '종말에 대한 통찰력'을 말하고 있다는 것이다. 종말에 대한 통찰력은 분명히 역사에 영향을 미치는데, 그것은 바로 이 통찰력이 신실과 확신 그리고 모든 의로운 행위에 대한 정당성을 입증할 것이라는 확신을 주기 때문이다.[45] 역설적으로 다니엘서는 바뀔 수 없는 하나님의 종말적 시나리오에 대해 말하고 있지만, 동시에 인내하라는 말로 이미 예정되어 있는 하나님의 나라에 들어가라고 말한다. 비록 이미 정해져 있는 유대 민족과 예루살렘에 대한 계획은 수정 불가능할지 모르지만, 개인의 인내함과 신실함은 이 계획에 영향을 줄 수도 있음을 암시한다.

4. 10-12장 : 하나님 나라의 도래

> 지혜 있는 자는 궁창의 빛과 같이 빛날 것이요 많은 사람을 옳은 데로
> 돌아오게 한 자는 별과 같이 영원토록 빛나리라(단 12:3)

다니엘 10-12장은 다섯 단락으로 나뉜다. 처음 단락이자 도입부인 10장 1절은 10-12장이 페르시아 왕 고레스 삼년에 천사를 통해 환상 속에서 다니엘에게 계시된 하나님의 말씀이라고 한다. 두 번째 단락인 10장 2-9절은 계시를 위한 환상 속으로 빠져 들어가는 다니엘의 모습을 묘사한다. 세 번째 단락으로서 10장 10-11장 1절은 천사와 다니엘 사이의 대화로 이루어져 있는데, 이는 천사를 통해 계시되는 하나님의 말씀(11:2-12:4)을

듣기 위한 과정이다. 다니엘이 21일 동안 뜻을 세워 금식하면서 응답을 구한 기도의 제목은 바로 깨닫기 위함이었다. 비록 무엇을 깨닫기 위함인지에 대한 언급은 없지만 11장 2절-12장 4절이 미래에 일어날 일에 대한 하나님의 말씀을 설명하고 있으므로 다니엘은 이를 위해 금식하며 기도한 것이다. 네 번째 단락인 11장 2절-12장 4절은 10장 21절에서 언급된 진리의 글에 대한 내용이자, 페르시아 시대부터 안티오쿠스 4세의 몰락에 이르기까지 근동의 역사에 대해 말하고 있다.[46] 마지막으로 12장 5-13절은 또 다른 천사와의 대화를 통해 "모든 일의 결국"(8절)에 대한 환상을 보도한다.

다니엘서 10-12장은 앞선 7-8장의 환상들처럼 마지막 때의 왕 안티오쿠스 4세에 대한 묵시에 더 많은 정보를 제공함으로써 마지막 때에 초점을 맞춘다. 그렇기 때문이 10-12장의 계시는 앞에서 반복된 말씀들보다 더욱 극적이며, 결정론은 물론 구원론에 대해 더 많은 단서를 제공한다. 11장 35-36절은 지혜로운 자들 중 얼마가 "몰락하여 연단을 받아 정결하게 되며 희게 될" 때까지는 "아직 정한 기한이 남았고", 안티오쿠스 4세의 만행에도 불구하고 그의 형통함이 이미 계획되어 있으며, 하나님은 "그 작정된 일을 반드시 이룰 것"이라고 말한다. 결정론에 대한 더 결정적인 단서는 12장 1절에서 언급되는 "네 백성 중 책에 기록된 모든 자가 구원을 받을 것"이라는 말이다. 마지막 날의 도래는 철저하게 하나님의 계획하심에 따라 이루어진다. 그 계획 속에서 하나님은 이미 구원받을 자와 구원받지 못할 자를 선별해 놓으셨다. 지혜자들이 하나님에 대한 믿음을 지키다가 죽더라도 그것은 마지막 때에 궁창의 빛과 같이 빛나기 위해 (정화되는) 계획된 과정일 뿐이다(12:3). 악인이 불의를 저질러도 벌을 받지 않는 것은 하나님이 그에 대하여 미리 정해 놓으신 심판의 때가 아직 이르지 않았기 때문이다.

다니엘서에서 결정론은 안티오쿠스 4세의 박해를 받고 있는 독자로 하여금 자신의 시대가 하나님이 정해 놓으신 역사의 과정 중에 임박한 종말에 이르고 있음을 깨닫게 한다. 역사가 결정되어 있다는 의식과 구원받을 자들이 결정되어 있다는 생각은 사람들을 수동적으로 만들 가능성이 있다. 더 나아가 인간의 윤리적인 판단도 흐리게 만들 수 있다. 하지만 다니엘서가 말하는 결정론의 초점이 수정할 수 없는 역사에 있는 것이 아니라 "역사가 진행 과정표에 따라서 진행되다가 마침내 하나님께서 '정하신 때'가 이르러 기존 세계가 심판당하고 거룩한 백성이 새 나라를 얻게 될 것이라는 점"이다.[47] 다니엘서 11장 2절-12장 3절에서 말하는 역사는 처음부터 끝까지 실제의 역사와 완벽하게 일치하지 않는다는 점을 고려할 때,[48] 결정론은 '하나님 나라의 도래'에 관한 단서를 주기 위해 사용되었다는 사실을 알 수 있다. 아마도 유대인들은 자신들의 신앙 때문에 겪고 있는 어려움들을 종말론적 시나리오 안에서 직시할 수 있었을 것이고, 또한 임박한 종말에 대한 인식으로 그것을 이겨낼 수 있는 희망을 가질 수 있었을 것이다. 그렇기 때문에 다니엘서의 묵시는 "현실도피의 명상록이 아니라 현실을 근본적으로 직시하는, 그럼으로써 '현실을 극복하고 살아가기 위한' 프로그램이다."[49] 그렇기 때문에 다니엘서의 결정론은 사람들을 수동적으로 만들지 않고 비윤리적인 삶을 지양하게 한다.

그러나 다니엘서가 전적으로 이 결정론에 동의하지는 않는다. 다니엘서 내에도 결정론과 부합하지 않는 두 가지 기록이 발견된다. 첫째, 다니엘서에서는 세 권의 책이 등장하는데, "재판을 위한 책"(7:10), "진리의 책"(10:21), 그리고 "구원받을 이를 기록해놓은 책"(12:1)이다. 뒤의 두 책은 분명히 결정론을 뒷받침하는 중요한 근거가 된다. 하지만 재판을 위한 책은 재판받을 대상을 적어 놓은 책인데,[50] 흥미로운 점은 7장을 제외하고는 하나님의 재판에 대해 언급하지 않는다는 것이다(7:10, 22, 26). 만약 구원받을 사람들이 정해져 있다면, 재판받을 대상의 행위를 기록해 놓을 필요가 있었을까? 더 나아가, 재판이 굳이 필요했을까? 비록 7장 26절이 재판의 대상을 안티오쿠스 4세에 한정시키고 있지만, 그럼에도 불구하고 다른 환상에서 언급되지 않는 안티오쿠스 4세의 재판 이야기가 왜 7장에서만 등장했을까? 이 부분에서 의문이 더해져 혹자는 "유대인들만 생명책에 기록될 수 있는가?"라는 질문까지 던질지 모른다. 다른 환상들은 안티오쿠스에 대한 하나님의 심판이 꼭 이루어질 것이라고 한다(8:25, 11:45). 하지만 재판의 과정은 생략하고 있다. 7장에서 언급하는 재판의 결과가 8장과 11장의 심판으로 나타나는지, 아니면 재판의 과정 없이 심판만 당하게 되는지, 어떠한 실마리도 찾을 수 없다. 하지만 안티오쿠스에 대한 재판이 분명히 이루어진다면, 9장과 11장이 말하는 결정론에 대해 재고할 필요가 있다. 둘째, 8장 26절은 "주야에 대한 환상"이 확실하다고 말한다. 8장은 위에서 언급했듯이 페르시아부터 안티오쿠스 4세까지의 역사를 숫양과 숫염소에 대한 환상으로 나타낸다. 그런데 중요한 것은 다른 역사적 예고에 대해서는 아무 말 없지만, 왜 굳이 "주야에 대한 환상"만 확실하다고 말할까? 그렇다면 다른 사건들은 수정될 수 있다는 말인가?

결정론과 관련해서 다니엘서 10-12장에서 우리가 느끼는 불편한 진실은 다니엘이 말한 하나님 나라의 도래에 대한 묵시가 이루어지지 않았다는 것이다. 안티오쿠스 4세가 죽고 예루살렘이 유다 마카비에 의해 회복되었지만, 다니엘서에서 말하는 죽은 자들의 부활을 포함한 하나님 나라의 도래는 이루어지지 않았다. 그렇다면 우리는 다니엘의 실패한 종말론을 어떻게 이해해야 할까? 다니엘서 12장 11-12절은 종말이 도래할 시간을 수정하고 있다. 11절에서는 종말이 '1,290일'이 지나야 함을 말하고, 12절에서 다시 한 번 수정을 가하여 그때가 '1,335일'이라고 한다. 다시 말하면 다니엘의 종말론은 실패하였다. 하지만 주전 2세기 말부터 주후 1세기 사이에 다니엘서를 다시 읽고 해석하려는 시도들은 유대 묵시문학 작품들과 신약성경에서 여러 짐승들에 대한 재해석을 시도하는 데 큰 영향을 주는 것은 물론 이에 대한 더 진화된 모습을 창작하는 데 길잡이가 되었다.[51] 아마도 인류 역사 속에서 신앙을 위협하는 큰 세력이 등장할 때마다 박해를 받는 사람들은 하나님의 도래를 기대하며 자신들의 상황을 여러 묵시문학 작품들에 투사하며 그 믿음의 끈을 놓지 않았을 것이다. 다니엘서 역시 그중의 하나이다. 그렇기 때문에 다니엘서를 읽는 우리는 하나님이 수정될 수 없는 역사를 이미 세워 놓으셨다고 하기보다 하나님의 의를 위해 살아가는 지혜자로서 많은 이들을 하나님의 의에 동참하도록 인도하는 삶을 살아가야 한다. 그러할 때, 하나님의 나라가 이 땅에서 완성된다.

나가는 말

주후 4세기 초 로마 황제 디오클레티아누스의 기독교 박해가 극심했을 때에 일어난 일이다. 몇몇의 기독교인들은 자발적으로 순교의 길을 선택했다. 예를 들면, 304년 4월에 유플루스(Euplus)라는 기독교인은 시실리의 카타니아에 있는 총독의 집 밖에서 이렇게 소리쳤다. "나는 죽고 싶다. 나는 기독교인다." 이에 그 총독은 그를 붙잡아 고문하고 처형했다. 또한 터키 지역의 니코메디아에서는 기독교인들이 자진해서 화형을 당하기도 했다.[52]

이보다 100여 년 전인 주후 3세기 초 알렉산드리아의 클레멘트는 "순교는 삶의 문제이지 죽음에 대한 문제가 아니다."고 생각했고, "순교의 증언은 죽음에서 발견되어지는 것이 아니라 하나님이 의도하시는 바를 행함으로써 이루어진다."고 주장했다.[53] 위의 예들은 하나님을 증거하기 위해 자신의 목숨을 바친다는 데 있어서 동일하다. 하지만 그 과정에는 분명한 차이가 있다. 전자가 현재의 삶보다 죽음 이후의 삶에 더 중점을 두고 있기 때문에 현재의 삶을 과감히 포기할 수 있다면, 후자는 죽음 이후의 삶만큼 현재의 생을 중시한다는 것이다.

다니엘서에 따르면 현재는 '죽음 이후의 삶'을 가능하게 만드는 현실태이다. 그렇기 때문에 '현실의 삶'과 '죽음 이후의 삶'을 하나로 이해할 수 있다. 우리가 현실의 삶에 최선을 다할 때, 죽음 이후에 현재보다 더 나은 삶을 향유할 수 있고, 죽음 이후의 삶에 집중하기보다는 현재 지금-여기의 삶에 모든 노력을 기울일 것이기 때문이다.[54]

"믿음은 삶이다." 이 점에서 다니엘의 신앙은 클레멘트가 말한 순교자의 길에 더 가깝다. 하나님의 찾아오심에 응답하고 뜻을 세운 다니엘은 먼저 그의 삶을 하나님 중심으로 바꾸었다. 그 결과, 다니엘은 하나님의 영이 충만한 사람이 되었다. 하나님의 영이 충만한 다니엘의 삶은 그 자체가 토라였고 기도였다. 비록 위험에 빠져 목숨을 잃을 처지에 놓이게 되어도, 설령 하나님이 구원하시지 않을지라도 하나님에 대한 믿음을 버리지 않는다. 핍박은 믿음을 정금과 같이 만들고 자신을 정화시키는 하나님의 선물이기 때문에 정면으로 마주 서서 이를 견디어 낸다. 환난을 피하고 천국에 들어가기 위해 자신의 목숨을 던지지 않는다. 믿음이 그의 삶이기 때문이다. 그러므로 다니엘은 하나님의 영이 충만한 사람의 모습을 삶으로 보여 준 예언자이다.

하나님의 영이 충만했던 다니엘의 삶은 환난을 견디며 하나님의 나라가 도래하기를 기다렸던 지혜자의 표본이 되었다. 하나님께 집중한 다니엘의 삶은 종국에 임할 하나님 나라의 도래를 통하여 궁극적으로 하나님께서 구원하실 것임을 세상에 알린다. 세상을 구원하시기 위한 하나님의 사역에 다니엘이 부르심을 받은 것이다.

믿음은 삶이다. 그리고 그 삶은 구원, 곧 하나님 나라를 지향한다. 하나님 나라 안에서 모두는 하나님이 중심이 된 삶을 살아간다. 그러므로 믿음은 하나님 나라의 시작이자 완성이다. 하나님의 다가오심에 우리가 응답할 때, 우리는 우리 가운데서 역사하고 계시는 하나님을 알게 된다. 그것이 바로 하나님 나라의 시작이다.

더 읽을 책

강성열.『구약성서로 읽는 지혜 예언 묵시』서울: 한들출판사, 2004.

앙드레 라콕.『다니엘과 그 시대』김창주 역. 서울: 대한기독교서회, 2001.

배정훈.『정경해석방법으로 바라본 묵시문학: 에녹서와 다니엘서』파주: 한국학
　　술정보, 2008.

왕대일.『묵시문학과 종말론』서울: 대한기독교서회, 2004.

왕대일. "묵시문학 다니엘서의 종말론 - 그 신학적 이해",「신학과 세계」37 (1998):
　　7-37.

존 J. 콜린스.『묵시문학적 상상력』박요한 역. 서울: 카톨릭출판사, 2006.

폴 핸슨.『묵시문학의 기원』이무영 등역. 고양: 크리스챤다이제스트, 2007.

Collins, John J. Daniel: *A Commentary on the Book of Daniel*. Hermenia.
　　Minneapolis: Fortress Press, 1993.

Towner, W. Sibley, *Daniel*. Interpretation, Atlanta: John Knox Press, 1984.

『마카베오서』공동번역

주

1) 왕대일, 『묵시문학과 종말론』 (서울: 대한기독교서회, 2004), 25-6.

2) 윗글, 27-32. 에스겔은 14:14, 20에서 다니엘을 고대 인물들인 노아 그리고 욥과 함께 의인으로 묘사하며 28:3에서 다니엘보다 지혜롭다고 자랑하는 두로 왕을 비판하고 있다. 월터 짐멀리(Walther Zimmerli)에 따르면 다니엘서의 다니엘과 에스겔이 언급하는 다니엘이 서로 다른 사람일 것이라고 말한다. 짐멀리는 28장 3절에서 보듯이 다니엘은 두로 왕이 이미 알고 있는 인물이었고 우가릿 문서인 Aqht에 등장하는 의롭고 지혜로운 통치자였던 다니엘이라는 인물의 이름의 음가가(Dnil) 에스겔서와 같기 때문에 (에스겔서:דָנִאֵל, 다니엘서:דָנִיֵּאל - י의 유무 차이) 페니키아 전통에서 유래되었을 것이라고 생각한다. [Walther Zimmerli, *Ezekiel: A Commentary on the Book of the Prophet Ezekiel* (2 vols.; Herm; Philaelphia: Fortress, 1979-83), 1:315].

3) Marvin Sweeney, *TANAK: A Tehological and Critical Introduction to the Jewish Bible* (Minneapolis: Fortress Press, 2012), 449.

4) 왕대일, 윗글, 199-200.

5) 왕대일, 윗글, 184.

6) 기독교와 유대교의 다니엘서 정경화 작업에 대한 더 자세한 설명은 윗글, 173-211 참조.

7) John J. Collins, *Daniel: A Commentary on the Book of Daniel* (Herm; Minneapolis: Fortress Press, 1993), 140.

8) 다니엘 2장 19절에서 느부갓네살의 꿈에 대한 환상이 다니엘에서 보여질 때 쓰인 아람어 동사 גְּלָא(젤라/계시하다)의 수동형은 칠십인역에서는 εκφαινω의 (에크파이노/보여 주다, 계시하다) 수동형으로 테오도시온의 헬라어판 다니엘서에서는 αποκαλυπτω의 (아포칼륍토/계시하다) 수동형으로 번역한다. 10:1은 환상이 히브리어 גָּלָה의 (갈라/계시하다) 수동형 동사를 사용하여 다니엘에게 계시되며 칠십인역에서는 δεικνυμι의 (데이크누미/보여 주다, 설명하다) 수동형이 쓰였고 테오도시온의 다니엘은 2장 19절과 똑같이 αποκαλυπτω의 (아포칼륍토/계시하다) 수동형으로 번역하였다. 테오도시온의 다니엘 헬라어판이 칠십인역의 다니엘서보다 좀 더 히브리어에 가깝기 때문에 2장에서 다니엘에게 계시된 느부갓네살의 꿈은 묵시라고 이해할 수 있다.

9) 표준새번역은 "다니엘은 고레스 왕 일 년까지 왕궁에 머물러 있었다"라고 말함

으로써 번역에 "왕궁"을 첨가시킴으로써 다니엘이 머물렀던 장소를 더 구체화시킨다. 1장에 의하면 다니엘이 왕궁에 계속 머물고 있었으므로 표준새번역의 번역은 정황상 더 본문의 상황에 가깝다고 볼 수 있다.

10) 비교) 6:28, 10:1.

11) 9:23은 말과 환상을 동등한 위치에 배치하고 있다. 개역개정은 דָּבָר(다바르/말, 일)로 해석하고 표준새번역은 말로 해석한다. 테오도시온의 다니엘본은 ρημα (레마/말)로 해석한다. 즉, 가브리엘은 환상을 통해 하나님의 응답을 말로 전하고 있다. [Collins, *Daniel: A Commentary on the Book of Daniel*, 352].

12) 윗글, 246.

13) Collins, *Daniel: A Commentary on the Book of Daniel*, 142.

14) Tremper Longman III, *Daniel: The NIV Application Commentary from Biblical Text … to Contemporary Life* (Grand Rapids, Mich.: Zondervan, 1999), 52.

15) 비교) 10:3.

16) 예언서에서 느부갓네살은 하나님의 심판의 도구로 묘사된다(겔 26:7, 29:19, 30:10; 렘 21:7, 22:25, 27:6, 28:3, 28:14, 32:28, 43:10, 44:30, 46:26; 대상 6:15).

17) 비록 기독교 전통에서 신들의 아들과 같은 모습의 존재를 (단 3:25) 예수 그리스도로 해석하는 사람들도 있어왔지만 본문에 의하면, 비록 느부갓네살의 이름을 빌어서 말하지만, 이 천상의 존재는 하나님의 천사이다 (단 3:28).

18) 칠십인역은 일곱 때를 칠년으로 해석하지만 (4:16) 아람어와 테오도시온 본문들은 일곱 때를 견지한다.

19) 왕대일, 윗글, 286.

20) 시편 33:5.

21) 시편 71:1-2.

22) 열왕기상 10:9.

23) 예레미야 22:3, 15.

24) 참조: W. Sibley Towner, *Daniel* (IBC; Atlanta: John Knox Press, 1984), 69~70.

25) 5:25의 메네 메네 데겔 우바르신은 아람어 본문의 직접적인 음역이다. 우바르신의 우는 접속사가 양순음 앞에서 변할 때 나타나는 형태이다. 그러므로 표준새번역은 "'메네 메네 데겔'과 '바르신'입니다"로 읽는다. 본문은 하나님이 계시한 이 불가사의한 단어들에 대한 해석을 제공하는데 학자들은 25절의 단어들과 이

에 대한 다니엘의 해석을(5:26-28) 일치시키려는 노력을 기울여 왔다. 참조: 왕대일, 윗글, 297-9; Collins, *Daniel: A Commentary on the Book of Daniel*, 250-2.

26) H. H. Rowley, *Darius the Mede and the Four World Empires in the Book of Daniel: A Historical Study of Contemporary Theories* (Cardiff: University of Wales press board, 1959), 44-7.

27) Rowley, *Darius the Mede and the Four World Empires in the Book of Daniel*, 54-5.

28) Charles Boutflower, *In and around the Book of Daniel* (London : NewYork ; Toronto: Society for promoting Christian knowledge ; The Macmillan co, 1923), 145-6.

29) John Clement Whitcomb, *Darius the Mede: A Study in Historical Identification* (International library of philosophy and theology; Grand Rapids, Michigan: Baker Book House, 1959), 47.

30) Whitcomb, *Darius the Mede: A Study in Historical Identification*, 17.

31) 참조: Collins, *Daniel: A Commentary on the Book of Daniel*, 30-2.

32) 아람어 원문을 직역하면 "다니엘은 뛰어난 영(개역개정: 민첩한 마음, 표준새번역: 우수) 때문에 그 자신을 총리들과 고관들 사이에서 구별하였다 (아마도 총리들과 고관들보다 더 우수하였다)." 콜린스에 의하면 4QDan/a는 5:12의 "다니엘은 뛰어난 영(민첩한 마음) 때문에 지식과 총명이 있어 능히 꿈을 해석한다"는 구절이 5:11절의 "거룩한 신들의 영이 있는 사람이 있으니 …명철과 총명과 지혜가 신들의 지혜와 같은 자이니이다…"의 반복이라는 것을 부분적으로 증명한다고 말한다. Collins, *Daniel: A Commentary on the Book of Daniel*, 249. 하트만과 디 렐라의 해석, 그 안에 있었던 특별한 영 때문에 ("because of the extraordinary spirit that was in him"), 또한 이를 지지한다. Louis Francis Hartman and Alexander A. Di Lella, *The Book of Daniel* (1st ed.; AB v. 23; Garden City, NY: Doubleday, 1978), 192.

33) 어떤 신에게나 사람에게 무엇을 구하는 것을 금하고 오직 다리오 왕에게만 탄원하게 하는 것은 왕에게 신의 위치를 부여함을 의미한다. Collins, *Daniel: A Commentary on the Book of Daniel*, 267.

34) 7:13은 "인자"가 (son of man) 아니라 "인자 같은 이"라고 (one like a son of man) 말하고 있다. 8:15는 가브리엘을 "사람 모양 같은 것"이라 (like the appearance of a man) 지칭한다.

35) 비교: 7:8은 작은 뿔로 묘사.

36) 일례를 들면 타우너가 제기 했듯이 다니엘 7:13은 "인자 같은 이가 구름을 타고 와서 옛적부터 항상 계신 이에게 나아가 그 앞으로 인도되매"라고 묘사하는데 이 구절에서 문제가 되는 것을 구름 앞에 있는 전치사 עִם(임/with)을 "-과 함께"로 해석할 것인지 아니면 수단으로써 "-를 통해서"로 해석할 것인가이다. 전자는 인자 같은 이를 지상적인 존재로 후자는 천상의 존재로 이해하는 데 중요한 본문적 증거가 된다(Towner, Daniel, 103). 인자에 대한 더 자세한 설명은 왕대일,『묵시문학과 종말론』, 448-66; Collins, *Daniel: A Commentary on the Book of Daniel*, 304-10; 존 J. 콜린스,『묵시문학적 상상력』박요한 역 (카톨릭출판사: 서울, 2006), 195-200을 참조할 것. "성도들"의 해석에 대한 논란은 다음을 참조할 것: Collins, *Daniel: A Commentary on the Book of Daniel*, 313-9; 콜린스.『묵시문학적 상상력』, 200-5. 원제는 John J. Collins, *The Apocalyptic Imagination: An Introduction to Jewish Apocalyptic Literature* (2nd ed.; Biblical resource series; Grand Rapids, Mich: William B. Eerdmans, 1998).

37) Hartman and Di Lella, *The Book of Daniel*, 211.

38) 왕대일, 윗글, 319.

39) Towner, *Daniel*, 122.

40) Collins, *Daniel: A Commentary on the Book of Daniel*, 335.

41) Towner, *Daniel*, 127.

42) 왕대일, 윗글, 376.

43) 윗글, 332-4.

44) 윗글, 333.

45) Towner, *Daniel*, 147.

46) 윗글, 154-69를 참조할 것.

47) 왕대일, 윗글, 357.

48) 윗글, 342.

49) 윗글, 358.

50) Collins, *Daniel: A Commentary on the Book of Daniel*, 302.

51) 왕대일, 윗글, 346-7.

52) *Acts of Euplus*, 1-2, Musurillo, *Acts of the Christian Martyrs*, 311-13; Eusebius, *Historia Ecclesiastica* 8.6.6, NPNF2 1:328. [David Chidester, Christianity: *A Global History* (1st HarperCollins pbk. ed.; San Francisco: HarperSanFrancisco,

2001), 88에서 재인용].

53) Chidester, *Christianity*, 84.

54) 존 B. 캅 Jr., "영혼의 부활,"『캅과 그리핀의 과정신학』이경호 역 (서울: 이문
출판사, 2012), 296-7. 원제는 John B. Cobb, Jr. and David Ray Griffin, *Process
Theology: An Introductory Exposition* (Louisville: Westminster John Knox
Press, 1976).

시편, 길(路)을 잃어야 길(道)이 시작된다

왕 대 일

▼

미국 클래어몬트대학원 철학박사(Ph.D.)
감리교신학대학교 구약학교수
청량리교회 소속목사

I. 시편의 시(詩), 시편의 언(言)

시편은 시(詩)와 언(言)으로 이루어진 글이다. 글의 안팎이 운문이기에 시이고, 그 시가 "너희는 이렇게 기도·찬양하라"는 말씀으로 간주되기에 "언"이 되는 책이다. 시는 쓰는 것이 아니다. 시는 얻는 것이다. "시"(詩)란 글자가 "성소"(寺)에서 얻는 말(言)이라는 모양새도 시편의 기원을 일상이 아닌 일상 너머에 둔다.

본래 시편의 시들은 하나님께 드리는 기도(시)와 하나님 앞에서 입에 올리는 말(언)이었다. 히브리어의 "테힐림"을 "시편"(詩篇)으로 옮긴 이면에는 시편의 시가 기도나 찬양 같은 운율이 있는 말이라는 이해가 자리 잡고 있다. 시편을 "기"(記)나 "서"(書)로 부르지 않고 굳이 "편"(篇)으로 부르고자 했던 것도 이런 이해에 힘을 보탠다. 편(篇)이란 시문을 세는 단위 아닌가. 시편의 글말을 시로, 운문으로, 노래로 수렴해야 한다는 판단이 거기에는 작용하고 있다. 시편의 말글을 말꽃으로, 음향(音響)을 지닌 문어(文語)로 이해하고자 했던 것이다.

신앙공동체는 일찍이 시편에서 기도하는 법을 배우고자 했다. 시편을 하나님의 백성이 하나님께 드리는 찬양이나 기도를 모아 놓은 모음집으로 간주하였다. 예컨대 19세기 이후 오늘에 이르기까지 시편의 시향(詩香)에 붙들린 자들은 그 거룩한 말의 향기가 어떤 문학적 형식에 따라서 펼쳐지는지를 살펴보고자 했다. 예컨대 로우스(R. Lowth)이래 쿠겔(J. Kugel), 알터(R. Alter), 벌린(A. Berlin) 등에 이르기까지 히브리 시문의 평행법/대구법을 따져보고자 했던 노력은, 그런 의미에서, 시편 읽기의 고전에 속한다.[1] 히브리 시문의 수식 문구를 살피는 노력이란 시편의 글말을 산문이 아닌 운문으로, 서사가 아닌 시문으로, 반복/중복이 아닌 꾸밈으로 셈하려던 노력이다. 시문의 구절과 행 사이에 자리 잡는 의미의 점층(漸層)과 점강(漸降) 등을 시를 맛깔나게 느끼게 하는 도구로 촘촘하게 살피는 것이다.

그렇지만 시편은 오랫동안 해석학의 교본으로 읽혀졌다. 성서해석학으로 대변되는 성경 말씀에 대한 지성적 연구는 시편의 글말을 논리적, 이성적, 비평적 해석의 대상으로 삼는 데 치중하였다. 시편의 시들을 느끼기보다는 분석하고자 하였다. 시편을 해석학의 대본으로 읽은 것이다. 시편을 신학의 텍스트로 삼은 것이다. 궁켈(H. Gunkel), 모빙켈(S. Mowinckel), 코흐(K. Koch), 베스터만(C. Westermann) 등이 남긴 학문적 유산은 히브리 시문의 전형(typicality)과 개성(individuality)이 어떻게, 왜, 얼마나 히브리 시의 세계를 해석하는 데 도움이 되는지를 일깨워 주었다.[2] 이른바 시편의 양식분석 방법론은 시편의 무엇이, 언제, 어디에서, 어떻게 비롯되었는지를 깨닫게 하는 문을 열어 주었다.

시편의 시들은 본래 노래(hymns)이었다. 시편에 수록되어 있는 시들은 후대에 첨가된 표제에서도 드러나듯이 "쉬르", "미즈모르", "테힐라", "믹담", "쉬가욘" 등으로 불렸다. 그랬던 노래들이 전승되는 과정에서 "테필라"(prayer)로, "테힐라"(psalm)로 구성되어 우리 손에 주어지게 되었다. 시편의 양식분석은 이런 노래와 기도를 그 분위기, 형식, 모티프, 삶의 정황 등에 근거하여 각 시의 개성을 찬양시, 탄원시/애가, 제왕시, 감사시, 순례시, 시온의 노래, 토라시, 지혜시 등 같은 전형(典型) 속에서 탐구하도록 이끌었다. 그래서 시의 "유형"(genre)이 생겨난 "삶의 자리"(Sitz im Leben)를 찾게 하였고, 시를 시 되게 한 삶의 자리에서 시의 형식을 이해하는 방식으로 시편의 세계를 분석하였다. 그 결과 시편의 시문들은 대체로 이스라엘의 예배, 예전, 제의 같은 환경에서 형성되어 구전되다가 지금과 같은 글말로 그 꼴을 갖추어 책의 모습으로 자리 잡게 된 것이라고 생각하게 되었다. 그러면서 같은 전형 속에 드는 시들이 서로 공유하는 언어가 어떤 것인지를 찾을 때 시의 의미와 의도를 제대로 파악할 수 있다고 제안하게 되었다.

시편의 글말의 형식과 어형을 찾는 노력은 시편의 무엇이, 어떻게 왜 주어지게 되었는지를 파악하게 하는 소중한 시금석이 된다. 무엇보다도 시편의 양식분석은 150개에 이르는 시들을 몇 개의 유형으로 구분하여 정리하면서 시편의 세계를 유형별로 관찰하게 하는 성과를 거두었다. 하지만 그렇게 하다 보니 시편에 수록된 시 하나하나의 개성을 비롯해서 각 시가 지닌 문예적, 예술적 특징 등을 간과하게 되는 아쉬움을 남기고야 말았다. 게다가 이런 방식에 기초한 시편에 대한 지성적 탐구는 제임스 쿠겔(James L. Kugel)의 말대로 하면 시편의 "영성을 깨뜨리는"(de-spiritualization) 아픔을 낳고야 말았다.[3]

오늘날 시편 연구는 여러 갈래로 진행된다. 무엇보다도 시편의 시를, 수사학적으로, 정경의 시각에서 살피는 노력들이 눈에 띈다.[4] 한 마디로, 이 여러 노력들은 시편 시를 각 삶의 자리(Sits im Leben)에서만 살피지 않고 그 책의 자리(Sitz im Buch)에서도 되새겨보는 시각을 열어젖혔다.[5] 특히 차일즈(B. S. Childs)의 제자 제랄드 윌슨(Gerald H. Wilson) 이래 오늘날 여러 학자들이 열띠게 호응하는 시편의 "구성"에 관한 관심은 시편 해석사에서 새로운 이정표를 놓는 작업으로 평가된다.[6]

시편의 구성에 관한 이해는 시편 연구를 시편의 신학에서 시편의 시학으로 가는 디딤돌을 놓았다. 이제는 시편 시를 신학(神學)으로만 읽지 않고 시학(詩學)으로도 읽을 수 있어야 한다.[7] 정서적 차원에서도 수렴할 수 있어야 한다. 시편의 미학을 음미할 수 있어야 한다. 시편을, 시편의 말글을 이성적, 논리적 지성으로만 읽지 말고 시편의 시를 읽으면서 함께 기뻐하고, 함께 슬퍼하면서 시인의 세계와 소통할 수 있어야 한다. 땅에서 하늘 향해 드린 기도가 마침내 하늘에서 땅을 향해 주어진 말씀으로 다시 우리 귀에 들릴 수 있어야 한다. 시와 시의 독자가 서로 공감하는 열정이, 서로 주고받는 공명(共鳴)이 시의 읽기와 해석에서 동반되어 어우러져야 한다.

이제는 시편의 시들을 읽지만 말고 암송하며 음미해야 한다. 여러 시들을 묶어서 음미하는 것이 아니라 시 하나씩을 음미해야 한다. 그러면서 시편을 해석의 대상으로만 삼지 말고 순종의 지침으로 삼아야 한다. 성서해석을 비평이전(pre-critical)의 단계로 거슬러 올라가자는 것이 아니다. 성서해석을 이제는 비평너머(beyond-critical)의 단계로 나아가자는 것이다. 비평이후(post-critical)가 아니다. 비평너머(beyond-critical)로 나아가자는 것이다. 성서해석을 기독교 경학의 단계로 수렴해 보자는 것이다. 그렇게 할 때 시편은 우리 인생의 "창(唱)이 되면서 자기 자신과 세상을 바라보는 창(窓)이 되고,"[8] 사유의 창(倉)이 되며, 세상 속에서 하나님의 뜻을 이루는 창조의 마당이 된다.

시편은 논술(辭)이기보다는 노래(詞)이다. 시편을 "편"(篇)이라고 부른 것은 시를 눈으로만 읽지 말고 가슴으로 품으라고 하는 말 없는 지시이기도 하다. 시를 가슴으로 품을 때 시편의 시들은 사람들이 지은 시로 그치지 않고 시 형식으로 주어진 말씀(言)으로 수렴된다. 오랫동안 신앙공동체가 시편의 말씀을 경건한 삶을 지탱하는 시, 노래, 기도로 암송하였던 것을 기억할 일이다. 신앙공동체가 기념하는 각종 절기 때나 신앙인이 거쳐 가는 삶의 이런저런 통과의례에서 시편은 기도의 전형이었고 찬양의 보고이었다. 유대교나 기독교 신앙공동체에서 시편의 시, 노래, 기도는 모세에게 준 토라와 더불어 신앙공동체로 하여금 어떻게 기도하여야 하는지, 어떻게 찬송해야 하는지, 어떻게 감사해야 하는지, 어떻게 하나님을 드높여야 하는지를 가르쳐 주고자 하나님께서 우리에게 주신 말씀으로 간주되었다. 그런 점에서 다윗은 모세나 예언자들 못지않은 하나님의 대변인으로 받아들여졌다. 그것은 마치 토라가 모세의 이름으로 전승되던 궤도를 밟은 것과도 같다.

이스라엘 신앙의 경건과 영성을 물을 때 시편은 그 해답이었고 시편의 영성과 경건은 이스라엘 신앙의 길잡이 역할을 하였다. 이스라엘은 오랫동안 시편에 수록된 기도와 찬양 등을 경(經)으로, 말씀으로, 땅과 하늘을 이어주는 야곱의 사닥다리로 간주하였던 것이다. 오늘의 시편 해석은 바로 이런 히브리 시학의 정서를 시편 이해에 담아야 한다. 거기에서 시와 언(言)으로 이루어진 시편을 읽어가는 독법이 열린다.

Ⅱ. 시편의 날줄, 기도 – 제단 대신 기도를, 기도로 하늘까지

시편은 시이다. 에리히 젱어(Erich Zenger), 아모스 와일더(Amos N. Wilder), 카스 포스(Cas J. A. Vos)의 말을 빌리면 시편은 "하나님의 시"(theopoetry)이다.[9] 시편의 시는 본래 하나님께 드리는 기도의 수단이다. 그렇지만 종내는 하나님이 시인에게 주시는 말씀이 된다. 기도로 하나님과 통하고 기도로 하나님의 응답을 체험하기 때문이다. 이때 시편의 기도는 속으로 중얼거리는 기도가 아니라 소리 내어 외치는 기도이다. 소리는 시에게 목소리를 입히고 시인의 마음에는 종교적 상상력(religious imagination)을 그려 준다. 기도하는 소리에서 시인의 기도는 하나님께 드리는 제물이 되고 기도하는 자리에서 시인은 하나님의 소리를 자기 마음에 품게 된다. 믿음은 들음에서 난다고 하지 않았는가(롬 10:17).

시편의 날줄은 기도이다. 시편이라는 시집을 하나의 "텍스타일"(textile)로 간주할 때 시편의 시를 구성하는 날줄은 기도이고 씨줄은 찬양이다. 달리 말하면, 시편의 외관이 찬양이라면 그 속내는 기도이다. 시편에서 이스라엘의 시인은 기도로 하나님 앞에 서 있다. 시편에서 기도는 구원의 하나님, 창조주 하나님, 언약의 하나님 등과 나눈 교제와 소통의 열매이다. 기도로 시인은 하늘의 하나님에게 오른다. 기도로 시인은 하늘의 하나님이 이 땅으로 오시는 것을 체험한다. 탄원하고(시 3편), 비난하며(시 42편),

번민하고(시 22편), 불평하면서도(시 13편) 하늘의 하나님을 갈망하는(시 84편) 시인에게 다가오시는 하나님을 경험한다. 기도자에게 오시는 하나님! 시편의 지도에는 기도하는 자를 찾고자 길을 나서시는 하나님의 좌표가 그려져 있다.

시편의 시인은 기도 속에서 하나님과 인격적으로 대면한다. 시편의 기도에서 하나님을 향한 시인의 호칭이 "단수"(나)이냐 "복수"(우리)이냐는 것은 그리 큰 문제가 못 된다. 시인이 자신을 "나"라고 부르든, "우리"라고 부르든, 시편의 시인은 하나님의 백성을 대변한다. 아니, 시편에서 시인은 모든 신앙인과 인류의 대표자로서 기도한다. 내가 한 기도를 우리 모두가 듣게 되기 때문이다. 중요한 것은 시인이 하나님과 대면한 자리에서 하나님을 "주님"(당신)으로 부르는 인격적 관계를 맺는다는 사실이다. 이것이 무슨 소리인가? 시인이 누구이기에 하나님을 감히 "당신"(주님)으로 호칭하는가?

시편의 시인은 제사장이 아니다. 성소에서 제물을 제단 위에 드리는 제사장이 아니다. 시편의 시 속에 왕을 향한 기도나 왕을 위한 기도(시 2, 18, 21, 45, 72, 110편), 하나님이 왕 되시기를 바라는 기도가 있지만(시 47, 93, 96, 97, 98, 99편), 또 "주님께서 다스리신다"(시 99:1)고 크게 외치는 기도자라고 해도, 하나님의 통치를 염원하는 메신저라고 해도, 시편에서 기도자는 결코 기름 부음을 받은 정치·종교·사회지도자가 아니다. 시편에서 시인은 그냥 이스라엘 자손, 바로 하나님의 백성이다. 오늘날의 말로 하면 평신도이다. 신앙공동체의 일원인 평신도가 기도하는 자리에 들어설 때 하나님 임재 앞에 서게 되고, 마침내 거룩하신 하나님을 향해서 "주님"(당신)이라고 외치게 된다는 것이다.

시편의 기도는 이스라엘 종교를 전문가의 영역에서 일반인의 범주로 치환시켰다. 물론 현재 우리가 읽는 시편의 구성과 편집은 서기관이나 레위 사람들의 손을 거쳤을 것으로 짐작된다. 그러나 시편에서 기도하는 사람은 포로후기 시절 제2성전 종교를 주도하였던 성직자 계층과는 상당한 거리를 둔 사람들로 보인다.[10] 시편의 기도는 이스라엘 신앙을 제도의 영역에서 일상의 마당으로 변환시켰다. 특정한 자의 하나님을 모두의 하나님으로 대체시켰다. 이스라엘의 영성을 제단 위에 바치는 제물에서 상한 심령을 드리는 마음의 청원으로 변혁시켰다.

시편은 기도로 하늘까지 가던 이스라엘의 영성을 담고 있다. 기도는 하늘과 땅을 이어주는 사다리이다. 양식분석에 심혈을 기울였던 학자들의 표현대로라면 시편의 탄원시가 그 같은 기도를 이끌고 가는 주된 방식이다. 개인 탄원시이든(예를 들어 시 4, 6, 13, 26, 130편), 공동체 탄원시이든(예를 들어 시 44, 74, 79, 80, 83) 탄식의 기도는 이스라엘을 간구하고 청원하는 구도자의 자리에 서게 한다. 부르기만의 용어로 표현하자면 탄원시는 방향을 잃어버린(disorientation) 자의 기도이다.[11] 탄원이 입말에 오르게 된 상황을 나아갈 길을 잃어버린 시인의 정신적 고뇌에서 찾은 것이다.

오래전 베스터만은 시편의 유형을 찬양과 탄원, 둘로 구분하여 소개한 적이 있다.[12] 당시 베스터만의 제안은 시편 연구의 지형을 단번에 새롭게 곧추세운 업적으로 평가되었다. 궁켈 이래 널리 수용되었던 시편의 여러 유형(찬양, 공동체 탄원, 개인 탄원, 제왕시, 개인 감사시, 지혜시 등)을 단 두 개로 압축시켰기 때문이다. 그처럼 찬양과 탄원은 시편 전체의 성격을 두 요소로 규정짓는 문학적 요소이다.

그러나 찬양과 탄원은 넓게 보면 다 찬양의 범주로 수렴될 수 있다. 시편의 찬양이 하나님의 임재를 긍정하고 확인하는 찬송이라면, 시편의 탄원은 하나님의 부재를 느끼는 상황에서도 하나님의 임재를 포기하지 않는 기도자의 찬송인 것을 놓쳐서는 안 된다. 시편 시문학의 형식을 찬양과 탄원이라는 양 요소로 볼 수 없는 것은 아니지만, 탄원시로 분류되는 시마저도 찬양을 시의 극적인 요소로 지니고 있다는 사실을 간과해서는 안 된다. 탄원시마다 그 글의 분위기가 탄식에서 찬양으로 나아가면서 극적으로

"하나님의 응답"을 확인하는 분위기의 반전을 드러낸다는 지적도, 따지고 보면, 탄원시의 기도가 찬양 못지않은 또 하나의 찬송이라는 것을 폭넓게 수용하게 만든다.[13] 고난과 고통 중에 부르짖던 기도자가 기도 말미에 그의 울음소리를 들으시고 구원 역사의 팔을 펴시는 하나님을 마침내 찬양하는 송영으로 탄원시가 마감하는 것이다.

탄원시에서 찬양이 차지하는 역할은 결코 작지 않다. 탄원은 하나님이 부재하시는 것처럼 보이는 상황에서도 하나님의 임재를 결코 포기하지 않는 기도자의 입말에 오른 기도 형식의 찬송이다. 앞에서도 지적했듯이 오랫동안 시편 연구는 양식분석적 해석이 주도해 왔다. 시편의 글말들을 이런저런 유형, 양식, 장르로 구분해서 살피도록 도왔다. 이 연구가 시편 해석에 가장 크게 공헌했던 분야는 시편의 여러 유형들이 어떤 정황에서 각각 비롯되었는지를 밝혀내는 일이었다. 이 연구는 시편의 시들이 입말로 불리어지던 정황을 대체로 제의(cult)나 제의적 축제로 연결시켰다. 궁켈의 제자 모빙켈이 이 점을 특히 강조하였다. 물론, 시편의 모든 시들이 성전 예전과 연관되었다고 말할 수는 없다. 시편의 시가 작성된 시기나 상황을 정확하게 추측하기는 어렵다. 분명한 것은 시편의 기도가 전승되는 과정에서 사사로운 자리에서 외치고 부른 기도와 찬양이 공공의 자리에서, 이스라엘의 예배 때에, 제의의 상황에서, 공식 예전에서, 제물을 드려야 되는 환경에서 선포되고 불리는 기도로 확장되어졌다는 것이다. 시편 시가 활용되던 자리를 예배라고 보게 된 것이다. 그렇다면 시편의 기도가 쏟아지게 된 상황을 제의와 연관 지어 파악한다는 것은 무엇을 뜻하는가?

시편 시들의 "삶의 자리"가 제의라는 것은 시편의 시들이 제물의 역할을 담당하였다는 것을 암시한다. 일찍이 나훔 사르나(N. M. Sarna)가 제안하였듯이 찬송은, 시편의 찬양과 기도는, 동물 희생제사가 사라지고 난 뒤 일부 지역 산당에서부터 예배행위로 드려지게 되었다.[14] 이 제안을 따른다면 찬송은 이스라엘의 종교적 여정에서 중요한 변화를 이룬 계기가 된다. 이때 찬송을 드리던 자들이 제사장 가문과는 상관없는 비 제사장적인 음악가들이었다는 지적에 주목해야 한다. 요시야의 종교개혁 이후 지방 산당들이 폐쇄되면서 모든 예배가 예루살렘에 있는 중앙 성소로 흡수되는 절차를 밟았고, 이때부터 지방 성소들을 거점 삼아 활동하던 이들이 불렀던 찬송은 예루살렘 성전예배에서 드리는 예물로 간주되게 되었다는 것이다. 찬송이 성전제의에 병합되자 여러 종류의 찬송이 드려지게 되었고, 그런 찬송들이 생겨나게 되었기에 주전 587년 예루살렘 성전이 무너진 뒤 제단이 없어져 버린 상황에서도, 다시 말해 나라가 패망한 뒤 이어진 주전 6세기 초 바벨론 포로살이에서도, 이스라엘은 하나님께 예배하는 백성으로 계속 생존할 수 있었다는 것이다. 찬송이 예물을 대체하였기 때문이다. 찬양을 드리는 마음이 제단에 바치는 제물을 대체하였기 때문이다. 제단과 희생제물 없이도 이스라엘의 하나님 야훼와 소통하는 신앙을 이스라엘은 지킬 수가 있었다.

기도는 이스라엘의 제의의 포커스를 희생제물로 드리는 소와 양과 염소에서 예배하는 사람으로 바꿔 놓았다. 제사장이 독점하던 예배제도를 모든 자가 드리고 참여하는 예배제도로 바꿔 놓았다. 기도와 찬양을 드린다는 것은 단순한 "립 서비스"(lip service)가 아니다. 기도를 드리는 일이 소나 양 같은 희생제물을 드리는 동작과는 달리 제물의 구체성을 드러내지는 않지만, 찬양의 입말도 엄연히 희생제물로 간주되었다. 기도를 드린다는 것은 예배하는 사람으로 하여금 자신을 하나님의 종이 되는 자리에 두게 하는 것을 의미하였다.

생각해 보라. 제물로 드리는 예배는 제단이 있어야만 하지 않는가! 제단이 있어야만, 제단 위에서만, 제단을 향해서만 진행될 수 있었던 예배가 어떻게 해서 제단이 무너져버리고 난 뒤에도 존속할 수 있었을까? 제단 위에 바치는 제물을 상한 심령으로 대체하였기 때문이다. 제단이 사라져 버리고 없는 환경의 변화는 제단 없이 실행하는 종교로 이스라엘 신앙의 외관을 바꾸어 놓았다. 제단 위에 드리는 예물(코르반)에서 상한 심령으로 드리는 기도로 대체되었다. 시편의 기도는 이스라엘의 종교를 제단 없는 종교로, 제단 없이도 하나님과 소통하는 신앙으로 그 체질을 바꾸어 놓았다.

포로기(주전 587-538년)는 겉으로만 보면 이스라엘 역사의 암흑기라고 말할 수 있다. 땅을 빼앗겼기 때문이다. 나라를 잃어버렸기 때문이다. 자기 고장에 살지 못하고 낯선 고장에 포로로 강제로 끌려가서 살아야 했기 때문이다. 남왕국 유다의 남은 자들이 끌려가 살아야 했던 바벨론은 이스라엘의 정체성을 송두리째 앗아가 버리고도 남을 환경이었다. 그렇지만 이 포로기는 이스라엘 정신사에 획기적인 변화를 안겨준 창조적 시기이기도 하였다. 제물을 드림으로 하늘과 소통하던 종교에서 제물 없이도 하나님과 소통하는 길을 열어젖히는 길을 찾았기 때문이다. 예배의 중심이 제물을 드리는 장소에서 제물을 드리는 사람으로, 제단 위에 올리는 제물에서 제물을 드리는 사람의 마음으로 바뀌게 되었기 때문이다. 즉, 제물 대신 기도가 하늘과 땅이 누리는 소통의 방식으로 자리 잡게 되었다. 기도가 이스라엘 신앙의 내용이 되었다. 입말로 드리는 상한 심령이 이스라엘 제의의 바탕이 되었다.

> 여호와여 내가 주를 불렀사오니 속히 내게 오시옵소서 내가 주께 부르짖을 때에 내 음성에 귀를 기울이소서 나의 기도가 주의 앞에 분향함과 같이 되며 나의 손 드는 것이 저녁 제사같이 되게 하소서(시 141:1-2)

"내 기도를 주님께 드리는 분향으로 받아 주시고, 손을 위로 들고 드리는 기도는 저녁 제물로 받아주십시오!" 시편의 기도는 시련과 도전, 탄식과 원망이라는 세상살이 한복판에서 하나님의 임재를 간구하고 체험하는 과정을 극적으로 보여 준다. 시편에서 특히 "다윗의 기도"(레다비드)라는 표제가 붙은 시들은 죄와 회개, 절망과 희망, 의심과 찬양을 집중해서 다루고 있다. 그 기도들은 이스라엘이 세상살이를 어떻게 대했는가보다도 그들이 하나님을 어떻게 대했는지에 대해서 더 많이 보여 준다. 세상의 길을 걸으면서도 정해진 때마다 하나님 앞에 기도의 제물을 기꺼이 올렸던 것이다. 기도의 향과 제물로 세상살이의 버거움을 극복해 나갔던 것이다. 그래서 유대인들은 오늘도 이렇게 다짐한다. "기적을 믿지 말고 시편을 암송하라!"

Ⅲ. 시편의 씨줄, 찬양 – 시내 산에서 시온으로, 제물 대신 찬양을

시편의 씨줄은 찬양이다. 찬양은 기도와 더불어서 시편의 지평을 아로새긴다. 시편의 찬양은 시온을 향한다. 시온을 위해서, 시온에 의해서, 시온과 더불어서 진행된다. 시온 산의 성전을 하늘과 땅이 교차하는 배꼽으로 보았다. 시내 산에 계시던 하나님이 시온 산으로 그 거룩한 거처를 옮기셨기 때문이다(시 68:7-16; 78:68-69). 시온은 이제 하늘과 땅을 지으신 하나님이 이스라엘에게 복을 주시는 곳이다(시 134:3; 사 65:17-18). 이 믿음에는 시온 성전을 잃어버린 낙원(에덴)이 회복되는 곳으로 삼고자 했던 전통이 진하게 서려 있다(겔 28:13-14; 사 51:3). 그러기에 시온과 성전을 중심으로 실천된 이스라엘 신앙의 경건은 시편의 시와 언을 찬양으로 다듬게 한 밑동이 된다. 시편은 거룩한 산 시온에서 얻은 시인 것이다.

구약의 말씀을 경전에 등장하는 순서대로 살필 때 이스라엘 신앙에서 예배와 제물에 관한 가르침은 원래 레위기 같은 제사장 문헌이 주도한다. 구약의 레위기, 민수기에는 예배와 예전에 관한 가르침으로 충만하다.

예배와 예전에 관한 가르침이 두드러지기는 시편도 마찬가지다. 하지만 제사장 문헌과 시편은 그 내용에서, 그 분위기에서 서로 전혀 다르다. 무엇이, 어떻게, 왜 다른가?

시편의 바탕은 찬양이다. 시편을 하나의 글말로 이어 읽을 때 시편에서 두드러지는 가락은 찬양이다(시 8, 29, 33, 46-48, 65, 68, 76, 84, 87, 93, 95-100, 103-104, 113-114, 117, 122, 134-136, 145, 146-150편). 찬양은 시편 전체에 걸쳐 기도자의 자세를 "주님을 찬양하라"는 권고로 모으고 있다. 찬양은 시편 전체에 고루 분포되어 있을 뿐만 아니라 시편의 흐름을 탄원에서 찬양으로 넘어가도록 주도하는 역할을 한다. 시편의 지평에서 찬양은 이스라엘의 존재 양식이다. 신앙인의 존재 방식이다.[15] 이스라엘의 정체성을 확인하는 도구이다. 창조주 하나님, 구원의 하나님을 드높이는 찬양은 무엇보다도 이스라엘 신앙의 에토스를 드러내는 통로이다. 산다는 것은 하나님을 찬양하는 것이다. 이스라엘이 걸어야 할 길은 하나님을 찬양하는 길이다. 하나님을 찬양하는 것이 진정 신앙인답게 사는 것이다.

찬양은 몸으로 드러내는 영성이다. 찬양은 입으로만 부르는 것이 아니다. 찬양은 몸으로 부르는 노래이다. 신이 날 때, 흥이 날 때 부르는 노래는 소리로만 그치지 않는다. 입 동작으로만 그치지 않는다. 어깨가 들썩거리고, 손짓 발짓을 하게 되고, 춤을 추게 된다. 찬양은 환호성을 지르면서 창조주 하나님을, 구원의 하나님을 우리 속에 영접하는 방식이다. 그러기에 찬양은 몸으로 표현하는 영성이다. 미리암이 그렇게 하나님을 찬양하였다(출 15:20-21). 다윗이 그렇게 주님을 찬양하였다(삼하 6:14). 온갖 도구를 다 동원하여 춤을 추었다. 시편의 찬양은 바로 이런 전통을 계승한다. 시편의 찬양에는 하나님을 향한 즐거움이 각인되어 있다(시 68:24-25). 시편은 찬양을 이스라엘 종교의 본질로 단정한다.

그렇지만 이른바 "제사장의 글말"(Priestly Code)을 통해서 본 이스라엘 종교는 본질적으로 그런 찬양과는 거리가 멀다. 구약의 레위기와 민수기는 이스라엘 종교의 바탕이 되는 제도와 방식, 사람과 자원, 물자와 환경, 절차와 의전(儀典) 등에 대해서는 세세하게 자세히 소개하지만, 그 어디에서도 찬양은 언급하지 않는다. 회막·성막에도, 제단 위에 드리는 희생제사에서도, 불과 구름으로 상징되는 하나님의 임재 앞에서도, 장막을 어깨에 메고 헤쳐 가는 광야행진에서도 찬양하는 목소리는 들리지 않는다. 제사장의 입에서만 찬양이 나오지 않는 것이 아니다. 평신도의 입에서도 찬양은 과감하게(!) 생략되어 있다. 이집트를 나와 극적으로 바다를 건넜던 이스라엘로 하여금 소리 높여 감격하도록 찬양의 대열을 이끌었던 미리암의 찬양이나 모세의 찬송(출 15)은 제사장의 문헌에서는 어디론가 사라져버렸다. 출애굽기 19장 1절에서 민수기 10장 10절까지 거론되는 이스라엘의 뿌리에 관한 종교적 청사진에는 찬양이 아예 거론조차 되지 않는다. 어째서 그런 일이 벌어졌을까? 무슨 일이 있었던 것일까?

사실, 찬양은 종교의 바탕이다. 찬양하는 방식은 배워서 익힐 수도 있지만, 찬양 자체는 배워서 익히는 것이 아니다. 찬양은 신앙의 본질이요 바탕이다. 마치 기쁨과 슬픔이 사람의 본능이듯이 기도와 찬양은 종교적 존재(homo religiosus)인 인간이 나면서 갖춘 거룩한 몸짓이다. 죄와 악은 우리로 창조주 하나님과 불협화음을 내게 만든다. 인간의 타락과 죄악은 창조주 하나님께 대하여 귀머거리가 되게 한다. 그러나 구원의 하나님이 우리의 귀와 입을 열어 주시면 우리 입에서 저절로 나오는 소리는 찬양이다. 시편의 찬양은 이런 종교적 본능을 시의 가락으로, 시의 멜로디로 표현해 놓았다. 찬양은 하나님을 긍정하는 것이다. 하나님을 드높이는 것이다. 하나님과 주고받는 하모니를 목청껏 드러내는 것이다. 사람은 누구나, 온 세상 만물은 무엇이나 하나님의 오케스트라의 단원이다.

찬양의 노래는 대체로 세 마디를 거친다. 찬양하라는 권고로 시작해서 찬양하는 이유를 밝힌 다음 다시 찬양하라는 권고로 끝나는 모양새를 지닌다. 가령 가장 짧은 찬양시인 시 117편을 읽어 보자.

너희 모든 나라들아 여호와를 찬양하며 너희 모든 백성들아 그를
찬송할지어다 우리에게 향하신 여호와의 인자하심이 크시고 여호와의
진실하심이 영원함이로다 할렐루야(시 117:1-2)

찬양은 "주님을 칭송하라"는 명령으로 시작한다. 온 세상을 향해서 하나님을
찬양하는 대열에 동참하라고 권고한다. 찬양은 혼잣말이 아니다. 더불어서
함께 외치는 소리이다. "주님을 칭송하라, 모든 나라들아"(시 117:1)라고
하지 않는가! 이어지는 찬양은 찬양해야 할 이유를 밝히는 대목이다. 이때
이스라엘의 시인은 하나님이 누구신지를 세세히 거론한다. 여기에서 하나님과
시인의 관계가 밝혀진다. 찬양시의 이런 모습을 두고 부르기만은 이렇게
말한 적이 있다. 찬양시를 노래할 때는 부름(summons)에서 이유(reason)로
내려가지만, 이스라엘이 살면서 체험하는 찬양은 삶(찬양해야 할 이유)에서
찬양(찬양하라는 부르심)으로 올라간다고.[16]

그렇다. 찬양은 올라가는 노래이다. 땅에서 하늘로 오르며 부르는 노래이다.
땅에 살지만 하늘에 속한 사람인 것을 드러내는 노래이다. 그 찬양의 문법적
형식이 초대이다. 찬양시의 서두나 말미에 나오는 찬송하라는 말은 문법적으로
명령형이다. 찬양은 초대이다. 권고이다. 지시이다. 부름이다. 혼자만 부름 받는
것이 아니다. 모두가 찬양하는 대열에 동참하도록 초청받는다. 찬양은 혼자
하는 것이 아니라 더불어 해야 한다. 찬양에로의 초대! 시편의 기본 가락은
찬양이다. 부르기만의 용어로 표현하자면 시편의 오리엔테이션은 찬양이다.
부르기만은 시편의 지혜시(토라시)를 가리켜서 길잡이(오리엔테이션) 역할을
한다고 불렀지만, 엄밀한 의미에서 이스라엘 신앙의 에토스를 잡아 주는
이정표는 찬양으로 가는 길이다.

중요한 것은 시편의 찬양이 단순한 소리로 그치지 않는다는 점이다.
시편에서 찬양은 그 자체가 예배이고 제단 위에 올리는 예물이다.

여호와께서 환난 날에 나를 그의 초막 속에 비밀히 지키시고 그의 장막

은밀한 곳에 나를 숨기시며 높은 바위 위에 두시리로다 이제 내 머리가 나를 둘러싼 내 원수 위에 들리리니 내가 그의 장막에서 즐거운 제사를 드리겠고 노래하며 여호와를 찬송하리로다(시 27:5-6)

시인이 무엇이라고 외치는가? "그의 장막에서 즐거운 제사를 드리겠다"고 외치지 않는가! "노래하면서 주님을 찬송하겠다"고 외치지 않는가! 시편의 찬양은 하나님께 드리는 제사의 한 방식이다. 시편의 찬양시에 따르면 찬양은 예배의 기본이다. 시편의 시들은 우리에게 '너희는 이렇게 찬양하라'고 가르친다. 단순히 찬양하라고만 소리치는 것이 아니다. 찬양을 예배의 기본 순서로 확정해 놓았다. 찬양을 제물의 일종으로 삼았다. 아니, 찬양을 제물로 드렸다. 찬양하는 일을 예배와 제의로 간주하였다. 제물을 제단에 드리는 일이 과거 예배이었듯이 하나님께 드리는 찬양 자체를 오늘의 예배로 삼았다. 이처럼 시편의 시들은 이스라엘 종교의 본질을 찬양이 있는 예배로 바꾸어 놓았다.

온 땅이여 여호와께 즐거운 찬송을 부를지어다 기쁨으로 여호와를 섬기며 노래하면서 그의 앞에 나아갈지어다 여호와가 우리 하나님이신줄 너희는 알지어다 그는 우리를 지으신 이시요 우리는 그의 것이니 그의 백성이요 그의 기르시는 양이로다 감사함으로 그의 문에 들어가며 찬송함으로 그의 이름을 송축할지어다 여호와는 선하시니 그의 인자하심이 영원하고 그의 성실하심이 대대에 이르리로다(시 100:1-5)

시편의 찬양에는 기쁨으로 노래하면서 하나님의 제단 앞으로 나아갔던 오랜 종교 전통이 반영되어 있다. 시편에서는 찬양과 찬송이 예배의 수단이자 통로이다. 그런데 어째서 레위기는 이런 찬양과 찬송에 대해서 침묵하고 있는 것일까? 어째서 제사장의 종교와 시편의 종교는 찬양과 찬송을 놓고서 서로 다른 분위기를 연출하고 있는 것일까? 이 질문은 이렇게 바꾸어서 물을 수도 있다. 시편의 종교에서는 그토록 두드러지는 찬송과 찬양이 왜 이스라엘의 예배를 가르치는 레위기에서는 정작 아무 언급이 없는 것일까? 아니면, 왜 레위기에는 나오지 않는 찬양과 찬송이 시편에서는 두드러지게 거론되고 있는 것일까?

레위기는 일종의 매뉴얼이다. 제사장들로 하여금 어떻게 예배하여야 하는지를 세심하게 규정하고 있다. 제사장은 하나님께 드리는 예배의 전문가이다. 그렇지만 레위기는 그 어디에서도 찬양하는 제사장은 다루지 않는다. 제단 위에 드리는 번제, 소제, 화목제, 속죄제, 속건제를 비롯해서 제사장이 지켜야 할 규례나 성회로 모이는 절기 등에 대해서는 상세하게 거론하면서도 제물을 드리는 사람의 입에서 나오는 찬양이나 찬송에 대해서는 일체 아무 언급이 없다. 레위기가 찬양에 대해서는 기본적으로 아무 관심이 없기 때문이다. 그랬기에 레위기가 규정하는 하나님께 드리는 예배와 제사에서는 경배와 찬양이란 일절 등장하지 않는다. 오죽했으면 레위기가 설파하는 제사장의 성소를 가리켜서 "침묵의 성소"(sanctuary of silence)라고까지 불렀겠는가!

왜 이와 같은 현상이 생겨났을까? 왜 시편 기자들은 레위기에는 등장하지 않는 찬양과 찬송을 예배의 한 요소로, 예배의 한 유형으로, 예배의 한 방식으로 소개하고 있는 것일까? 성전예배에서 예배의 한 방식으로 드려지는 찬송은 레위기 같은 제사장 문헌이 작성되고 난 뒤에야 등장했기 때문일까? 아니면 그와 정반대로 예물과 제물을 드리면서 소리치고 노래하는 것은 이교도의 종교의식이라고 보고 레위기의 예배규정이 그 같은 찬양과 찬송을 의도적으로 생략해버렸기 때문일까? 그것도 아니면 찬송이나 찬양이 애당초 제사장의 영역이 아니었기 때문에 레위기 규정이 예배와 제의에 대해서 설명할 때에 제물을 드리는 일과 연관되는 찬양과 찬송을 거론하지 못한 것일까?

여기에서 우리는 이스라엘 제사장의 눈에는 찬양과 찬송이 희생제물을 바치는 일보다 더 열등한 것으로 비쳐졌을 수도 있었을 가능성을 짐작해

본다.[17] 소와 양과 염소 같은 제물에 비해서 찬양과 찬송은 경제적으로(!) 대접받을 만한 재화가 아니라는 것이다. 그런 까닭으로 하나님께 드리는 제사에 원래부터 당연히 동반되었던 시와 노래가 레위기에서는 생략되어 버린 것이 아니었을까? 그랬기에 레위기 같은 제사장 문헌은 하나님 앞에서 진행되는 예배순서에서 찬양과 찬송을 빼버리지 않았을까? 하지만 찬양도 쿠겔이 지적하였듯이 히브리어로는 하나님을 섬기는 "일"(아보다)이다.[18] 희생제사를 가리켜 "아보다"로 불렀듯이 찬양은 정녕 "거룩한 일"(divine service)이다.

분명한 것은 시편의 종교가 제사장이 주도하였던 종교 분위기를 쇄신시키는 기폭제가 되었다는 사실이다. 시편의 찬양은, 시편의 찬송은 이스라엘의 예배를 고정된 장소(제단)에서만 드려야 했던 희생제사보다도 훨씬 더 유용하고도 융통성이 있는 방식으로 제시하고 있다. 찬양은 제단 이외의 장소에서도 드릴 수 있지 않은가! 찬양은 어디에서도 할 수 있지 않은가! 찬양은 수많은 악기들을 동원하여 표현할 수도 있지 않은가! 찬양은 제단 앞에서만 아니라 우리 삶 가운데서도 울려 퍼질 수 있는 것이 아닌가! 찬양은 제단이 주도하던 성전종교의 독점구도를 과감하게 깨뜨려버리는 역사에 공헌하였다.

물론, 시편은 성전예배를 위한 지침서가 아니다. 그럼에도 시편의 찬양은 제사장이 주도했던 예배를 갱신하는 개혁 정신을 담고 있다. 찬양으로 하나님의 임재를 확신하는 예배! 시편은 예배를 제사장의 손에서 평신도의 품으로 돌려보냈다. 예배를 제단 위에 희생제물을 드리는 헌신(sacrifice)에서 하나님 앞에서, 하나님을 향하여, 하나님을 위하여 마음을 바치는 헌신(dedication)으로 바꿔 놓았다. 희생제물이 내던 소리를 제물을 바쳐야 했던 사람의 입에서 나오는 찬송과 찬양으로 대체시켰다. 찬양을 감히 희생제사와 견줄 수 있는 예배방식으로 제시하였다. 거기에 시편에서 배워야 하는 이스라엘의 경건이 있다. 시편은 이스라엘 신앙을 제물을 바치는 종교에서 찬양하는 종교로 변혁시켜 놓았던 것이다.

Ⅳ. 시편의 무늬, 다윗의 토라

　시편은 기도와 찬양이 어우러져 다윗의 토라를 이룬다. 씨줄과 날줄이 엮어서 옷감을 이루듯이 기도와 찬양이 엮어서 시집이 되었고, 시집 다섯 권이 모여서 다윗의 토라에 견줄 시편이 되었다. 시편은 구약 신앙의 입문이다. 이스라엘 신앙의 창(窓)이다. 타낙의 구조에서 따지자면 시편(테힐림)은 케투빔(성문서)의 첫 번째 책이지만, 그 생김새가 "모세의 토라"(오경)에 걸맞은 "다윗의 토라"(다섯 권으로 된 시편)이기에 시편은 이스라엘의 신앙을 들여다보는 시금석이 된다. 토라란 히브리어가 으뜸가는 가르침을 뜻한다는 것도 이런 이해를 수긍하는 데 뒷받침이 된다.

　토라는 이스라엘의 정체성을 다루는 이야기이다. 오래전 제임스 샌더스(James A. Sanders)가 주창했던 대로 구약의 토라는 이스라엘의 정체성과 에토스를 다루는 이야기이다.[19] 모세의 토라는, 특히 출애굽기에서 신명기에 이르는 말씀은, 이스라엘의 뿌리를 모세의 공생애를 중심으로 전개하면서 이스라엘 신앙의 고향이 시내 산인 것을 애써 부각시킨다. 출애굽 이후 하나님의 산/시내 산에서 하나님의 백성으로 다시 태어난 이스라엘이 그 삶의 기조와 방향을 약속의 땅 가나안에 들어가서 실현할 것을 기대하는 가르침이 모세의 토라에 진하게 담겨 있다. 거기에 출애굽의 의미가 실현되며, 거기에 창조주 하나님이 온 세상을 오이코스로 세우시려는 경륜이 실천된다.

　시편도 이스라엘의 이야기를 쓰고 있다. 그런 점에서 시편도 토라의 축에 든다. 단, 시편은 이스라엘의 이야기를 다시 쓰고 있다. 모세의 토라가 이스라엘 이야기의 뿌리를 전하고 있다면, 다윗의 토라는 이스라엘의 이야기를 반성하고 있다. 이스라엘왕국 시대의 이야기를 되새겨 보고 있다. 시편의 처음이 거론하는 장면이 무엇인가? '하나님이 이스라엘의 왕을 거룩한 산 시온에 세웠다'는 말씀 아닌가! 시편의 마지막이 외치는 소리가 무엇인가? '하나님이 왕이시다'는 찬송시가 아닌가!

> 하늘에 계신 이가 웃으심이여 주께서 그들을 비웃으시리로다 그 때에 분을 발하며 진노하서 그들을 놀라게 하여 이르시기를 내가 나의 왕을 내 거룩한 산 시온에 세웠다 하시리로다 내가 여호와의 명령을 전하노라 여호와께서 내게 이르시되 너는 내 아들이라 오늘 내가 너를 낳았도다(시 2:4-7)
>
> 왕이신 나의 하나님이여 내가 주를 높이고 영원히 주의 이름을 송축하리이다 내가 날마다 주를 송축하며 영원히 주의 이름을 송축하리이다 … 주의 나라는 영원한 나라이니 주의 통치는 대대에 이르리이다(시 145:1-2, 13)

오늘날 시편의 생김새는 다섯 권(1-41, 42-72, 73-89, 90-106, 107-150편)으로 이루어진 시집의 형태를 띠고 있다. 왜 다섯 권인가? 모세의 토라를 닮고자 했기 때문이다. 토라 형식의 시집에 이스라엘의 이야기를 담고자 했기 때문이다. 시문의 형태로 이스라엘의 정체성과 에토스를 밝히고자 했기 때문이다. 시편의 짜임새가 다섯 권으로 구성된 시집 형태라는 것은, 달리 말하면, 오늘날 우리가 읽는 시편의 세계에 다섯 개의 준령이 있다는 말이 된다. 시편이라는 산맥에 모두 다섯 구비의 모양새가 펼쳐지고 있다는 것이다.

시편의 다섯 준령에 대한 설명은 여러 가지이다. 하지만 시편의 처음 두 편(시 1-2편)이 전체 시편의 서시이고 마지막 다섯 편(시 146-150편)은 시편 전체를 마감하는 마무리시라는 점에는 대체로 생각을 공유한다. 이 서시와 마무리 사이에 탄원(시 3편)에서 시작하여 찬양(시 145편)으로 끝막음하는 시편의 세계가 펼쳐지고 있다.[20] 그런데 바로 그 시편의 들머리와 끝막음이

다윗의 통치에서 하나님의 통치로 이어지는 기억과 기대를 담고 있다.

시편의 서시는 시온에 터를 닦은 이스라엘 왕국사의 개시를 알린다(시 2:6, 7). 시온에 하나님의 아들 다윗의 통치가 시작되었음을 알린다. 하나님이 다윗왕국에 하나님의 통치를 맡겼다는 것을 선포한다.

다윗과 다윗왕국에 대한 이스라엘 시인의 기억은 그리 평안하지 못하다. "다윗의 시"(레다비드)라는 표제를 지닌 시편 제1권(1-41편)은 그 첫 행부터 다윗과 그 왕국이 헤쳐가야 했던 험난한 세상살이를 암시하고 있다. 두말할 나위 없이 시편은 처음부터 "다윗의 시"라는 표제를 지니지 않았다. 시편의 표제는 시편의 시들이 하나의 모음집을 이룰 때 추가된 도움말이다. 여기에는 시편을 기도로 사용하고 묵상하였던 공동체의 영성이 담겨 있다.[21] 이 표제 가운데서도 다윗의 힘겨운 인생살이를 시편 독서의 정황으로 삼으라는 지시가 있는 시들이 13개 있다(시 3, 7, 18, 34, 51, 52, 54, 56, 57, 59, 60, 63, 142편). 이 표제들은 시편을 가지고 기도하는 독자들로 하여금 다윗과 함께, 다윗처럼 기도하라는 미드라쉬적인 충고에 해당된다. 그럴 때 다윗은 신앙공동체에서 기도하는 선구자로 수렴된다.[22] 그런 맥락에서 시편이 본격적으로 그 말문을 여는 첫 행부터가 "다윗이 그의 아들 압살롬을 피할 때에 지은 시"라는 제목 밑에서 음미하도록 그 구도가 짜여 있다는 사실은 의미심장하다. 다윗의 세상살이에 대한 이스라엘 신앙의 미드라쉬(주석)가 그리 평안하지 못했다는 것이다. 그리고 그 다윗왕국은 시편 제2권(시 42-72편)을 거쳐 시편 제3권(시 73-89편)의 마지막에 이르러서는 마침내 무너져 버리게 되는 현실 앞에 서게 된다. 다윗왕조를 향한 하나님의 영원한 언약이 무너져 버린 비극 앞에서 이스라엘의 운명이 장차 어떻게 될 것인지를 염려하는 시인의 탄원은 이런 구도에서 살펴야 한다.

여호와여 나의 대적이 어찌 그리 많은지요 일어나 나를 치는 자가 많으니이다 많은 사람이 나를 대적하여 말하기를 그는 하나님께 구원을 받지 못한다 하나이다(시 3:1-2)

주여 주의 성실하심으로 다윗에게 맹세하신 그 전의 인자하심이 어디 있나이까 주는 주의 종들이 받은 비방을 기억하소서 많은 민족의 비방이 내 품에 있사오니 여호와여 이 비방은 주의 원수들이 주의 기름 부음 받은 자의 행동을 비방한 것이로소이다(시 89:49-51)

　　"주님, 나를 대적하는 자들이 어찌 이렇게도 많습니까?"(시 3:1). "주님, 주님의 신실하심을 두고 다윗과 더불어 맹세하신 그 첫사랑은 지금 어디에 있습니까?"(시 89:49). 시편의 최종형태는 이런 식으로 다윗의 인생살이, 다윗왕국의 세상살이가 헤쳐가야 했던 시련과 고난을 시 읽기의 정황으로 상정할 것을 암시하고 있다. 즉, 시편의 기도와 찬양은 왕국시대 이후 바벨론 포로기를 거쳐 제2성전 시기에 이르러 다시 새롭게 신앙공동체로 부상하게 되었던 환경을 반영한다. 이스라엘이 되새겨야 했던 과거, 다져야 했던 현재, 다짐해야 했던 미래가 시어로 바뀌어져 전해지고 있다.[23] 시편의 최종 무늬는 이스라엘 왕국사에 관한 그런 되새김과 다짐을 다윗의 이름으로 보존·계승하고 있는 것이다.

　　여기에서 시편의 쓰임새를 그 생김새에서 음미해 볼 필요가 있다. 시편의 독자는 시편 제2권(시 42-72편)과 제3권(시73-89편)을 거치면서 인간(다윗)의 왕권에 대해서 걸었던 기대가 야훼 하나님의 직접 통치를 바라는 소망으로 변화되는 기조를 느낄 수 있다. 시편의 구성을 떠받치는 기둥이 토라시(시 19, 119편)와 더불어 왕을 위한 기도(시 2, 72, 89, 110, 114편)라는 것이나, 시편 제3권의 가락이 가히 뜻으로 본 이스라엘 역사에 해당되는 역사회고라는 점도 이런 흐름을 깨닫게 하는 데 도움을 준다.[24]

　　시편 제4권(시 90-106편)과 제5권(시 107-150편)은 시편 제1-3권이 던진 질문에 대한 해답을 제공하는 터전이다. 하나님이 이스라엘의 장래를 어떻게 하실 것인지를 놓고 고민할 때 다윗 언약보다 훨씬 앞서 하나님이 맺으셨던 언약들을 떠올리는 것이다. 그런 까닭에 시편 제4-5권에서 만나는 오늘의 시편은 다윗의 언약이 아니라 "모세와 아론에게 주셨던 하나님의 뜻"(시 99:6; 103:7; 105:26)을 상기하면서 이스라엘의 나아갈 길을 헤쳐 나가게 된다. 거기에서 다윗에게 주셨던 하나님의 언약의 정당성이 새롭게 되풀이된다. 거기에서 사람에게 기대를 걸지 않고 하나님에게 기대를 거는 이스라엘 신앙의 영적 자산이 뿜어 나오게 된다. 예컨대 앞에서도 살펴보았던 "왕이신 나의 하나님 내가 주를 높이고 영원히 주의 이름을 송축하리이다"(시 145:1)는 시인의 찬송에는 다윗이 다스리는 왕국이 아닌, 하나님이 직접 통치하시는 하나님의 나라가 이 땅에 임하기를 바란다는 염원이 강하게 서려 있다. 그런 염원을 토대 삼아 시편의 글말은 역사적으로 경험했던 다윗왕국의 흥망성쇠를 되새겨 본다. 그렇게 할 때 이스라엘의 시인은 다윗왕국이 당한 패망과 쓰라림에도 불구하고 하나님이 다윗가문과 세우셨던 영원한 언약(삼하 7:16)을 언젠가는 다시 붙드실 것이라는 소망을 강하게 견지한다. 다섯 권으로 구성된 시편의 최종 형태에는 그런 다윗 이야기에 대한 신앙적 응답이 반영되어 있다.[25]

여기에서 우리는 하나님의 신실하심과 이스라엘의 불신실을 대조해서 살펴야 된다. 인간은 하나님에 대해서 불신실했지만, 하나님은 인간에 대해서 신실하셨다. 다윗왕국은 하나님께 대해서 불성실했지만, 하나님은 다윗왕국에 대해서 성실하셨다. 그런 까닭에 시편 제3권에서 이스라엘의 시인들이 "하나님, 언제까지 다윗왕국과 시온을 황폐한 채로 그냥 두시렵니까"라고 물었을 때 시편 제4권의 시들이 천지 창조에서 예루살렘 패망에 이르는 역사를 꺼내 든 정황을 이해하게 된다. 예컨대 시편 104편은 창조주 하나님이 자연의 무대에서 하신 일을 이렇게 회상하고 있다.

주님께서는 땅의 기초를 든든히 놓으셔서 땅이 영원히 흔들리지 않게 하셨습니다. … 주님은 골짜기마다 샘물이 솟아나게 하시어 산과 산 사이로 흐르게 하시니 들짐승이 모두 마시고 목마른 들나귀들이 갈증을 풉니다. … 주님은, 들짐승들이 뜯을 풀이 자라게 하시고 사람들이 밭갈이로 채소를 얻게 하시고 땅에서 먹거리를 얻게 하셨습니다. … 주님, 주님께서

손수 만드신 것이 어찌 이리도 많습니까? 이 모든 것을 주님께서 지혜로
만드셨으니 땅에는 주님이 지으신 것으로 가득합니다.(시 104: 5, 10-11, 14, 24,
새번역)

무슨 소리인가? 아무리 역사가 혼돈스러워도 하나님이 창조하신
코스모스는 결코 혼돈스럽지 않다는 소리이다. 인간이 아무리 폭력과 죄악의
역사를 벌여도 저녁이 되고 아침이 되면 하루가 가는 창조의 질서는 결코
없어지지 않는다는 것이다. 시편 104편은 이런 맥락에서 역사의 혼란을 푸는
열쇠를 창조주 하나님이 창조세계를 이끌어가는 방식에서 찾고 있다.

시편 104편은 하나님이 지으신 창조세계를 시어로 재구성한 파노라마이다.
창조의 무대에서 숨쉬기하는 온갖 동식물들이 때와 장소를 따라서
질서정연하게 움직이는 것을 예찬한다. 사람도 그 질서 안에서 살아가야
하기는 마찬가지이다. 창조의 무대에 등장하는 시편 104편의 동식물들은
일종의 카탈로그이다. 그것은 구약 잠언 8장이나 욥기 28장이 묘사하는
창조세계와도 흡사하다. 무엇보다도 시편 104편은 창조주 하나님을, 온갖
피조물에게 손수 "때를 따라 먹이를 주시는"(시 104:27) 주님이라고 서정시조로
기리고 있다.

이 모든 피조물들이 주님만 바라보며 때를 따라서 먹이 주시기를
기다립니다. 주님께서 그들에게 먹이를 주시면 그들은 받아먹고 주님께서
손을 펴 먹을 것을 주시면 그들은 만족해합니다.(시 104:27-28, 새번역)

"이 모든 피조물들이 주님만 바라보며 때를 따라서" 주시는 먹이를
기다립니다! 누가 주님이 주시는 먹이를 기다리고 있는가? 모든 피조물들이다!
거기에는 이스라엘도 이방인도 다 포함된다. 물어보자. 희망은 어디에서
오는가? 하나님에게서 온다! 하나님의 신실하심에서 온다! 다윗왕국을
새롭게 하시는 일도 하나님이 하시면 된다. 하나님이 이루시는 일을 기대하며

기다리는 삶! 그것이 바로 시편의 토라에 담긴 속내이다.

시편의 최종 생김새는 기도와 찬양이 어우러져 이룬 토라의 세계를 맛보게 한다. 시편과 더불어 이스라엘 신앙을 확인하는 창은 모세의 토라에서 다윗의 토라로 이월되었다. 모세가 시내 산에서 이스라엘에게 건넸던 하나님의 뜻이 시내 산 이야기라면 시편의 시 150개는 모두 다윗의 시온 산을 기반으로 전승된 하나님의 이야기가 된다. 그런 점에서 시편의 최종형태는 "모세의 가르침"에 상응하는 "다윗의 도(道)"를 본뜨고자 했다고 말할 수 있다. 시편의 쓰임새를 토라(오경)로 반추해 보라는 시편 기자의 지시가 거기에 담겨 있는 것이다. 다섯 묶음으로 된 시편을 한 권으로 음미하는 시도에서 "토라"(말씀)를 "토다"(감사, 찬양)로 삼고, "토다"로 "토라"를 이루려는 이스라엘 시인의 경건을 추적하게 되는 것은 이 때문이다.[26]

V. 시편의 경건·시편의 영성, 도재이(道在邇)

지금까지 살핀 시편의 기도와 찬양, 시편의 무늬는 시편의 경건과 영성에 대해서 무엇을 이야기하는가? 시편에서 찬양과 기도가 제물과 제단을 대신하는 예물로 드려졌다는 것은 무엇을 뜻하는가? 시편의 기도와 찬양이 씨줄과 날줄로 얽혀져서 수놓은 무늬가 다윗의 토라 모습을 하고 있다는 것은 무엇을 의미하는가?

여기에서 우리는 시편의 서시에 해당되는 시편 1편이 전체 시편을 읽어가는 길잡이 역할을 하고 있다는 점에 주목해야 한다. 시편 1편은 복 있는 사람은 "오직 주님의 율법을 즐거워하며 밤낮으로 율법을 묵상하는 사람"이라는 가르침을 펼친다(시 1:2). 시편의 날줄과 씨줄이 찬양과 기도이지만, 그 날줄과 씨줄로 뜨는 수(繡)를 돋보이게 하는 실은 시편 1, 19, 119편이 쏟아놓은 가르침이다. 시편의 첫 말은 기도와 찬양이 아니라 가르침이다. 어느 길로 가야 복 있는 사람이 되는지를 일깨워 주는 가르침이다. 누가 복된 인생을 누리는 주인공인지를 일러 주는 가르침이다.

시편 1, 19, 119편은 이른바 토라시에 속한다. 시이지만 토라인 글, 토라이지만 시인 말! 찬양이나 기도 형식이 아닌 타이름의 방식으로 하나님의 말씀을 삶의 길로 삼으라고 건네주는 처방! 시편 1, 19, 119편은 전체 시편의 무늬가 기도와 찬양에서 복 있는 사람을 향한 토라로 꾸며지도록 돕고 있다. 시편에서 이런 식의 가르침과 처방은 토라시에만 있는 것은 아니다. 복 있는 자가 누구인지는 시편 전체에 걸쳐 시편의 매듭마다 후렴구처럼 반복된다.[27]

> 여호와를 의지하고 교만한 자와 거짓에 치우치는 자를 돌아보지 아니하는
> 자는 복이 있도다(시 40:4)
> 주께서 택하시고 가까이 오게 하사 주의 뜰에 살게 하신 사람은 복이
> 있나이다(시 65:4)
> 주께 힘을 얻고 그 마음에 시온의 대로가 있는 자는 복이 있나이다(시 84:5)
> 정의를 지키는 자들과 항상 공의를 행하는 자는 복이 있도다(시 106:3)
> 야곱의 하나님을 자기의 도움으로 삼으며 여호와 자기 하나님에게 자기의
> 소망을 두는 자는 복이 있도다(시 146:5)

누가 복 있는 사람인가? 그 마음에 공의가 있는 사람이다. 그 마음에 성전이 있는 사람이다. 그 마음에 하나님이 있는 사람이다. 그 마음에 하나님의 말씀이 있는 사람이다. 그 마음에 있는 바름, 옳음, 거룩함, 진실, 평화 등을 삶의 길로 펼쳐가는 사람이다. 길(路)을 잃은 뒤에 길(道)을 찾은 사람이다. 눈에 보이는 길(路)이 아니라 눈에 보이지 않는 길(道)을 기도로, 찬양으로, 고백으로, 지혜로, 토라로 찾은 사람이다.

시편에서 그 길은 세상 밖에 있지 않고 세상 안에 있다. 성소에서 세상으로 향하고, 세상에서 성소로 향한다. 시편은 우리에게 도재이(道在邇)의 경건을 가르친다. 도재이란 도는 가까운 곳에 있다는 뜻이다. 길 도(道), 있을 재(在), 가까울 이(邇)! 도는 먼 곳에 있지 않고 가까운 일상 속에 있다는 것이다. 도를 드러내는 삶은 거룩한 곳에 있지 않고 평범한 곳에 있다는 것이다. 손으로 잡는 제물에 있지 않고 입술로 올리는 찬양과 기도에 있다는 것이다. 성별된 제단에 있지 않고 정결한 마음에 있다는 것이다. 형이상학에 있지 않고 형이하학에 있다는 것이다. 저 너머에 있지 않고 이 안에 있다는 것이다.

시편의 기도와 찬양은 이 "길"(道)을 걸어가는 자의 노래이다. 이 길을 붙들어야 한다. 아니, 이 길에 붙들려야 한다. 이 길을 길잡이로 다시 삼을 때(reorientation) 진리를 누리는 삶이 열린다. 길을 잃은 순간 여행이 시작된다고 하지 않던가! 주전 587년 시온 산의 성전이 무너지고 나라가 패망하게 되자 하나님의 백성들은 일순간 혼돈에 빠지게 되었다. 성전으로 올라가는 길이 막혀 버렸기 때문이다. 제단으로 가는 길이 사라져버렸기 때문이다. 그 대안으로 터무니없게도 바벨론으로 포로가 된 채 끌려가는 광야길이 주어졌기 때문이다.

길 없는 상황에서 유대공동체가 찾은 길은 하나님의 말씀을 따라서 걷는 길이었다. 시편의 토라는 카오스에 빠진 자들에게 하늘의 해가 그 길을 걷듯 땅의 이스라엘은 주님의 말씀을 따르는 길을 걸으라고 충고한다(시 19). 그 길이 생명의 길이요 삶의 길이요 마침내 복을 누리는 길이라고 힘주어 말한다. 시편을 토라로 되새김질하게 된 것이다.

포로기(주전 587-538년)에 경험한 이런 정신사적 변혁은 포로기 이후 유다 땅 중심으로 전개된 페르시아 시대에 더욱 구체화되게 된다. 흔히 제2성전기(주전 515-주후 70년)로 불리던 시기에 유대인들은 그들의 종교생활을 이전과는 다른 각도에서 지속하게 되었다. 포로기 이전 당시 예언자들이 외쳤던 말을 포로후기의 상황에서 다시 새롭게 붙들었다.

그전에는 판단하기 어려웠던 참 예언자와 거짓 예언자의 구분을 확실하게 감지하였다. 그러면서 제사장의 수중에 있던 "모세의 율법"을 온 회중의 귀에 들리는 하나님의 말씀으로 새기고자 했다. 예컨대 느헤미야 8장은 그런 변화를 극적으로 소개하는 장면에 속한다.

느헤미야 8장에 따르면 포로후기 유대공동체는 성전 앞 광장에 모여서 "모세의 율법책"을 듣기를 원했다. 그때 들은 말씀은 "하늘의 하나님의 율법에 완전한 학자 겸 제사장 에스라"(스 7:13, 21)가 대표하여 혼자서 읽은 것이 아니라 온 공동체가, 온 공동체를 위하여, 온 공동체와 더불어서 읽게 된 말씀이다(느 8: 2-3, 7-9). 그때 이스라엘 자손은 모세의 율법책을 읽고 듣되 이전과는 다른 세계관에서 읽고 들었다. 그러면서 율법을 토라로, 토라를 길(道)로, 경(經)으로 삼았다.

이 같은 정신사적 배경이 시편을 기도와 찬양에서 말씀으로 수용하게 되는 여정에서도 고스란히 드러난다. 시편의 기도와 찬양은 사람이 하나님께 드리는 예물이자 제물이었다. 그랬던 시편의 찬양과 기도가 포로후기 제2성전 시대(주전 515-주후 70)에 가서는 하나님의 말씀으로 유대공동체에게 수용되게 된 것이다. 쿠겔은 이것을 가리켜 "예배용 텍스트이던 시편"(Psalms-as-texts-for-worship)이 "교육용 텍스트인 시편"(Psalms-as-texts-for- teaching)으로 그 얼굴을 달리하게 되었다고 설명한다.[28] 시편의 찬양과 기도가 포로후기 제2성전기 시절부터 신앙공동체의 경(經)으로 수용되면서 시편의 시들이 영적인 책으로 읽혀지기 시작한 것이다.

제2성전기에 들어 유대공동체는 페르시아 → 그리스 → 로마로 이어지는 제국의 통치를 받는다. 이 시기는 유대공동체가 시편의 기도와 찬양에서 삶에 이르는 처방을 찾게 되던 여정과 맞물린다. "토라시"가 시편의 얼굴로 부상하게 된 것이다. 시편의 기도와 찬양이 얻은 이 같은 위상의 변화는 포로후기 시절 유대공동체의 살길을 모색하고 이끌던 지도자들이 "지혜자"(학캄)였다는 것과도 무관하지 않다. 구약에서 지혜가 삶에 이르는 처방에 해당된다는 것을 감안할 때 시편의 지평에서 토라시들이 부상하게 되었다는 것은 이스라엘의 정신사가 드러내는 중요한 변곡점이 된다. 삶에서 누가 더 행복한지, 무엇이 더 나은 삶인지를 의로운 자와 악한 자를 비교하거나(시 1편), 히브리어 알파벳 철자법을 따라서 소개하거나(시 119편), 토라가 매일의 일상에서 어떻게 소중한지를 가르치는(시 19편) 방식으로 풀어나갔다. 시편의 영성이 빛나는 자리가 성전예배에서 개인의 일상으로 돌아온 것이다.

> 여호와여 주의 율례들의 도를 내게 가르치소서 내가 끝까지 지키리이다, 나로 하여금 깨닫게 하여 주소서 내가 주의 법을 준행하며 전심으로 지키리이다 나로 하여금 주의 계명들의 길로 행하게 하소서 내가 이를 즐거워함이니이다 내 마음을 주의 증거들에게 향하게 하시고 탐욕으로 향하지 말게 하소서 내 눈을 돌이켜 허탄한 것을 보지 말게 하시고 주의 길에서 나를 살아나게 하소서 주를 경외하게 하는 주의 말씀을 주의 종에게 세우소서 내가 두려워하는 비방을 내게서 떠나게 하소서 주의 규례들은 선하심이니이다 내가 주의 법도들을 사모하였사오니 주의 의로 나를 살아나게 하소서(시 119: 33-40)

토라를 삶의 길로! 토라시들은 토라를 살아가기의 처방으로 제시한다. 이런 지평에서 시편은 모세의 토라를 대신하는 다윗의 토라로 수렴되었고, 거룩한 곳에서 드리던 기도와 찬양을 일상의 마당으로 확산시켰다. 종교적 행위였던 기도와 찬양에 일상의 옷을 입혔다. 물론, 토라시라고 해서 그 삶의 자리가 성전 제의와 무관한 것은 아니다. 지혜시라고 해서 예배하는 정황에 어울리지 않는 것은 아니다. 그럼에도 토라시의 정황은 성전 안에서 행해지는 예배와 제의보다는 성전 밖에서 이루어지는 생활에 더 잘 어울린다.

토라시만 경건의 자리를 성소에서 일상으로 옮겨놓은 것은 아니다. 예컨대 성전에 올라가는 노래(시 120-134편)도 성전을 향해서 발걸음을 옮기는 사람들의 동작을 순례자의 노래로 재생시켰다. 성전을 향해서 올라가고,

성전에 들러서 예배한 뒤, 성전을 나서서 집으로 돌아가게 되기까지 그 전 과정을 기도하며 걷는 여정으로 제시하고 있지 않은가! 하나님의 위대한 행적을 서사시조로 읊는 시편들도 시편의 기능을 예배에서 교육으로 전환시키는데 일조하였다(시 78, 105, 106, 127편). 하나님이 누구이신지, 하나님이 이끄신 이스라엘의 역사가 어떤 것인지를 이 시들의 가르침에서 어렵지 않게 추수를 수 있다.

　성전에서 불리던 시와 노래가 성전 밖에서 불리는 시와 기도로 전환되었다는 것은 이스라엘 신앙이 일상의 도전을 시편의 기도와 찬양으로 극복했다는 뜻이 된다. 세상 속에서 하나님의 뜻을 이루고자 세상을 적극 살아갔다는 뜻이 된다. 세상을 세속으로 받아들인 것이 아니라 세상을 신앙인이 살아가는 무대로 승화시켰다는 뜻이 된다. 시편의 기도와 찬양은 구약의 사도행전에 해당된다. 세상 한복판에서 신앙인의 길을 걷는 자들의 증언이 시편의 기도와 찬양 속에 담겨 있다. 세속 한복판에서 복 있는 자의 길을 걸으려고 하는 자들의 기개가 시편의 가르침 속에 꿈틀거리고 있다. 시편의 글말은 믿음으로 좁은 길을 걷는 자들에 대한 증언이다. 신앙생활에 관한 변증이나 해설이 아니다. 세속을 성소로 다스리고, 성소에서 얻은 열정으로 세속을 다듬어가는 자들의 증언이다.

　이런 예는 참회의 기도에서도 찾을 수 있다(시 6, 32, 38, 51, 102, 130, 143편). 일상 중에 체험하는 하나님의 용서와 사랑을 진하게 고백하기 때문이다. 경건은 죄와 허물을 씻어 주시는 하나님의 은총에 대한 신뢰이다. 영성은 하나님의 임재 안에서 이루는 삶을 향한 헌신이다. 예컨대 어거스틴은 잠에서 깨어 매일 아침 제일 먼저 시편 32편을 되뇌기도 하였다.[29] 침상에다가 시편 32편을 새겨 놓기까지 하였다.

> 복되어라! 거역한 죄 용서받고 허물을 벗은 그 사람! 주님께서 죄 없는 자로 여겨주시는 그 사람! 마음에 속임수가 없는 그 사람! 그는 복되고 복되다!(시 32:1-2, 새번역)

누가 복 있는 사람인가? 거역한 죄를 용서받은 사람이다. 주님이 죄 없는 자라고 여겨주시는 사람이다. "주님께서 죄 없는 자로 여겨주시는 그 사람!" 내가 이룬 것이 아니다. 내게 이루어진 것이다. 내가 한 것이 아니다. 내게 주어진 것이다. 무슨 소리인가? 행위가 아니라 은총이라는 뜻이다. 업적이 아니라 은혜라는 의미이다. 바울이 "사람은 하나님의 은혜로 의롭다하심을 얻는다"고 가르칠 때 바로 이 시편 32편을 인용한 것은 우연이 아니다. 사람은 하나님의 은혜로 의롭다고 여기심을 받는다는 진리는 바울이 창안했다기보다도 바울이 시편의 복음에서 배운 것이라는 소리이다. 바울이 시편 32편을 로마서에 인용한 이유를 되새겨 보아야 할 이유가 여기에 있다.

> 그래서 행한 것이 없어도, 하나님께서 의롭다고 여겨 주시는 사람이 받을 복을 다윗도 다음과 같이 말하였습니다. "하나님께서 잘못을 용서해 주시고 죄를 덮어 주신 사람은 복이 있다. 주님께서 죄 없다고 인정해 주실 사람은 복이 있다."(롬 4:6-8, 새번역)

다른 사람 이야기를 하는 것이 아니다. 우리 이야기를 하는 것이다. 다윗 이야기를 하는 것이 아니다. 우리 자신을 두고 하는 이야기이다. 죄와 허물에서, 연약함과 부족함에서 용서받는 자가 은혜를 입은 사람이다. 우리도 이스라엘의 시인처럼 하나님 앞에 솔직하다면 용서의 은총을 입는 주인공이 된다. 이 은총을 삶에서, 일상에서, 길에서 이루어가자는 것이다. 거기에 도재이의 경건이 펼쳐진다. 거기에 하나님의 임재가 하나님의 부재 속에 담기는 영성이 펼쳐진다. 거기에 일상이 거룩함으로 장식되고, 거룩함이 일상의 더러움을 덮어주는 은총의 새날이 펼쳐진다. 시편의 기도와 찬양, 시편의 무늬가 하나님의 은총으로 살아가는 신앙인의 자세를 곧게 세워주는 것이다. 그렇다. 사람은 날마다 주님의 은총으로 산다!

참고 문헌

김이곤. 『시편 시문학의 신학』 서울: 한들출판사, 2006.

김정우. 『히브리 시학』 서울: 기혼, 2013.

박경철. 『한 권으로 읽는 구약성서, 삶의 자리(Sitz im Leben)에서 책의 자리(Sitz im Buch)로!- 구약성서, 그 최종형태의 새로운 신학적 의미』 오산: 한신대학교출판부, 201.

왕대일. 『시편사색, 시편 한 권으로 읽기』 서울: 대한기독교서회, 2013.

Brueggemann, Walter. *Israel's Praise: Doxology against Idoatry and Ideology.* Philadelphia: Fortress, 1988.

Brueggemann, Walter. *Praises and the Life of Faith.* Minneapolis: Fortress, 1995.

Kugel, James L. "Topics in the History of the Spirituality of the Psalms," in Green, Arthur (ed.). *Jewish Spirituality. From the Bible through the Middle Ages.* New York: Crossroad, 1988), 113-144.

McCann, J. Clinton Jr. *A Theological Introduction to the Book of Psalms. The Psalms as Torah,* 『새로운 시편여행』 김영일 역. 서울: 은성, 2000.

Sanders, James A. *Torah and Canon.* Philadelphia: Fortress, 1972.

Sarna, N. M. "Psalm Superscriptions and the Guilds," in Stein, S. and Loewe, R. (eds.). *Studies in Jewish Religious and Intellectual History Presented to A. Altmann.* University of Alabama, AL.: University of Alabama Press, 1979, 281-300.

Sweeney, Marvin A. and Ben Zvi, Ehud (eds.). *The Changing Face of Form Criticism for the Twenty-First Century.* Grand Rapids: Eerdmans, 2003.

Vos, Cas J. A. *Theopoetry.* Hatfield: Protea Book House, 2005, (김선익 임성진 역, 『신의 시편』 서울: 쿰란출판사, 2007).

Westermann, Claus. *Praise and Lament in the Psalms* (Engl. trans., Atlanta: John Knox Press, 1981.)

Wilder, Amos N. *Theopoetic: Theology and the Religious* Imigination. Philadelphia: Fortress, 1976.

Wilson, G. H. "Shaping the Psalter: A Consideration of Editorial Linkage in the Book of Psalms," in Clinton McCann (ed.), *The Shape and Shaping of the Psalter.* Sheffield: JSOT Press, 1993, 72-82.

Wilson, G. H. *The Editing of the Hebrew Psalter*, SBLDS 76. Chicago: Scholars Press, 1985.

Wilson, G. H. "The Use of Royal Psalms at the 'Seams' of the Hebrew Psalter," JSOT 35 (1986), 85-94.

Zenger, Erich. *Die Nacht wird leuchten wie der Tag: Psalmenauslegung*. Freiburg/ Basel/ Wien, 1997.

Zenger, Erich. "Kanonische Psalmexegese und christlichjüdischer Dialog. Beobachtungen zum Sabbatpsalm 92," in Blum, E. (hrsg.), *Mincha, Festgabe für Rolf Rendtorff zum 75*. Geburstag: Neukirchen-Vluyn, 2000, 243-260.

주

1) 김정우, 『히브리 시학』(서울: 기혼, 2013), 71-124.

2) 김정우, 『히브리 시학』, 125-157; Marvin A. Sweeney and Ehud Ben Zvi (eds.), *The Changing Face of Form Criticism for the Twenty-First Century* (Grand Rapids: Eerdmans, 2003), 15-64.

3) James L. Kugel, "Topics in the History of the Spirituality of the Psalms," in Arthur Green (ed.), *Jewish Spirituality. From the Bible through the Middle Ages* (New York: Crossroad, 1988), 113.

4) 김정우, 『히브리 시학』(서울: 기혼, 2013), 159-340.

5) 김정우, 『히브리 시학』, 257-298; 박경철, 『한 권으로 읽는 구약성서, 삶의 자리 (Sitz im Leben)에서 책의 자리(Sitz im Buch)로!- 구약성서, 그 최종형태의 새로운 신학적 의미』(오산: 한신대학교출판부, 2010), 265-309; 김이곤, "시편의 구성 및 구조," 『시편 시문학의 신학』(서울: 한들출판사, 2006), 67-74.

6) G. H. Wilson, "Shaping the Psalter: A Consideration of Editorial Linkage in the Book of Psalms," in Clinton McCann (ed.), *The Shape and Shaping of the Psalter* (Sheffield: JSOT Press, 1993), 72-82; idem, "The Use of Royal Psalms at the 'Seams' of the Hebrew Psalter," JSOT 35 (1986), 85-94; idem, *The Editing of the Hebrew Psalter,* SBLDS 76 (Chicago: Scholars Press, 1985).

7) 김정우, 『히브리 시학』, 5-17; 왕대일, 『시편사색, 시편 한 권으로 읽기』(서울: 대한기독교서회, 2013), 21.

8) 김정우, 『히브리 시학』, 17.

9) Cas J. A. Vos, *Theopoetry* (Hatfield: Protea Book House, 2005), (김선익 임성진 역, 『신의 시 시편』서울: 쿰란출판사, 2007), 43-46; Erich Zenger, "Kanonische Psalmexegese und christlichjüdischer Dialog. Beobachtungen zum Sabbatpsalm 92," in E. Blum (hrsg.), *Mincha, Festgabe für Rolf Rendtorff zum 75* (Geburstag: Neukirchen-Vluyn, 2000), 243-260; *Die Nacht wird leuchten wie der Tag: Psalmenauslegung* (Freiburg/ Basel/ Wien, 1997); Amos N. Wilder, *Theopoetic: Theology and the Religious Imigination* (Philadelphia: Fortress, 1976).

10) 포스, 『신의 시 시편』, 471.

11) Walter Brueggemann, *Praises and the Life of Faith* (Minneapolis: Fortress, 1995).

12) Claus Westermann, *Praise and Lament in the Psalms* (Engl. trans., Atlanta: John Knox Press, 1981).

13) 김이곤, 『시편 시문학의 신학』, 75-136.

14) N. M. Sarna, "Psalm Superscriptions and the Guilds," in S. Stein and R. Loewe (eds.), Studies in Jewish Religious and Intellectual History Presented to A. Altmann (University of Alabama, AL.: University of Alabama Press, 1979), 281-300.

15) Westermann, *Praise and Lament in the Psalms*, 155.

16) Walter Brueggemann, *Israel's Praise: Doxology against Idoatry and Ideology* (Philadelphia: Fortress, 1988), 76.

17) Kugel, "Topics in the History of the Spirituality of the Psalms," 124.

18) Kugel, "Topics in the History of the Spirituality of the Psalms," 123.

19) James A. Sanders, *Torah and Canon* (Philadelphia: Fortress, 1972).

20) 왕대일, 『시편사색, 시편 한 권으로 읽기』, 65.

21) Zenger, *Die Nacht wird leuchten wie der Tag: Psalmenauslegung*, 28.

22) Zenger, *Die Nacht wird leuchten wie der Tag: Psalmenauslegung*, 32.

23) 왕대일, 『시편사색, 시편 한 권으로 읽기』, 115-116.

24) 왕대일, 『시편사색, 시편 한 권으로 읽기』, 141-142, 167-168.

25) 왕대일, 『시편사색, 시편 한 권으로 읽기』, 66.

26) 왕대일, 『시편사색, 시편 한 권으로 읽기』, 8.

27) 왕대일, 『시편사색, 시편 한 권으로 읽기』, 85.

28) Kugel, "Topics in the History of the Spirituality of the Psalms,"136.

29) J. Clinton McCann, Jr., *A Theological Introduction to the Book of Psalms. The Psalms as Torah*, 『새로운 시편여행』 김영일 역(서울: 은성, 2000), 165-166.

왕대일(王大一) 교수
연보와 연구업적

왕대일(王大一) 교수 연보

1954. 3. 8.	부친 왕남수(王南洙) 씨와 모친 김오례(金五禮) 씨의 3남1녀 중 장남으로 서울(마포구 신공덕동)에서 출생

학력

1960-1966	남대문초등학교
1967-1970	대광중학교
1970-1973	대광고등학교
1973-1977	감리교신학대학교 신학사
1977-1979	감리교신학대학교 대학원 신학석사(구약학 전공)
1984.9-1990.1	Claremont Graduate University (당시에는 Claremont Graduate School) Religion Department 구약신학 전공 M.A
1984.9-1991.1	Claremont Graduate University 구약신학 전공 Ph.D.
2011.8-2011.12	연세대학교경영전문대학원 최고경영자과정
2012.3-2012.8	고려대학교정책대학원 최고위정책과정

목회경력

1977-1979	기독교대한감리회 서울연회 동대문지방 청량리교회 교육전도사
1979-1980	기독교대한감리회 중앙연회 남양주지방 성산교회 담임 전도사
1981-1984	기독교대한감리회 중앙연회 남양주지방 수동교회 담임 목사
1984	기독교대한감리회 서울연회 동대문지방 청량리교회 교육담당 부목사
1985-1989	Covenant Korean United Methodist Church (Pomona Valley, California, USA) 교육담당 목사
2003-2012.6	새바람커뮤니티교회에서 장로회신학대학교 교수 1인, 한신대학교 교수 1인, 서울신학대학교 교수 1인과 함께 공동 설교
1990-현재	기독교대한감리회 서울연회 동대문지방 청량리교회 소속목사

교육경력

1990.10-1994.8	감리교신학대학교 신학과 조교수
1990.9-1992.8	감리교신학대학교 생활관장
1992.8-1995.3	감리교신학대학교 실천처장

1994.9-1999.8	감리교신학대학교 신학과 부교수
1995.8-1996.8	감리교신학대학교 학생처장
1997.9-2000.2	감리교신학대학교 교학처장
1999.9-현재	감리교신학대학교 신학과 교수
2001.6-2003.8	감리교신학대학교 생활관장 겸 학생상담실장
2004.2-2004.10	감리교신학대학교 기획처장
2004.10-2006.9	감리교신학대학교 교무처장
2008.10-2010.8	감리교신학대학교 신학대학원장 겸 평생교육원장

사회봉사경력

1998.3-2010.4	대한성서공회 성경원문연구소 연구위원
1998.3-2010.4	대한성서공회 「성경원문연구」 편집위원
1998.10-2002.9	「구약논단」 편집위원
2006.10-2010.9	「구약논단」 편집위원장
1998.10-2002.9	한국구약학회 총무
2006.10-2010.9	한국구약학회 회장
2006.10-2010.9	한국기독교학회 중앙위원
2008.4-2012.3	전국신학대학협의회 총무
2008.4-2012.3	한국신학교육연구원 원장
2013.1-현재	한국기독교학술원 정회원
2007.3-현재	「Canon & Culture」 편집위원장
1999.9-현재	감신대성서학연구소 소장
1996.3-현재	서울감리교신학원 이사

1997.8	중국 동북신학원 계절학기 집중교육
2002. 7	Claremont School of Theology, Methodist Theological University Joint D. Min Program lecture
2007.6	중화성경신학원 집중교육
2008.6	The 4th World Conference of Associations of Theological Institutions(Thessaloniki, Greece) 한국대표
2010.5	Mongolia Bible College, Intensive course
2011.8	WOCATI 2011 Consultation, World Conference of

Associations of Theological Institutions (Johannesberg, South Africa) 한국대표

2012.1   World Mission University (Los Angeles, California) D. Min. Intensive course

2013.7   Institute Wesley Jakarta, D. Min. Intensive course

포상·표창

1977.2   감리교신학대학교졸업 최종학년우수상

1995.6   대한기독교서회 저작상. 선정도서, 『묵시문학연구-구약성서 묵시문학 다니엘서의 재해석』(서울: 대한기독교서회, 1994)

2001.11   Alumni Hall of Fame, Claremont Graduate University

2010.4   기독교대한감리회 서울연회 성역30주년 표창

2011.12   연세대학교경영전문대학원 최고경영자과정 모범상

2014.3   제30회 한국기독교출판문화상 종교부문 우수상. 선정도서, 『기독교 경학(經學)과 한국인을 위한 성경해석』(서울: 대한기독교서회, 2012)

가족사항

아내 이경숙(李敬淑), 아들 왕민성(王民聲), 왕은성(王恩聲)

왕대일 교수 연구업적

단행본

2013   『시편사색, 시편 한 권으로 읽기』 대한기독교서회

2012   『기독교경학(經學)과 한국인을 위한 성경해석』 대한기독교서회

2011   『신명기 강의: 신명기, 약속의 땅으로 가는 길』 대한기독교서회

2010   『구약신학』, 개정증보3판. 감신대성서학연구소

2008   『삶에서 그리스도가 빛나게 하십시오』 kmc

2007   『민수기: 대한기독교서회 100주년 기념 주석』 대한기독교서회

2005   『구약주석 새로보기』 감신대성서학연구소

2004   『묵시문학과 종말론』 대한기독교서회
          『구약성서개론-한국인을 위한 최신연구』(공저) 대한기독교서회

2003	『구약성서 이해 열 마당』 도서출판 새길
2003	『구약신학』, 개정판. 감신대성서학연구소
2002	『구약신학』, 초판, 감신대성서학연구소
	『구약설교 패러다임』(공저) 감신대성서학연구소
	『녹색의 눈으로 읽는 성서』(공저) 대한기독교서회
1998	『다시 듣는 토라-설교를 위한 신명기연구』 한국성서학연구소
1997	『목회자의 실패 목회자의 성공: 구약성서에서 배우는 오늘의 목회』
	대한기독교서회
1996	『새로운 구약주석-이론과 실제』 성서연구사
	『아브라함의 믿음, 아브라함의 실수- 이야기로 쓴 창세기 주석』 종로서적
1994	『묵시문학연구』 대한기독교서회
1993	『신앙공동체를 위한 구약성서 이해』 성서연구사

주석 시리즈

1999	『다니엘』, 21세기 설교가이드 시리즈, 성서연구사
	『레위기』, 21세기 설교가이드 시리즈, 성서연구사
1998	『민수기』, 21세기 설교가이드 시리즈, 성서연구사
1997	『신명기』, 21세기 설교가이드 시리즈, 성서연구사
1996	『창세기1』, 21세기 설교가이드 시리즈, 성서연구사

엮은 책

2010	『신학교육, 그 패러다임의 전환-지식교육에서 영성 함양으로』
	한국신학교육연구원·전국신학대학협의회
2001	『구약성서, 읽기와 해석하기』 감신대성서학연구소
2000	『좀 쉽게 말해주시오-본문비평과 성서번역』 대한기독교서회
	『말씀의 뜻 밝혀주시오-주석과 성서번역』 대한기독교서회
	『구약성서와 성』 감신대성서학연구소
1999	『통일 맞이 성서연구1』 기독교대한감리회서부연회

역서

2009	Craig C. Hill, *In God's Time: The Bible and the Future*, 『하나님의
	시간과 종말론』(공역) 프리칭 아카데미

학위논문

1991   *Leviticus 11-15:A Form Critical Study*. Ph.D. Diss. The Claremont
        Graduate School

논문

2013,   "하늘을 다스리는 질서가 무엇인지 아느냐?"(욥 38:33a)", 「Canon and
        Culture」. 7권 1호
        "레위기 9:22-24와 "하늘에서 내린 불"", 「신학과 세계」. 여름77호
2012,   "Redeeming the Creation: An Old Testament Perspective on Reinhabiting
        the Earth" The 13th International Symposisum (강연) 장로회신학대학교
        "영산 조용기 목사의 성서신학", 「영산신학저널」. 24호
        "레위기에는 레위 제사장이 없다", 「신학과 세계」. 겨울75호
2011,   "경학으로서의 성서해석", 『매강류행렬교수 정년퇴임 기념논문집-
        은혜로운 말씀, 생명과 평화의 길』 한들출판사
        "토라와 오경 토라의 구성에 대한 정경적 해석", 「Canon and Culture」.
        5권1호
        "경학과 역사비평", 「신학과 세계」. 겨울72호
2010,   "토라와 그리스도", 『이상훈박사 팔순기념 논문집-구원, 예수 그리고
        성서』 한들출판사
        "성경전서(1911년)에 반영된 번역의 특징들 레위기를 중심으로-", 「Canon
        and Culture」. 8호
        "Restrospect and Prospect of Old Testament Studies in Korea",
        「구약논단」 16/3호
        "성서해석 하나님을 위한 변론", 「신학과 세계」. 겨울69호
        "신학교육 속의 성서학 그 진단과 처방", 「Korea Journal of Theology」. Vol.9
2009,   "영산 조용기 목사의 사회 구원이해", 「영산신학저널」 17호
        "성서해석학과 그 패러다임의 전환-넓이의 해석에서 깊이의 해석으로",
        「신학과 세계」. 겨울66호
        "유대신앙과 헬라 문화, 그 만남과 갈등", 「Canon&Culture」. 3권1호
2008,   "발람네러티브(민 22:2-24:25)속의 삽화, 발람과 그의 나귀 스토리
        (민 22:22-35)", 「신학과세계」. 봄61호
        "사해사본과 본문비평-본문비평 없이 성서해석이 가능한가?-민수기

22:5a의 본문비평과 본문해석", 「Canon and Culture」. 2권1호
"신학 교육 속의 성서학/ 그 진단과 처방", 「기독교 교육정보」
"Return to Canon: Korean Perspective on Performing the Scripture,"
Society of Asian Biblcial Studies, 2008 Seoul Conference, Seoul, Korea,
July 14-16, SAABS (강연)

2007, ""너희가 먹지 못할 것은 이러하다" 레위기의 음식법(레 11:2b-23)재고
정결한 짐승과 부정한 짐승의 해석사를 중심으로", 「신학과 세계」.
봄58호
"성서번역 새로보기- 문예적 번역과 문학 기능 동등성" 「성경원문연구」.
20호
"초기 한국교회의 경전과 신앙공동체", 「Canon and Culture」. 1권2호
"한국교회 초기 부흥운동에서 읽는 경전과 신앙 공동체", 『평양대부흥
운동의 성경 신학적 조명: 회개와 갱신』 감리교신학대학교출판부

2006, ""삶에서 하나님의 영이 빛나게 하소서" 초기 한국교회 부흥운동에 대한
구약적 평가", 『영적대각성 100주년 기념 연구: 각성, 갱신, 부흥』
한국신학정보연구원
"시편의 신앙, 시편의 신학: 김이곤 교수의 시편 시문학의 신앙을 읽고",
「신학연구」. 48호

2005, "번역 속의 주석, 그 가능성과 한계 내용 동등성 번역의 경우",
「성경원문연구」. 16호
"기독교 리더십에 대한 성서적 이해", 「교회와 신학」. 61집
"구원과 치유 성서적 신학적 이해", 「신학과 세계」. 54호
"아사셀 염소와 속죄의 날(레 16:6-10): 그 해석학적 재고", 「구약논단」.
Vol19

2004, "김정준의 구약해석-방법론적 고찰", 『만수 김정준 구약신학- 김정준박사
탄신90주년 기념논문』 경건과 신학 연구소

2003, "번역비평의 이론과 실제-프롤레고메나", 「성경원문연구」. 12호
"인자 같은 이(단7:13)-구약신학적 모색", 「신학과 세계」. 겨울48호
"한국 구약학의 회고와 전망" 이화여자대학교 한국문화연구원 편,
『신학연구 50년』 한국학술사총서 3. 혜안

2002, "묵시문학 다니엘서에 수록된 상징이해", 「신학과 세계」. 가을45호

2001, "On the Theology of the Pentateuch," *Reading the Hebrew Bible for a New Millennium- Form, Concept, and Theological Perspective*, vol. 2: *Exegetical and Theological Studies*, eds. By Wonil Kim, Deborah Ellens, Michael Floyd, Marvin A.Sweeney, Harrisburg, PA: Trinity Press International.

““동양적 영성과 유대적 영성, 성서신학적 토론”–시무언 이용도의 생애와 신앙을 중심으로”,「신학과 세계」. 가을43호

“Marriage Rules and Family Structure in Leviticus 18”,「구약논단」. Vol10

“구약 속의 신약, 신약 속의 구약: 아케다(‘aqedah)와 골고다”, 「신학사상」. 115집

“레위기 18장의 가족법 재고”,「구약논단」. Vol.11

“독일성서공회판 해설, 관주 성경전서와 굿뉴스 스터디바이블: 구약을 중심으로”,「성경원문연구」. 9호

“우리가 만드는 해설 성서-무엇을, 왜, 어떻게: 우리말 해설 성서의 작성과 편집을 위한 제안”,「성경원문연구」. 9호

“나그네: 구약신학적 이해”,「신학사상」. 113호

“모세 오경의 신학”,「구약신학저널」. 4호

2000,　“Family, Law and Ethos in Leviticus 18: Lessons from and for Asia/Korea,” paper presented at the Symposium on “The Future of the Family-From an Asian/Christian Perspective” (Tokyo, Nov. 11th, 2000), held by the Japanese Biblical Institute on the Occasion of Its 50th Anniversary.

“민수기 주석의 해석학적 과제-“Arithmoi”와 “Bemidbar””,「신학과 세계」. 가을41호

“사라의 웃음-그 소리에서 배우는 인간 탄생의 신비” 「한국기독교신학논총」. Vol.19

“레위기 17:10-12 해석의 재고”,「구약신학저널」. 1호

“성서해석에 있어서 Intertextuality의 활용: 레위기 17:11, 14의 경우,” 「구약논단」. Vol 9

“언약궤에 대한 신학적 이해”,「그말씀」. 9월호

“번역 속의 주석-본문비평적 검토: 신명기(MT와 LXX, 개역과 표준새번역을 중심으로.”『좀 쉽게 말해 주시오- 본문비평과 성서번역 민영진박사 회갑 기념논문집』 대한기독교서회.

1999,　“하나님의 정의와 먹거리- “만나” 이야기(출 16:1-36)에 대한 구약신학적

성찰", 「신학과 세계」. 가을39호

1998, "묵시문학 다니엘서의 종말론 그 신학적 이해", 「신학과 세계」. 가을37호
       "다시 읽는 야곱 이야기(창 25: 19-36:43): 그 구조와 의미", 「구약논단」.
       Vol4

1997   "Reading the Composition of the Pentateuch in a Wesleyan Tradition,"
       paper presented at 10th Oxford Institute of Methodist Theological
       Studies, Oxford, England.
       "다시 듣는 토라-신명기", 「신학과 세계」. 가을35호
       "구약성서의 공동체관", 「사목연구총서」. 222호

1996, "회막, 성전, 회당, 그리고 교회", 「신학과 세계」. 가을33호
       "그들이 내 손에서 하나가 될 것이다/에스겔 37:15-28", 「성경연구」 16

1995, "레위기의 구조, 레위기의 신학", 「신학과 세계」. 가을31호

1994, "민수기의 편집과 그 구조", 「신학과 세계」. 가을29호

1993, "한국교회의 희년실현과 통일-구약시대의 희년사상과 통일신학",
       「기독교세계」. 779호

1992, "오경해석과 성서비평(1)", 「신학과 세계」. 가을25호
       "창조, 창조주, 창조세계: 구약신학적 접근", 「신학과 세계」. 가을27호
       "바벨론 포로 이후의 선교사상", 『현대선교신학-한국적성찰』 기독교서회
       "해방에서 성화까지", 『존웨슬리와 현대목회』 감리교신학대학교출판부

1991   "시내산 전승단락(출 19:1-민 10:10)과 레위기 11-15," 「기독교사상」.
       394호
       ""정경과 토라" 오경에 대한 정경비평적 고찰", 「신학과 세계」. 가을23호
       "사라의 웃음과 하갈의 웃음", 「세계의 신학」. 4호
       "창세기 16장 해석 재고", 「신학사상」. 75호
       "하갈의 엑소도스(창 16:1-6)", 「세계의 신학」. 11호
       "다시 읽는 야곱-에서 이야기: 야곱 에서 설화의 구조에서 본 상생 이야기",
       「세계의 신학」. 12호
       "유대 묵시문학의 역사이해," 「기독교사상」. 386호
       "구약묵시문학의 지혜 정신", 『지혜전승과 설교, 구덕관 박사회갑기념
       논문집』 대한기독교서회

1990, "Old Testament Theology: Its Task and Methology", 「신학과 세계」. 21호
       "땅의 통곡과 야훼의 탄식", 「구약신학」. 19호

"호세아 4:1-3의 주석, 신학 그리고 해석", 「한몸」. 9호

논단

2012   "구약에 나타난 회개", 「그말씀」. 272호
2011   "귀를 기울이면…하나님의 소리 듣기", 「새가정」. 630호
        "복음이란 무엇인가?-구약:구약이 말하는 복음이란 무엇인가?",
        「성서마당」. 100호
2010   "넓이의 해석에서 깊이의 해석으로", 「구약논단」. 35호
        "브엘세바에서 단까지", 「구약논단」. 36호
        "지구촌 시대의 구약학", 「구약논단」. 37호
2009   "시편 연구가 시편 영성으로 피어나게 되기를 기대합니다",
        「구약논단」. 32호
        "시편의 신학-시온과 시내산", 「구약논단」. 32호
        "시편 읽기, 시편 해석하기, 시편 살기", 「구약논단」. 33호
        "신학적 담론 부재의 현실을 염려하면서", 「구약논단」. 34호
        "우리들의 글쓰기는 한국교회를 섬기는 도구입니다", 「구약논단」. 31호
2008   "아시아를 향한 하나님의 말씀을 연주합시다", 「그말씀」. 229호
        "성경으로 바라본 통일-통일, 통일운동에 대한 평가와 처방-구약을
        중심으로", 「성서마당」. 87호
        "맞춤 신학교육을 통한 목회의 전문성 강화가 필요합니다", 「목회와
        신학」. 234호
        "재충전의 시간을 가지십시오", 「구약논단」. 14권 2호
        "우리나라 학자들의 선행연구를 살펴보십시오", 「구약논단」. 29호
        "학기가 새롭게 시작 되었습니다", 「구약논단」. 27호
        "역사와 함께 한 '구약논단' 제30집", 「구약논단」. 30호
        "한국 교회의 변화와 신학의 성숙-신학 맞춤 신학 교육을 통한 목회의
        전문성 강화가 필요합니다", 「목회와 신학」. 234호
        "경전의 재발견, 성경을 연주하라", 「목회와 신학」. 231호
2007   "정, 부정에 대한 가르침과 적용", 「목회와 신학」. 230호
        "이사야서 6장을 통해 세계 성서해석의 조류를 한눈에", 「구약논단」. 25호
        "신학이라는 브랜드를 위해", 「구약논단」. 26호
        "해석의 묘미: '복수형'속의 통일성", 「구약논단」. 23호

"하나의 성경, 두 개의 언약서", 「구약논단」. 24호

2006 "한국 신학 교육의 현주소와 대한: 목회자 재교육, 변해야 한다",
「목회와 신학」. 201호

"21c지구촌 트렌드, 환경아젠다: 교회, 환경선교의 도우미가 되어야 한다",
「신앙세계」. 453호

"설교를 위한 성서 연구-구약/베레스웃사의 교훈(삼하 6:1-8)",
「성서마당」. 78호

"역대상을 어떻게 설교할 것인가: 사울의 나라, 다윗의 나라(대상 10-
12장)", 「그말씀」. 206호

2005 "도마의 질문", 「새길이야기」. 여름17호

"복, 어떻게 설교할 것인가: 약속 안에서 누리는 복(창세기 12:1-3 주해와
적용)", 「그말씀」. 187호

2004 "모세의 부탁(신명기 31장)", 「그말씀」. 178호

"우리가 부를 사랑의 노래(8:5-8:14 주해와 적용)", 「그말씀」. 182호

"신명기를 어떻게 설교할 것인가?: 모세의 부탁(31장 주해와 적용)",
「그말씀」. 178호

"우리가 부를 사랑의 노래(8:5-8:14 주해와 적용)", 「그말씀」. 182호

2003 "평화를 이루는 신앙, 평화를 위해 일하는 종교", 「성서와함께」. 327호

"창세기를 어떻게 설교 할 것인가 야곱의 타향살이와 귀향(창 29~31장
주해와 적용", 「그말씀」. 165호

"성경과 리더쉽: 구약성경과 리더쉽", 「성서마당」. 58호

2002 "데라의 삶, 데라의 아픔1", 「na.da」. 11호

"데라의 삶, 데라의 아픔2", 「na.da」. 12호

"이 땅에서 목회자의 아내로 산다는 것은: 여자에 대한 구약의 가르침과
목회자의 아내", 「목회와 신학」. 155호

2001 "내가 추천하는 책", 「목회와 신학」. 141호

"문명전환 시대 우리의 가정: 가족의 해체, 가족의 재구성", 「신앙세계」.
394호

2000 "구약성경이 말하는 십일조", 「월간목회」. 287호

"목회자의 성적 타락에 대한 성경적 조명", 「목회와 신학」. 132호

"장석정의 「출애굽기의 출애굽」", 「말씀과 교회」. 25호

"민수기 연구: 민수기 주석의 해석학적 과제-'아리스모이'와

'베미드바르'", 「성서사랑방」. 14호

1999 "이 법대로 할 것이라(민 15:1-19:22)", 「그말씀」. 5월호

1998 "정, 부정에 대한 가르침과 그 적용", 「그말씀」. 8월호

     "본문연구 III: 정결함과 부정함(레 11~15장)", 「그말씀」. 9월호

1997 "사사기를 어떻게 설교할 것인가", 「그말씀」. 5월호

1996 "레위기", 「교회와역사」. 253호

     "잠언의 문학적 특성", 「그말씀」. 49호

     "부 보다는 의를", 「그말씀」. 49호

     "현대인을 위한 잠언 설교-잠언의 문학적 특징", 「그말씀」. 49호

     "비난의 먹구름을 뚫은 성경의 지도자들", 「목회와신학」. 86호

     "모세 오경과 신앙 공동체", 「복음과 상황」. 47호

     "가르침의 대 서사시, 토라", 「복음과 상황」. 48호

1995 "공동체를 위한 성서읽기", 「성서마당」. 12호

     "야훼가 나의 목자시니/시편 23편", 「성경연구」. 6호

1993 "미완성의 순례자", 「신앙과 교육」. 74호

     "보쌈 당하는 사래(1)", 「신앙과 교육」. 75호

     "보쌈 당하는 사래(2)", 「신앙과 교육」. 76호

     "왕대일 교수와 신앙공동체를 위한 구약성서 이해", 「그말씀」. 11월호

1990 "이스라엘의 추수 이야기(레 23:9-22)", 「신앙과 교육」. 46호

1983 "성경운동과 기독교교육", 「기독교교육」. 189호

에세이-기독교사상

2011.01 "말씀 안으로 성서 밖으로"

2010.07 "일상, 그 신학적 단상"

2009.12 "하나님이 사람이 되심은 사람으로 하나님이 되게 하기 위함입니다"

2009.11 "언약은 새로 남의 터전입니다"

2009.10 "영성은 하나님 안에 둥지를 트는 일입니다"

2009.09 "흐르는 물은 웅덩이를 채우지 않고는 앞으로 나아가지 않습니다"

2009.08 "몸은 마음을 모음으로 몸이 됩니다"

2009.07 "믿음도 익혀야 합니다"

2009.06 "우리는 저마다 하나님이 계시는 하늘이 되어야 합니다"

2009.05 "'있음'은 '됨'에서만 드러납니다"

2009.04 "우리가 사는 곳은 에덴의 동쪽 입니다"

2009.03 "주일이 우리를 지킵니다"

2009.02 "사람은 하나님의 작품입니다"

2009.01 "만물은 하나님의 말씀입니다"

2008.09 "경전의 재발견-성경을 연주하라"

2008.07 "우린 언제나 하나님의 풍금이 될까"

2008.05 "모세의 카리스마, 그 여림의 미학"

2008.04 "진보 성서학의 실천 과제"

2007.08 "신학의 미래, 교회의 미래-신학의 위기, 신학의 기회, 신학의 미래"

2007.01 "우리로 하나님을 보게하소서"

2006.08 "신명기에 나타난 은혜와 율법- 신명기 8:2-6을 중심으로"

2005.11 "놀이와 신학"

2005.10 "개나리는 봄에, 국화는 가을에"

2005.02 "이 시대에 다시 새기는 십계명"

2005.01 "나는 이스라엘의 하나님을 믿습니다(2): 구약성서의 기독교적 제언을
위한 크뤼제만의 제언"

2004.12 "나는 이스라엘의 하나님을 믿습니다(1): 구약성서의 기독교적 제언을
위한 크뤼제만의 제언"

2004.03 "신학교, 신학생, 신학교수의 초상: 좌담/신학교에 신학이 살게 하라"

2003.12 "성탄절에 부르는 종의 노래"

2003.09 "우물을 찾는 사람들"

2003.08 "그랄 땅의 이삭"

2003.07 "힘 겨루기, 패 가르기, 키 재기"

2003.06 "이삭을 위한 변증"

2003.05 "그 여인은 나의 누이입니다"

2003.04 "보쌈 당하는 사래"

2003.02 "민영진 박사의 설교자와 함께 읽는 욥기"

1992.03 "생명경외의 성서적 근거"

1991.12 "시내산 전승단락의 맥락에서 본 레위기 11-15장"

1984.12 "땅에 대한 구약성서적 이해"

에세이-기독교타임즈

2002.07 "구약의 시작 모세 오경 (하)"

2002.07 "구약의 시작 모세 오경 (상)"

2002.07 "타낙과 구약"

2002.06 "하나님의 말씀 토라, 타낙, 탈무드"

2002.06 "구신약전서총론"

2002.06 "히브리어에서 우리말로 (하)"

2002.05 "히브리어에서 우리말로 (상)"

2002.05 "단락의 구분"

2002.05 "약자, 성경책명 줄여쓰기 원칙"

2002.05 "장절의 구분"

2002.05 "성경책의 이름"

2002.04 "성경의 배역"

2002.04 "왜 39권인가? 구약 정경의 범위"

2002.04 "구약이라는 명칭"

2002.03 "기, 지, 편, 언, 서, 가 성경책 이름에 대하여"

2002.03 "서와 경, 경과 서"

2002.03 "사본과 역본 (하)"

2002.02 "사본과 역본 (중)"

2002.02 "사본과 역본 (상)"

2002.02 "성경의 말, 성경의 글"

2002.01 "성서의 사람들-히브리 사람, 이스라엘 백성, 유다 사람, 유대인"

2002.01 "성서의 세계, 성서의 무대"

에세이-기독교세계

2007   "한국 교회 영성의 현주소", 927호

        "성서 행간 묵상: "삶, 앎, 높, 품, 빔"", 927호

        "리처드 도킨스와 스탠리 존스", 926호

        "채움보다는 비움이 소중합니다", 925호

        "영적인 세계로 나아가는 브레이크스루가 필요합니다", 924호

        "삶에서 그리스도가 빛나게 하십시오", 923호

        "무감어수 감어인", 922호

        "사람을 살리는 사람", 921호